云南师范大学学术著作出版基金
云南省教育学重点学科

当代日本中小学道德教育研究

Research on the Contemporary Moral Education In Elementary and Secondary Schools in Japan

曹能秀 著

商 务 印 书 馆

2007年·北京

图书在版编目(CIP)数据

当代日本中小学道德教育研究 /曹能秀著. —北京：商
务印书馆，2007
ISBN 978 - 7 - 100 - 05481 - 2

I.当… II.曹… III.中小学－德育－研究－日本－现
代 IV.G631

中国版本图书馆 CIP 数据核字(2007)第 063121 号

DĀNGDÀI RÌBĚN ZHŌNGXIĂOXUÉ DÀODÉ JIÀOYÙ YÁNJĪU
当代日本中小学道德教育研究
曹能秀 著

商 务 印 书 馆 出 版
(北京王府井大街36号 邮政编码100710)
商 务 印 书 馆 发 行
北 京 民 族 印 刷 厂 印 刷
ISBN 978 - 7 - 100 - 05481 - 2

2007 年 9 月第 1 版　　　　开本 880 × 1230 1/32
2007 年 9 月北京第 1 次印刷　　印张 12 $\frac{7}{8}$

定价: 24.00 元

摘　　要

　　20 世纪 70 年代以前的日本中小学道德教育的历史可以分为三个时期:道德教育的形成和发展时期、第一次教育改革时期和第二次教育改革时期。在道德教育的形成和发展时期,学校道德教育已经初具规模,但还没有从一般的教育中分化出来。在第一次教育改革时期,道德教育作为中小学一门独立的学科而产生,并确立了以修身科为中心,以其他学科和学科外教育活动为两翼的修身教育体制。在第二次教育改革时期,日本于 1947 年确定了以社会科为中心的全面主义的道德教育;之后,又在保守势力抬头的背景下,于 1958 年确立了以道德课为中心,通过学校全部活动实施道德教育的特设道德教育体制。

　　20 世纪 70 年代以来的当代日本中小学道德教育的问题主要有五个方面:道德教育与生活世界的分离、道德教育的工具化倾向、文化对道德教育的负面影响、对道德教育的忽视以及学生的道德危机。其中,道德教育与生活世界的分离是所有道德教育问题产生的根源之一,包括生活世界的非道德教育化和道德教育的非生活化两个方面。生活世界的非道德教育化主要表现为家庭生活和社会生活的非道德教育化等;道德教育的非生活化主要表现为"过分强调外在功能"和"过分强调价值内化"等。道德教育的工具化倾向是日本道德教育问题中性质较严重的问题之一,主要包括道德教育作为政治和经济的工具等两方面。道德教育作为政治工具的主要表现是强化国家主义和天皇制的内容及强化新保守主义的政治主张等;道德教育作为经济工具的主要表现是注重培养以学生为整体的忘我献身的忠诚心理等。日本文化对道德教育的负面影响是日本道德教育问题中较难解决的问题之一,主要表现在两个方面:一是文化冲突对道德教育的冲击,包括东西方文化价值的冲突对儿童心灵的冲击和价值多元冲突对道德教育的冲击;二是文化传统对道德教育的束缚,包括"和"的观念对道德教育的消极影响与集团主义对道德教育的消极影响。对道德教育的忽视也是日本道德教育问题中性质较严重的问题之一。由于战前修身科和战后社会科的影响,对特设道德教育体制的批判,对道德教育政治化的反感以及学历社会的弊病等原因,日本的家庭、社会和学校都存在着忽视道德教育的倾向。学生的道德危机是引起日本社会和政府高度关注、比较能够表现问题严重性的道德教育问题,主要表现为以欺侮、校内暴力和其他青少年不良行为为特征的表层危机和以基本规范意识的淡薄、人际关系的淡漠和缺乏目标意识为特征的深层危机。

在上述学校道德教育问题的背景下,在日本国内的全面转型与变革和世界学校道德教育的变革与发展的推动下,从 20 世纪 70 年代开始,日本中小学道德教育踏上了变革和发展的征程。在学术界的研究方面,学者们既注重对个人与社会、理智与行为、自律与他律及灌输等道德教育的基本理论问题的研究,又注重道德教育的实践问题研究,涌现出一些著名的道德教学理论流派。在政府的方针政策方面,日本政府主要关注引起社会反响较大的学生道德危机问题和忽视中小学道德教育的问题,为此主要采取了针对性强、讲求时效的具体对策(包括社会领域和学校领域的对策)和涉及面广、周期性长的对策(包括针对所有儿童、家长、社区和学校的对策)。在中小学道德教育改革政策这一层面,主要是在强化国家的控制和重视个性原则的理念指导下,围绕着中小学道德教育方针的心灵教育政策和道德教育课程改革政策两方面来进行。在中小学的实践方面,日本中小学的管理者和教师主要是通过重视儿童丰富的体验、重视培养儿童道德学习的主体性、重视生命教育的有关内容等三个方面来改进课堂教学。通过加强道德课以外的其他学校活动中的道德教育和合作以及加强中小学道德教育与家庭、社区的联系等几个方面来探索课堂教学以外的其他途径。

　　综观日本中小学道德教育的历史和现状，可以发现，当代日本中小学道德教育的特色主要是深受新自由主义和新保守主义的影响，强调道德教育的地位和作用以及重视道德教育的连续性。最后，在回顾历史和分析现状的基础上提出：日本中小学道德教育中"控制"和"反控制"的冲突发展趋势仍将持续；"规范"和"发展"并重的趋势日益彰显；道德教育理论和实践的联系更加紧密；终身道德学习将从"片面"走向"全面"。

关键词：日本　中小学　道德教育　当代

ABSTRACT

The history, before the 1970's, of moral education in elementary and secondary schools in Japan could be divided into three periods. They are the phase of formation and development, the phase of the first educational reform and the phase of the second educational reform. In the phase of formation and development, moral education in schools began to take shape, but it did not separate from the general education. In the phase of the first educational reform, moral education became an independent discipline in elementary and secondary schools. And the system of cultivating moral character was established, which centered on the course of cultivating moral character, with two wings of other courses and extracurricular activities. In the phase of the second educational reform, Japan decided to implement comprehensive moral education with the center of social disciplines in 1947. Later, with the conservatism gaining ground, Japan established a special system of moral education centering on moral curriculum in 1958, trying to apply moral education in all activities in schools.

Since the 1970's, the problems in moral education in elementary and secondary schools in Japan have been showing mainly in the following five aspects: the gap between moral education and real life, the tendency of taking moral education as instruments, the negative influence of culture on moral education, the ignorance of moral education and the students' moral crisis. Among them, the gap between moral education and real life is one of the roots of all problems, which is mainly reflected in two aspects: non-moralization of the real life concerning the non-moralization of family life and social life, and non-real-life moral education indicated by over-emphasizing external functions and value-internalization. The tendency of taking moral education as instruments is one of the most serious problems in moral education in Japan, mainly including taking moral education as political and economic instruments, etc. Moral education as political instrument is mainly expressed by the political propositions on strengthening nationalism and the Imperial Emperor System and consolidating the neo-conservatism; moral education as economic instrument is mainly expressed by cultivating students to be loyal, sacrificing individuals for the good of the whole. The negative influence of culture on moral education is a difficult problem in moral education in Japan. It is mainly shown in the following two aspects: firstly, the conflict of cultures is pounding at moral education, including the influence of the conflicting values of eastern and western cultures on children and the influence of the conflict of multi-values on moral education; secondly, the cultural tradition hampers moral education, whose influences including the negative influence of the idea about "He" that means harmoniousness and the negative effect of bloc doctrine. The ignorance of moral education is also one of the serious problems in moral education in Japan. Owing to the effects of pre-war course of cultivating moral character, social disciplines after the War, and criticism of the special system of moral education, the aversion and criticism of politicalization of moral education and malpractice of the credentialism society, there is a tendency of ignoring moral education in families, schools and the whole society in Japan. Students' moral crisis, which is getting intense attention from the Japanese society and government, is another serious problem. It is reflected mainly in crisis at the surface level, which is characterized by bullying, violence in schools and other adolescent disciplines, and also the crisis at the deeper level, which is characterized by weak consciousness of basic norms, indifference of public relationships and lack of consciousness of aims.

With the background of the problems mentioned above, promoted by the comprehensive transformation in Japan and the reforms and development in school moral education all over the world, moral education in elementary and secondary schools in Japan has been on the journey of reform and development since the 1970's. As for academic researches, scholars have been paying attention not only to researches on basic theories, such as the individual and society, rationality and behavior, self-discipline versus other-discipline and indoctrination, but also researches on the practice. Some famous schools of moral education theories have emerged. As for the policies of government, the government's concerns are the problems of the students' moral crisis and the ignorance of moral education which have brought about a lot of repercussions. The government has taken specific and effective countermeasures at different levels in society and schools, and also comprehensive and long-term ones taking into consideration all children, parents, communities and schools. In the aspect of reforms in moral education in elementary and secondary schools, the polices of government, directed by the ideas of strengthening national control and the principle of emphasizing individuality, are following the directions of the policy of spiritual education and the policy of reforms in moral curriculum. In the aspect of moral educational practices in elementary and secondary schools, administrators and teachers have been improving the teaching by emphasizing children's abundant experiences, and cultivating children's initiatives in learning morality and life education. They have also been probing other ways outside classroom by consolidating moral education in other school activities, combining moral curriculum and extra-moral-curriculum activities and linking moral education in schools and families as well as communities.

After a comprehensive exploration into the history and current situation in moral education in elementary and secondary schools in Japan, we can discover that the characteristics of moral education in elementary and secondary schools in Japan are influenced deeply by neo-liberalism and neo-conservatism, laying emphasis on the status and functions of moral education and also the consistency of moral education, etc. Finally, based on the review on history and the analysis of current situation, the major tendency of moral education in elementary and secondary schools in Japan could be listed as the following four aspects: the conflict between control and anti-control will go on; the equality between "norm" and "development" will become apparent; the link between theories and practices of moral education will be strengthened; and the life-long moral learning will develop from "one-sided" to "all-round".

Key Words: Japan; elementary and secondary schools; moral education; the contemporary era

目　　录

图 表 编 目

第一章 绪论

一 基本概念

本书研究的是当代日本中小学的道德教育,所涉及的"道德""道德性"和"道德教育"是这一论题的基本概念。因此,在行文论述之前,有必要首先说明学术界对这些基本概念的认识,并在此基础上明确本书对这些概念的界定。

(一)道德

在日本,"道德"一词最早来源于中国。中国古代的"道德"一词很早就出现了。比如,《韩非子·五蠹》:"上古竞于道德,中世出于智谋,当今争于气力。"《礼·曲礼上》:"道德仁义,非礼不成。"但从字义来说,日本明治维新以后所使用的"道德"一词,实际上是源自英文的 morality 的翻译词,[①]与古汉语无关。英文的 morality 一词源于拉丁文 moralis,该词的复数 mores 指风俗习惯,单数 mos 指个人性格、品性。[②]

随着社会的变迁,词义的发展,在日本社会,道德作为风俗习惯的含义逐渐保存下来,并转化为规范的含义;而作为个人性格、品性的含义却逐渐消失了,被"道德性"一词所取代。目前,关于道德的含义,日本各类词典的解释大致相同。比如,《21 世纪辞林》:"某社会中人们判断善恶、正邪的标准,是保证正当的行为和秩序的规范的总体。"[③]《广

---

① 洪祖显《日本的公民道德教育》,[台湾]五南图书出版有限公司,1992 年,第 4 页。

② 《中国大百科全书(哲学卷)》(Ⅰ),中国大百科全书出版社,1987 年,第 123 页。

③ 《21 世纪辞林》,三省堂编修所编,[日]三省堂,1993 年,第 1450 页。

辞苑》:"指人应该行走的正确的道路,是某社会判断其成员和成员相互关系的善恶标准,是公认的规范的总体。它不是类似于法律的外在的强制力,而是个人的内在的准则。"①总之,道德是一定社会中,人们为了自己和他人,为了做好事而不做坏事而思考和行动的准则。

从日本当代有关道德的定义来看,和西方当代对道德的理解是大致相同的,和中国当代对道德的理解略有不同。在当代西方,"道德"一词却主要指原则和规范之意。例如,词典中把 morality 解释成 principles concerning right and wrong or good and bad behaviour,即有关美德和美德行为的准则。② 在中国传统文化典籍中,"道"原指行人走的道路。把其上升到哲学范畴,则指事物发展变化必须遵循的规律,包括"天道"与"人道"。宇宙或自然运动的规律称"天道",社会运动规律称"人道"。"德"与"得"相通,意谓作为主体的人对"道"的获得,指人立身行事合乎规则,妥帖、适宜的意思。③ 可见,中国古代的道德概念,既包含道德规范,也包含个人品性修养之义。这种看法也流传到日本。但不同的是,当代中国有关道德的概念仍然包含个人品性修养的含义,而日本却不包含这方面的含义。《中国大百科全书(哲学卷)》中指出,道德是一种社会意识形态,指以善恶评价的方式调整人与人、个人与社会之间相互关系的标准、原则和规范的综合,也指那些与之相应的行为、活动。④

(二) 道德性

道德性,是表示和道德有关的人的状态、性质和能力的一个词汇。

---

① 《广辞苑》(第 5 版),新村出编,[日]岩波书店,1998 年,第 1888 页。
② 《牛津高阶英汉双解词典》,商务印书馆,2004 年,第 1124 页。
③ 王凌皓《中日近代道德教育理念比较研究》,东北师范大学博士学位论文(未刊),2002 年,第 2 页。
④ 《中国大百科全书(哲学卷)》(Ⅰ),中国大百科全书出版社,1987 年,第 123 页。

《广辞苑》对道德性的解释为：①道德的本质；②来源于德语 Moralität，是遵守道德法则的意思。① 《新教育学大事典》指出，以人类的幸福为基础来判断善恶、正邪的对他行为，从本质上来说就是道德性。② 文部省 1999 年出版的《学习指导要领解说（道德编）》对道德性也有解释："是以人本来应有的状态和更好的生活方式为目标，在此基础上产生的道德行为的人格特性，是人格的基础。"③从道德性的定义来看，过去的道德性更强调个体对社会道德标准的适应，而当前的道德性更强调个体为了自身的发展和美好的生活而产生相应的道德行为。尽管上述有关道德性的定义在含义上不尽相同，但主要都是强调个人的品性，强调主体在道德上的状态和特性。可见，日本古代和近代来源于中国和西方的"道德"含义中个人品性修养的一面，在现代已经被"道德性"这个专有名词所取代。

　　关于道德性的外延，日本学术界一般认为，道德性包括情、知、意三个方面，具体来说，就是道德情感、道德判断、道德的实践欲望和态度几个方面。例如，白石克己、加藤信夫都持此观点。④ 1999 年出版的《学习指导要领解说（道德编）》也将道德性分为以上三个方面，但是，又补充说明道德性还可包括道德习惯等内容。⑤ 也有人持不同的看法，例如，佐佐木昭认为："道德性是道德意识和道德行为的综合体。道德意识是道德情感、道德认识、道德意志的统一体，道德行为是道德意

　　① 《广辞苑》（第 5 版），新村出编，[日]岩波书店，1998 年，第 1888 页。
　　② 转引自中野目直明、小川一郎《新道德教育》，[日]酒井书店·育英堂，1997 年，第46 页。
　　③ 《学习指导要领解说（道德编）》，[日]大藏省印刷局，1999 年，第 13 页。
　　④ 岛田四郎等《道德教育的研究》，[日]玉川大学出版社，1986 年，第 118 页。
　　中野目直明、小川一郎《新道德教育》，[日]酒井书店·育英堂，1997 年，第 46 页。
　　⑤ 《学习指导要领解说（道德编）》，[日]大藏省印刷局，1999 年，第 25—26 页。

识的表现。"①

（三）道德教育

在日本，一般认为道德教育就是培养道德性的教育。例如，小川一郎认为，道德教育"可以称作是培养道德性的教育"。② 佐佐木昭认为，道德教育"是以培养道德性为目标，是促进道德性的发展的活动"。③

尽管对道德教育是培养道德性的教育这一看法至今没有改变，但关于道德教育的内涵，20 世纪 90 年代后期以来却有所变化。在这以前，日本学者所理解的道德教育更多是从符合社会化的角度来进行定义的。如《广辞苑》的解释为：道德教育"是对儿童进行有关行动方式、生活态度、志向和理想等方面的教育"。④ 第 16 届中央教育审议会（以下简称"中教审"）在 1998 年 6 月 30 日的咨询报告《关于从幼儿期开始的心灵教育的应有状态》中，对道德教育的含义进行了重新探讨。报告指出："学校的道德教育，就是为了培养能够在具体生活中灵活运用尊重人性的精神和对生命的敬畏之念，能够为创造个性丰富的文化和发展民主社会和国家而努力，能够在国际社会中作出贡献和发挥主体作用的日本人，而培养作为其基础的道德性。"⑤ 这个观点成了第 16 届中教审整个咨询报告的基本观点，也在 1998 年 12 月文部省颁布的课程标准《学习指导要领》中有所体现。该《学习指导要领》指出："所谓道德教育，就是根据《教育基本法》和《学校教育法》

---

① 佐佐木昭《道德教育的研究》，[日]学文社，1999 年，第 41 页。
② 中野目直明、小川一郎《新道德教育》，[日]酒井书店・育英堂，1997 年，第 4 页。
③ 佐佐木昭《道德教育的研究》，[日]学文社，1999 年，第 41 页。
④ 《广辞苑》（第 5 版），新村出编，[日]岩波书店，1998 年，第 1888 页。
⑤ 日本中教审《关于从幼儿期开始的心灵教育的应有状态》（1998 年 6 月）
http://www.mext.go.jp/b_menu/shingi/chuuou/toushin/980601.htm，2003 年 4 月 1 日下载。

的基本精神,为培养能够在家庭、学校、社会的具体生活中贯彻尊重人性的精神与对生命的敬畏之念,拥有丰富的心灵,能够为创造个性丰富的文化与发展民主社会和国家而努力,能够为和平的国际社会作贡献,能够开拓未来、具有主体性的日本人,而培养作为其基础的道德性。"①可见,这个定义不仅从社会化的角度,而且也从儿童主动性的角度来定义道德教育。它表明,新世纪的日本道德教育将更加注重儿童的主动性和积极性。

此外,在日本,中小学道德教育的对象主要是小学生和初中生。日本的高中不开设道德课,只在公民科中设置有关"伦理"的内容,并在学校全部活动中实施。一般日本学者所说的道德教育,多指小学和初中的道德教育。

"当代"一词,有两种含义。从一般意义来看,"当代"是指当前这个时代;从世界教育史的时间分期来看,"当代"大多是指"二战"结束以来至今的时代。本书中的"当代"主要取第一种含义,即表示"当前这个时代"的含义。具体而言,本书所说的"当代"是指从"20 世纪 70年代以来的时代"。之所以选择"20 世纪 70 年代"这个分界点,一是因为在 20 世纪 70 年代初期,日本已经成为仅次于美国的世界经济大国,经济和社会进入了全面转型的时期;二是因为迄今为止日本教育史上有三次教育改革,其中第三次教育改革始于 20 世纪 70 年代。

在了解学术界对"道德""道德性"和"道德教育""中小学道德教育的对象"和"当代"的认识之后,本书对上述基本概念的界定如下:道德主要指原则和规范之意;道德性是指主体在道德上的状态和特性,包括知、情、意、行四个方面;道德教育是指培养儿童道德性的教育,是狭义

① 《小学学习指导要领》,[日]大藏省印刷局,1998 年,第 1 页。
《初中学习指导要领》,[日]大藏省印刷局,1998 年,第 1 页。

的道德教育;中小学的道德教育主要是指小学和初中的道德教育;当代是指从 20 世纪 70 年代以来的时代。

二　研究意义

本书主要在阐述 20 世纪 70 年代以前的日本中小学道德教育历史的基础上,揭示 20 世纪 70 年代以来日本中小学道德教育存在的问题,探索这一时期日本中小学道德教育变革与发展的状况。通过上述研究,可以使我们吸取日本中小学道德教育中成功的经验和失败的教训,促进我国中小学道德教育的变革和发展。其意义具体表现在以下几个方面。

(一) 更全面地了解当代日本中小学道德教育的发展状况和趋势

20 世纪 70 年代以后,日本中小学教育出现了以欺侮、校内暴力和其他青少年不良行为等为主要特征的教育荒废现象,与此同时,存在着否定日本传统文化的特性和长处、轻视道德教育、权利意识与责任意识不强的一面。这引起了日本政府、学术界和中小学的高度重视。文部省从 70 年代以来通过制定新的中小学道德教育方针,在三次修订颁布的《学习指导纲要》中充实中小学道德教育的目标、内容和方法,并以道德教育示范学校为媒介宣传《学习指导纲要》的精神等举措,来加强道德教育在日本中小学教育中的地位。与此同时,随着近年来日本终身教育体制的逐步实施,中小学道德教育也在体制和方法上发生了变化,形成了一个融学校教育、家庭教育和社会教育为一体的综合教育系统。此外,学术界也提出了一些新的道德教育理论,如押谷由夫的"综合单元的道德学习"、金井肇的"结构化方式"和伊藤启一的"综合计划"等。这些理论为中小学的道德教育实践提供了有价值的参考。尽管文部省在加强中小学道德教育方面采取了很多措施,有关专家提出了一些新的道德教育理论,中小学在道德教育实践中取得了一些成效,但日本中小学中还是存在着欺侮、校内暴力和其他青少年不良行为等学生道德危机，还是无法完全解决忽视道德教育的状况。但总的来说，日本在 20 世纪 70 年代以来还是采取了许多措施来解决中小学道德教育的问题，取得了一些成功的经验和失败的教训。因此，研究 20 世纪 70 年代以来日本中小学道德教育的问题、发展和变革的状况，有利于全面了解日本中小学道德教育的发展状况和趋势，并从其经验和教训中获得对我国当前的中小学道德教育改革有益的借鉴和参考。

（二）更深刻地认识日本中小学道德教育的特色

日本的中小学道德教育有一定的特色。在中小学道德教育的目标和内容方面，日本中小学道德教育重视人伦关系的教育，强调促使学生在各种社会关系中发展自己的个性；重视对天皇制的执著与拥护，借此弘扬民族认同和国家观念；重视国家主义和"立身出世"①主义的教育。前者体现的是重整体的精神，后者则包含激励个体的要素，一方面培养学生为整体而忘我献身的忠诚心理，一方面又注重培养学生通过努力，包括坚持、忍耐、尽力和不放弃等，获得成功和实现自我。② 在中小学道德教育的方法方面，从 1958 年以来，日本基本确立了以道德课为主，通过全部学校教育活动进行道德教育的特设道德教育体制，避免了过去全面主义道德教育体制淡化道德教育的过失。但在实践中，又形成了全面主义途径形同虚设，专以道德课的指导为中心进行道德教育的状况。为此，多年来日本一方面重新研讨道德课中的道德教育，一方面从道德教育的视角重新探讨其他教育活动的应有状态以及如何进一步谋求二者之间的有机联系。在中小学道德教育的管理体制方面，日本

---

① "立身出世"是表示（在社会上）成功、有出息和发迹的含义。
② 饶从满《日本现代化进程中的道德教育》，东北师范大学博士学位论文（未刊），1998年，第 98 页。

中小学的道德教育,从目标的制定、课程的设置到教材的编写等,都显示出较强的国家干预性。这一方面体现了国家的权威和意志,保证了道德教育严格受制于各级政府而不至于失控;另一方面也体现了政府对中小学道德教育的高度重视,在一定程度上提高了中小学道德教育的有效性。然而,这种过分统一的管理体制,也影响了学生的个性发展,造成了中小学道德教育的划一性、僵死性和封闭性等弊端。上述这些特征是日本二战以来形成的中小学道德教育的特色。通过对 20 世纪 70 年代以来日本中小学道德教育的研究,可以看到这些特征的具体表现和最新动态,使我们加深对日本道德教育特色的认识,并促进我们对日本教育的全面认识和评价。同时,通过对日本中小学道德教育的个案研究,对我们了解 20 世纪中后期以来世界道德教育的改革和发展趋势也有积极的意义。

(三) 认识中小学道德教育在当代日本社会发展中的作用

在世界各国现代化发展的过程当中,传统文化与现代文化的冲突、民族文化与外来文化的交融是一个不可回避的现实。日本的现代化进程是从江户时代开始的,但是真正发展较快的时期是在明治维新以后。自明治维新到 1919 年巴黎和会,日本用了五十年时间,跃进为世界"五强"之一;第二次世界大战后,仅用了三十多年时间成为世界第二经济大国。日本之所以能够迅速崛起,有赖于其政治、经济体制的变革和由传统文化向现代文化的转型。日本的现代化是外源型现代化,即在国际环境的影响下,社会受外部冲击而引起内部的思想和政治变革并进而推动经济变革的现代化,其内部创新居于次要地位。因此,文化的变迁,特别是作为文化核心的文化价值观的变迁在日本现代化的发展过程起了很重要的作用。明治维新以来,在处理传统文化和外来文化的关系问题上,日本采取了"和魂洋才"的思考方法。"和魂"是大和民族固有的民族精神,也即日本化的中国儒家伦理道德思想,"洋才"则指的是西洋的科学技术。明治以来的日本坚持"和魂洋才"的方针,对传统文化采取"否定→肯定→否定→否定之否定"的态度,在实现对传统文化进行创造性转化的基础上,多层次地吸收西方的近现代文化,找到了一条东方文化与西方文化、传统文化与现代文化相结合的道路,使日本的现代化既达到了西方那样的高度技术文明,又保持了日本民族的特色。[①] 作为文化核心的文化价值观的变迁和道德教育有着密切的关系。一方面,道德教育在目标、内容、方法和手段等方面反映了文化价值观的变迁;另一方面,道德教育不仅可以发挥教育的文化传播功能,而且能够通过对下一代进行直接和间接的道德观念的教育,促进新来的文化在本土生根、发芽、开花和结果。进入20世纪70年代,日本走到世界经济发展的前列以后,仍然坚持"和魂洋才"的方针,一方面为了培养适应经济需要的人才,加强科学教育,培养创新精神;另一方面仍然强调继承传统文化,强调集体主义和民族精神。中小学道德教育在继承传统文化、保持民族特色、坚持"和魂洋才"的精神方面,仍然起着不可低估的作用。因此,从中小学道德教育这一侧面进行研究,不仅可以认识中小学道德教育在当代日本社会发展中的作用,认识包括教育在内的文化因素在当代日本社会发展中的作用;而且有助于全面认识当代日本社会,了解包括中小学道德教育在内的文化因素从明治维新以来对日本社会发展的整体、连续的作用。

三 研究现状

学术界有关当代日本中小学道德教育的研究比较多,在此主要结合本研究的主旨,从以下三个方面做简要的考察。

(一)日本中小学道德教育历史的研究

---

① 张德伟《日本教育特质的文化学研究》,东北师范大学出版社,1999年,第203页。

　　学术界关于 20 世纪 70 年代以前的日本中小学道德教育历史的研究,主要集中在以下两个方面。

　　1. 中小学道德教育历史中的一些重大事件或重要问题

　　首先,关于中小学道德教育历史中的重大事件。从有关日本中小学道德教育历史研究的论著来看,日本中小学道德教育历史中的重大事件有"修身科的诞生""《教育敕语》的颁布""修身科的停止和社会科的诞生"和"道德课的特设"等。其中有关"道德课的特设"的研究比较多。日本学者押谷由夫根据其博士学位论文修改而出版的《有关道德课成立过程的研究——道德教育的新发展》就是其中的代表作。在这本专著中,押谷由夫深入探讨了特设道德课的背景(包括社会背景和理论背景)、过程和意义。他在该书的结论篇"特设道德课的教育意义和课题"中指出了特设道德课七个方面的教育意义,①肯定了道德课在中小学道德教育中的重要作用。

　　其次,关于中小学道德教育历史中的重要问题。日本学者船山谦次 1981 年出版的《战后道德教育论史》(上、下),②是目前为止专门描述从"二战"结束后到 70 年代的道德教育思想的一本学术专著。它按时间顺序阐述了这一时期各家各派的道德教育思想,既包括教育家的道德教育思想,也包括哲学家的、社会学家的道德教育思想;既包括维护日本宪法、教育基本法精神,站在和平与民主主义立场的道德教育思想,也包括企图改变日本宪法、教育基本法精神,维护与战前国家主义异曲同工的爱国主义的道德教育思想。因此,此书涉及的范围较广,包括了国体维护论、民主的道德教育论、朝鲜战争前后的道德教育论、道德教育行政政策之争、特设道德教育政策之争、特设道德肯定论、特设

---

　　①　押谷由夫《有关道德课成立过程的研究——道德教育的新发展》,[日]东洋馆出版社,2001 年,第 201—203 页。
　　②　船山谦次《战后道德教育论史》(上、下),[日]青木书店,1981 年。

道德批判论、新安保体制下的道德教育论、《理想的日本人》(中间草案)论和《理想的日本人》咨询报告之争等内容。另一位日本学者贝冢茂树是专门研究战后道德教育历史的专家。迄今为止,贝冢茂树已经出版了两本有关战后道德教育历史问题的专著。一是出版于 2001 年的《战后教育改革和道德教育问题》,[①]对美国占领前期和后期的教育政策和道德教育问题进行了研究,主要探讨《教育敕语》的遗留问题、修身科的复活问题、《国民实践要领》的制定等问题;二是出版于 2003 年的《战后教育中的道德和宗教》,[②]主要探讨了天野贞祐的国家论及其对中小学道德教育的影响,战后道德教育改革中有关"宗教情操"的问题和中教审有关《理想的日本人》等问题。由此可见,贝冢茂树的研究主要集中在战后初期到 60 年代中小学道德教育的一些重大问题上。

2. 中小学道德教育历史的分期

中小学道德教育历史的分期有两种。一种是根据日本史或日本教育史的分期确定中小学道德教育的历史分期。例如,台湾学者洪祖显把日本学校道德教育的历史分为古代、中世、近世、近代以及现代五个时代。[③] 这种划分的方法主要是以日本的历史分期为依据的。其中,"现代"这个词相当于我国的"当代"的含义。

另一种是在参照日本史、日本教育史分期的同时,根据中小学道德教育的发展状况对日本道德教育的历史分期。持这种划分法的国内外学者比较多,但在具体的历史分期上却各持己见,莫衷一是。例如,美国学者吉水·汗(Khan, Y.)将日本中小学道德教育的历史分为三个时期,分别是"日本人的道德形成期"(远古-1945 年)、"民主价值和占

---

① 贝冢茂树《战后教育改革和道德教育问题》,[日]日本图书中心,2001 年。
② 贝冢茂树《战后教育中的道德与宗教》,[日]文化书房博文社,2003 年。
③ 洪祖显《日本的公民道德教育》,[台湾]五南图书出版有限公司,1992 年,第 14 页。

领期的道德教育"(1945 - 1954 年)和"占领期以后的道德教育"(1954
年-现在)。① 日本学者中森善治根据道德教育历史的重大事件,将日
本中小学道德教育的历史分为四个时期,分别为"修身科的诞生和道德
教育"(1868 - 1889 年)、"国家主义道德教育的展开"(1890 - 1945 年)、
"民主主义道德教育的展开"(1945 - 1957 年)和"以道德课为中心的道
德教育"(1958 -现在)。② 日本学者堤正史将日本中小学道德教育的历
史分为战前和战后两个时期。第一个时期是教学主义和敕语体制的确
立和展开时期,又分为"教学主义"(1872 - 1880 年)、"敕语体制的确
立"(1881 - 1903 年)、"大正自由教育和局限"(1904 - 1926 年)和"道德
教育和第二次世界大战"(1927 - 1944 年)四个阶段;第二个时期是战
后道德教育的改革和展开时期,又分为"道德教育的再建"(1945 - 1957
年)和"特设道德课和道德教育的推进"(1958 年-现在)两个阶段。③ 另
一日本学者佐佐木昭把日本道德教育的变迁分为两个时期,第一个时
期是明治初期到"二战"结束前的道德教育,第二个时期是"二战"结束
后至今的道德教育。④ 我国学者饶从满将 20 世纪 70 年代中期以前的
日本道德教育的历史分为战前道德教育和战后道德教育两个时期。战
前道德教育主要是围绕修身教育体制的形成和发展来阐述的,又分为
修身教育的创始与摸索期(1872 - 1890 年)、修身教育体制的确立期
(1890 - 1910 年)和修身教育体制的发展、膨胀期(1910 年-"二战"结
束);战后道德教育主要是围绕特设道德教育体制的形成和发展来阐述
的,又分为全面主义道德教育期(战后- 1958 年)和特设道德教育体制

---

① Khan, Y. *Japanese moral education past and present*. London, Associated University Presses, 1997. 79—135.

② 岛田四郎等《道德教育的研究》,[日]玉川大学出版社,1986 年,第 49—84 页。

③ 德永正直、堤正史、宫岛秀光、林泰成、神原志保《道德教育论——从对话到对话的教育》,[日]中西屋出版社,2003 年,第 46—63 页。

④ 佐佐木昭《道德教育的研究》,[日]学文社,1999 年,第 214—254 页。

的确立期(1958 年-70 年代中期)。① 总之,尽管学者们对道德教育历史分期的看法不尽相同,但在以"二战"结束(1945 年)、特设道德教育课(1958 年)作为划分中小学道德教育历史的重要标志这一点上是基本相同的。

(二) 当代日本中小学道德教育问题的研究

学术界关于 20 世纪 70 年代以来日本中小学道德教育问题的研究,主要集中在中小学生的道德危机这一问题上,对其他问题的研究较少。

1. 对中小学生道德危机的研究

学术界对 20 世纪 70 年代以来日本中小学生道德危机的研究主要受两个因素的影响:一是危机的发展变化,二是 1984 年成立的临时教育审议会(以下简称"临教审")的咨询报告。具体表现在以下两个方面:一是随着危机的发展变化,研究的重心和角度有所变化;二是受临教审咨询报告的影响,研究在 1985 年以后有较大的进展。

中小学生道德危机又称为"教育荒废"和"心灵荒废"。在 1985 年临教审第一次咨询报告正式提出"教育荒废"和"心灵荒废"以前,船山谦次已经明确地提出了"教育荒废"一词。他在《战后道德教育论史》(下)一书的终章"以民主的道德教育为目标"中,专辟一节"教育的荒废——儿童的实际情况",对校内暴力等青少年不良行为的现状进行了描述。②

许多学者在其著作、文章中描绘和分析了学生道德危机的现状,有的是从校内暴力、欺侮、不上学单个方面进行阐述;有的是从综合的角度,还有的是从国际比较的角度来阐述。例如,名田伊奈追溯了欺侮的

---

① 饶从满等《当代日本小学教育》,山西教育出版社,1999 年,第 232—264 页。
② 船山谦次《战后道德教育论史》(下),[日]青木书店,1981 年,第 265—273 页。

定义、历史和现状，并指出当代的欺侮和过去的欺侮的不同之处。① 酒井朗比较了 1996 年挪威、澳大利亚和日本欺侮的多发年龄，指出在挪威和澳大利亚，欺侮多发生在小学低年级，此后逐渐减少；与此相反，在日本，欺侮从小学低年级开始逐渐增多，到初中一、二年级则大幅度增加，此后又逐渐减少。② 坂本升一探讨了拒绝上学的定义，总结出拒绝上学的表现，将拒绝上学分成两种类型共十一种模式。③ 池上彰描绘了 20 世纪 90 年代出现的普通初中生突然爆发暴力行为的现象，指出这是一种"新的荒废"的表现。④ 青山学院大学的金子忠史对包括美国、加拿大、英国、中国、韩国在内的 18 个国家儿童的危机状态（学力低下、纪律、对学校、班级不信任、升学指导、贫困地区儿童对策、识字教育、多民族·多文化）进行了五年的比较研究，其中第二项——纪律就是有关学生道德危机的问题的。此项研究的结果表明："'欺侮''校内暴力''酒、兴奋剂、毒品等的药物乱用'和'枪、刀等凶器的携带和乱用'等影响到儿童身心安全的病理现象，不仅是日本而且也是世界各国学校纪律方面非常严重的问题。"⑤美国学者哈里·雷（Wray, H.）比较了日本和美国的纪律问题，认为日本的学校纪律比美国好得多；相比美国来说，日本学校的学习氛围较好，环境也比较安全。⑥ 大多数学者都认

---

① 名田伊奈《对欺侮问题的思考》，[日]岩波书店，1996 年，第 1—30 页，第 31—69 页，第 159—176 页。

② 割谷刚彦、滨名阳子、木村凉子、酒井朗《教育的社会学》，[日]有斐阁，2000 年，第 9—10 页。

③ 坂本升一《拒绝上学的表现和心灵的场所》，[日]小学馆，1993 年，第 8—28 页，第 106—108 页，第 132—140 页。

④ 池上彰《大家的"学校问题"》，[日]讲谈社，1999 年，第 18—19 页。

⑤ 金子忠史《儿童的危机状态的对策：学校和社区的合作》，[日]《比较教育学研究》，2000 年，总第 26 期，第 80 页。

⑥ Wray, H. *Japanese and American Education: attitudes and practice*. Westport, Greenwood Publishing Group Inc., 1999.14 - 26.

为,尽管日本中小学的教育荒废和心灵荒废的现状不如美国和一些欧洲国家那么严重,但已经比 20 世纪 70 年代以前的状况严重多了,需要引起高度的重视。

许多学者认为,是社会变化、家庭教育和社区教育力的低下、学校教育的问题、日本学校化社会和教育制度等方面的原因和背景造成了儿童的教育荒废。例如,清水文朗认为,造成欺侮的原因和背景是乳幼儿没有和母亲建立起良好的依恋关系,是幼儿没有机会和邻居的孩子玩,是重视偏差值①的当代社会没有给儿童创造和自然、文化接触的机会而造成的。② 今西康裕认为不上学的主要原因是儿童在家庭中比较任性和随心所欲,而到了学校以后被严格管理、强迫竞争,感到被忽视、被封闭、被别人用单一的标准来评价,为此采用不上学的方式来回避;造成欺侮的主要原因是因为学校过度的管理体制、划一主义的教育、学历至上主义的体制而造成的压力以及儿童要将异质性强行同质化的心理而造成的。③ 藤田英典认为,造成学生道德危机的原因虽然也有管理主义教育、考试体制、考试竞争的激烈、划一式的教育等因素,但主要是 70 年代后期、高中升学率超过 90％以后产生的高学历化的社会,学生对不透明的制度和权威的反叛,学生处于学校化、信息化和消费社会的夹缝等原因造成的。④ 我国学者饶从满在其博士论文《日本现代化进程中的道德教育》中指出,造成教育荒废现象的原因,不仅是学校本

---

① 当今日本普遍使用的一种表示学生学习成绩的方法。它运用统计学的手段,将每个学生的考试成绩换算成可以比较的标准分数。计算公式如下:偏差值＝[10×(某学生分数－平均分数)÷标准差]＋50。

② 清水文朗《人的形成和道德教育——谋求小学和初中的一致性》,[日]近代文艺社,1996 年,第 28—29 页。

③ 宫崎和夫、米川英树《现代社会和教育的视点》,[日]密涅瓦书房,2000 年,第 119—129 页。

④ 藤田英典《走出教育改革的误区》,张琼华等译,人民教育出版社,2001 年,第 112—122 页。

身的问题,也是家庭、社会以及时代的问题。①

　2. 对中小学道德教育其他问题的研究

　一些学者对道德教育的工具化现象进行了批判。日本学者村井实在其专著《近代日本的教育和政治》中,阐述了日本从明治维新以来到1999 年的"政教一体"的发展过程,指出教育在政治的引导下产生混乱和僵化,却又在教育改革的旗帜下由政治对教育的混乱局面、僵化状况进行改革,因此教育一直是政治的附庸,无法独立和自由;②在另一专著《道德教育原理——应该怎样看待道德教育》中,他批判了道德教育对政治的依赖性,指出:"日本道德教育本身,从明治初期开始,就不是从教育理论的反省和考察的角度,而是从培养'好的日本人'的角度,从服从政治目的的角度发展而来的。"③堤正史认为,当今日本道德教育的最大问题是"政教一体"的问题。他指出,从"临教审"成立以来,日本政府一直强调学校和家庭的道德教育,实际上是要强调政治对道德教育的控制。④ 吉水·汗也在其专著《日本道德教育的过去和现在》中指出:"(日本的)道德教育极易受到来自于政府政治和社会政策的影响。国家对道德教育的控制可能会有教化和操作精神的危险。正如战前时期,国家对日本人民道德的控制,现在日本政府又在控制下一代的道德品质。"⑤此外,日本学者大田尧和堀尾辉久分别批判了包括道德教育

　① 饶从满《日本现代化进程中的道德教育》,东北师范大学博士学位论文(未刊),1998年,第 97 页。
　② 村井实《近代日本的教育和政治》,[日]东洋馆出版社,2000 年,第 112 页。
　③ 村井实《道德教育原理——应该怎样看待道德教育》,[日]教育出版,1990 年,第48—49 页。
　④ 德永正直、堤正史、宫岛秀光、林泰成、神原志保《道德教育论——从对话到对话的教育》,[日]中西屋出版社,2003 年,第 65 页。
　⑤ Khan, Y. *Japanese moral education past and present*. London: Associated University Presses, 1997. 209.

在内的教育作为经济和政治的工具的问题。①

　　一些学者对忽视道德教育的表现和原因进行了探讨。日本学者权藤与志夫指出,文部省1993年开始进行的道德教育推进状况的调查结果表明,在各中小学中,存在着不能确保上课时间、儿童对道德课的理解、道德教育的发展状况、教师进修、教师认识等方面的问题。他认为,其原因主要是校长对道德教育不够重视,很多教师反对特设道德课等。② 押谷由夫认为,战后对道德教育的忽视有以下几个方面的原因:一是认为道德教育对"二战"负有一定的责任;二是因为直接引入了美国的社会课造成的不良影响;三是忽视道德教育的师资培训;四是对特设道德课的批判。③

　　还有一些学者对道德教育与生活的分离状况进行了探讨。村井实在其专著《道德教育原理——应该怎样看待道德教育》指出,日本战后的道德课和战前的修身科一样,都是以教给儿童一定的德目为目标,都陷入了德目主义的泥沼;④立花均在其论文《为什么道德教育不成功》中指出日本道德教育不成功的原因主要是"知识体系和生活感觉的分离",即学校里所学的价值观(主要是理性主义的价值观)和儿童在生活中所感受的价值观(主要是生命主义的价值观)的分离。⑤ 我国学者饶从满认为,生活是道德教育和儿童成长的基础,日常生活中缺乏道德教

---

① 大田尧《战后日本教育史》,王智新译,教育科学出版社,1993年,第216—231页。
　　堀尾辉久《当代日本教育思想》,王智新等译,山西教育出版社,1994年,第2页。
② 权藤与志夫《我国有关价值教育的政策动向和课题》,[日]《比较教育学研究》,2000年,总第26期,第14—15页。
③ 押谷由夫《对无航标时代的心灵教育的反思》[日]《教职研修》,1996年,4月增刊号,第1—2页。
④ 村井实《道德教育原理——应该怎样看待道德教育》,[日]教育出版,1990年,第43页。
⑤ 立花均《为什么道德教育不成功》,见土户敏彦《道德可教吗》,[日]教育开发研究所,2003年,第112页。

育的土壤,中小学道德教育和儿童的日常生活的分离是造成日本儿童心灵荒废的重要原因之一。①

（三）当代日本中小学道德教育的变革与发展的研究

学术界关于 20 世纪 70 年代以来日本中小学道德教育的变革与发展的研究,主要集中在政府的方针政策方面,对学术界的研究和中小学的实践方面的研究较少。

1. 对政府方针政策的研究

很多学者十分关注日本政府有关中小学道德教育的方针政策,或站在支持的立场上对其进行解说和宣传,或站在中立的立场上对其进行述评,或站在反对的立场上对其进行批判。

押谷由夫在其专著《新道德教育的理念和方法——培养理想、希望和勇气》中,对 1998 年日本第 16 届中教审的咨询报告、教育课程审议会(以下简称"教课审")的咨询报告中有关道德教育的基本理念进行了述评;②在其编著的《新教育课程和学习活动的实际:道德》一书中,就 1998 年文部省进行的道德教育课程改革进行了解说;③在其论文《新教育课程中有关道德教育的理念和实践》中,探讨了 1998 年课程改革中道德教育的地位、理念及其在中小学实践中的运用等问题。④ 由尾田幸雄为总主编以及 20 名编著者共同完成的"'心灵教育'实践大系",1999 年由日本图书中心出版,共分 10 卷,围绕 1998 年第 16 届中教审提出的心灵教育的主题,从理论和实践两个方面分别探讨了幼儿期、小

① 饶从满《日本的心灵荒废和道德教育》,[日]《道德教育》,2001 年,第 11 期,第 109—110 页。

② 押谷由夫《新道德教育的理念和方法——培养理想、希望和勇气》,[日]东洋馆出版社,1999 年。

③ 押谷由夫《新教育课程和学习活动的实际:道德》,[日]东洋馆出版社,1999 年。

④ 押谷由夫《新教育课程中有关道德教育的理念和实践》,[日]《道德与教育》,2003 年,第 316·317 期,第 239—248 页。

学、初中、高中、终身学习社会、艺术·宗教、科学、家庭、社会生活和国际化、信息化社会中的心灵教育。① 我国学者张德伟等在论文《从培养"丰富的心灵"到培养"丰富的人性"再到培养"人性丰富的日本人"——20 世纪 80 年代以来日本德育方针的演变》中，评述了 20 世纪 80 年代以来日本中小学道德教育的方针。② 朱永新、王智新、尹艳秋对当代日本道德教育目标、教学计划与内容、评估等进行了研究。③

日本学者尾花清指出，1989 年的《学习指导要领》强调道德教育的全体计划、道德课的年度指导计划和年级指导计划，体现了政府对道德教育的控制。此外，文部省在道德教育资料的开发方面也存在无法体现道德教育的目标和内容等问题。④ 藤田昌士对 1989 年《学习指导要领》中强调"作为世界中的日本人的自觉"和"宗教的情操"进行了批

---

① 这 10 卷书分别为：

真仁田昭、内藤俊史《幼儿期的心灵教育（第 1 卷）》，[日]日本图书中心，1999 年。

押谷由夫、高岛本洋《小学生的心灵教育（第 2 卷）》，[日]日本图书中心，1999 年。

七条正典、五条诗织《初中生的心灵教育（第 3 卷）》，[日]日本图书中心，1999 年。

横山利弘、藤永方纯《高中生的心灵教育（第 4 卷）》，[日]日本图书中心，1999 年。

尾田幸雄、尾田绫子《终身学习社会中的心灵教育（第 5 卷）》，[日]日本图书中心，1999 年。

持田行雄、金丸和子《从艺术·宗教中学习的心灵教育（第 6 卷）》，[日]日本图书中心，1999 年。

羽人佐和子、立石喜男《从科学中学习的心灵教育（第 7 卷）》，[日]日本图书中心，1999 年。

茂木乔、蛭田政弘《家庭中的心灵教育（第 8 卷）》，[日]日本图书中心，1999 年。

小野健知、押谷庆昭《社会生活和心灵的教育（第 9 卷）》，[日]日本图书中心，1999 年。

岩佐信道、西野真由美《国际化信息化社会中的心灵教育（第 10 卷）》，[日]日本图书中心，1999 年。

② 张德伟、展素贤《从培养"丰富的心灵"到培养"丰富的人性"再到培养"人性丰富的日本人"——20 世纪 80 年代以来日本德育方针的演变》，《外国教育研究》，2001 年，第 4 期，第 1—7 页。

③ 朱永新、王智新、尹艳秋《当代日本道德教育》，山西教育出版社，1999 年，第 99—230 页。

④ 尾花清《如何看待当前的道德教育政策》，[日]《教育》，1996 年，第 4 期，第 51 页。

判；①胜山吉章批判了 2002 年 1 月中教审的中间报告《关于适合教育基本法和教育振兴基本计划的理想状态》提出的包括"尊重传统、文化""爱乡土、爱国家之心""作为国际社会一员的意识"以及"志愿者活动、自然体验活动等义务活动、体验活动"在内的"新公共精神"；②新谷恭明、岩川直树、船桥一男等对文部省在全日本颁发中小学道德课的参考书《心灵的笔记》的举措进行了批判。③

　　2. 对学术界的研究和中小学实践的研究

　　总体而言，日本学者较多致力于理论研究和将理论运用于中小学实践的研究，较少对学术界的理论研究和中小学的实践进行总体的研究与评价。

　　伊藤启一认为，战后日本引入了道德认知发展理论和价值澄清理论，其重点不在于介绍其基本原理，而在于介绍具体的道德教育方法。他指出，如果从道德教育的指导方法来看，日本的道德教育比美国的道德教育更好。④ 村田升则认为，战后的日本教育强调方法技术主义，道德教育也不例外。一些文部省的道德教育视学官和调查官提出诸如"同质性和异质性""谈话的组织化""价值主体的自觉""价值观的类型化"和"综合单元的道德学习"等道德教育的方法；很多小学和初中对此也不加研究，就在实践中加以运用。他认为，任何教育理论运用到实践都有一个过程，要对理论进行研究，要对实践有清晰的认识，否则则陷

---

①　藤田昌士《战后道德教育的历史和课题》，[日]《教育》，1996 年，第 4 期，第 71 页。

②　胜山吉章《教育改革论中的"道德"的本质——新自由主义和新国家主义所提倡的道德》，见土户敏彦《道德可教吗？》，[日]教育开发研究所，2003 年，第 200—211 页。

③　新谷恭明《对〈心灵的笔记〉的考察——"道德教"的邀请》，见土户敏彦《道德可教吗？》，[日]教育开发研究所，2003 年，第 86—99 页。

　　岩川直树、船桥一男《不能走向〈心灵的笔记〉》，[日]儿童的未来社，2004 年。

④　伊藤启一《综合的道德教育的创造》，[日]明治图书，1991 年，第 39 页。

入方法技术主义的泥沼。^① 饶从满对日本学术界的理论研究进行了较为深入的探讨。他在日本《道德教育》杂志上发表的论文中指出,战后日本道德教育理论具有以价值内化为主导、被政治玩弄、重实践和方法等特点;^②他在国内《外国教育研究》杂志上发表的系列论文探讨了金井肇、押谷由夫、伊藤启一等日本学者的道德教学理论,^③对他们的道德教学理论给予了较高的评价。

　　上述有关日本中小学道德教育的历史、当代日本中小学道德教育存在的问题、变革和发展状况的研究,涉及的范围较广,研究的内容较多,并在一些问题的研究上达到了相当的深度。但总体而言,这些研究也存在一些不足之处:首先,缺乏总体的、全局性的研究。无论是对中小学道德教育的历史,还是当代中小学道德教育的问题、变革与发展现状的研究,都比较缺乏从宏观的视角进行的研究。在历史研究方面,主要是缺乏对明治维新以前的学校道德教育历史的研究;在中小学道德教育问题的研究方面,主要集中在对学生道德危机和道德教育工具化问题的研究,对其他道德教育问题的研究较少;在中小学道德教育的变革与发展方面,对中小学道德教育政策的研究较多,对学术界的研究和

　　① 村田升《日本教育的再建——现状、问题和措施》,[日]东信堂,2001年,第285—288页。
　　② 饶从满《战后日本道德教育理论的特征》,[日]《道德教育》,2001年,第12期,第106—110页。
　　③ 这些论文是:
　　饶从满、张德伟《结构化方式道德教学论的本体论基础考察》,《外国教育研究》,2000年,第5期,第22—28页,第7页。
　　饶从满《结构化方式道德教学论的方法论原理考察》,《外国教育研究》,2001年,第4期,第17—22页。
　　饶从满《主体性与综合性的交融:综合单元性道德学习论解析》,《外国教育研究》,2002年,第8期,第53—59页。
　　饶从满、李广平《"一个主题两课时"道德两难教学过程模式述评》,《外国教育研究》,2002年,第12期,第15—20页。

中小学实践的研究较少。其次,缺乏对一些重要的微观问题的研究。在中小学道德教育问题方面,前人的研究很少涉及文化对道德教育负面影响的问题,而这个问题是日本道德教育问题中深层次的问题之一;在中小学道德教育的变革与发展方面,以往的研究对学术界有关道德教育的基本理论问题研究缺乏一般的梳理和概括,对学校道德教育改革政策制定的基本理念缺乏深入的探讨,而对这两个问题的研究是深入探讨日本中小学道德教育变革与发展的重要组成部分。

四　研究内容

基于上述的研究现状,本书主要从宏观的视角,在阐述 20 世纪 70 年代以前的日本中小学道德教育历史的基础上,对 20 世纪 70 年代以来的当代日本中小学道德教育存在的问题、变革与发展的状况进行较系统的研究。内容主要包括以下几个方面:

第一,日本中小学道德教育的历史。从形成与发展时期的道德教育入手,阐述第一次教育改革时期和第二次教育改革时期的道德教育。

第二,当代日本中小学道德教育的问题。从阐述道德教育问题的根源——道德教育与生活世界的分离入手,分析教育外部(社会政治、经济和文化)的原因对中小学道德教育产生的影响而造成的问题——道德教育的工具化、文化对道德教育的负面影响,进而研究教育外部和内部的原因对中小学道德教育产生的影响而造成的问题——对道德教育的忽视,最后探讨引起社会高度关注的和反响较大的问题——学生道德危机。

第三,当代日本中小学道德教育的变革和发展。探讨面对 20 世纪 70 年代以来的日本中小学道德教育存在的问题和挑战,日本学术界、政府部门和中小学在哪些方面进行了变革,有哪些变化和发展等。本书既注重研究学术界、政府部门和中小学之间相互影响、相互制约的动态关系,又注重探讨各自不同的特色,以及它们在不同历史阶段中的发展变化。

第四,在以上研究的基础上,探讨日本中小学道德教育的特色,展望未来的日本中小学道德教育。

第二章 中小学道德教育的历史

在阐述 20 世纪 70 年代以前的日本中小学道德教育的历史时,本书将中小学道德教育的历史分为三个时期:第一个时期——道德教育的形成与发展时期。这一时期从原始社会开始到明治维新以前,包括了原始社会、奴隶社会和封建社会的道德教育,主要阐述道德教育还未成为学校教育中一门独立的学科以前以及还未受到现代化影响以前的道德教育的形成与发展过程。第二个时期——第一次教育改革时期。这一时期从明治维新开始到第二次世界大战结束以前,历经明治、大正、昭和①三个时代,主要阐述修身教育体制形成与发展的过程。第三个时期——第二次教育改革时期。这一时期从第二次世界大战结束以后到 60 年代末,历经昭和、平成两个时代,主要阐述全面主义道德教育和特设道德教育体制形成和发展的过程。

第一节 道德教育的形成与发展

一 原始社会的道德教育

原始社会初期,日本经济生活的主要来源是狩猎和捕鱼。公元前 2 世纪以后,中国的先进文化和生产技术开始传入日本,农业上升为日

---

① 昭和时代横跨战前和战后时期。以 1945 年(昭和 20 年)第二次世界大战结束为界,昭和时代被分为战前和战后两个阶段。

本的主要生产方式,父系氏族公社取代了母系氏族公社。

原始社会日本道德教育的特点主要有以下几个方面:首先,儿童在社会生活中接受道德教育。由于原始社会的劳动、生活、教育是一体的,因此道德教育和生活融为一体,儿童在生活中学习家庭、氏族部落的训诫、禁忌、神祇、历史传统和风俗习惯等道德知识。其次,宗教信仰和宗教活动在道德教育中占有重要的地位。原始社会的日本人崇拜太阳、山川、草木、动植物和器具等自然物,把它们作为神的化身。所以,在古代日本的道德意识和宗教意识中,神道和祭祀很重要。一旦有事,大至部落的事变,小至自身的吉凶,都要仰仗神的意旨,祈求神的保护。① 第三,注重"清明心"道德的教育。所谓"清明心",也称"赤心""善心",是指祈祷神灵时的无私心态,或者说是一种从罪恶、混沌的生命秩序中摆脱出来后处于安定的心理状态。"清明心"道德包括的主要内容有:绝对服从神或者作为天照大神化身的天皇的权威;尊重人间的慈爱;尊重社会的正义。② 这种尊崇天皇的"清明心"道德,作为日本人原始的道德观念,已具有了现世性、和谐性、乐天性和恬淡性的特点,对后来的日本道德教育产生了很大的影响。第四,道德教育的途径是口耳相传。由于当时在日本还没有出现文字,因此青少年是通过年长一代所讲述的故事、神话传说、英雄事迹等接受道德教育的。诚如日本古籍《古语拾遗》所记载的那样:"盖闻上古之世未有文字,贵贱老少口口相传,前言往行存而不忘。"③

二　奴隶社会的道德教育

公元1世纪末2世纪初日本由原始社会过渡到奴隶社会。公元3

---

① 朱永新、王智新、尹艳秋《当代日本道德教育》,山西教育出版社,1999年,第33页。
② 吴潜涛《日本伦理思想与日本现代化》,中国人民大学出版社,1994年,第4页。
③ 梁忠义《日本教育》,吉林教育出版社,2000年,第18页。

世纪后半期,在本州中部的大和地区兴起了一个比较强大的奴隶制国家——大和国。到 5 世纪初,大和国统一了日本。

大约于公元 5 世纪时,中国的儒学传入日本,①对日本的政治思想和道德教育等方面都产生了深远的影响。首先,儒学被源源不断地传入日本,经过消化、吸收和创新,成为日本统治者施政的主要工具。例如,仁德大王以"君以百姓为本"作为政治理念;雄略大王提出了"令普天下保安宁"的理念;继体大王则崇尚"所宝惟贤,为善最乐"的信条。②其次,中国的儒家思想传入日本,使日本的道德观念发生了质的变化,即由原来朴素的道德情感上升到理性的道德价值判断,确立起新的五伦道德,同时儒学还为日本神道思想的形成提供了理论依据,还是近现代公民道德的重要组成部分之一。③正是因为儒学的上述两方面功能,使得明治维新以前的日本道德教育一直把儒学作为重要的教学内容。

公元 6 世纪中期,佛教传入日本。④佛教的传入和普及,对日本的思想界和文化教育事业影响很大。它不仅促进了学术工艺的进步、造寺建筑和造佛工艺的发达,而且和儒家文化一起,汇成日本大和文化的主流。圣德太子在主政期间(593-622 年),以儒学与佛学的融合来刷新日本的政治制度,大兴文化教育事业。7 世纪初,他以儒教、佛教的教义为思想基础,制定并颁布了"17 条宪法"。这一宪法,形式上近似于道德训诫,为贵族制定了在社会政治活动中应该恪守的 17 条政治道德。它以儒家的"和"为核心,以佛教的"慈悲",儒教的"仁""义""礼"等为主要内容。⑤圣德太子企图把政治和教育、王法和佛法结合起来,建

①　王桂《日本教育史》,吉林教育出版社,1987 年,第 7 页。

②　汤重南《日本文化与现代化》,辽海出版社,1999 年,第 11 页。

③　梁忠义《日本教育》,吉林教育出版社,2000 年,第 24 页。

④　同上,第 27 页。

⑤　吴潜涛《日本伦理思想与日本现代化》,中国人民大学出版社,1994 年,第 4 页。

立一个法治和人伦的国家。这一指导思想对当时及后世的日本道德教育产生了重要的影响。①

三 封建社会的道德教育

以始于公元 646 年的大化改新为标志,日本进入了封建社会。② 封建社会前期,道德教育发展较为缓慢;封建社会中、后期以后,道德教育发展较快,出现了一些新的特点。

(一) 奈良、平安时代的道德教育

1. 奈良时代的道德教育

大化改新以后,日本的首都迁到奈良。此后八十余年间,在日本历史上称为奈良时代。在此时期,社会安定,经济、文化和教育都呈现出前所未有的长足发展。受唐朝文化的影响,日本的文化有了显著进步。首先,由于佛教兴盛,伴随建寺、造佛,美术、工艺、音乐等迅速发展起来;佛教经典的研读,丰富了学术领域和思想形态。其次,儒学的深入传播,使之成为固定化的政治思想形态。奈良时代的历代天皇多次强调仁、义、礼、智、信、孝等儒学道德在治政中的作用;在当时制定的律令条目中,也富含儒学思想。③ 奈良时代的教育有两个方面的特色:一是仿照唐朝的教育制度建立自己的贵族学校制度(包括大学寮和国学制度),教学内容主要以儒家经典为主;二是朝廷非常注重道德教化,强调儒家道德在教育官吏和百姓中的作用。

2. 平安时代的道德教育

公元 794 年,日本首都迁到平安京(即京都),从这时起到 1192 年止,是日本历史上的平安时代。此时日本在吸收、消化中国文化的基础

---

① 朱永新、王智新、尹艳秋《当代日本道德教育》,山西教育出版社,1999 年,第 34 页。
② 梁忠义《日本教育》,吉林教育出版社,2000 年,第 38 页。
③ 同上,第 45 页。

上,结合本民族的文化传统,开始形成独特的日本民族文化。在日本文化发展史上称为从唐式文化向国风文化的演变。[①] 平安时期的佛教开始逐步走向世俗化,佛教与神道融合,佛教信仰逐步向国民中间渗透。与此同时,僧侣教育也逐步发展起来,其内容包括佛学研究、佛经讲解和传授、佛事活动等。在培养僧侣的同时,僧侣教育也发挥着佛教文化的研究和社会教化的作用,是文化和教育的中心。

在平安时代,贵族子弟的家庭教育日益受到重视,特别是在皇室等高级贵族家庭,对 7 岁的儿童进行一种叫"书始"的仪式(相当于现在的小学入学仪式),以此为开端,儿童开始跟教师学习。家庭教育的内容除了汉文典籍、习字、诗歌、音乐舞蹈以外,还有教养和品德教育。贵族子弟在 7 岁左右举行"着袴"仪式,十一二岁左右举行"元服"仪式(成人式),这些仪式都有一定的道德教育的意义。[②]

(二) 镰仓至室町时代的道德教育

12 世纪末,源赖朝在镰仓开设幕府,摆脱朝廷的控制,开始了武家掌握政权的封建统治时期。长达 670 余年的幕府统治时期,可以根据其特征分为两个时期:镰仓幕府时期(1192－1333 年)至室町幕府时期(1336－1573 年),日本社会处于封建主封建割据的动荡年代;而江户幕府时期(1603－1867 年)则从封建割据走向统一,加强了幕府集权统治。[③] 镰仓至室町时代教育的基本特点是:古代的贵族教育衰落,代之而起的是武士教育和寺院教育;享受文化教育的阶层比以前更加广泛,文化教育的普及面比从前有所进步。[④]

1. 武士教育

① 王桂《日本教育史》,吉林教育出版社,1987 年,第 34 页。
② 梁忠义《日本教育》,吉林教育出版社,2000 年,第 66 页。
③ 王桂《日本教育史》,吉林教育出版社,1987 年,第 43 页。
④ 同上,第 48 页。

武士教育的主要内容包括两个方面。一是武士道精神,二是传授武艺。前者是伦理道德方面的教育,后者是武士的职业本领教育。

武士道是伴随武家社会的形成和发展而产生并发展起来的一种关于武士的观念,是支配武士精神生活的原理。它是武士所遵循的伦理道德规范体系的总称,包含众多道德条目,如生死如一的忠心、质实刚健、尚武勇敢、寡欲廉耻、严守约定、清廉洁白、尊重秩序等。[①] 这种武士道精神是由武士对幕府的封建依附关系决定的,是武士阶层主从关系在伦理道德上的反映。武艺教育是武士教育的重要内容,包括以下几个方面:①弓术、马术、刀术和枪术等单项武艺;②"马上三物"(马上射箭、一马三箭、骑马射犬)和"徒步三物"(以不同的靶"圆物""犬的""草鹿"区分的徒步射术)等综合性的武艺项目;③野外实战演练,如"卷狩"和"追鸟狩"等(它们类似于围猎);④参加实战,年轻武士被父兄带领亲自上战场,这被看做最高形式的武艺教育。[②]

武士子弟在六七岁时举行初次着铠仪式,这种仪式作为培养武士道精神的第一步,具有一定的教育意义。在十四五岁前后,举行元服形式,这也是一种具有重要意义的道德教训意义的仪式。在武士家庭,许多家长为了维持家风,写有"家宪""家训""遗戒""遗训"等文书,劝诫子孙及家臣等在生活上自律,秉承本家族的精神,励精图治。家训中含有丰富的教化思想,以此训导子弟又是道德教育的一种重要的方法。[③]

2. 寺院教育

寺院是除了家庭教育之外的进行武士教育的另一场所。寺院内的教育大体上有两种:一种是具有初等教育意义的寺院,向志愿做僧侣的少年和一般世俗人子弟开放,进行读、写知识的教育;另一种是以培养

---

① 梁忠义《日本教育》,吉林教育出版社,2000 年,第 93—94 页。
② 同上,第 96 页。
③ 同上,第 99 页。

僧职人员为目的,施行专门的教育。① 前者称为世俗教育,后者称为僧侣教育。寺院教育与武士家庭教育是联系在一起的。武士家庭盛行把满七岁的孩子送到寺院学习文化知识。他们和将来准备做僧侣的儿童(多为平民子弟)一起进寺院拜僧侣为师。学习时间长短不固定,多数是七年左右。寺院对入寺的僧俗儿童一视同仁地教授外典(儒典)和内典(佛典),一般先教授读书、习字,然后讲解汉译佛典,禁止儿童游戏。

(三)江户时代的道德教育

江户时代是自 1603 年德川家康在江户开设幕府至 1867 年德川庆喜奉还大政、幕府消亡的 265 年间。这一时期的道德教育有以下两个特点。

1. 受儒学、神道、国学和洋学的影响

从 14 世纪中期开始,日本儒学开始进入研究时期。② 德川幕府成立以后,在德川家康的积极支持和保护下,僧侣出身的儒学家藤原惺窝(1561－1619 年),首先把儒教的研究从宫廷和寺院的垄断下解放出来,使儒学和幕府政治相结合。他的门徒林罗山(1583－1657 年)更受到德川家康的重用。林罗山的子孙代代被任用为幕府的"大学头",培养了许多弟子,分散到全国各地受到各藩的聘任。于是,儒学便很快地得到推广,在封建教育中占据着统治地位。江户时代的儒学,以信奉朱子学说的儒家学派为主流,形成日本的朱子学派。此外,还有阳明学派、古学派和折中学派等。各学派的儒学家,大多数人在幕府的直辖学校、各藩的学校或民间私塾中执教。因此,儒学家又是教育家,对江户时代的教育起着重要的作用。

神道是日本固有的民族信仰,是从原始社会的自然崇拜发展而来

---

① 王桂《日本教育史》,吉林教育出版社,1987 年,第 50 页。
② 同上,第 65 页。

的。神道思想虽然是土生土长的,先于儒学和佛教在日本流传,但因缺少理论依据,因此随着佛教势力的强大而被融化在佛教中。到了江户时期,神道思想和儒教结合起来,出现了"神儒调和"的理论。当时著名的两个神道流派是吉川惟足的吉川神道和山崎斋的垂加神道。国学是江户时代伴随学术的发展和民族意识的觉醒而兴起的,试图通过对《古事记》《日本书纪》和《万叶集》等日本古典进行文献学研究,来阐明儒学和佛教传入以前日本固有的文化和精神的学问。① 洋学又称为兰学,是西洋学的简称。一般意义上的洋学是具有较长的传播和发展历史的荷兰、葡萄牙的学问和幕末时期兴起的英吉利学、法兰西学、德意志学等欧美各国的学问的总称,它是与和学、汉学相对而言的。② 欧洲文化传入日本,可追溯到室町幕府时期,洋枪洋炮和耶稣教的传入。德川家康统一日本以后,曾在一段时间内实行禁教、锁国政策。第八代将军德川吉宗(1684-1751年)比较开明,于 1720 年撤除了 1630 年颁布的禁书令,允许输入洋书,并提倡研究医学、天主教等实用科学,大大促进了洋学的发展。到了江户幕府后期,幕府和各藩对洋学采取了吸收的方针,促进了对洋学的研究。洋学的传播对日本文化教育的发展变化影响很大。它不仅丰富充实了教育的内容,而且促使幕府设立洋学研究机构,民间相继开办兰学塾传授洋学,为明治维新后移植西洋的政治制度和文化、学术等打下了基础。

2. 武士阶级与平民阶级的道德教育分层发达

江户时代以前,学校教育衰落,武士阶层只能在家庭中和寺院里接受教育。到了江户时代,武士阶层的子弟可以在各类教育机构中接受教育,包括幕府直辖学校、藩校和私塾等。幕府直辖学校是为幕臣的子

---

① 梁忠义《日本教育》,吉林教育出版社,2000 年,第 144 页。
② 同上,第 146 页。

弟设置,培养辅佐幕政的官吏和实务人才的教育机构。① 在德川幕府
统治时期内,先后设置的幕府直辖学校有 21 所,每所学校各有不同的
职能和教育内容。其中最重要的最早成立的是昌平坂学问所。藩校是
以昌平坂学问所为样板,由各藩设立和经营管理的学校。②幕府初期和
中期的藩校在培养目标、组织形式、教学内容和方法上都和昌平坂学问
所相似。教材主要使用《孝经》《四书》和《五经》等。到了幕府后期,由
重视儒学转向重视近代的实用科学,在学科设置上不局限于经、史、诗
文,还比较重视实用的知识。私塾是以武士子弟为主要对象的高等教
育机构。私塾的学科构成没有全国统一的规定,所教授的科目或者是
儒学、国学,或者是洋学、医学等。据统计,到江户末期,江户时代的私
塾全日本有 1500 所。③

　　江户时代以前,平民百姓享受不到有组织的教育。到了江户时代,
日本出现了文艺复兴的局面,学校教育越来越发展,平民百姓也可到寺
子屋或乡校接受学校教育。寺子屋是江户时代专门为平民子弟开设的
私立的初等教育机关。④ "寺子"的入学年龄大致是 7 - 8 岁,在学时间
则三年或五年不等。寺子屋的教育内容,是一些庶民日常生活必要的
知识教育,以读、写、算为中心。⑤ 教材是"往来物",主要是汇集当时商
人们的往来信件编成的。此外,还有《实语教》《童子教》等,既是识字的
教材,又是说教性的道德教育用的教材。江户时代初期,寺子屋很少,
到了中、后期,发展较快。寺子屋的产生和发展为道德教育向平民阶层
的普及做出了重要的贡献。乡学是由幕府、藩主及民间有志之士等在

---

① 王桂《日本教育史》,吉林教育出版社,1987 年,第 85 页。
② 同上,第 87 页。
③ 梁忠义《日本教育》,吉林教育出版社,2000 年,第 164 页。
④ 王桂《日本教育史》,吉林教育出版社,1987 年,第 89 页。
⑤ 江藤恭二、铃木正幸《道德教育的研究》,[日]福村出版,1982 年,第 42 页。

幕府直辖地和大名领地的乡间设立的、以武士和庶民子弟为对象,介于藩校和寺子屋之间的学校。^① 乡学是统治者为教化庶民而设立的一种公立学校。江户时代,随着货币经济的发展,商人的地位逐渐提高,农村的状况不很稳定。在这种情况下,幕府和各藩不得不设法直接教化庶民,使之得到安定。在教育内容方面注重伦理方面的教育,主要教授《孝经》《小学》《四书》《五经》等儒家经典。总之,乡学的目的是,在教育大众化、多样化的趋势中,加强一些保守的伦理道德教育,以期保持社会的安定。^②

总的来说,在江户时代,日本教育是建立在等级制度之上的。在道德教育方面,各类学校主要实施以儒教、国学和神道为核心内容的封建道德教育。

在日本的封建社会里,从奈良时代到平安时代封建制度的形成,经过镰仓幕府到室町幕府时期的封建割据,由长期的分裂和战乱,再到德川氏在江户建立幕府统一全国,重新组成封建集权制的国家。随着社会经济结构的演变,日本封建社会的道德教育从奈良时代的佛教兴盛、崇尚儒家经典,到平安时期的佛教走向世俗化,再到镰仓、室町时代武士教育和寺院教育的快速发展,最后到江户时代出现了儒学、国学和洋学并驾齐驱的文化繁荣景象,出现了武士阶级与平民阶级的道德教育分层发达的状况。总的来说,日本封建社会的道德教育已经初具规模,但还没有从一般的教育中分化出来,还没有出现"道德教育"这一称谓。

封建社会的日本道德教育受儒学和佛教的影响较深。日本学者井上久雄指出:"近代以前的日本文化,特别是从总体上来看精神文化的话,都和佛教和儒教有密切的联系,因此,在研究近代以前日本的精神

---

① 梁忠义《日本教育》,吉林教育出版社,2000年,第166页。
② 洪祖显《日本的公民道德教育》,[台湾]五南图书出版有限公司,1992年,第23页。

文化时,如果不考虑儒教和佛教的影响,那么这种研究就是没有意义的。在研究日本的道德思想或道德教育时,如果不考虑佛教和儒教与日本的精神文化的关系,那么这样的研究也失去了意义。"[①]他还指出,佛教中的"恩"和儒教中的"义"中所包含的道德观念,在这个时期的日本人的精神生活中扎下了根,成为日本人精神生活的两大支柱。[②]

需要指出的是,尽管儒学和佛教是从中国传到日本的,但到了日本以后,被日本人加以改造,其儒学和佛教的观点和中国的有所不同。例如,中国儒学把仁、义、礼、智、信作为最重要的美德,"仁"被认为是凌驾于一切之上的德;而日本儒学属于核心地位的则是"忠",而且"忠"是被日本人改造了的"忠"。中国的"忠"是有条件的,意味着对自我良心的忠诚,"忠"和"义"联结在一起;日本的"忠"是无条件的,是臣对君无条件的忠诚,意味着家臣必须无条件地对为主君献出一切,包括生命。[③]

第二节　第一次教育改革时期的道德教育

1868 年 1 月,倒幕派发动宫廷政变,推翻了德川幕府,建立了明治政权,推出了一系列改革措施,开始了具有划时代意义的明治维新。这也是日本历史上第一次教育改革的开始,是道德教育成为学校教育中一门独立学科的开始。

第一次教育改革时期的道德教育大体上可分为以下三个阶段:①修身教育的创始和摸索(1872－1890 年);②修身教育体制的确立

---

①　新堀通也《道德教育》,[日]福村出版,1977 年,第 70 页。

②　同上,第 78 页。

③　胡连利、田红虹《外化与异化:日本文化的成长与困顿》,《日本问题研究》,2003 年,第 1 期,第 51 页。

（1890－1910 年）；③修身教育的发展、膨胀（1910－"二战"结束）。[①]

一　修身教育的创始与摸索

（一）修身科的创立

修身科的创立是随着 1872 年《学制》的颁布而诞生的。

1868 年 3 月 14 日，明治天皇宣布了《五条谕誓文》：①广兴会议，万机决于公论；②上下一心，大展经纶；③公卿与武家同心，以至于庶民，须使各遂其志，人心不倦；④破旧来之陋习，立基于天地之公道；⑤求知识于世界，大振皇基。《五条谕誓文》是明治政府在内政、外交、军事和文化教育上的主要施政纲领。"破旧来之陋习"，"求知识于世界"，即是文明开化。这既是整个国家的方针，又是教育改革的总方针。[②]

1871 年 7 月，日本设立了文部省。1872 年 8 月，文部省颁布了《学制》。学制打破了江户时代武士阶层和庶民阶层教育分层发达的二元形态，以教育机会均等的原理为基础确立了一元制的近代学校制度。[③]在颁布《学制》的前一天，太政官发布了《学事奖励被仰出书》（简称"被仰出书"），表明了《学制》的指导思想。"被仰出书"主要表明了以下几点基本精神：①功利主义的、"立身出世"主义思想；②实学主义的学问观；③教育平等的思想；④个人负担教育费的原则。"被仰出书"的立足点在于强调"一身独立"和"一国独立"的关系，试图通过人人向学，在实现"个人独立"的基础上，达成民族独立、国家富强的目标。[④]但是，"被仰出书"对道德教育却没有强调，或者说完全没有注重。"被仰出书"强

---

① 　这一分期主要参照饶从满《当代日本小学教育》，山西教育出版社，1999 年，第 232 页。

② 　梁忠义《日本教育》，吉林教育出版社，2000 年，第 192 页。

③ 　岛田四郎等《道德教育的研究》，[日]玉川大学出版社，1986 年，第 49—50 页。

④ 　梁忠义《日本教育》，吉林教育出版社，2000 年，第 199 页。

调实学主义,表明了幕府时代的以道德教育为主的教育向明治时代的以主智主义教育的转变。这一转变具体体现在《学制》所设的学校教育课程中。

《学制》由学区、学校、教员、学生和考试、学费等五个部分组成,共109章,是一个庞大而又完整的综合性教育法规。根据学制,在小学设"修身",在中学设"修身学",这是日本首次将道德教育作为学校教育中一个明确而独立的学科。《学制》规定小学分初级小学和高级小学。修身科在初级小学的各学科中排在第五位,而且只开两个学年。第二学年前半期以前每周授课两小时,后半期每周一小时;高级小学完全没有修身科。中学也有初、高级之分,修身科在初级中学为第14位,在高级中学为第11位。可见,在《学制》中,并没有把道德教育作为中小学教育的重要学科加以认识,在学校教育内容方面是受到轻视的。

在教育方法上,修身科是通过教师的口授来进行的,因此只有供教师口授用的教科书,而没有供学生阅读使用的教材。当时文部省指定的作为教师口授资料的教科书大都是欧美的翻译书,如《西洋劝善训蒙》《童蒙草教》和《修身论》等。这些道德教育教材基本上都是以个人为中心的良心、义务、道德品质等一般伦理说教和基督教原理,空谈理论的多而具体事例少,其内容虽然新奇,但与日本的风土人情格格不入。①

(二)《教学圣旨》的颁布

《学制》导入了法国的学制,具有启蒙和进步的一面,但存在着许多不合日本国情、民情的地方,受到了日本人民的抵抗。从1877年(明治10年)开始,日本政府一方面采取缓和政策,一方面策划改订《学制》。1879年9月,文部省通令废止《学制》,而以《教育令》代之。《教育令》

---

① 朱永新、王智新、尹艳秋《当代日本道德教育》,山西教育出版社,1999年,第41页。

是仿效美国的地方分权、自由主义制度的较为有弹性的内容,但对刚开始进行近代化的后进国家来说,却过于自由放任。而且,《教育令》在道德教育方面,几乎只字未提。《教育令》颁布以后不到三个月,各地教育活动就停滞不前,迫使文部省又着手修改《教育令》。[1]

1878 年 10 月,明治天皇对东北地区进行视察,对各地的教育情况十分不满,认为应该加强道德教育。他指示侍讲(天皇的老师)元田永孚起草《教学圣旨》。1879 年 9 月,颁布了《教学圣旨》。[2] 教学圣旨由《教学大旨》和《小学条目二件》构成。

《教学大旨》的主要内容是:教学要旨,在明仁义忠孝、究知识才艺、以尽人道。此乃我祖训国典之大旨,上下一般之教也。然晚近有专尚知识才艺而驰向文明开化之端,破品行伤风俗者。其所以如此,自维新为始,破陋习以知识于世界之卓见,虽一时取西洋之长而奏日新之效,然其流弊弃仁义于后,徒竞洋风故也。甚恐终不知君臣父子之大义。此非我邦教学之本旨也。自今以往,须基于祖宗之训典,以明仁义忠孝。道德之学以孔子为主,人皆尚诚实品行,而后随其才器长进,则道德才艺本末全备,大中至正之教学满步天下,我邦独立之精神无可愧耻于宇内矣。[3]《教学大旨》指出了文明开化以来所产生的弊端,造成了"破品行、伤风俗者";在此基础上,指出了造成上述问题的原因在于"徒竞洋风",因此,应该强调祖宗训典,阐明仁义忠孝。可见,《教学大旨》否定了明治初年以来的欧美教育,强调今后的教育应该以孔子的儒教道德为主。

《小学条目二件》的主要内容是:①仁义忠孝之心人皆有之,然如未在其幼小时感动其脑髓培养之,待其他事物已入耳而成先入主之

① 洪祖显《日本的公民道德教育》,[台湾]五南图书出版有限公司,1992 年,第 34 页。
② 岛田四郎等《道德教育的研究》,[日]玉川大学出版社,1986 年,第 53 页。
③ 洪祖显《日本的公民道德教育》,[台湾]五南图书出版有限公司,1992 年,第 35 页。

后,则未可奈何也。是故,当世小学校应准照揭示教育图表之例,悬挂古今忠臣义士孝子节妇之画像或照片。幼年学生入学之初,教师须先提示此等画像,说谕其行事之概略,使学生首先感觉忠孝之大义于其脑髓,然后使领知诸物之名状。即先养成忠孝之性,后习博物之学,本末无误也。②去秋巡览各县学校,亲观生徒之学业。农商子弟所言多为高尚之空论,有者甚至善言洋语,但未能将其语译为邦语。此辈子弟他日学成还乡,再也难就本业,又其高尚之空论,当官亦无用。加之夸耀其博闻而轻视长上、妨害县官之事,或也不少。此皆因教学未得其道之弊害也。是故,为农商则设农商之科,不可流于高尚而应脚踏实地。盼望教学系使生徒他日学成回归本业,益展其本业者也。①《小学条目二件》指出了"以伦理道德为本,以科学技术为末"的教育理念,并指出了道德教育对小学儿童的重要性和道德教育的具体方法,主张教育应该以脚踏实地的符合日本国情的教育为主,而不要被新知识的空论所左右。

总之,从上述的内容来看,《教学圣旨》主要是以儒家伦理道德为中心的教育宗旨。它从根本上明确了道德教育的重要性,对文部省后来的一系列文教政策起了很大的作用。

（三）关于道德教育的争论

明治维新以后,为王政复古提供重要理论依据的国学派积极推行皇国主义,儒学也不甘失去往日的统治地位。但在文明开化之风越来越盛的情况下,文明开化的洋学思想击退复古的皇道思想和儒学思想,占据支配地位。1872 年颁布的"被仰出书"充分体现了明治政府的开明主义教育观,并彻底否定了封建主义的教育观,但国学派的皇国主义

---

① 洪祖显《日本的公民道德教育》,[台湾]五南图书出版有限公司,1992 年,第 35—36页。

思想与儒学派的儒学思想依然存在。直到明治 10 年(1877 年)以后，国学派构筑的天皇中心价值体系牢固地占据了近代国家体系的中枢地位，儒学思想也以维护天皇制国家主义的名义开始抬头。①

在明治政府内部，一方面是以伊藤博文为代表的开明派，另一方面是以元田永孚为代表的保守派，二者在道德教育上展开了争论。开明派为了牵制保守势力，抵制儒学思想，对自由民权运动采取了妥协政策。1879 年 9 月，《教学圣旨》颁布以后，遭到了伊藤博文等开明派的坚决反对。伊藤博文委托井上毅起草《教育议》一文，呈奏给明治天皇，批驳了《教学圣旨》的观点。《教育议》认为，品德和风俗败坏的责任不在于实施文明开化政策，也不在于维新以后教育上的学制改革，而是由于明治维新这一未曾有过的变革带来的一些弊病。《教育议》承认，根据学制令实施的教育有各种缺点，但反对急剧地改变教育方针，而主张继续执行现行的法规(《学制》之法)。伊藤博文反对元田永孚复活儒教的主张，他认为政教应该分离。在训导高等学校学生方面，他认为应该引导学生钻研科学，认为提倡科学比奖励汉学更为迫切，更为急需。但是，《教育议》在道德教育问题上对《教学圣旨》上的某些观点采取了保守的赞同，认为凡是"教科书涉及伦理风俗的，要选择'好'的教科书"，"对教官要有约束，实行教官训条"，"教师应成为学生的表率"等。② 对此，元田永孚又写了《教育议附议》予以批判。他从汉学是最高之学问、儒教道德是最高道德的立场出发，认为"西洋的修身学"与"我邦之道相悖"，力主建立国教。

伊藤博文和元田永孚之间的论战，反映了政府内部的意见分歧，但他们不是在根本立场上的对立。双方都希望在自由民权运动的风潮中

---

① 梁忠义《日本教育》，吉林教育出版社，2000 年，第 215—216 页。
② 王桂《日本教育史》，吉林教育出版社，1987 年，第 145—146 页。

维持住天皇制,都具有强烈的富国强兵的愿望,都是国家主义者,只是在方法论上有意见分歧。后来,开明政策与儒教主义终于达成了妥协,其表现形式是《教育敕语》的颁布。

(四) 中小学道德教育的加强

如前所述,明治10年(1877年)以后,儒学思想开始抬头。1879年9月颁布的《教学圣旨》,在道德教育上恢复了儒教的传统,明确了道德教育在中小学教育中的重要性,对文部省后来出台的一系列法令具有重大的影响。

1880年5月,文部省任命启蒙思想家、当时在文部省任职的西村茂树为教材编辑局长,负责教材的编写出版工作。西村茂树根据《教学圣旨》的精神,开列出八条道德教育大纲(道德条目):"学问、职业、立志、修德、养智、处事、家庭伦理、交际",并亲自从中国古代的《大学》《中庸》《论语》等著作和日本的《大和俗训》《女诫》及翻译过来的西方道德教材中挑选了大量的格言名句,进行改写后,编辑成《小学修身训》,作为小学修身课教材使用。①

1880年12月,文部省对《教育令》进行了修改,颁布了《改正教育令》,不仅不采用《学制》以来的开明主义教育政策,而且再度起用了曾经被封锁的儒教主义政策,道德教育被置于各学科的首位。

1881年5月,文部省在《改正教育令》的基础上颁布了《小学教则纲领》,对小学的学制进行了改革。《小学教则纲领》将八年制的小学分为初等科(三年)、中等科(三年)和高等科(两年),同时大力强调道德教育,将修身科提到了各学科的第一位,规定为全年的必修课,并增加了课时:初等科和中等科各为每周六课时,高等科为每周三课时,比《学制》中规

---

① 朱永新、王智新、尹艳秋《当代日本道德教育》,山西教育出版社,1999年,第43—44页。

定的要多 12 倍。^①这样，原来处于最低位的修身科成为教科中的首位。而且，在修身科里，还特别重视把儿童培养成天皇忠实的臣民。

1881 年 6 月，文部省又公布了《小学教员须知》，其中第一项就强调："导人善良比教人多识更为重要，故教员应特别致力于道德教育"。此外，还要求教师教育学生以使他们通晓尊皇室、爱国家、孝父母、敬长上、信朋友、爱卑幼、自重等一切人伦之大道，要求教师以身作则，成为儿童的道德典范。^②

执笔撰写《教学圣旨》的元田永孚，遵照天皇的旨意，在《教学圣旨》的思想指导下，编撰修身教科书《幼学纲要》，加强对年幼儿童的道德教育。1882 年 6 月，元田永孚将定稿后的《幼学纲要》呈天皇审阅。同年 12 月，在召开地方长官会议时，《幼学纲要》以天皇敕谕的名义，通过地方长官正式颁发。《幼学纲要》的内容包括孝行、忠节、和顺、友爱、信义等 20 个德目，每个德目都先简单地阐述其意义，然后列出经书的几条章句，再把日本和中国历史上的故事各收录 5 - 6 篇。^③

总之，从《教学圣旨》颁布到《幼学纲要》的编撰，体现了明治初期日本政府对以儒学为中心的中小学道德教育不断重视和加强的过程。然而，这一时期只是明确了道德教育的重要性，对道德教育的方针、方法等问题还处于摸索过程中，还没有形成共识。

二　修身教育体制的确立

（一）修身教育方针的确立

修身教育方针是随着《教育敕语》的颁布而确立的。

---

① 朱永新、王智新、尹艳秋《当代日本道德教育》，山西教育出版社，1999 年，第 44—45 页。

② 岛田四郎等《道德教育的研究》，[日]玉川大学出版社，1986 年，第 54—55 页。

③ 梁忠义《日本教育》，吉林教育出版社，2000 年，第 218 页。

　　尽管明治初期以儒学为中心的中小学道德教育不断得到加强,但也遭到不少思想家和教育家的反对。例如,福泽谕吉等开明主义者严厉批判了设置修身课等复活儒学的种种做法,认为儒学是恢复古流的狂言。进入明治 20 年代(明治中期)以后,关于德育的论争越来越激烈,传统主义、开明主义两阵营纷纷提出了众多的道德论和教育论。元田永孚、西村茂树等传统主义者以儒教主义国体论为基础建立道德观。与此相对,开明主义者在反对儒教主义这一点上是一致的,但理论根据却多种多样:加藤弘之主张宗教主义的德育论;杉浦重刚提倡以理学为基础的德育论;能势荣以伦理学为基础创立德育论;森有礼把近代社会的伦理作为德育的根本,提倡"自他并立"说。这种德育论争也波及地方教育界,修身课出现了很大的混乱,地方长官纷纷要求政府明确德育方针。明治天皇也站在维护封建道德的立场上,批判崇尚欧美文化和偏重智育的倾向,责成文部省起草教育箴言。①

　　《教育敕语》的起草过程比较复杂。首先是文部大臣芳川显正向内阁总理兼内务大臣山县有朋请示,先由文部省提出一个草案。经山县有朋同意以后,芳川将此重任委托给东京大学教授中村正直,但山县有朋和芳川显正对中村正直起草的方案很不满意。于是,山县有朋将此草案送给当时的法制局长官井上毅征求意见,井上毅表示反对。井上毅又重新提出一个草案,并向元田永孚征求意见。元田永孚以井上毅的草案为骨架,修改了其中有关修身的道德条目而成文。这样,元田永孚与井上毅协作制定出教育敕语草案,而山县有朋在背后积极支持了这项起草工作。② 因此,《教育敕语》不仅仅是井上毅的立宪主义和元田永孚的儒教主义妥协的产物,而且还是在山县有朋的军国主义、国家

---

　① 梁忠义《日本教育》,吉林教育出版社,2000 年,第 230 页。
　② 王桂《日本教育史》,吉林教育出版社,1987 年,第 169—170 页。

主义的立场上形成的复杂的产物。[①]

1890 年 10 月 30 日,《教育敕语》由天皇正式颁布,以表明它高于法令,具有绝对的基准性和权威性。其内容如下:"朕,念我皇祖皇宗,肇国宏远,树德深厚,我臣民克忠克孝,亿兆一心,世世济厥美,此乃我国体之精华也。教育之渊源,亦实存于此。望尔臣民,孝父母、友兄弟、夫妇相和、朋友相信、恭俭律己、博爱及众、修学问、习职业,以启发智能,成就德器,进而广行公益,开辟世务,常遵国宪,时守国法,一旦危急,则义勇奉公,以扶翼天壤无穷之皇运。如是,则不独可为朕之忠臣良民,且足以显彰尔先祖之遗风。斯道,实乃我皇祖皇宗之遗训,子孙臣民俱应遵守,使之通古今而不谬,施中外而不悖,朕厥几与尔臣民俱拳拳服膺,咸一其德。"[②]

《教育敕语》由三部分构成。第一部分叙述了"国体之精华"在于天皇之德化与臣民之忠诚,而教育之渊源也是由此而来。第二部分列举了臣民应该遵守的 14 条德目。这些德目包括家族伦理道德、个人道德以及公民道德,既有日本传统的儒家道德,又有近代资本主义社会的伦理道德,最终都归结到以国体为主的"皇运"上来。第三部分强调了这些德目是经过历史证明了的亘古不变的真理,要求人人都必须遵守。

《教育敕语》是在国粹主义(复古派)和西化主义(欧化派)的对立与妥协基础上形成的。因此,《教育敕语》贯穿的不仅仅是日本传统的儒教道德,而是以国体作为基底的儒教道德和近代伦理两方面折中融合的内容。[③] 它既有东方的家族主义伦理观与普鲁士的国家有机体说,又用日本的纪元神话加以修饰,把三者拼凑在一起。最后,又把三者统

① 梁忠义《日本教育》,吉林教育出版社,2000 年,第 231 页。

② 王桂《日本教育史》,吉林教育出版社,1987 年,第 170 页。

③ 李文英《模仿、自立与创新——近代日本学习欧美教育研究》,河北教育出版社,2001 年,第 121 页。

一到"一旦危急,则义勇奉公,以扶翼天壤无穷之皇运"这个军事目的上
来。显然,贯穿在每个德目中的基调仍是国家主义的旋律。[①] 它用"国
体之精华"明确地对明治以来一直模糊不清的教育的根本方针下了定
论,提倡国家主义道德,阻止了西化思想的过度泛滥。总之,和《教学圣
旨》相比,《教育敕语》更明确地将儒教作为日本的国教。它的颁布,不
仅解决了德育论争的混乱状态,而且明确阐述了日本的文教政策和道
德教育的方针。它确立了统一日本国民思想的国家主义、皇国主义思
想,影响着国民道德,统治着人民的意识形态,标志着国家主义教育思
想的最终形成。此后,在《教育敕语》规定的教育方针指导下,日本全面
建立了国家主义的教育体制。这种以天皇为中心的教育宗旨,一直贯
彻到第二次世界大战结束。[②]

　(二)修身教育体制的基本确立

　《教育敕语》颁布以后,从 1890 年 11 月到 1891 年,全国三万多官
立、公立、私立学校都收到了文部省下发的《教育敕语》的誊写本。各学
校接到誊写本以后立即进行了庄严的奉读仪式,并逐渐地扩展为在节
日、庆祝仪式、毕业典礼等仪式上奉读。同年,帝国大学教师井上哲次
郎解释《教育敕语》的书《敕语衍义》得到文部省的认可,得以出版。此
后,该书长期被作为师范学校和初中的课本使用。

　1890 年 10 月,根据《教育敕语》的精神,文部省颁布了《改定小学
校令》,全面规定了小学制度的基本事项。第一条规定,小学应该注意
儿童身体的发育,以进行道德教育、传授国民教育基础知识和生活中所
必需的普通知识与技能为宗旨。[③] 其中的道德教育主要是《教育敕语》
所规定的道德条目,而国民基础教育也是按照帝国宪法和《教育敕语》

　①　王桂《日本教育史》,吉林教育出版社,1987 年,第 171 页。
　②　梁忠义《日本教育》,吉林教育出版社,2000 年,第 232 页。
　③　岛田四郎等《道德教育的研究》,[日]玉川大学出版社,1986 年,第 60 页。

的要求,进行"尊王爱国"的教育及传授对国家有用的基础知识。

根据《改正小学校令》,文部省在 1891 年公布了小学的各种规章制度,强调贯彻《教育敕语》的精神。其中,《小学教则大纲》是有关道德教育方面的规章制度,于 1891 年 11 月颁布。它详细规定了各学科在道德教育和国民教育方面应该注意的事项,并指明一切学科都要实施"道德教育"和爱国教育。它指出:"修身应根据教育敕语的宗旨,以启发儿童的良心,涵养其德性,授予道德实践的方法为主旨。"①日本地理和外国地理,也要"以培养爱国精神为宗旨"。日本历史"以使学生了解本国国体的概要,培养做一个国民应有的情操为宗旨"。总之,各科都要进行"尊王"与"爱国"的教育。②《小学教则大纲》强调以修身科为中心,以其他学科和学科外活动为两翼的道德教育,是《教育敕语》和《改正小学校令》在小学一切教育教学工作中的具体体现。

日本自明治 19 年(1886 年)起就实施了"教科用图书检定制度",修身科的教科书自然也不例外。但在同年通令实施的"小学之学科及其程度"的规章之中,"修身"的上课方法规定是以谈话方式进行,所以"修身书"不过就是教师们的"口头资料书"。③ 然而,《教育敕语》颁布以后,修身科则改令必须使用正式的教科书。明治 24 年(1891 年)10 月 7 日,文部大臣大木乔任就教科书的问题进行了指示,指出修身科应该用教科书。因此,同年 12 月 17 日,文部省公布了《小学修身教科书检定标准》。④ 此标准以《小学教则大纲》为宗旨,规定如下:"在寻常小学校(小一至小四)授予孝悌、友爱、仁慈、信义、礼敬、义勇、恭俭等之实

① 岛田四郎等《道德教育的研究》,[日]玉川大学出版社,1986 年,第 61 页。
② 王桂《日本教育史》,吉林教育出版社,1987 年,第 172 页。
③ 洪祖显《日本的公民道德教育》,[台湾]五南图书出版有限公司,1992 年,第 44 页。
④ 岛田四郎等《道德教育的研究》,[日]玉川大学出版社,1986 年,第 61 页。

践方法,尤须务于培养尊王爱国之志气,指导对国家责务之大要,并使之认识社会之制裁与廉耻之重要性。同时留意诱导儿童趋向纯正之风俗品位。"①根据这个新"检定标准"编制的"修身教科书",封面揭示《教育敕语》,封里印着《敕语奉答歌》。第一课是"天皇",第二课是"孝行",接着是"友爱""信义",以及其他的德目。这样,小学修身科教科书的内容受到《教育敕语》《小学教则大纲》和《小学修身教科书检定标准》的规定,主要强调忠君、皇恩、父母之恩、孝顺、友爱、信心、礼仪、节俭、改过、忍耐、博爱、学问、知能、劝业、正直、义勇等《教育敕语》中所提到的道德标准。② 至此,修身科教育的内容得到了确定。③

总之,在《教育敕语》精神的指导下,在一系列具体规章制度的规定下,文部省确立了以修身科为中心,以其他学科和学科外教育活动为两翼的道德教育体制,并对小学道德教育的内容进行了具体的规定。

(三)修身科教学方法的定型

在修身教育的创始和摸索期,道德教育的方法主要是从《学制》期的"修身口授"到《改正教育令》期引进裴斯泰洛齐的开发主义教学法,强调以儿童的直接经验为媒介,开发儿童心智能力,再到森有礼上台后再次推行"口授""示范"的方法。④ 因此,在这一时期,还未有较稳定和较明确的修身科教学方法。

进入明治 20 年代⑤以后,裴斯泰洛齐的开发主义教学法在日本逐

① 洪祖显《日本的公民道德教育》,[台湾]五南图书出版有限公司,1992 年,第 44 页。
② 朱永新、王智新、尹艳秋《当代日本道德教育》,山西教育出版社,1999 年,第 51 页。
③ 明治中期日本的初中发展较慢,直到 1901 年(明治后期),才颁发了《初中教学要目》,规定了修身科的教学注意事项。对于修身科,明确列有"尊重国体、遵守国法、义勇奉公、忠君、皇祖、皇宗、皇运"等条目,规定了修身教育的内容。(参见梁忠义《日本教育》,吉林教育出版社,2000 年,第 249 页。)
④ 饶从满等《当代日本小学教育》,山西教育出版社,1999 年,第 236—237 页。
⑤ 明治 20 年代是指 1887—1896 年;明治 20 年是指 1887 年。

渐走向形式化,代之而起的是赫尔巴特教育学派。这是与当时的社会背景相一致的。明治政府在与自由民权运动的对峙中,逐渐放弃了全面文明开化的西化主义,转而与保守的国粹主义相结合,走上了国家主义道路。国家主义政策的一个突出特点就是强调以道德教育培养忠实于国家的国民,而赫尔巴特的教育学强调教育的目的在于培养道德品质,这与这一时代的日本以德育为中心的教育要求相适应。① 赫尔巴特教育学派倡导"五段教学法",主张任何教学科目都可以运用"预备""提示""比较""总结""系统"五种形式化的阶段来进行教学。正处于摸索教学方法阶段的修身科也广泛采用了这一方法,用五段教学法进行有关内容的教学。

由于赫尔巴特教育学派五段教学法的普及,日本中小学的修身科教学也走向了定型化。此后虽然有改变,但基本构架未变。② 至此,日本中小学修身科的教学方法基本定型。这一方法是明治 20 年代后至"二战"结束时日本中小学修身科教学的主要方法。

三 修身教育的发展与膨胀

(一)国定修身科教材的发行

日本自 1886 年起就开始实施"教科用图书检定制度",即由民间编写、出版教科书,国家检阅、审查、批准使用的制度。后来,因为出现了教科书审查员与出版社之间收受贿赂等问题,也为了更好地控制国民的思想,宣传《教育敕语》的精神,1903 年 4 月,文部省开始实施教科书由国家统一编写、出版、发行的国定教科书制度。

---

① 李文英《模仿、自立与创新——近代日本学习欧美教育研究》,河北教育出版社,2001 年,第 128 页。
② 饶从满等《当代日本小学教育》,山西教育出版社,1999 年,第 241 页。

第一期国定修身科教材(1904－1909年)①包括了许多与日本产业资本主义发展相应的现代内容。进入明治30年代,由重工业带来的日本资本主义产业经济的发展更需要社会的现代化,更需要教育能为其培养现代劳动力,因而第一期教科书主要是按照《教育敕语》涵养德性和指导实践的精神,以教授国民道德要旨为目的,包括了很多以勤劳、勤学、正直、忍耐等为主的个人道德和以社会进步、他人自由、公益等为主的社会道德方面的内容。② 在五期的国定修身科教材中,第一期是最没有排外倾向、最多有关个人道德和社会道德、最少有关国家道德的修身科教材。③

第二期国定修身科教材(1910－1917年)是对第一期修身科教材的反动。第一期修身科教材颁布以后,受到了来自各方面的批评。持童话、寓言有益于儿童发展观点的人们批评该书过于偏重忠孝德目,而忽视了儿童的兴趣。与此相反,一些学者则批评该书关于忠孝大义、崇敬祖先的内容太少,应加强对国家的"忠"和对家庭的"孝"的教育。④ 在这种背景下,文部省于1908年开始对第一期国定修身科教材进行修改。1910年开始使用的第二期修身科教材,在继续遵照《教育敕语》宗旨的前提下,着重宣传家族国家观,即整个日本是由天皇家族为中心的,凡是日本人都是天皇的子孙。因此,对祖先的"孝",具体就表现在对天皇的"忠"上,即所谓的"忠孝一体"的理论。⑤ 这一时期,有关个人

---

① 这是第一期修身科教材的出版时间,参阅佐佐木昭《道德教育的研究》,[日]学文社,1999年,第223页。以下第二至第五期国定修身科教材的出版时间,参见佐佐木昭《道德教育的研究》,[日]学文社,1999年,第224—229页。

② 饶从满等《当代日本小学教育》,山西教育出版社,1999年,第242页。

③ 佐佐木昭《道德教育的研究》,[日]学文社,1999年,第223页。

④ 李文英《模仿、自立与创新——近代日本学习欧美教育研究》,河北教育出版社,2001年,第242页。

⑤ 朱永新、王智新、尹艳秋《当代日本道德教育》,山西教育出版社,1999年,第54页。

道德和社会道德的内容大大减少,排外倾向有所增强。

第三期国定修身科教材(1918-1929 年)是以第一次世界大战和大正民主运动为时代背景而开始编纂的,反映了这一时代的要求和特征。第三期教材尽管仍以《教育敕语》的臣民道德为基调,但对教育界的重视个性、儿童中心、生活中心的新教育潮流也进行了回应。[①] 它删除了很多有关国家主义、家族主义、儒教主义的内容,增加了很多有关自主的、公民的、社会的内容和国际合作等内容。[②] 日本学者大林正昭认为,如果说第一期修身科教材过于强调市民伦理,和国情不符的话,那么第二期则过于强调臣民伦理,也和国情不符。他认为,第三期是第一期和第二期折中的产物。因为在这一时期,家族国家观的内容没有取消,增加了市民的伦理教育方面的内容,与此同时还注重国际协调方面的内容。[③] 总之,与第二期复古、保守的思潮相比,第三期修身科教材是比较激进和进步的。

第四期国定修身科教材(1934-1939 年)是在日本法西斯主义势力抬头的背景下修订的,因此在整体上特别强调神国观念和军国主义的道德教育内容。1931 年"九·一八"事件以后,日本急速地滑入法西斯主义的深渊。1932 年,日本设立了国民精神文化研究所,1935 年设立了教学刷新评议会,1937 年又设立了教学局。在法西斯教育体制逐渐完备的同时,第四期教材于 1934 年开始实施。[④] 这一期教材删除了第三次修订时增加的有关"公益""宪法"和"国际交流"的内容,增加了有关"忠君爱国"和"家族道德"的思想,强调国家和家族一体的观念。

---

① 饶从满等《当代日本小学教育》,山西教育出版社,1999 年,第 244 页。
② 佐佐木昭《道德教育的研究》,[日]学文社,1999 年,第 225 页。
③ 山崎英则、西村正登《道德和心灵的教育》,[日]密涅瓦书房,2001 年,第 112—113 页。
④ 同上,第 113 页。

具体地说,如果把教科书中的主要道德内容分成有关国家、有关人际关系和有关个人三方面的道德内容的话,那么有关国家的道德内容就占了全部道德内容的五分之三,其中有关天皇、国体、国民义务的道德内容占了很大的比重,纪元节、明治节、天长节等有关节日的内容也明显增加。[1]

第五期国定修身科教科书(1941－1943 年)又称为"战时版的修身教材",是根据 1941 年 3 月公布的《国民学校令》的实施而改订的。《国民学校令》指出,国民学校的目的在于以皇国之道为准则,实施初等普通教育,给国民以基础训练。它还指出,为了培养皇国公民,要采用广义的课程,即将原来的各门学科统合成国民科、数理科、体练科、艺能科和实业科,修身和国语、历史和地理一起,被统合在国民科里。[2] 同年同月,文部省又公布了《公民学校令施行规则》,指出修身教育应根据《教育敕语》的宗旨,指导学生的国民道德实践,培养其国民精神,使其能自觉意识到"皇国的道义使命"。[3] 因此,依据上述两个文件修订的教科书不再是培养儿童的社会伦理或个人道德,而是培养儿童对"皇国使命"的自觉意识。在这种思想指导下,这一期教科书有关国家的道德内容占了五分之四,其中大部分是关于国体和天皇的;有关举国一致、促进国家发展的内容增多,作为家族伦理的内容被减少,并被融入忠的一体之中。[4] 可见,这一期教科书主要强调对天皇的绝对忠诚,强调个人道德和社会道德的统一,强调培养"辅佐皇运"的国民。

总之,从 1904 年开始到第二次世界大战结束,国定修身科教材经历了五次修改。这五次修改受当时政治、经济和社会变动的影响,在内

---

① 饶从满等《当代日本小学教育》,山西教育出版社,1999 年,第 244 页。
② 佐佐木昭《道德教育的研究》,[日]学文社,1999 年,第 227 页。
③ 同上。
④ 饶从满等《当代日本小学教育》,山西教育出版社,1999 年,第 245 页。

容上有所变动,但是以《教育敕语》为宗旨的思想却没有改变。到第五期国定修身科教科书,日本的道德教育已经从国家主义走向军国主义,成为日本政府推行侵略战争的工具。

（二）修身科教学方法的改良

第一次世界大战以后,民主主义风潮风行世界,民主主义思想开始传入日本。在这种背景下,教育界也涌现出许多介绍民主主义的教育家,其中介绍最多的是杜威的教育思想。此后,自动教育、葛雷学制(Gray system)、轮班分组上课式(Platoon plan)、构思法(Project method)、道尔顿实验教学法(Dalton plan)和文纳特卡制(Winnetka plan)等新教育实验陆续由美国传到日本,克伯屈、帕赫斯特、华虚朋等新教育方法的创始者也分别到日本宣传自己的实验。这些教育思想与大正初期的自由主义教育思想相互呼应,融汇成日本的"新教育运动"。① 这些教育思想与赫尔巴特的传统教育思想相对立,对日本教育产生了广泛而深远的影响。

在这场"新教育运动"中,也有人在改革修身教育的基础上提出了修身教学方法改革的新提案:一是主张修身教育的目标是以个人的性行境遇为基础培养其德性,指导其道德实践,因此修身教育要"儿童化,进而个人化";一是认为修身教育的方法要重视儿童的实际感受、经验和自我创造,因而主张生活训练、生活修身。② 其中坚力量是一些公立师范学校附属小学的教导主任和一些私立学校的校长。在师范学校附属小学中,明石女子师范学校附属小学的教导主任及川平治、千叶师范学校附属小学的教导主任手塚岸卫和奈良女子高等师范学校附属小学的教导主任木下竹次是其中的代表人物。及川平治为了冲破无视儿童

---

① 李文英《模仿、自立与创新——近代日本学习欧美教育研究》,河北教育出版社,2001年,第209—210页。

② 饶从满等《当代日本小学教育》,山西教育出版社,1999年,第245页。

能力和个性的划一主义教学的束缚,提出了个别教学与集体教学互相协调的"小组教育法",提出教学要贴近儿童生活,要突破修身科狭小的领域,和图画及手工等活动联合起来。[1] 手塚岸卫提倡自学主义的自由教育,主张在学校教育活动中设自由学习时间,实施自由讲座、自由表达、自由集会、自由服务等;倡导在修身教学方面,不一定要遵循教科书的顺序来教授德目,而应从儿童的实际生活中寻求生动活泼的教材,应重视儿童自治会中的生活训育实践。[2] 木下竹次在重视教学和家庭生活之间关系的基础上提出了"合科学习"[3]的主张,旨在把教学从他律性的训练和教科书本位的注入式教学中解放出来。在木下的指导下,在全校教师集体的支持下,岩濑六郎开展了由强调德目主义修身科教科书到重视生活主义道德实践的系统实践,写出了有关生活修身的系统著作《生活修身原论》(1932 年)。[4] 在私立学校中,成城小学的校长泽柳政太郎、自由学园的校长羽仁本子和明星学园的校长赤井米吉是改革修身教学方法的代表人物。泽柳政太郎认为要根据儿童的实际情况改革修身科教学,并以小学低年级儿童还没有道德意识的萌芽为由,认为修身教学要从小学四年级开始;羽仁本子主张通过劳动训练来教学修身教育,主张将学校和生活联系在一起,培养儿童独立的人格;赤井米吉认为轻视劳动的都市社会不利于道德教育,主张在修身科教学中增加劳动训练的内容。[5]

以上这些教育方法的改良是在修身教育体制和《教育敕语》限制下

---

[1] 德永正直、堤正史、宫岛秀光、林泰成、神原志保《道德教育论——从对话到对话的教育》,[日]中西屋出版社,2003 年,第 50—51 页。

[2] 饶从满等《当代日本小学教育》,山西教育出版社,1999 年,第 245—250 页。

[3] 所谓"合科学习",是指在特定的主题下,将一些学科综合起来的学习方式。

[4] 饶从满等《当代日本小学教育》,山西教育出版社,1999 年,第 245—246 页。

[5] 德永正直、堤正史、宫岛秀光、林泰成、神原志保《道德教育论——从对话到对话的教育》,[日]中西屋出版社,2003 年,第 51 页。

进行的,有一定的局限性。而且,由于这些方法的改革只局限在一些师范学校的附属小学和一些私立学校中,还没有造成一定的声势。但是这些道德教学方法改革的设想和实践对改革传统的修身教学方法,促进学术界和中小学教师进一步思考修身科教学和教育,起了一定的促进作用。

第三节　第二次教育改革时期的道德教育

1945 年 8 月 15 日,在全世界反法西斯强大力量的打击下,日本被迫接受《波茨坦公告》,宣告无条件投降。1945 年 9 月,文部省发布了"新日本建设的教育方针",①拉开了日本第二次教育改革的序幕。

第二次教育改革时期的道德教育大体上可分为两个阶段:①全面主义的道德教育(战后至 1958 年特设"道德课"之前);②特设道德教育体制的确立(1958 年至 60 年代末期)。②

一　全面主义的道德教育

(一) 社会科的设立

1945 年 12 月,美国占领军当局向日本政府发出了关于停止修身科教学的指令。1946 年 6 月,日本众参议院做出了关于废除《教育敕语》的决议,同时责成文部省发出通知,要求各校贯彻这一决议。1946 年 11 月 3 日,日本正式公布了《日本国宪法》,确立了主权在民、放弃战争、保障人权三项基本原则,从而改变了日本天皇专制主义的国家体制。1947 年 3 月,日本又公布了《教育基本法》,明确表示"教育必须以

---

①　山崎英则、西村正登《道德和心灵的教育》,[日]密涅瓦书房,2001 年,第 135 页。

②　这一分期主要参照饶从满等《当代日本小学教育》,山西教育出版社,1999 年,第 247 页。

完成陶冶人格为目标,培养作为和平的国家及社会的建设者,爱好真理和正义,尊重个人价值,注重劳动与责任,充满独立的自主精神的身心健康的国民"。①《日本国宪法》和《教育基本法》的颁布,确立了战后日本新的教育理念,为战后日本道德教育规定了基本性质和方向。

　　早在美国占领军总部下令停止修身科教学的指令之前,日本文部省就提出了设立公民科的设想。1945 年 11 月文部省设立了公民教育刷新委员会,研究如何开展公民教育。在同年 12 月提出的咨询报告中,该委员会提出应该将"修身"和"公民"一体化,在学校教育中设立使"修身"与"公民"一体化的"公民科"。② 1946 年 3 月末,美国教育使节团向联合国军最高司令官提出了《第一次美国教育使节团报告书》,在第一部分"日本教育的目的和内容"中,专设"道德与伦理"一项,探讨了有关中小学道德教育的问题。报告在批判修身科的基础上,指出:"民主主义制度与其他制度同样,需要适合并延续这种精神的伦理。讲授符合民主主义制度的道德条目是可能的,应该在学校和其他场所同样地讲授它们。"③这就肯定了在学校进行道德教育的必要性和可能性。报告讨论了如法国那样设专门科目进行道德教育的方法和如美国那样不设专门学科进行道德教育的方法,对日本学校采用什么样的方法,并没有硬性的规定。但是,报告在第四部分"教学和教师教育"中,专设"公民教育中教学实践上的提案"一项,大力推荐包括政治学、经济学、社会学和伦理学在内的美国的"社会研究"科的方法。④ 可见,报告实际赞成的是美国式的全面主义道德教育方法。

---

　　①　船山谦次《战后道德教育论史》(上),[日]青木书店,1981 年,第 69 页。

　　②　饶从满等《当代日本小学教育》,山西教育出版社,1999 年,第 249 页。

　　③　美国教育使节团《第一次美国教育使节团报告书》,见张德伟《日本教育特质的文化学研究》,东北师范大学出版社,1999 年,第 217 页。

　　④　同上,第 237 页。

受美国使节团上述报告的影响,日本政府 1947 年 3 月颁布的《教育基本法》和《学校教育法》都没有关于道德教育的专门规定。道德教育被解释为包含在《教育基本法》第一条所规定的"完善人格"的教育目的和《学校教育法》第 18、36 和 42 条的小学、初中和高中的教育目标之中,是通过学校全部教育活动进行的。1947 年 3 月,文部省颁布了《学习指导要领一般编(试案)》,将原有的修身、公民、历史、地理合并为社会科。它指出:"社会科并不是单纯地把以往的修身、公民、地理、历史合并在一起,称作社会科的;而是从我国人民的生活来看,非常需要培养社会生活中的良知和品格而设的。"①1947 年 5 月,文部省又发布了《学习指导要领社会科编(试案)》,指出社会科的任务是:"使青少年理解社会生活,培养他们致力于进步的能力和态度。"②社会科的设立,表明美国教育使节团的观点在中小学道德教育领域中占了上风,也标志着以社会科为中心的全面主义道德教育的开始。

由于社会科并非专门进行道德教育的学科,而且由于社会科的道德教育以培养道德理解和判断力为目的,因而容易陷于观念性的、抽象的指导,道德教育在全面主义原则下可以说被有所弱化。③ 为了对全面主义的道德教育进行补充,文部省又引入美国有关"生活指导"④的理论。"生活指导"通过对帮助学生解决生活问题、掌握生活方式、对学生进行行为指导而发挥了很重要的作用。这样,这一时期的道德教育强调将"在个体的生活场合根据活生生的生活进行的生动活泼的实践

---

① 岛田四郎等《道德教育的研究》,[日]玉川大学出版社,1986 年,第 72 页。
② 山崎英则、西村正登《道德和心灵的教育》,[日]密涅瓦书房,2001 年,第 125 页。
③ 饶从满等《当代日本小学教育》,山西教育出版社,1999 年,第 252 页。
④ 所谓"生活指导",是指和学习指导相对,在学科以外的活动中进行的、对儿童进行有关作为人的生存方式方面的指导。(参见新堀通也《道德教育》,[日]福村出版,1977 年,第 95 页。)"生活指导"在昭和 35 年(1960 年)被文部省改为"学生指导"。(参见村井实《道德教育原理——应该怎样看待道德教育》,[日]教育出版,1990 年,第 18 页。)

指导"与对社会生活的"认识指导"结合起来进行。① 因此,确切地说,全面主义道德教育是以社会科为中心、以"生活指导"为辅来进行的。

(二) 关于"爱国心"教育的争论

"二战"结束,美国占领军进驻日本以后,日本政治舞台上出现了三种政治势力,即美国占领军当局、日本人民运动和日本统治集团。这三种政治势力围绕如何处理日本军国主义以及建立什么样的日本的问题,实质上是围绕着日本的国家前途和命运问题,展开了错综复杂的激烈论争。② 在道德教育方面,要求恢复传统道德教育的呼声从来就没有停止过。

进入 20 世纪 50 年代以后,美国对日政策的转变,日本经济的逐步自立和政治独立程度的不断扩大,青少年犯罪的增加,为恢复传统道德教育创造了客观的条件。1950 年 10 月,文部大臣天野贞祐发表谈话,希望在学校的庆祝活动时悬挂"国旗"并齐唱"国歌",并发出了所谓的"天野通知",要求"各学校对学生进行彻底的节日意义的教育,自觉地使他们加深对成为国家和社会一员的意识,这是十分必要的"。③ 这是提出"爱国心"教育论的开始。同年 11 月,天野又在全国都道府县教育长协议会总会上提出了"特设新修身科"的思想,指出:"社会科适于社会道德,但对个人道德来说还不充分,希望发展和整理社会科,特设以人生论及思想问题为主的课程,也即新的修身课程为好。"④1951 年 11 月 4 日,《朝日新闻》上报道了《国民实践要领》大纲,17 日《读卖新闻》又独家登载了"文相草案"的全文。⑤ 在《国民实践要领》中,天野罗列

① 饶从满、满晶《战后日本现代化过程中的学校道德教育》,《外国教育研究》,1997 年,第 6 期,第 21 页。
② 朱永新、王智新、尹艳秋《当代日本道德教育》,山西教育出版社,1999 年,第 68 页。
③ 大田尧《战后日本教育史》,王智新译,教育科学出版社,1993 年,第 153 页。
④ 同上,第 154 页。
⑤ 同上,第 157 页。

了日本人作为个人、家庭成员、社会及国家成员应遵循的伦理规范,特
别强调了"爱国心"和"天皇"的观点。① 这一《国民实践要领》被很多人
称为"教育敕语的战后版"和后来的《理想的人》(又译为《所期望的人》
或《理想的人物形象》)的原型,②是1951年前后日本国内保守势力抬
头在教育领域中的一个典型表现。

尽管天野的《国民实践要领》因为遭受过多的反对而没有公开发
行,③他本人也在舆论的压力下于1952年8月辞职,但天野的观点代
表了相当一部分希望复活旧道德教育的人的思想。政治界、经济界也
有人要求培养青少年具有国家意识和传统文化,他们指责战后道德教
育是培养"世界主义"而没有培养出一个爱国主义者,认为战后道德颓
废的主要根子在于战后的教育改革。④ 1952年8月,刚就任的冈野清
豪文部大臣在记者招待会上说明了"生活道义"课的新设,暗示了要恢
复修身课。⑤ 9月,吉田首相在自由党总会的发言中指出:"日本的重整
军备不可能在一朝一夕一蹴而就,需要相当长的一段时间,必须从物质
和心灵两个方面进行准备。……只有彻底地向青年进行教育,说明日
本的历史是万国之冠,日本的国土是世界上最为美丽的,这样才能培养
爱国心。"⑥可见,吉田之所以提倡"爱国心"教育,是想从精神上为重整
军备建立一种基础。1952年10月,冈野又提出了旨在"发扬道义、涵
养爱国心"的加强修身、地理、历史教育的文教政策。⑦ 11月,吉田首相

---

① 张德伟《日本教育特质的文化学研究》,东北师范大学出版社,1999年,第102页。
② 饶从满等《当代日本小学教育》,山西教育出版社,1999年,第253页。
③ 天野公开发行《国民实践要领》是在1953年3月,天野辞去文相7个月以后。(参见
大田尧《战后日本教育史》,王智新译,教育科学出版社,1993年,第156页。)
④ 朱永新、王智新、尹艳秋《当代日本道德教育》,山西教育出版社,1999年,第69页。
⑤ 大田尧《战后日本教育史》,王智新译,教育科学出版社,1993年,第159页。
⑥ 同上,第153页。
⑦ 张德伟《日本教育特质的文化学研究》,东北师范大学出版社,1999年,第103页。

在第 15 次特别国会上特别宣称:"关于战后的教育改革,鉴于其经验,为使其适合我国国情而加以重新研究,同时,谋求涵养国民自立之基础的爱国心和发扬道义","国民了解什么是爱国心非常重要",[①]再次鼓吹爱国心教育。

针对"爱国心"教育,许多进步教师工会和学者进行了论争与批判。1950 年 10 月,日本教职员工会(又译为"日本教师工会",以下简称"日教组")在中央斗争委员会上决定"反对《君之代》作为国歌而唱颂","发起制定新国歌"的方针,并于 23 日会见了文部大臣,表示"坚决不同意国歌即《君之代》"。[②] 天野提出了《国民实践要领》的设想后,也因受到国内各种进步势力的反对而流产。历史学家高桥缜一发表文章指出:"对爱国心要进行具体的分析,不能抽象地强调。爱国心是有具体内容的,空谈爱国心具有极大的危险性。从历史上来讲,资产阶级的爱国心,只提倡爱自己的祖国,甚至不惜去侵略别的国家,迄今为止的日本的爱国心都和封建专制、排外主义和资产阶级的侵略联系在一起的。"[③]著名的法学家末川博、在日本上智大学任教的德国教授等也撰文反对所谓的"爱国心"和天野的《国民实践要领》。正是在进步势力的极力反对下,吉田首相、天野和冈野文部大臣有关"爱国心"教育的许多计划才未能得以实施。

二 特设道德教育体制的确立

(一) 道德课的特设

尽管吉田、天野和冈野等人的许多设想并未实现,但日本政府振兴"爱国心"以及加强道德教育和强调天皇地位的政策性意向并未就此告

---

① 张德伟《日本教育特质的文化学研究》,东北师范大学出版社,1999 年,第 103 页。
②. 大田尧《战后日本教育史》,王智新译,教育科学出版社,1993 年,第 153—154 页。
③ 朱永新、王智新、尹艳秋《当代日本道德教育》,山西教育出版社,1999 年,第 70 页。

终。1952 年 12 月,冈野对教课审提出咨询,要求审议有关"社会课,特别是地理、历史、道德教育课内容的改善"。[①] 1953 年 8 月 7 日,教课审提出了报告,同意从小学高年级起应该分别有系统地进行地理和历史教育的新见解。但关于道德教育,则大体上沿袭了 1951 年《学习指导要领》的基本方针,认为应在学校的"整个教育计划中"实行道德教育,并认为社会科应担负的道德教育是"培养以尊重基本的人权为中心的民主性道德等等"。[②] 8 月 8 日,中教审对其宗旨表示认可和同意,但又发表附记,认为"民主性道德"的中心是人格的尊重,是对社会公众的服务。8 月 22 日,文部省便将"培养以尊重基本的人权为中心的民主性道德"改为"自觉意识为社会公众服务的个人的立场和作用,培养国家的感情"。[③] 这样,教课审原来提出的"尊重人权"的观点被替换为"公共心"和"爱国心","爱国心"再一次被强调。

　　1955 年,保守政党实现了政治上的统一,成立了自由民主党,一方面推行一系列以修改宪法和重新武装为基调的政策,一方面开始追求经济高速增长的政策。在这种背景下,日本政府开始加强对教育的控制,关注道德教育的问题。1955 年 12 月,经安藤正纯文部大臣亲自修改的社会科学习要领,强调"象征天皇制",把"天皇""宗教"和"国家庆祝日"等作为重要内容,而否认"国民主权"的思想。[④] 这样,保守势力一贯提倡的以拥护天皇制为核心的爱国心教育得到了强化。1956 年 7 月,自民党发表了《文教施策大纲》,强调要"涵养民族精神,提高国民道义",表示要重视道德教育。1957 年 8 月,松永东文部大臣在记者招待会中提出了"为了给改善国民道义提供一个明确的指针,必须设立以道

① 朱永新、王智新、尹艳秋《当代日本道德教育》,山西教育出版社,1999 年,第 74 页。
② 大田尧《战后日本教育史》,王智新译,教育科学出版社,1993 年,第 159 页。
③ 同上,第 160 页。
④ 张德伟《日本教育特质的文化学研究》,东北师范大学出版社,1999 年,第 104 页。

德教育为主体的独立学科"的主张。① 9 月,他在教课审中重申了这一主张,就道德教育的问题提出了咨询。10 月,针对文部大臣的咨询,最初认为没有必要特设道德教育课的教课审,更换了人员,做出了"应为道德教育专门另开课程"的结论。对此,很多人提出了质疑和批判。例如,"日本教育学会"指出:"道德课的特设,有从根本上改变教育目的、教育课程的结构和教育方法的可能。"②

然而,政府部门置多方面的质疑和批判不顾,继续召开特设道德教育课的有关会议。1958 年 3 月 15 日,教课审做出了特设道德课的最终决定。③ 3 月 18 日,文部省发出了《关于小学、初中道德课实施要领》的通告,要求"从 1958 年开始,特设道德课,充实道德教育"。④ 通告指出,从 1958 年 4 月开始的新学年起,在全国的小学和初中的"课外活动"和初中的"特别教育活动"时间中每周辟出一小时进行道德指导。随同通告下发的《"道德"实施纲要》(小学、初中)更加详细地说明了道德课的宗旨、目标、指导内容、指导方法、指导计划等等。⑤ 8 月 28 日,文部省发表了《文部省令第 25 号》,对原定的《学校教育法施行规则》进行了部分修改,使道德课与"学科""特别教育活动""学校行事活动及其他"一样作为教育课程之一的部分获得了法律的依据。修改后的《学校教育法施行规则》还规定道德课的教学时数——小学一年级一年 34 小时,二年级以上是 35 小时,初中各学年都是 35 小时,平均每周为一小时,要求从 9 月 1 日开始正式实施。同日,文部省发表了《小学学习指

---

① 朱永新、王智新、尹艳秋《当代日本道德教育》,山西教育出版社,1999 年,第 78 页。

② 德永正直、堤正史、宫岛秀光、林泰成、神原志保《道德教育论——从对话到对话的教育》,[日]中西屋出版社,2003 年,第 62 页。

③ 同上。

④ 押谷由夫《有关道德课成立过程的研究——道德教育的新发展》,[日]东洋馆出版社,2001 年,第 230 页。

⑤ 同上,第 239—274 页。

导要领道德编》和《初中学习指导要领道德编》，对道德课的有关内容进行了规定。9月，文部省颁布了《小学道德指导书》和《初中道德指导书》，对《小学学习指导要领道德编》和《初中学习指导要领道德编》中所规定的道德课特设的目的、道德教育的意义、授课方法、评价方法等都做了详尽的解说。其中主要强调说明，道德教育还是要以在学校整个教学活动中所进行的为主，特设的道德课与在其他课程以及特别活动、学校活动等中所进行的道德教育具有密切的关联，是对这些道德教育加以深化、进行补充、协调的。特设的道德课不设专职教师，原则上由班主任担任。为了将特设道德课与语文、算术、美术、体育等被称为"教科"的课程（特设道德教育课不是"教科"，而是一项独立的学校活动）相区别，规定特设道德课不打分。① 10月，文部省以官报告示的形式公布了新的《小学学习指导要领》和《初中学习指导要领》，其中，关于道德教育方面的主要内容来自8月份颁布的《小学学习指导要领道德编》和《初中学习指导要领道德编》。它指出，道德教育是以教育基本法和学校教育法的精神为基础，通过学校全体教育活动来进行的；道德课的特设一方面是为了"补充、深化、统合"学校的全部活动，另一方面是为了提高儿童的道德实践能力。在小学，道德课的具体内容分为"基本的行为模式""道德情感、判断""个性发展和创造的生活态度"和"培养作为民主国家和社会成员的道德态度和实践意愿"四个方面，共计36项。② 在初中，道德课的具体内容分为"基本的行为模式""道德判断、道德情感、丰富的个性和创造的生活态度"和"培养作为民主社会和国家成员

---

① 朱永新、王智新、尹艳秋《当代日本道德教育》，山西教育出版社，1999年，第84—85页。
② 《小学学习指导要领解说（道德编）》，[日]大藏省印刷局，1999年，第9页。

的道德态度和实践意愿"三个方面,共计 21 项。①

至此,以道德课为核心、在学校全部活动中进行道德教育的特设道德教育体制在日本的小学和初中基本建立。在高中,虽然没有特设道德课,但在 1960 年 3 月发表的教课审咨询报告中也要求新设"伦理、社会"作为社会科的一个科目,并从 1963 年度开始实施。②

(二)《理想的人》的颁布

特设道德课的提出和实施在社会各界产生了较大的反响,引起了比较激烈的批判。有人认为,分不清特设道德课和原来的生活指导、社会课有什么区别,认为光靠道德教育,特别是特设道德课无法培养起学生们对生活正确的认识和对事物的洞察力;还有人认为,如果详细、具体地规定道德教育的内容和方法,有可能重蹈战前修身科的覆辙。日教组更为严厉地提出特设道德教育是战前修身科的死灰复燃,其目的在于恢复以天皇制为中心的《教育敕语》道德主义,培养排外的狭隘的爱国主义。③ 日本最大的教育专家组织——日本教育学会也专门成立了教育政策委员会,对道德教育问题进行了专门的研究,发表了《关于道德教育的问题(草案)》的报告。报告分"是否侵犯了教育的中立性""是否是从上到下的、强迫的道德教育""审议过程中是否存在问题""特设道德课的法律手续是否有问题""道德的指导内容是否不当"和"是否有将社会科解体的企图"六个方面,对特设道德课进行了批判。④ 此外,还有一些专家学者从政治或政治思想、道德课的指导内容、道德教

① 《初中学习指导要领解说(道德编)》,[日]大藏省印刷局,1999 年,第 10 页。

② 饶从满《日本现代化进程中的道德教育》,东北师范大学博士学位论文(未刊),1998年,第 67 页。

③ 朱永新、王智新、尹艳秋《当代日本道德教育》,山西教育出版社,1999 年,第 80 页。

④ 押谷由夫《有关道德课成立过程的研究——道德教育的新发展》,[日]东洋馆出版社,2001 年,第 102—103 页。

育的方法论和实践论等方面对特设道德课提出了批评意见。[①]　总之，特设道德教育体制在设立前后受到了很多批评。由于反对意见很大，再加上内容枯燥，道德教育的实施情况并不令人满意。

进入60年代以后，池田勇人内阁在强调国家开发、人才开发的同时，倾向于科学技术教育的振兴、学力的充实和道德教育的加强。[②] 1962年10月，文部省向教课审提出咨询，要求就"如何振兴道德教育"出谋划策。1963年，教课审在提交的《关于充实中小学道德教育的方法和对策》的报告中，提出了"确立教师的道德观，把握道德教育的指导理念和适当的指导方法，提高教学热情，加强有组织、有计划的道德教育"的观点。可以说，这一咨询报告的主要目的是为了打开道德教育委靡不振的局面，规范教师的道德观，控制教师的思想。[③]　根据这一咨询报告，文部省于1964年度开始编辑发行《道德指导资料》，并向各学校教师发放，以促进其教学。另外民间的各出版社也以此报告为契机编辑发行"道德副读本"，从此，道德课教学利用读物资料成为普遍。[④]　这样，道德课的教学内容得到了充实，特设道德教育体制得到了加强。

1963年6月，荒木文部大臣向中教审发出有关"扩充、加强后期中等教育问题"的咨询。在这一咨询中，首先要加以研究的一个大问题就是"理想的人物形象"。[⑤] 经过三年的研究，1966年，中教审发表了《理想的人》的咨询报告，提出了新时期所期待的理想的日本人的标准。该报告从"现代文明的特点""国际形势"和"日本人的课题"这三点来论述

---

①　押谷由夫《有关道德课成立过程的研究——道德教育的新发展》，[日]东洋馆出版社，2001年，第103—108页。

②　饶从满等《当代日本小学教育》，山西教育出版社，1999年，第254页。

③　德永正直、堤正史、宫岛秀光、林泰成、神原志保《道德教育论——从对话到对话的教育》，[日]中西屋出版社，2003年，第63页。

④　饶从满等《当代日本小学教育》，山西教育出版社，1999年，第256页。

⑤　大田尧《战后日本教育史》，王智新译，教育科学出版社，1993年，第241页。

道德教育的问题。报告认为,现代文明、自然科学、生产技术是发展了,但人性却没有随之而发展,相反在日本人中间还出现了享乐主义和个人主义的倾向。为了克服这些不良倾向,必须提高人的修养。关于理想的日本人,报告提出了"作为个人",应该是自由的、发展个性的、珍惜自己的、具有坚强意志的和具有敬畏之念的人;"作为家庭成员",应该是把家庭作为亲情的场所、把家庭作为休息的场所、把家庭作为教育的场所和要成为开放家庭的人;"作为社会成员",应该是埋头工作、为社会福利作出贡献、发挥创造性和尊重社会规范的人;"作为国民",应该是具有纯正的爱国心、具有对于象征的敬爱之念和发展优秀的国民性的人。[①] 这里所谓的"具有对于象征的敬爱之念"指的是对作为日本国及日本国民统一的象征的"天皇"的敬爱之意。报告公然指出:"虔敬天皇,这是同敬爱日本国相同的。总之,敬爱日本国的象征——天皇,是同敬爱它的实体——日本国相通的。"[②]可见,报告将忠君(天皇)和爱国联系在一起,限制了人们的思想自由。很多专家学者都认为,《理想的人》所表达的思想是极为保守和反动的。例如,有人指出,《理想的人》究其精神实质而言,与《教育敕语》的忠君爱国思想是一脉相承的,远非只是要进一步明确教育目标那样简单。[③] 日本学者堤正史认为:"从内容上看,(《理想的人》)和天野贞祐的《国民实践要领》非常相像。其中,'作为国民'的第二条'具有对于象征的敬爱之念',使人想起天野说过的'国体的本义'和《教育敕语》。"[④]

---

① 中教审《理想的人》,见钟启泉《日本教育改革》,人民教育出版社,1991年,第233—247页。

② 同上,第246页。

③ 饶从满等《当代日本小学教育》,山西教育出版社,1999年,第256页。

④ 德永正直、堤正史、宫岛秀光、林泰成、神原志保《道德教育论——从对话到对话的教育》,[日]中西屋出版社,2003年,第63页。

由于《理想的人》具有向《教育基本法》所规定的人的形象和教育理念挑战的性质，再加上大肆宣传忠君爱国的思想，所以它自发表后就受到舆论的强烈反对，未能获得法律效力。但是，它所表达的"爱公司""爱国家"的思想受到了以财界为首的保守人士的热烈欢迎。[1] 因而它为当时的教育改革提供了哲学背景，1968年的中小学《学习指导要领》的修订就是以此为参考依据的。

（三）《学习指导要领》的改订

"二战"后的教育课程是以《学习指导要领》为基准的。最初的《学习指导要领》是在颁布了《教育基本法》和《学校教育法》，确立了战后新教育的体制以后的1947年3月，名称是《学习指导要领一般编（试案）》。[2] 1947年5月，文部省又颁布了《学习指导要领社会科编（试案）》，对道德教育的目标和内容进行了规定。它以宪法和教育基本法的精神为基础，从全面主义道德教育的立场出发，以培养儿童人格为目标，否定了战前修身科的内容和教学方法，强调从民主主义的立场出发，尊重儿童的生活经验，通过问题解决等方法，培养儿童对道德的理解和态度。[3] 1958年10月改订的《学习指导要领》，确立了以道德课为中心的特设道德教育体制。

1968年改订的《学习指导要领》在1958年的《学习指导要领》的基础上，以培养具有作为国家社会建设者的觉悟和使命感的日本人为基本着眼点，进行了如下修改：①明确提出道德教育的目标是"培养儿童道德性"。由于以往的中小学道德教育目标的规定比较含糊，特别是与学校教育的一般目标相雷同，给整个中小学道德教育带来混乱，所以这次规定了"道德教育是将尊重人的精神贯彻于家庭、学校及其他具体生

① 张德伟《日本教育特质的文化学研究》，东北师范大学出版社，1999年，第105页。
② 川濑八洲夫《近代教育思想史》，[日]垣内出版，1982年，第267页。
③ 山崎英则、西村正登《道德和心灵的教育》，[日]密涅瓦书房，2001年，第125页。

活中,为培养能创造富有个性的文化及发展民主的社会和国家而努力,进而对和平的国际社会作贡献的日本人,以培养作为其基础的道德性的目标"。① 至于什么是"道德性",文部省在所颁发的道德指导书中作了如下规定:"所谓道德性,是有道德判断力、道德情感、道德态度和实践意愿等各种情形,当然这些并不是独立的特性,而是相互间密切关联,从而构成一个整体结构的东西。"②② 明确了道德课的目标和内容。《学习指导要领》指出,道德课的目标主要是培养"判断力""道德情感"和"道德态度和实践意愿",删去了原来的"基本的行为模式"方面的内容。在道德课的内容方面,废除了1958年根据四个方面或三个方面来规划道德教育内容的做法,在考虑儿童的发展特征和小学和初中道德教育一贯性的基础上,对内容进行了精选和必要的整理和综合。修改后的小学道德课的内容有 32 项,③ 初中道德课的内容有 13 项。④ 总之,1968 年的《学习指导要领》进一步明确了道德教育的目标和内容,巩固了特设道德教育的体制。

　　从以上《学习指导要领》的颁布和改订可以看出,战后道德教育与战前的修身科有了很大的区别,不仅表现在指导思想上,也表现在内容和方法上。在道德教育方针上,主要是依据宪法、教育基本法和学校教育法的精神,强调培养儿童的道德性;在内容上,基本上废除了"皇国主义""忠君爱国"等强调"天皇"和"国体"的内容;在方法上,改变了过去灌输式的"德目主义"的做法,开始注重儿童的发展特点,培养儿童的道德实践能力。

---

① 　饶从满等《当代日本小学教育》,山西教育出版社,1999 年,第 257 页。

② 　同上。

③ 　《小学学习指导要领解说(道德编)》,[日]大藏省印刷局,1999 年,第 10 页。

④ 　《初中学习指导要领解说(道德编)》,[日]大藏省印刷局,1999 年,第 10 页。

小　结

综上所述,20世纪70年代以前的日本中小学道德教育的历史可以分成三个时期:道德教育的形成和发展时期、第一次教育改革时期和第二次教育改革时期。以明治维新开始为界,中小学道德教育可以分成传统的道德教育和现代的道德教育两个时期;以"二战"结束为界,中小学道德教育又可以分成战前和战后两个时期。在道德教育的形成和发展时期,日本形成了以儒学和佛教为核心的道德教育传统;在第一次教育改革时期,主要确立了修身教育的体制,这一时期可以以《教育敕语》的颁布为界分成前后两个阶段;在第二次教育改革时期,主要确立了通过学校全体活动进行道德教育的原则,这一时期可以以特设道德教育体制的确立分成前后两个阶段。

日本是一个以社会为本位的国家,素有重视道德教育的传统。圣德太子在摄政期间,为了建立以皇室为中心的中央集权国家,力求弄通儒学和佛学的深奥,运用佛、儒二教"感化"国民。此后的奈良时代和平安时代,朝廷也都非常重视道德教化。到了镰仓、室町时代,在武士教育中注重武士道精神的教育,在寺院教育中注重儒典和佛典的教育。到了江户时代,无论是武士阶层的子弟还是平民子弟,都要接受以儒教、国学和神道为核心内容的封建道德教育。在第一次教育改革时期,从《教学圣旨》《教育敕语》的颁布到五次国定教科书的发行,道德教育的地位得到了逐步地巩固,国家对道德教育的控制也逐步得到了加强;在第二次教育改革时期,尽管废除了修身科,但却在1958年设立了道德课,开始实施以道德课为核心、在学校全部活动中进行道德教育的特设道德教育体制。总之,在20世纪70年代以前,日本的道德教育很受重视,是日本政府维持传统道德、推行国家政策的重要工具和手段。

　　从 20 世纪 70 年代以前的日本中小学道德教育的发展历程可以看出,明治维新以前,日本在原初文化的基础上,主要受中国文化的影响,形成了以儒学和佛教为核心的道德教育传统;明治维新以后,日本主要受欧美文化的影响,在传统与现代、东西方文化的碰撞和交流中,形成了独特的学校道德教育制度。在第一次教育改革时期,伴随着《学制》的产生,道德教育作为小学和初中一门明确而独立的学科而产生。但是,以修身科为中心、以其他学科和学科外教育活动为两翼的修身教育体制的确立却是在国民教育制度的确立①和《教育敕语》颁布之后的1890－1891 年。前者为修身教育体制的确立奠定了制度的基础;后者则是修身教育的基本方针,规定了修身教育的目标和内容。在第二次教育改革时期,随着 1947 年《教育基本法》的公布,日本确立了战后道德教育的基本性质和方向。在第一次美国教育使节团报告书的影响下,日本于 1947 年确定了以社会科为中心的全面主义的道德教育;之后,在保守势力抬头的背景下,日本又在 1958 年确立了以道德课为核心、通过学校全部活动实施道德教育的特设道德教育体制,强化了道德教育在学校教育中的中心地位。

　　从日本中小学道德教育的发展历程还可以看出,在日本道德教育的传统中,儒学占有很重要的地位。这主要是由以下几方面的原因所决定的:首先,儒学使日本的道德观念发生了质的变化。日本原始社会的“清明心”道德虽然具有道德的意义,但尚未达到进行善恶反思的高度,从严格意义上说,只能说是一种古朴的道德情感或道德思想的萌芽。而这种古朴的道德情感向进行善恶反思的道德转变的最初契机正

_____

　　①　日本近代国民制度是在 1886 年 3 月颁布《帝国大学令》、1886 年 4 月颁布《师范学校令》《中学校令》《小学校令》以后确立的。(参见王桂《日本教育史》,吉林教育出版社,1987年,第 158—167 页。)

是中国儒教和佛教的输入。① 圣德太子草拟的"17 条宪法"是以"和"为核心的 17 条政治道德,它的制定,"标志着日本人的古代道德观上升到了凭理性进行反思的政治道德高度"。② 其次,儒学是 7 世纪初至 20 世纪 70 年代以前日本道德教育的主要目标和内容之一。从圣德太子开始,历代统治者都很重视儒学,都把儒学作为治国安民的重要指导思想和理论工具。例如,大化革新把儒学作为重要的指导思想之一;奈良、平安时代的历代天皇都十分推崇儒学,强调儒学在治政中的作用;江户时代,幕府更是把儒学(朱子学)作为官方的意识形态,使儒学成为政治上唯一的指导理念;到了近代,儒学被作为与近代西洋哲学相抗衡的理论工具,在最终形成的和洋结合的哲学形态中占有重要一极。③ 正因为统治者对儒学的重视以及国家对道德教育的控制,才使得明治维新以前的教育始终把教授儒学作为重要的目标和内容,明治维新以后的教育也长期强调以儒学为中心的道德教育。例如,镰仓、室町时代的武士道教育,江户时代的封建道德教育,第一次教育改革时期的《教学圣旨》和《教育敕语》,第二次道德教育改革时期的《理想的人》和《学习指导要领》,都把儒学作为道德教育的重要目标和内容。第三,儒学的蜕变和发展,巩固了日本儒学的道德教育传统。儒学在日本有三大蜕变:一是大化革新中皇权统一认同和忠国孝家伦理的形成,对建立大和统一国家起了重要作用;二是明治维新前后一百多年间,日本儒学开始走出中国固有的文化模式,而不同程度地吸收西方合理主义、实证主义和批判主义精神;三是"二战"以后,儒学清除了为军国主义服务的思想基础和为天皇神道服务的伦理体系,使部分原有的伦理原则更贴近

---

① 吴潜涛《日本伦理思想与日本现代化》,中国人民大学出版社,1994 年,第 4 页。

② 同上,第 5 页。

③ 梁忠义《日本教育》,吉林教育出版社,2000 年,第 24 页。

现代工业社会的要求,为儒学的发展和历史更新提供了新的契机。[①]
日本儒学的三次蜕变,使儒学摆脱了时代的危机,获得了新的生命力;
也使日本道德教育及时调整和革新有关目标和内容,以适应时代的变
化和发展。当然,儒学在发展中也存在着一些问题,对道德教育产生了
不良的影响。如明治维新以后,儒学成为维护天皇制国家体制的重要
理论武器,甚至被少数军国主义分子用作对外发动战争的宣传工具;在
道德教育领域的具体表现就是《教育敕语》的颁布和在学校教育中的实
施,使道德教育成为日本走向军国主义、惨遭战败的工具。

---

① 冯增俊《教育创新与民族创新精神》,福建教育出版社,2002年,第295—298页。

第三章　中小学道德教育的问题

从 20 世纪 60 年代后半期开始,日本的经济呈现出高速发展的势头;到 70 年代,日本已经成为仅次于美国的世界经济大国。1973 年的中东石油危机,引发了整个西方世界的经济危机,也使日本的经济由高速发展转向稳定增长。伴随高速经济成长的终结,日本经济和社会进入了全面转型的发展时期。[①] 这种转型主要表现在以下三个方面:一是成熟化的发展,表现为经济结构、社会结构、社会意识和社会思潮的变化。经济结构的变化主要表现为从以第二产业为中心的社会向以第三产业为中心的后工业社会的转型,表现为日本企业逐渐多国籍化的趋势;社会结构的变化主要表现为城市化的发展导致农村社会日益向现代的城市化社会转化,破坏了传统的家族结构,带来整个社会生活方式的变化;社会意识的变化主要表现为生活保守主义成为支配日本社会的思想,其价值取向是追求个人生活的富有和安定;社会思潮的变化主要表现为左翼和平主义思潮衰落,右翼保守主义思潮进一步保守化发展为民族主义思潮,其主要特征为"大国"主义。[②] 二是信息化的发展。在世界范围内的新技术革命的影响下,日本也于70年代中期开始

---

① 饶从满《日本现代化进程中的道德教育》,东北师范大学博士学位论文(未刊),1998 年,第 77—79 页。

② 有关社会思潮的内容参见高增杰《日本的社会思潮与国民情结》,北京大学出版社,2001 年,第 209 页,第 211 页。和平主义思潮是比较进步和偏左方面的社会思潮,是战后一直拥有巨大影响的思潮,其主要特点是主张建设和平民主的日本,具有强烈的和平色彩,

兴起新技术革命，从而带动日本社会向信息化社会方向发展。三是国际化的发展。60年代末70年代初，日本在高速成长结束后，随着贸易和资本的自由化发展，为了保持不断的活力，就开始从国际化的角度考虑未来的发展。70年代中期以后，日美、日欧的经济摩擦加剧，使日本步入一个新的国际化时代。90年代以后，国际化又逐渐向全球化发展。

在以上背景下，日本政府从70年代初开始摸索新时期的国家战略。新的国家战略在1977年前后初具形态，1978年以后正式作为统治层的政策采用而进入具体化阶段。① 在此基础上，1982年上台的中曾根提出了新保守主义和新自由主义并举的主张：一方面，提出日本式的新保守主义，"即主张对二战后的政治进行'总决算'，② 加大日本外交

（接上页注）维护战后新宪法的基本原则；保守主义思潮是比较保守和偏右方面的社会思潮，源于吉田茂在20世纪50年代制定的日本战略政策，主张"轻军备，重经济"的发展路线，其核心在于强调日美同盟；民族主义思潮源于19世纪中期日本走上近代化道路之初，战后曾表现出反对美国帝国主义的"民族主义"情绪，构成了和平主义思潮的一个组成部分，80年代以后，却逐渐走向保守化，其主要特点是谋求大国地位的冲动，在历史问题上试图尽快翻过战败的一页，试图修改宪法的冲动等。

① 1973年7月《综合研究开发机构法》的颁布和1974年综合研究开发机构（简称NIRA)设立，表明日本政府开始制定新的国家发展战略。1977年前后初具形态的日本统治层的新国家战略在1978年大平内阁成立后正式作为统治层的政策采用而进入具体化阶段。大平正芳在竞选自民党总裁时就以"一个战略两个构想"（综合安全保障战略、日本型福利社会构想、环太平洋协作构想）的形式表明了他要把上述战略作为其基本政策。在就任首相以后，又进一步组织研究小组进行国家发展战略研究。其战略构想此后为1979年8月内阁决定的《新经济社会七年计划》和通产省的《80年代的通产政策展望》等所继承和具体化。继大平政权之后的铃木善幸政权继续沿着大平政权的战略构想前进。1980年10月铃木内阁成立了首相咨询机构"临时行政调查会"（简称"第二临调"）。第二临调经过两年的紧张工作，分五次提出了咨询报告，主张把"对内实行有活力的福利社会，对外增加对国际社会的贡献"作为行政财政改革的指导思想。（参见饶从满《日本现代化进程中的道德教育》，东北师范大学博士学位论文（未刊），1998年，第80—81页。）

② 所谓"总决算"，大体分为两个方面：一是进行国内改革；二是向"禁区"挑战。国内改革即指以行政、财政、教育三大改革为主要内容的"第三次大规模改革运动"；所谓向"禁区"挑战，就是改变日本"纯"经济大国的形象，增加防卫经费，实现"政治大国"的战略目标。"总决算"路线的这两个方面，前者是手段，后者是目的。（参见吴廷璆《日本史》，南开大学出版社，1994年，第1146页。）

的自主性,推动日本由经济大国走向政治大国,在思想文化方面,宣传日本文化优越论,并鼓吹尊崇天皇制权威的思想";①另一方面,推行新自由主义,在经济领域里掀起了私营化的改革浪潮。此后,日本开始了自明治维新以来的第三次大规模的社会改革。20世纪90年代冷战结束之后,日本政府在争做世界政治大国的同时,又于1996年提出了科学技术立国和文化立国的国家战略。② 进入新世纪之后,日本在努力摆脱经济长期低迷的困境的同时,始终坚持其政治大国、文化大国和科学技术立国的国家战略。总之,从80年代初以来,日本政府的国家战略主要是在新保守主义和新自由主义的指导下,围绕"大国"主义来展开的。

以上日本经济、社会的全面转型和日本政府国家战略的制定,不可避免地把社会发展过程中的矛盾集中引发出来,主要表现在新旧体制胶着、利益分化显著、价值取向各异和文化碰撞加剧等方面。在教育领域,则出现了教育的普及化和教育荒废现象并存的局面:一方面,小学、初中的升学率已经达到了100％,高中的升学率超过了90％,高中教育实现了"普遍化"(准义务化);③另一方面,学校教育也出现了以欺侮、校内暴力和其他青少年不良行为为主要特征的教育荒废现象,在社会上引起了广泛的关注。这一现象既反映了日本教育出现的荒凉和衰退的景象,也反映了日本青少年心灵的危机。正如日本临教审在1986年的第二次咨询报告中所指出的那样:"以欺侮、校内暴力、青少年行为不良为代表的教育荒废,是儿童心灵的荒废,隐藏着与儿童的人格崩溃相

---

① 李协京《新自由主义和新保守主义路线指导下的日本教育改革》,《教育研究》,2005年,第8期,第82页。

② 吴忠魁《日本文化立国战略与基础教育改革的新发展》,《比较教育研究》,2001年,第4期,第1页。

③ 藤田英典《走出教育改革的误区》,张琼华、许敏译,人民教育出版社,2001年,中文版序,第1—2页。

关联的危险。"①

　　教育荒废的现象仅仅是 20 世纪 70 年代以来中小学道德教育问题的一个方面。在日本中小学道德教育的理论和实践方面,还存在着一些其他的道德教育问题。无论这些问题来自于学校外部还是学校内部,起源于历史还是发生于当代,它们都困扰着当今日本中小学的道德教育界,成为日本中小学道德教育变革和发展的背景和动力。

第一节　道德教育与生活世界的分离

　　20 世纪 20 年代以后,西方的一些重要哲学流派如现象学、分析哲学、存在主义和西方马克思主义等都比较明确地提出了有关生活世界的理论。② 关于生活世界的含义,哲学家们的看法不尽相同。现象学的主要代表人物胡塞尔(Husserl,E.)认为生活世界是"客观性的起源领域","始终具有发生—历史的特征","是由人所建构的、实践的周围世界,这个周围世界作为许多周围世界中的一个处在历史及其传统的视域之中"。③ 分析哲学的代表人物维特根斯坦(Wittgenstein,L.)认为生活形式(即生活世界)就是人们在特定时代生活的方式,是指以一套语言游戏规则为基础的交流活动。④ 存在主义的重要代表人物海德格尔(Heidegger,M.)认为世界(即生活世界)先于存在者,并规定存在

---

　　① 临教审《关于教育改革的第二次咨询报告》,见钟启泉《日本教育改革》,人民教育出版社,1991 年,第 450 页。

　　② 李文阁《回归现实生活世界:哲学视野的根本置换》,中国社会科学出版社,2002 年,第 93 页。

　　③ 倪梁康《胡塞尔现象学概念通释》,生活·读书·新知三联书店,1999 年,第 272—273 页。

　　④ 李文阁《回归现实生活世界:哲学视野的根本置换》,中国社会科学出版社,2002 年,第 102 页。

者的存在。① 西方马克思主义流派的哈贝马斯(Habermas,J.)认为,生活世界"构成直观现实的,因此是可信的、透明的,同时又是不能忽视的,预先论断的网","始终是停留为背景"。② 总之,生活世界主要是指人们在生活中能够直接感知的具体而又现实的周围世界。

胡塞尔提出生活世界的概念主要是针对"科学世界"而言的。在他看来,科学世界是生活世界的抽象图景,是"原则上无法直观到的'逻辑的'亚建筑"。③ 至于生活世界和科学世界的关系,胡塞尔认为,生活世界与科学世界相对立,生活世界是前概念的、在活生生的经验中直观地给予的世界,而科学世界是经过人类的理智活动高度抽象化和概念化了的理论世界。生活世界离我们的主体近,而科学世界离我们的主体远;生活世界可亲知,科学世界不可亲知;科学世界的真理性必须追溯到生活世界的直观经验中去,因而生活世界是科学世界的基础。④由此可见,在胡塞尔看来,生活世界是基础,是第一位的;科学世界是从属于生活世界的,是第二位的。如果如胡塞尔所言,人生存的世界可以分成生活世界和科学世界,那么,人类社会中的教育现象也可分为生活世界的教育和科学世界的教育,道德教育同样也可分为生活世界的道德教育和科学世界的道德教育。⑤ 从上述生活世界和科学世界的关系来看,生活世界的道德教育是更为根本的,是科学世界的道德教育的基础和发源地。

---

① 李文阁《回归现实生活世界:哲学视野的根本置换》,中国社会科学出版社,2002年,第105页。
② 哈贝马斯《交往行动理论·第二卷——论功能主义理性批判》,洪佩郁、蔺青译,重庆出版社,1994年,第180页。
③ 谢劲松《胡塞尔传》,长江文艺出版社,2002年,第168页。
④ 张庆熊《熊十力的新唯识论与胡塞尔的现象学》,上海人民出版社,1995年,第122页。
⑤ 项贤明《回归生活世界的道德教育》,见朱小蔓《道德教育论丛》(第1卷),南京师范大学出版社,2000年,第463页。

在人类社会之初,科学世界的道德教育还没有从生活世界的道德教育中分化出来,道德教育还是生活世界的一部分,是和生活世界自在地融合在一起的。制度化教育产生以后,科学世界的道德教育逐渐从生活世界的道德教育中分离出来,这是道德教育和生活世界分离的开始。在前学校教育阶段,①科学世界的道德教育还没有同生活世界的道德教育发生断裂,道德教育和生活世界的分离还不算严重。然而,进入学校教育阶段以后,"由于理性的分裂以及对科学理性的盲目极端崇拜,现代教育的两大领域之间发生了断裂:一方面,现代人把派生的科学世界的教育当作'教育'本身,认为科学世界的教育就是人的全部教育,而那更为根本的生活世界的教育却不知不觉地被遗忘了;另一方面,现代的科学世界教育又表现出悲壮的'浮士德'精神,在这种教育中,人为了取得知识和对自然的权力,放弃了对自身生命根本的关注,把自己的灵魂典当了出去。"②在这一阶段,科学世界的道德教育与生活世界的道德教育同样也发生了断裂,"中小学道德教育脱离生活世界才显得尤为突出:从形式到内容、从外在的组织体制到内在的价值取向都愈来愈步入科学的轨道,在狭隘的科学化追求上越走越远,从而在其中逐渐迷失了自我,从根本上歪曲了道德教育的本性。"③由此可见,道德教育和生活世界的分离过程,实际上就是科学世界的道德教育和生活世界的道德教育分离过程,是道德教育逐渐脱离生活世界,失去其基

---

① 科学世界的教育的产生和分化独立过程可以在总体上分作两大阶段:前学校教育阶段和学校教育阶段。所谓前学校教育阶段,是指制度化教育产生以后,近代科学产生以前,还没有建立起严格意义上的作为"有目的、有计划、有组织地进行系统教育的机构"的学校以前的阶段。(参见项贤明《泛教育论——广义教育学的初步探索》,山西教育出版社,2000年,第244页。)

② 项贤明《泛教育论——广义教育学的初步探索》,山西教育出版社,2000年,第258—259页。

③ 唐汉卫《生活:道德教育的基础》,山东师范大学博士学位论文(未刊),2003年,第12页。文字略有变动。

础和发源地的过程。

　　道德教育和生活世界的分离是世界各国中小学道德教育面临的普遍问题之一。在此,笔者主要探讨日本中小学道德教育在这一问题上的主要表现和由此造成的不良影响。

一　生活世界的非道德教育化

　　所谓生活世界的非道德教育化,是指在现代社会,生活世界的道德教育功能呈现出萎缩的趋向。一方面,进入学校教育阶段以后,科学世界的道德教育和生活世界的道德教育发生了断裂,人们习惯上已将中小学道德教育当作"道德教育"本身,即当作全部的"道德教育"。这样,生活世界的道德教育由于被排斥在社会意识的自觉视域之外而逐渐呈现萎缩的趋向。另一方面,现代社会的发展又加剧了这种萎缩的趋向。随着经济的发展和科学事业的进步,人与自然、同伴交往的机会减少,间接经验增加,家庭和社会的教育功能有所减退,生活世界对人的道德教育功能明显地萎缩了。这种萎缩突出表现在生活世界的道德教育的无理化(irrationalize),即生活世界的道德教育在结构上日益呈现出混沌与无序的特征。[①]例如,只要打开电视或进入因特网,就可以领略到多元价值观的五花八门的信息,这些信息有好有坏,对儿童的影响也有利有弊。

　　从生活空间的物理性质来看,儿童生活的基本空间主要涉及学校、家庭和社会三个方面。[②]儿童的生活空间本身是一个整体,因此,儿童

---

　　①　这一段参考了项贤明有关道德教育的观点。(参见项贤明《泛教育论——广义教育学的初步探索》,山西教育出版社,2000年,第261页。)

　　②　郭元祥《生活与教育——回归生活世界的基础教育论纲》,华中师范大学出版社,2002年,第176页。

在学校、家庭和社会的生活,构成了儿童的整体生活。下面,我们就主要从儿童在家庭和社会的生活这两个方面,探讨日本儿童生活世界非道德教育化的问题。①

(一)家庭生活的非道德教育化

20 世纪 70 年代以来,在日本社会,由于成人本身在环境日益恶化、竞争日益激烈、快节奏、高效率的社会中感到生存和生活的压力;由于越来越多的妇女为了争取平等和自由的权利,逐渐走出家门,和男性一样参加工作;由于父母缺乏教育儿童的知识,造成对儿童或溺爱、或放任、或管教过严、或虐待倾向的日益严重等原因,家庭生活对儿童的道德教育功能已经出现萎缩的倾向。

首先,在婴儿期,一些父母对婴儿关心和照顾不够,没有使婴儿建立起良好的爱和信任关系。根据发展心理学家艾里克森(Erikson, E. H.)的观点,在婴儿期,婴儿都是以他们的母亲为媒介和外界发生作用,在母亲喂养搂抱满足他的各方面需要的过程中,婴儿产生了对自己的一种基本态度,产生了对世界的基本态度。如果母亲能够对儿童的哭闹很快做出情愿的、愉快的反应,婴儿就会感觉到这个世界是安全可靠的,就会形成一种"基本信任"的态度。② 可见,如果母亲(或代替母

---

① 从学校的物理空间的组织形式看,儿童的学校生活空间可以分为班级与课堂、非正式群体与课外两种基本的空间(参见郭元祥《生活与教育——回归生活世界的基础教育论纲》,华中师范大学出版社,2002 年,第 181 页)。其中,班级和课堂是实现科学世界道德教育的主要空间,非正式群体与课外则是被科学世界排除在外的、实现生活世界道德教育的主要空间。因此,严格说来,生活世界的道德教育应该包括学校非正式群体与课外的道德教育,探讨生活世界的非道德教育化应该探讨学校生活的非道德教育化的问题。但是,一是非正式群体与课外的非道德教育化是家庭生活的非道德教育化和社区生活的非道德教育化的反映和缩影,二是非正式群体与课外的道德教育以学生自身的相互教育为主,非道德教育化的现象还不是那么严重,因此在此且略去不谈。

② 曹能秀、王凌《外国儿童心理发展和教育的理论》,云南民族出版社,2000 年,第 191 页。

亲的其他人)没有通过喂养、搂抱等亲昵的身体动作来表达爱,当婴儿哭闹时没有很快地做出情愿的、愉快的反应,没有悉心照顾孩子、和孩子建立起一对一的依恋关系,那么,婴儿就会对自己、对世界产生一种基本的不信任态度,而这种不信任的态度将影响婴儿的一生。当代日本社会的一些年轻母亲,因为工作忙、缺乏责任感和育儿知识、离婚、婚姻危机等方面的问题,对婴儿照顾不周,导致儿童从小就感受不到母亲和家庭的温暖,对自己、对世界、对人与人的关系产生怀疑,使儿童对同伴难以产生信任,难以建立起良好的同伴关系。

其次,在儿童的成长过程中,很多父母没有提供良好的家庭环境,让儿童参加家务劳动,培养基本的生活习惯;没有让儿童感受父母的爱和温暖,产生与人交往的欲望、学会与人交往的能力。物质生活的便利,家务劳动的简单化,使得很多儿童不需要也不愿意做任何家务,成为饭来张口、衣来伸手的懒惰的一代。很多成人由于工作的繁忙和生活的压力,经常感到身心疲惫、欲望不能满足和失意,回到家中也没有多余的精力和儿童交流、联络情感。儿童有自己的专用房间,但无形中与父母之间有了隔阂,互不干涉,各行其是。家庭生活富裕了,但两代人之间关系紧张,家庭暴力事件日益增多。这些都给儿童的情绪、情感带来了不良的影响,使儿童感到缺乏爱和关心,感到寂寞和孤独。而且,在核心家庭化和少子化日益严重的日本,一般家庭都不和老人同住,兄弟姐妹也减少,这就容易促使儿童形成自我中心,很难接受与自己不同的价值观,同时也缺乏对弱者的安慰和怜悯的情感。

第三,一些父母对儿童或溺爱、放任,或管教过严、有虐待倾向的家庭教育,给正在成长中的儿童带来了不良的影响。日本的家庭教育一般由母亲承担,父亲参与很少,因此容易造成对儿童的过分保护、溺爱和放任。与此同时,也有一些父母对儿童管教太严,甚至虐待儿童。日本东京药科大学的古恒光一认为,在过干涉、过保护、过放任和父母的虐待下长大的青少年,从心理学的角度来说,有人格方面的障碍(因为人格方面的原因存在生活方面的障碍)或者容易产生人格方面的障碍——"爱自己的人格障碍"、"回避性人格障碍"和"境界性人格障碍"。这些障碍的共同点是"自我中心",其病理是"对人关系能力低下","不能和人产生共鸣","不能控制自己的冲动"等。[①] 日本总务厅青少年对策本部 1999 年 9 - 11 月对 2089 名一般少年和 1403 名有不良行为的青少年(其中暴力行为者为 746 名,其他不良行为者为 657 名)进行了调查,调查结果表明:42.3％的男性暴力行为者从小有被父母施与暴力行为的经历,与此相对应,只有 17.4％的男初中生、22.7％的男高中生和 34.6％的男性其他不良行为者从小有被父母施与暴力行为的经历;45.6％的女性暴力行为者从小有被父母施与暴力行为的经历,与此相对应,只有 11.8％的一般女初中生、13.3％的一般女高中生和 40.7％的女性其他不良行为者从小有被父母施与暴力行为的经历。[②] 这项调查从一定程度上可以说明,父母对儿童的暴力行为是造成青少年暴力行为的原因之一。

第四,受学历社会等因素的影响,很多父母忽视儿童的道德教育。为了让儿童将来有光明的前途,很多父母都让儿童上私塾,为儿童能升入好大学打基础。20 世纪 50 年代以来,日本的很多母亲被称作"教育妈妈"。这些"教育妈妈"重视儿童的知识教育,努力使儿童获得优异的学习成绩,考上有名的大学,获得理想的工作,得到应有的社会地位和财富。她们极少对儿童进行道德教育,包括基本的生活习惯、与人交往

① 古恒光一《现代社会的变化和道德教育》,[日]《道德与教育》,2000 年,第 304 · 305 期,第 131 页。

② 总务厅青少年对策本部《有关青少年的暴力观和不良行为的调查概要》(2000 年 5 月),http://www8.cao.go.jp/youth/kenkyu/hikoug.htm,2002 年 6 月 20 日下载。

的技能等教育。一些母亲尽管发现了儿童道德行为方面的问题,但也视而不见,只要儿童专心学习、分数优异就在所不惜。与此同时,许多父亲也不重视对儿童的道德教育。这一方面是因为学历社会的影响,另外一方面是因为父亲对儿童的愧疚感。美国学者大卫·松本(Matsumoto,D.)认为,过去二三十年以来,大多数父亲一心扑在工作上,陪伴儿童的时间极少。由于和儿童在一起的时间很少,他们对儿童心存愧疚,因此对儿童存在的道德问题不忍给予过多的管教。他指出:"父亲们(大多数)不能在需要的时候向孩子灌输道德与社会规范、纪律,不会施以惩戒,也无法规定约束。故而,当今的很多日本父亲已经不能担当往昔道德灯塔的角色。"[1]总之,"教育妈妈"和"愧疚爸爸"对道德教育的忽视使家庭道德教育的功能日趋萎缩。更严重的是,还有一些家庭为了让儿童能专心学习知识,把上初中和高中的儿童送到学校寄宿。这样,许多儿童失去了和父母经常接触的机会,家庭也就几乎完全失去了其道德教育的功能。

(二) 社会生活的非道德教育化

社会是儿童在学校、家庭之外的生活空间。现代日本社会生活的非道德教育化主要表现在以下两个方面。

1. 社区生活的非道德教育化

"二战"以来,由于经济的迅速发展,产业结构的变化,使得日本都市化程度越来越高。1950 年日本城市人口只有 38％,1960 年达到 64％,1980 年达到 76％,到 1995 年左右,五分之四的日本人都已经成为城市人口。[2] 随着城市人口的逐渐增多,农村人口越来越少,出现了过疏化的现象。城市人口的过密化和农村人口的过疏化现象,导致了

---

① 大卫·松本《解读日本人》,谭雪来译,中国水利水电出版社,2004 年,第 81 页。
② 门协厚司《儿童的社会能力》,[日]岩波书店,1999 年,第 132 页。

社区内人与人之间交流的减少,减弱了社区的教育功能。

首先,随着都市化的发展,城市和农村的邻里关系越来越淡漠,减弱了社区的亲和感,降低了社区的教育作用。"二战"以前,日本城市和农村的人口比较均衡,人口流动较少,人们对长期居住的地方充满了感情,社区中的儿童经常参加成人的劳动,成人和儿童、儿童和儿童之间的交往很多。随着城市过密化的发展,迁移到城市的新居民,由于工作繁忙和对社区缺乏感情,和社区内的成人和儿童都很少有来往。与此同时,随着农村过疏化的发展,由于居住分散,农村社区也逐渐解体,失去了对儿童进行教育的功能。总之,由于共同体意识的减少造成了同一社区内生活的人们的纽带松弛,使得儿童在成长的过程中没有接触许多人,没有接触各种各样的价值观;没有接受学校外的教育——社会教育,缺乏"学校教育的中和作用"。这样,就阻碍儿童全面地认识和了解社会,同时也加大了对学校的压力,提高了儿童和家长对学校教育的期望值。

其次,随着城市人口的过密化,儿童游戏场所逐渐减少,社区中儿童之间交往的机会很少。"二战"以前,在儿童常爱玩的捉迷藏等传统的游戏中,儿童必须遵守规则,在玩的过程中,如果出现不遵守规则或欺负别的孩子的情况,就会被驱逐出去。因此,在玩的过程中,儿童也学会了考虑别人的想法,学会了如何与人相处和合作,并体会到和朋友在一起玩的快乐。但是现在儿童很少在一起玩这种传统的游戏了。城市人口的过密化蚕食了儿童和伙伴共同游戏的空间,使儿童游戏逐渐减少;过重的学习负担和个人游戏机的出现,又侵占了儿童和伙伴共同游戏的时间。因此,儿童越来越缺乏和附近的同龄和不同龄的儿童进行游戏的体验,也就不能通过集体游戏意识到"别人的存在",克服家庭少子化和核心家庭化带来的儿童中心化的问题。

2. 大众媒介的负面影响

随着信息社会的发展,大众传媒作为面向大众传播的一定社会信息的媒体,在儿童的生活中起着越来越重要的作用。大众传媒对儿童的影响有正效应和负效应。在这里,笔者主要探讨大众传媒对儿童影响的负效应。

首先,电视、电影、录像、互联网等大众媒介,由于其感性、直观和有趣等特征,吸引着儿童,剥夺了他们有限的闲暇时间,使他们和同伴及自然接触的时间减少。与此同时,还成为儿童逃避现实、麻痹自己、消磨意志的避风港,成为儿童在学校之外的另一个空间。1998年的一项调查表明,小学六年级和初中二年级学生平时(周末之外)平均每天看电视的时间为190分钟,有些初中生看电视的时间超过240分钟。[①]可见,电视剥夺了儿童除学习以外的大部分闲暇时间。大众媒介剥夺的不仅是儿童的时间、空间,也不仅是儿童与自然和人交往的经验,而且还是儿童的理想、斗志,使儿童成为贪图享乐、丧失理想、内心空虚的"新人类"。

其次,大众传媒还带着政府、社区、家庭、制造商、创作人员、网络设计和编辑人员等不同的思想和理念,以各种喜闻乐见的感性方式,冲击着学校相对严肃的价值观教育,对正在成长中的儿童起着潜移默化的影响。现代的日本青少年经常谈论的是服装、饮食、电影明星和歌星的话题,感兴趣的是蹦蹦跳跳、嘻嘻哈哈的文艺工作,反感的是枯燥、乏味的书本知识和严肃、正经的说教。大部分青少年看电视、看电影、上因特网只寻找那些刺激的、有趣的镜头或内容,对政治、经济以及社会方面的新闻或评论根本不感兴趣,甚至连国家的首相是谁都不知道,更别提爱国主义教育了。无怪乎我国留日学者启森感叹道:"从爱国主义的

---

① 《青少年和电视、游戏等和暴力有关的调查研究的概要》,
http://www8.cao.go.jp/youth/kenkyu/tv.htm,2002年6月19日下载。

观点来看,比起美国、韩国以及中国,日本是有些逊色的。"①

第三,由于大众媒介具有较高的商业价值,强化了其内容上的娱乐性和低俗性,给儿童的身心带来有害的影响。儿童只要打开电视机,就有可能看到凶杀、暴力、色情、吸毒、卖淫、驾车狂奔、强盗案件等镜头。例如,1998 年对 24 个节目进行三周调查的结果表明,平均每个月在青少年放学后看电视的时间内,可能接触的暴力镜头达到 113.5 个。②此外,在自动贩卖机可以轻易得到黄色下流的杂志;有些面向中小学生的杂志竟有"性欲讲座"等描写露骨的性内容。③ 尽管政府已经作出种种努力,但在日本各个城镇的自动售货机上都可以直接买到烟和酒。因此,很多中学生,甚至小学生很容易染上抽烟、喝酒等不良习惯。

总之,当代日本的家庭和社会的道德教育功能明显地萎缩了,这既是道德教育忽视校外道德教育的结果,也是现代社会发展的必然趋势。以上笔者是从儿童生活的物理空间这个侧面来探讨生活世界的非道德教育化问题的。实际上,如果从儿童生活的心理空间来看,也存在同样的问题。心理空间与物理空间相对,是人对待生活的一种心理准备状态,是人对生活事件接受与处理的广度和深度。④当代日本社会的儿童,生活在都市化、核心家庭化、少子化和考试竞争的夹缝里,失去了和自然交融、参加劳动和与人交往的机会,心理空间比较狭隘,因此容易产生欺侮、校内暴力和其他青少年不良行为。⑤

---

① 启森《日本中小学"教育病理"诊断——蹲下身来看日本的教育》,《外国教育研究》,1999 年,第 5 期,第 45 页。
② 《青少年和电视、游戏等和暴力有关的调查研究的概要》,
http://www8.cao.go.jp/youth/kenkyu/tv.htm,2002 年 6 月 19 日下载。
③ 陈永明《试述日本教育发展的三大特征与三大弊病》(下),《外国教育资料》,1994 年,第 2 期,第 60 页。
④ 郭元祥《生活与教育——回归生活世界的基础教育论纲》,华中师范大学出版社,2002 年,第 187 页。
⑤ 有关欺侮、校内暴力和其他青少年不良行为的问题将在第五节中阐述。

二 道德教育的非生活化

所谓道德教育的非生活化,是指科学世界的道德教育表现出一种与个体生活世界相脱节的趋向。在现代社会里,道德教育"所关注的焦点主要是那些关于宇宙物理和人性片断的抽象概念体系",忽视"现实的、感性的、活生生的人",遗忘了赖以生存的基础和发源地,于是便从生活世界的道德教育这一母体上断裂开来,成为"一个理性的孤岛"。①日本学者石附实指出:"进入近代以后,世界各国都以学校为中心。由于只顾追求效率至上的合理性、向一元化发展,这种'形式上的教育',和各国、各地区的自古以来扎根在生活中的教育,即不能诉诸合理性的'无形的教育'脱离开来,出现了学校教育和日常生活的文化分离的现象。在日本,这种分离的倾向非常显著。"②石附实在这里所指的"日常生活的文化",主要是用广义的文化概念表示儿童日常生活的环境——日常生活世界;"形式上的教育"是指学校教育;"无形的教育"是指日常生活世界的教育。显然,石附实所说的学校教育和日常生活世界教育脱离的现象也包括中小学道德教育在内。

道德教育非生活化的表现是多方面的。刘铁芳认为,道德教育对生活的疏离主要表现在道德教育过分强调外在功能、跟不上时代步伐、过多规范与限制;③项贤明认为,"中小学道德教育在'知识中心主义'的支配下与生活发生了脱节",其表现是"我们所能做的似乎只是不断地向学生讲授,而后通过考试等了解是否已经'知道'了我们教授给他

---

① 这里参考了项贤明关于道德教育的观点。(参见项贤明《泛教育论——广义教育学的初步探索》,山西教育出版社,2000年,第262页。)

② 饶从满《日本的心灵荒废和道德教育》,[日]《道德教育》,2001年,第11期,第109页。

③ 高德胜《知性德育及其超越——现代德育困境研究》,教育科学出版社,2003年,第11页。

们的'道德',对那些生活层面的东西,我们却总是鞭长莫及,力不从心";[1]唐汉卫认为,道德教育和现实生活相互悬隔的表现主要是"认为道德教育可以像在教学中教授学生的知识技能、发展智力一样来进行","成人化"和"中小学道德教育没有真正正视和面对社会生活现实"等。[2] 以上这些表现概括起来,就是道德教育过分强调外在功能、跟不上时代步伐、过多规范和限制、"直接教授"和"成人化"等。这些表现在20世纪70年代以来的日本中小学道德教育中或多或少地存在着。但总而言之,日本道德教育的非生活化主要表现在"过分强调外在功能"和"过分强调价值内化"两个方面。

"过分强调外在功能"主要是指日本道德教育过分强调其对政治、经济和文化的工具性价值,即对政治、经济和文化的功能,从而忽视了道德教育的基本目标是培养儿童成为一个人,并具有过人的生活的应有的基本道德,放弃了对主体性价值的关注。关于这一点将在第二节详细阐述。"过分强调价值内化"主要是指日本的道德教育过分强调教给儿童一定的价值,并把儿童的价值内化作为道德教育的重点。饶从满博士认为,无论是战前还是战后,日本的道德教育一直是以价值内化为目标展开的,也可以说道德教育的理论是以价值内化论为主导的。[3]可见,在饶从满看来,日本道德教育无论在理论还是在实践层面,都是极端重视价值内化的。下面从两个方面探讨"过分强调价值内化"的具

---

① 项贤明《回归生活世界的道德教育》,见朱小蔓《道德教育论丛》(第1卷),南京师范大学出版社,2000年,第463页。

② 唐汉卫《生活:道德教育的基础》,山东师范大学博士学位论文(未刊),2003年,第6页。

③ 饶从满《战后日本道德教育理论的特征》,[日]《道德教育》,2001年,第12期,第106页。饶从满认为,所谓(价值)内化论,是指教给儿童一定的价值,并以儿童的价值内化作为道德教育的目的。换句话说,是将"德目"作为特定的目标,把让儿童理解、感悟这些德目作为道德教育的宗旨。

体表现。

（一）从德目主义到价值主义

德目是正直、亲切、勇气之类的用语所表现的带有道德价值的名词，是"用来表示人们的性格特征，行为性质和行为所体现的道德价值与道德规范的"，其一般性质是"人们经多年生活经验验证的至善的东西"，因此，"德目本身是历史地、社会地规定理想的人类生活面貌的重要概念"。[①] 关于德目主义的定义，在日本教育理论界有两种看法：一种是把德目主义看做是一种强调德目内化的观念，如将德目主义看做是"为了使儿童向善，首先选择一些表示'善'的德目，如正直、勤勉、节制、亲切等，然后下工夫让儿童掌握各种'德目'"；[②]另一种是把德目主义看成是直接地教授各种道德价值的做法，如把德目主义看做是"为道德教育开设特别的科目和课时，旨在直接地教授各种道德价值的做法，一般称为直接的道德教育"。[③] 德目主义在日本道德教育中的表现既包括了前一种看法，也包括了后一种看法。前一种看法是因，后一种看法是果；前一种看法代表了日本理论界对道德教育应该如何做的一种主流倾向，后一种看法是这种主流倾向在实践中的体现。

德目主义这一教育用语，始用于明治初期修身科的设立，当时的德目主要是"忠义""爱国"和"勇气"等。"二战"结束以后，出于对修身科的反感和批判，日本道德教育的研究者们将"德目主义"中的"德目"改

---

①　筑波大学教育学研究会《现代教育学基础》，钟启泉译，上海教育出版社，1986年，第366页。

②　村井实《道德教育原理——应该怎样看待道德教育》，[日]教育出版，1990年，第41页。

③　筑波大学教育学研究会《现代教育学基础》，钟启泉译，上海教育出版社，1986年，第366页。

为"价值"。① 在 1958 年道德课设立以前,道德教育是在社会科和生活指导中进行的。当时的道德教育将过去的德目改成"自由""平等"和"人类爱"等价值,并没有改变德目主义的性质。特设道德课以后,价值(德目)比过去有所增加。1958 年,小学道德课的价值有 36 项,②初中道德课的价值有 21 项。③ 根据 1963 年教课审《关于充实中小学道德教育的方法和对策》的报告,道德指导从生活问题主义向价值志向主义转换,此后"价值"和"价值主义"的用语开始普及起来。④ 然而,尽管名称改变了,但德目主义的实质并没有改变。正如饶从满博士所总结的那样:"具体地说,战后日本的道德教学理论,是'在主题设定的基础上,首先决定一定的价值,在此基础上选择应该使用的材料'或'道德教学,关键在于对所指定的价值的追求和把握'"。⑤ 具体来说,用于道德课教学的价值虽然有所减少,但仍然是道德教育的中心内容,道德教育仍然是以价值内化为主。1968 年对 1958 年的价值进行了精选和综合,小学道德课的价值有 32 项,初中道德课的价值有 13 项;1977 年小学道德课的价值减少到 22 项,初中道德课的价值增加到 16 项;到 1989年,小学道德课的价值分为低年级 14 项、中年级 18 项和高年级 22 项,初中道德课的价值为 22 项;⑥1998 年,小学道德课的价值分为低年级

---

① 井上治郎《从道德教学到道德学习》,[日]明治图书,1991 年,第 10 页。
② 《小学学习指导要领解说(道德编)》,[日]大藏省印刷局,1999 年,第 9 页。
③ 《初中学习指导要领解说(道德编)》,[日]大藏省印刷局,1999 年,第 10 页。
④ 饶从满《战后日本道德教育理论的特征》,[日]《道德教育》,2001 年,第 12 期,第 107页。
⑤ 同上。
⑥ 以上 1958 年到 1989 年小学道德课的德目数参考《小学学习指导要领解说(道德编)》,[日]大藏省印刷局,1999 年,第 9—11 页。初中道德课的德目数参考《初中学习指导要领解说(道德编)》,[日]大藏省印刷局,1999 年,第 10—12 页。

15 项,中年级 18 项和高年级 22 项,①初中道德课的价值为 23 项。② 由此可见,德目(价值)主义在日本具有悠久的历史传统。从明治初期修身科的设立,到 1958 年道德课的设立,再到 20 世纪末,尽管价值的内容在变化,价值的数目有增减,但价值内化这种德目主义的传统始终没有被扬弃。

德目(价值)主义的实质是"美德袋"模式。该模式把儿童的品德看做是"一袋美德",因而在道德教育内容上选择特定社会中公认的美德条目;在方法上,把儿童心理看做是等待填充的"道德之洞",因而强调道德条目的灌输。③ 其根本缺陷一是使"德目远离日常生活",把德目"作为独立的固有价值加以实体化,只求表面地、唯心地理解它";④二是学生在接受枯燥的德目同时被异化了,失去了作为道德教育主体的主动性。

(二) 从生活主义立场到价值主义立场

"二战"以后,日本的中小学道德教育和战前相比,发生了根本的变化。这种变化不仅体现在道德教育理念的变化,而且也体现在道德教育立场和方法的变化。战前,德目主义是道德教育的主流,也是全部;战后,价值主义虽然仍是道德教育的主流,但不是全部,仍有一股较大的支流——全面主义(包括道德课的生活主义立场在内)逆流而上,向价值主义展开了进攻。究其原因,一是"二战"后美国教育的观点和方法,通过美国教育代表团的报告书和各种教育理论的引进,对日本道德教育产生了较大的影响;二是在世界道德教育理论研究和实践探索的

① 《小学学习指导要领》,[日]大藏省印刷局,1998 年,第 90—91 页。

② 《初中学习指导要领》,[日]大藏省印刷局,1998 年,第 98—100 页。

③ 张华《论道德教育向生活世界的回归》,见朱小蔓《道德教育论丛》(第 1 卷),南京师范大学出版社,2000 年,第 450 页。

④ 筑波大学教育学研究会《现代教育学基础》,钟启泉译,上海教育出版社,1986 年,第 366 页。

背景下,日本道德教育界认识到价值主义的局限性,开始了道德教育向生活世界回归的尝试。

这种尝试首先体现在 1958 年设立道德课之前,作为对德目主义的反动,在美国教育代表团的报告书的直接影响下,全面主义道德教育在日本的实施。以社会科为中心、以生活指导为辅的全面主义道德教育强调以生活经验为主,从某种程度上克服了道德教育远离日常生活,孤立理解价值的弊病。全面主义道德教育的尝试在 1958 年以失败告终以后,围绕在道德课该如何进行道德教育这一问题,主张生活主义的一方和主张价值(德目)主义的一方又展开了激烈的斗争。这是道德教育向生活世界回归的又一次尝试。这种尝试从 1958 年开始一直持续到现在。

根据日本学者宫田丈夫教授的研究,从 1958 年特设道德课到 1991 年新学力观确立以前,日本道德课里的教育发生着变化,变化的路线是:生活指导主义立场→生活主义立场→价值主义立场→新价值主义立场。① 具体来说,可以分成以下几个时期:①1958 - 1960 年。在 1958 年的《学习指导要领》完全实施、确立"道德课"这一领域之前的过渡期里,道德课的道德教育是作为班级(班会)活动的延长,按照生活指导的思想与方法来进行的,因此这一时期为"生活指导主义时代"。②1961 - 1963 年。1958 年修订的《学习指导要领》于 1961 年在小学、1962 年在初中分别进入完全实施阶段以后,日本就道德教育如何不至于陷于战前的德目主义的陷阱这一问题展开了广泛的研究和实践,主张在道德课里使用问题解决方法解决儿童生活中所面临的道德问题,这一时期称为"生活主义时代"。③1963 - 1976 年。1963 年教课审的

---

① 饶从满、宋海春《战后日本学校道德教育方法的嬗变》,《外国教育研究》,1996 年,第 1 期,第 7 页。

咨询报告《关于充实中小学道德教育的方法和对策》明确了道德课的学年重点和主题目标,随后又向中小学免费发放《道德指导资料集》。从此,道德课的指导逐步向价值主义过渡:以往的道德教育重视儿童的生活经验,强调通过集体思考的问题解决学习;而此后的道德教育将以资料为中心,以学习资料中所包含的特定的价值为主要目的。也就是说,价值主义立场把重点放在理解道德价值上,把理解道德价值或德目作为道德课的主要目标。在1967、1968年的课程改革中,道德指导上的价值主义倾向得到了更进一步的加强,即"由资料入手通过资料进行思考"的道德指导取代了以前的"由生活入手再回到生活"的道德指导,成为道德教育的主流。从70年代中期以后出版的有关道德授业理论与实践的书籍中,也可看出这种倾向。这一时期称为"价值主义时代"。

④1977-1990年。1977年公布的《学习指导要领》重新起用"道德实践能力"这一用语,明确提出"道德课"以培养"道德实践能力"为主要目标,其意图在于,在加强"道德课"的指导之同时,对学校全部教育活动中的道德教育实践进行重新审视。此后,围绕着"道德实践能力"的解释和培养,日本的中小学道德教育界展开了各种各样的讨论和广泛的研究。其中以宫田丈夫教授为中心的研究最具有代表性。宫田丈夫提倡"以价值主义来补救生活主义易陷入的价值盲目性,同时又以生活主义来补救价值主义易陷于的无内容的形式",并强调应该注意道德教育不是"单纯的见识的教育",同时也是"实践的教育"。他主张把道德实践能力分成三层结构进行考虑,认为第一层(见识、判断、情感)和第二层(态度、实践意欲)应在道德课里进行培养,第三层的实践意志力应在"道德课"以外的各种学校教育机会中进行培养。这一时期称为"新价值主义时代"。① 可见,从1958年到1991年,尽管在日本学术界,围绕

---

① 饶从满、宋海春《战后日本学校道德教育方法的嬗变》,《外国教育研究》,1996年,第1期,第9页。

着是以生活主义为主,还是以价值主义为主进行道德课教学展开了争论,但随着时间的推移,主张价值主义立场的一方还是占据了主导的地位。此外,从1989年和1998年的课程改革来看,受新价值主义立场的影响,1989年的课程改革更强调培养儿童的道德情感,以求培养植根于儿童内部的道德性,体现了生活主义的立场;而1998年的课程改革则没有强调培养儿童的道德情感,而强调培养儿童的道德认识,重新回到了价值主义立场。由此可见,20世纪70年代以来,日本学术界和过去一样,仍然在生活主义立场和价值主义立场中摇摆不定,但在最新的课程改革中还是回到了价值主义立场——日本道德教育的主流上。

上述道德教育立场的变化也体现了道德教育方法的变化。如果说价值主义立场代表着直接地教授各种道德价值的方法,生活主义立场代表着间接地教授各种道德价值的方法的话,那么特设道德课的教育方法就是在直接方法和间接方法之间摇摆不定,最后走向以直接方法为主、间接方法为辅的新价值主义的立场。总之,尽管随着时间的推移,在全面主义立场和方法的反动下,价值主义的立场和方法有所改进,但日本道德教育的主流还是价值主义,还是强调价值内化,还是和儿童的生活世界有一定的距离。

以上主要从观念和方法等方面探讨了日本道德教育过分强调价值内化的表现,从而说明日本道德教育非生活化的现象。事实上,日本道德教育的内容(价值体系)本身也可能存在着非生活化的现象。日本学者立花均认为,迄今为止,日本的道德教育还从来没有成功过,其原因主要是"知识体系和生活感觉的分离",即学校里所学的价值观(主要是理性主义的价值观)和儿童在生活中所感受的价值观(主要是生命主义的价值观)的分离。他把全世界的人分成两类,一类是非日本人,一类是日本人。他认为,非日本人的价值观是理性主义——认为抽象的东西具有绝对的价值,而现实生活中的东西则是不完全的;其道德教育观认为,初生的婴儿是最没有理性的人,在成长过程中理性也逐渐发展,最后打败欲望,达到道德的最高境界。而日本人的价值观则是生命主义——认为最有价值的东西是生命而不是理性;其道德教育观认为,初生的婴儿是最有生命力、最有价值的人,随着年龄的增长,人的生命力和价值也逐渐消退。他指出,要想使日本的道德教育成功,必须将儿童在生活中所感受的生命主义的价值观,作为知识体系整理出来,成为儿童在学校学习的价值体系。① 可见,在立花均看来,道德教育和生活世界的分离主要是因为在现有的道德教育知识体系中,没有考虑到日本人价值观的独特性。如果他的看法是对的,那么,也许日本的中小学道德教育的非生活化现象和世界其他国家相比,要更为严重得多。这是因为,无论政府、学术界和中小学如何在道德教育中重视儿童的生活体验,无论它们如何强调道德教育要回归生活世界,如果不改变现有的道德教育内容体系,那么,日本的中小学道德教育和生活世界总是分离而难以结合的。这样,日本的道德教育就真的是很难成功了。

总而言之,生活世界的非道德教育化和道德教育的非生活化是日本道德教育和生活世界分离的两个方面。这两个方面相互作用,使日本道德教育疏离了儿童的生活世界。这种疏离造成的危害主要表现在两个方面:第一,导致了日本道德教育和儿童的疏离。这是因为,疏离了儿童生活世界的道德教育,所重视的是把儿童培养成掌握一定价值(德目)的人,却不关心儿童的生活,不关心儿童内心的愿望和热情。其结果是把道德教育变成无"人"的、简单的、形式化的道德说教,从而疏离了活生生的、有血有肉的、有理性、有激情、有个性、有独立意志的儿童。疏离了儿童的道德教育必然导致儿童对道德教育的疏离。当代日

① 立花均《为什么道德教育不成功》,见土户敏彦《道德可教吗》,[日]教育开发研究所,2003年,第112—122页。

本儿童对道德课"不喜欢""没兴趣"等评价正说明了这一点。第二,导致了教师与儿童的疏离。作为教育者的教师,因为将道德教育变成了没有儿童的、简单的、形式化的说教,而被儿童疏离;作为被教育者的儿童,因为表现出对道德教育的厌倦,而被教师疏离。在道德教育的场所中,教师和儿童缺乏主体和主体之间的平等对话,都被科学世界的道德教育异化成没有丰富情感的、被裁剪了的物理存在。

第二节　道德教育的工具化倾向

教育的工具化倾向是世界各国共同存在的问题之一。陆有铨教授指出:"20世纪教育的历程表明,满足政治、军事、经济方面的需要几乎成为各国不同时期教育发展和改革追求的目标,而儿童发展的需要几乎成了一种奢侈品";"既往的历程表明,教育在为各国政治、军事、经济服务方面作出过巨大的贡献,但这种贡献往往是以人的个性充分发展为代价的。"[①]可见,20世纪的教育忽视了"教育要促进人的发展"这一教育的根本目的,成为各国政治、军事和经济的工具。事实上,不仅是20世纪,在人类几个世纪的现代化发展过程中,教育的工具化倾向一直存在。无疑,作为教育组成部分之一的道德教育,同样也存在着工具化倾向的问题。而且,由于道德教育的特殊性,其工具化倾向更为严重。这是因为,在功利主义教育的影响下,道德教育受到了忽视和排斥,其主体性价值受到了更多的压抑,工具性价值被彰显和扩大了。

造成道德教育工具化倾向的原因是多方面的。首先,道德教育和生活世界的分离是造成道德教育工具化倾向的根本原因。正如笔者在

---

① 陆有铨《躁动的百年——20世纪的教育历程》,山东教育出版社,2001年,第916—917页。

第一节中所阐述的那样,道德教育从生活世界中分离出来,特别是进入了学校教育阶段以后,逐渐失去了其赖以生存的土壤,忘记了对人的关注,忘记了对现实人生终极意义的价值追求。正因如此,进入现代化工业社会以后,工具理性才会乘虚而入,主宰了道德教育的价值取向,使道德教育沦为社会政治、经济、文化的工具。其次,社会在放逐道德和道德教育的同时,又把道德教育作为促进其发展的工具。在人类几个世纪的现代化过程中,唯经济主义和唯科学主义在促进社会经济发展、科学进步的同时,也充当了"把道德从社会中心赶往社会之边缘,继而又至虚无","使人面临深刻的精神危机"的角色;[①]与此同时,又要求道德教育为其服务,成为促进其发展的工具。诚如悉尼·胡克所言:"每当国家陷入政治危机或道德危机时,人们就会将社会生活的道德缺陷与盛行的社会道德准则和公民在学校内外所接受或没有接受的教育相互联系起来。无论学校存在于何处,它们一直被指望去加强、补充有时甚至替代儿童在家庭或教堂里所获得的道德教育。"[②]无疑,道德教育在稳定政治局势、促进经济发展、传承和发展民族文化等方面,对世界各国的现代化发展起了很重要的作用。第三,功利主义的教育强化了道德教育的工具化倾向。在现代技术文明的社会中,教育已经"从整体上摆错了方向,迷失了它的终极目标","从根本上偏离了它的本真意义,成了一种在工具理性操作下的功利主义教育";[③]"已成了实利的下贱侍女,成了追逐欲望的工具"。[④] 在这种功利主义教育的氛围下,道德教育找不到存身之处,受到了排斥和挤压,只能和教育的其他组成部

①　鲁洁《道德危机:一个现代化的悖论》,《中国教育学刊》,2001年,第4期,第7页。

②　杜威《道德教育原理》,王承绪等译,浙江教育出版社,2003年,第1页。

③　鲁洁《教育的反本归真——德育之根基所在》,见朱小蔓《道德教育论丛》(第2卷),南京师范大学出版社,2002年,第50页。

④　A.J.汤因比、池田大作《展望21世纪——汤因比与池田大作对话录》,苟春生等译,国际文化出版公司,1985年,第60页。

分一起,成为社会政治、经济和文化的工具。第四,功利主义的道德教育本身也加强了道德教育的工具化倾向。在社会功利主义的心态和文化的影响下,道德教育也在社会的要求下成为政治、经济、文化、生态等"万能的救世工具",显示其"忽视德育本性和急功近利的一面"。[①] 上述各种原因共同作用,互相影响,强化了世界各国道德教育的工具化倾向。

自古至今,日本就是一个社会本位的国家,国家利益高于一切。公元 6 世纪,圣德太子就强调道德教化,以谋求社会的稳定和国家的发展。此后,道德教育一直是日本社会政治和经济发展的工具。在第一次教育改革时期,新兴的明治政府面临着解决民族危机和建设强大资本主义国家的两大课题,制定了"富国强兵"的总目标。[②] 为此,这一时期日本的教育主要是以"立身出世"、"治产昌业"、欧美化、现代化、工业化来达到"富国"的目标,以"建设高度国防国家"来达到"强兵"的目标。"富国强兵"的国家主义教育观,经过明治、大正和昭和三个时代的发展,到第二次世界大战时期,向非现实的"强兵"倾斜,最终导致了错误的战争和悲惨的战败。[③] 在第二次教育改革时期,在否定"强兵"、专心致力于"富国富民"这一社会总目标的情况下,日本的教育主要是以实现数量的扩充、大众化、平等化和标准化为目标来普及和发展教育,没有解决战争和战败留下的后遗症,回避从正面看待精神上、文化上的各种价值问题,一心追求就学率和偏差值等看得见、摸得着的、能计量的各种价值。[④] 在第三次教育改革时期,文部省等政府部门为了落实政

---

① 檀传宝《德育美学观》,山西教育出版社,2001 年,第 3 页。

② 梁忠义《日本教育》,吉林教育出版社,2000 年,第 189—190 页。

③ 临教审《关于教育改革的第二次咨询报告》,见钟启泉《日本教育改革》,人民教育出版社,1991 年,第 446 页。

④ 同上,第 448 页。

治大国的国策而采取教育国际化的发展战略；为落实科学技术立国国策而加强心灵教育，建立"能够伸展个性，提供多样性选择的学校制度"，实行校本管理，"促进尊重现场自主权的学校建设"和推进大学改革，振兴大学科研等；①为落实文化立国国策而促进儿童对传统文化的理解、促进国际文化的交流和完善综合的推进体制等。② 综上所述，从明治时期至今，日本一直强调教育要为实现国家目标发挥应有的作用。道德教育，作为教育体系中的一个组成部分，既为日本社会的发展提供了秩序保证，又通过提供动力支持，在促进日本经济发展的过程中起了很重要的作用。然而，正是由于过分强调了国家主义政策对道德教育的导向作用，强调道德教育在政治和经济等方面的工具性价值，日本的道德教育才忽视了对主体性价值的研究，沦为政治、经济等的工具。

一 道德教育作为政治的工具

从日本道德教育的历史和现状来看，道德教育的政治化倾向比较显著。日本学者堤正史在回顾历史、分析现状的基础上指出："以政治为主导是日本道德教育的特征。具体来说，这一特征主要表现为：道德教育的'强化'经常受政治的影响。"③日本学者堤正史和村井实等人甚至用"政教一体""政教混一"来形容日本教育（包括道德教育）和政治的紧密程度。④ 下面笔者就在回顾战前道德教育政治化倾向问

---

① 文部科学省《序章：教育改革的动向》，载《我国的文教措施（2000 年度）》，http://www.mext.go.jp/jyy2000/index-5.html，2003 年 3 月 31 日下载。

② 文部科学省《第 1 部：面向文化立国》，载《我国的文教措施（2000 年度）》，http://www.mext.go.jp/jyy2000/，2003 年 3 月 31 日下载。

③ 德永正直、堤正史、宫岛秀光、林泰成、神原志保《道德教育论——从对话到对话的教育》，[日]中西屋出版社，2003 年，第 64 页。

④ 同上。

村井实《近代日本的教育和政治》，[日]东洋馆出版社，2000 年，第 36—37 页。

题的基础上,探讨战后日本道德教育作为政治工具的原因和表现。

冯增俊教授在谈到发展中国家的德育问题时指出:"后发外生型国家在先进国家的巨大发展压力下,存在着强烈的生存危机,为了稳定国家政权,这些国家和地区往往使教育成为教化人民的政治工具,使德育中充斥着政治性,甚至达到泛政治化的境地。学校德育中政治任务代替道德教育,……政治术语代替道德内容,'工具理性'代替'价值理性',混淆了政治与道德行为习惯甚至一般审美观的区别。"①这正是第一次教育改革时期日本道德教育的写照。在第一次教育改革时期,新兴的明治政府面临着内忧外患,从修身科的设立,到《教学圣旨》《改正教育令》的颁布,不断巩固和加强国家对道德教育的控制;到了明治中期,又颁布了《教育敕语》,使国家主义和皇国主义成为从 1890 年《教育敕语》颁布到"二战"结束时期日本中小学道德教育的宗旨,使道德教育成为日本在"二战"期间走向极端的军国主义、惨遭战败的政治工具。在这一时期,道德教育中充斥着政治性,政治和教育(特别是道德教育)融为一体,"政教一体"的现象特别严重。

"二战"后的道德教育是在对战前的《教育敕语》和修身科进行批判的基础上展开的。在占领军总部、美国教育代表团和日本各界的建议和要求下,日本政府否定了《教育敕语》和修身科,以《教育基本法》取代《教育敕语》,以社会科和生活指导取代修身科,"政教一体"的现象不如战前那么明显,道德教育也不像"二战"期间那么受重视了。然而,在道德教育领域中,仍然存在着较为严重的政治化倾向。

(一)道德教育政治化倾向的主要原因

除了在本节开头阐述的造成世界各国道德教育工具化的共同原因

---

① 冯增俊、王学风等《亚洲"四小龙"学校德育研究》,福建教育出版社,1998 年,第 42 页。

外,造成日本道德教育政治化的倾向的特殊原因主要有以下两方面。

1. 对《教育敕语》和修身科的批判不彻底

对《教育敕语》和修身科批判不彻底的具体表现是:对《教育敕语》和修身科的批判大多停留在政治的视角上,还没有上升到从道德教育理论的视角进行深刻分析与批判的阶段。日本学者色川大吉认为,《教育敕语》之所以能够支配日本国民的思想,是因为它不仅宣扬了国体的思想,而且将国体观念和国民的通俗道德联系在一起。"一方面,在天皇制中吸收了通俗道德的思考方法;另一方面,赋予通俗道德中所缺乏的世界观。"[1]这里所说的世界观即是以天皇制为核心的国体。他进一步指出,《教育敕语》的废除和《教育基本法》的制定,注意到了"作为权力的国家"这一点,因此从世界观的角度否定了《教育敕语》;但是,从"作为共同体的国家"这方面进行批判还很不充分。[2]由此可见,在色川看来,道德教育界在批判《教育敕语》时,并没有注意到《教育敕语》中的一些通俗道德已经渗透了以天皇制为核心的国体思想。因此,即使从世界观上批判了《教育敕语》,也不可能排除在通俗道德中渗透的国体思想。村井实认为,战后对修身科的批判主要是围绕着"修身科的内容,特别是军国主义、国家主义以及封建性和非民主性"等展开。[3]而这些批判,只是停留在关心政治的视角上,没有上升到关心道德教育理论的视角。他认为,从关心政治的视角上进行批判,会随着政治发展的局势而变化(事实也正如此,随着政治局势的变化,修身科后来以特设道德课的方式复活了);而从关心道德教育理论的视角进行批判,就会

① 饶从满《战后日本道德教育理论的特征》,[日]《道德教育》,2001 年,第 12 期,第 108 页。

② 同上。

③ 村井实《道德教育原理——应该怎样看待道德教育》,[日]教育出版,1990 年,第 45 页。

对修身科复活的状况本身,对政府和行政当局的保守化、反动化进行批判和抵抗。① 贝冢茂树也指出,"战后的道德教育是从批判'修身科'开始的。'道德课'的设立也已经历经四十余年了。然而,由于对'修身科'的批判只是停留在表层,因此其名称只是作为政治的对立面常常提起而已"。② 可见,在村井和贝冢看来,对修身科的批判还远远不够,还只是停留在表层的、政治的层面。综上所述,无论是对《教育敕语》还是对修身科的批判,日本道德教育界更多的还是从对"二战"反省、反对天皇制和军国主义的角度来进行,还缺乏从道德教育理论的角度来进行理性的反省和考察。

日本学术界对《教育敕语》和修身科的批判不彻底,主要是因为没有从根本上认识到它们对道德教育的危害已经渗透到其内部,不是废除了二者就能清除其影响的。例如,废除了《教育敕语》,并不能废除通俗道德中渗透的国体思想;废除了修身科,却不能避免特设道德课的设立,不能避免政府通过强调道德教育,灌输有关道德观念,达到其政治目的的企图。

日本教育理论界对《教育敕语》和修身科的认识不深刻,批判不彻底,是造成战后道德教育政治化倾向的主要原因之一。因为,《教育敕语》和修身科问题,是"政教一体"的产物,是道德教育政治化的集中表现。对它们的危害认识不清,批判不彻底,必然导致战后教育改革的不彻底性,导致在新的历史条件下道德教育政治化的新发展。贝冢茂树认为,战后的道德教育问题,"主要是《教育敕语》和修身科的问题,换句话说,是设立教育基准和设立道德学科的问题",这两个问题没有彻底解决,还存在着一些没有搞清楚的"暧昧"的问题。这对现在的道德教

---

① 村井实《道德教育原理——应该怎样看待道德教育》,[日]教育出版,1990年,第47页。

② 贝冢茂树《战后教育中的道德与宗教》,[日]文化书房博文社,2003年,第177页。

育还有一定的影响。① 堤正史认为,贝冢茂树这里所指的"暧昧"问题无疑包含着政治对道德教育的主导作用的问题。② 其实,贝冢茂树这段话的"话中话"是:尽管战后的道德教育中不存在《教育敕语》和修身科了,但由于这两个问题还没有解决(还存在着没有批判彻底、没有清算清楚的问题),使得战后的道德教育问题,仍然受这两个问题的影响。因此,战后道德教育的问题,实际上仍然还是《教育敕语》和修身科的问题。

2. 道德教育对政治的依附性

在政治对道德教育提出要求,要求道德教育作为其工具的同时,道德教育也开始依附政治,成为政治的附属品。一方面,道德教育受到来自政治的压力;另一方面,道德教育也"需要政治为自己谋得便利和空间",③因此甘愿成为政治的附庸而失去其自主性。对此,村井实有精辟的论述。他在分析造成日本道德教育界不能从道德教育理论的视角对修身科进行批判的原因时指出:"日本道德教育本身,从明治初期开始,就不是从教育理论的反省和考察的角度,而是从培养'好的日本人'的角度,从服从政治目的的角度发展而来的。正因如此,对修身科的批判,当然就只能从政治的视角来进行;也正因如此,从理论方面的批判就不可能充分。"④由此可见,从明治开始日本道德教育就依附于政治,失去了自主性,忽视了对主体性价值的研究。而这,正是造成战后日本道德教育界缺乏反省和考察的眼光和理性,缺乏从政治当中分离出来

① 贝冢茂树《战后教育改革和道德教育问题》,[日]日本图书中心,2001年,第394—395页。
② 德永正直、堤正史、宫岛秀光、林泰成、神原志保《道德教育论——从对话到对话的教育》,[日]中西屋出版社,2003年,第64—65页。
③ 约翰·威尔逊《道德教育新论》,蒋一之译,浙江教育出版社,2003年,第45页。
④ 村井实《道德教育原理——应该怎样看待道德教育》,[日]教育出版,1990年,第48—49页。

的勇气和能力的客观原因。也正因如此,战后日本道德教育才会受政治的影响颇深,被政治所左右。

为什么从明治维新开始日本道德教育就不能独立,而要依附于政治呢? 这主要与日本的政治文化以及处于政治文化背景中的日本国民的心态有关。明治维新时期日本政治文化的主流是"服从型",处于这种文化形态社会的大多数日本国民是顺从天皇及其政治机构统治的"臣民"。① "二战"后"现代性的参与型政治文化确实也取得了显著发展",但"传统的顺从型政治文化要素"依然"顽强存在",因此,"当代日本的政治文化可谓以参与型为主流而保存强有力的服从型要素的混合形态,即是'顺从的参与型';处于这种政治文化形态的社会里

---

① 一般认为,任何政治体系都可划分为政治结构和政治文化这两个既互相影响又互相牵制的组成方面。政治文化这一概念是由美国政治学家布里埃尔·阿尔蒙德在1956年发表的一篇论文中首先提出的。他认为,政治文化是指政治体系的心理方面,是一个民族在特定时期流行的一套政治制度、信仰和感情。他和西德尼·维巴在研究了英、美、法、意、墨西哥五国和其他地区的政治文化之后,还根据民众对政治过程和自己的潜在影响力的不同认识,把政治文化区分为三种不同类型,即偏狭型、顺从型和参与型。在偏狭型政治文化社会里,民众对政治体系所知甚少,甚至一无所知。在顺从型政治文化的社会里,民众虽认识到自己已成为政治体系的组成部分,已形成对国家或民族的认同,并对政治体系施加于他们生活的影响或潜在影响有所认识,但是,他们对自己在政治过程中的作用的看法仍然是顺从型的,即他们受政府行动的影响而不是积极去影响政府的行动。而在参与型政治文化的社会里,社会成员对政治体系以及它的政治机构和政治过程均有明确的认知和态度,他们相信自己只要努力参与政治过程就能够影响国家的政治事务。事实上,无论在任何政治体系中,其政治文化都是混合的,并不存在某种纯粹形态的政治文化。在每个政治体系中,总会有一种形态的政治文化居于主流地位,成为这一政治体系的主流政治文化。根据上述理论框架,王家骅认为,1945年战败以前的日本近、现代(德川时代到明治维新时代)政治文化的主流是顺从型的。在分析明治维新时期的政治文化时,王家骅指出,在这一时期,日本的寡头政治领导人除在政治结构上实行废藩置县而建立近代天皇制统一国家之外,还着力于培养国家意识,促成民众对国家的认同和效忠。民众虽然承认自己是日本国家或民族的成员,也接受这一国家机构的政治统治及其政策,但大部分民众只认为自己是天皇的"臣民",应顺从天皇及其政治机构的统治,对政治参与并无积极态度。(参见王家骅《儒家思想与日本的现代化》,浙江人民出版社,1995年,第217—220页。)

的大多数日本国民不妨称作'顺从的政治参与者'"。① 由此可见,在这种"服从型"或"顺从的参与型"的政治文化的背景下,"臣民"或"顺从的政治参与者"很难为道德教育的独立而奋争,而只能服从政治的目的,甘作政治的工具,以换取政治的"庇护",谋得一定的"便利和空间"。

因此,如果排除政治要求道德教育作为其工具这一原因,那么,由日本的政治文化和国民的趋同从众、依赖权威的心态造成的道德教育对政治的依附性就是造成日本道德教育政治化倾向的主要原因。正是由于这一原因,才造成对《教育敕语》和修身科的认识不清,批判不彻底;这两方面的原因综合起来,共同构成了日本道德教育政治化倾向的主要原因。

（二）道德教育政治化倾向的主要表现

由于上述原因,"二战"以后,教育尽管进行了深刻的变革,"但日本社会的政治价值优先的特征和道德教育的政治主义色彩,从根本上来说没有太大的变化。"② 例如,战前的天皇制虽然没有直接反映在当代的道德教育课本中,但对天皇的批评仍被认为是禁言,一个日本人只要他嘲讽当朝天皇,即使不被认为是犯罪,也被认为不适合于社会。天皇作为国家整体性的活的象征与精神在公众领域仍然被看做超自然的和不可战胜的。③ 具体来说,道德教育作为政治的工具主要表现在以下三个方面。

---

① 王家骅《儒家思想与日本的现代化》,浙江人民出版社,1995 年,第 225—226 页。

② 饶从满《日本现代化进程中的道德教育》,东北师范大学博士学位论文(未刊),1998 年,第 103 页。

③ Khan, Y. *Japanese moral education past and present*. London: Associated University Presses, 1997. 205.

1.《教育基本法》和《教育敕语》的同质性①

1890 年颁布的《教育敕语》是"欧化派和复古派两种政治势力在教育上妥协的产物",由此"决定了日本教育的应有状态和思考方法的政治主义性质"。②战后废除了《教育敕语》,制定了《教育基本法》,从教育理念来说有了很大的进步。《教育基本法》强调"培养尊重个人尊严、追求真理与和平的人",③这"意味着把对天皇的忠义这一国家意志作为个人的道德价值基准的战前理念的根本性转变"。④　而且,《教育基本法》作为法律制定的形式,与《教育敕语》的天皇敕令的形式相比,也体现了其民主主义的立场。

然而,由于制定《教育基本法》时正处于战后初期,革新派的力量尚未聚集起来;制定《教育基本法》的上层人物有些是保守派,⑤参加国会表决的国民大多是"顺从的政治参与者",这些人在政治决策和参与过程中主要是将国家的利益放在第一位。因此,《教育基本法》没有从根本上改变日本教育的政治主义性质,主要表现在《教育基本法》和《教育敕语》具有某些共同点——二者都先考虑国家的利益,都将"国家的权威"置于"人的权威"之上,都是先考虑如何"使国家更好",而不是先考虑如何"使人更好";⑥"教育基本的应有状态也好,教育方针也好,都是

---

　　①　这里的"同质性"表示《教育敕语》和《教育基本法》在强调"政治主义"这一点上的共同性。这一表述来源于村井实的观点。(参见村井实《近代日本的教育和政治》,[日]东洋馆出版社,2000 年,第 33—34 页。)

　　②　村井实《近代日本的教育和政治》,[日]东洋馆出版社,2000 年,第 33—34 页。

　　③　《教育基本法》,见贝冢茂树《战后教育中的道德与宗教》,[日]文化书房博文社,2003 年,第 201 页。

　　④　饶从满等《当代日本小学教育》,山西教育出版社,1999 年,第 249 页。

　　⑤　例如,制定《教育基本法》的重要人物之一、文部大臣田中耕太郎,是《教育敕语》的强烈拥护者。(参见贝冢茂树《战后教育中的道德与宗教》,[日]文化书房博文社,2003 年,第 179 页。)

　　⑥　村井实《近代日本的教育和政治》,[日]东洋馆出版社,2000 年,第 37—43 页。

在保持国民一致性的基础上从国家的角度考虑的基本方针下制定的。"①因此,归根结底,日本的教育(包括道德教育)最终不过是政治运转中的一个部分,尽管重要,但必须服从政治的目的。

2. 强化国家主义和天皇制的内容

国家主义是伴随着欧美近代民族国家的兴起而产生的,其本质在于维护民族独立和推进国家发展,并以政治学和法学以及哲学的相关原则为其理论基础。②

日本的国家主义晚于欧美主要国家,大体上在19世纪中叶开始逐步形成和发展。在"二战"前,日本的国家主义被视为狭隘的民族主义和国粹主义的同义词。日本统治阶级利用日本人民这种狭隘的民族主义国家观,动员人民为其侵略政策服务。进入昭和时代,又发展成极端的超国家主义,并以此作为日本统治阶级发动战争、麻痹人民的思想工具。③ 天皇是国家的象征。"在日本,诸如德国的'日耳曼尼亚'、法国的'高卢尼亚'、英国的'不列颠尼亚'之类的国家象征的角色是由天皇来扮演的,是通过'万世一系'的天皇制来体现的"。④ 早在1000多年前,日本已由原来的多种族社会逐渐变为单一的同种族社会,因而日本不存在种族分裂的问题。许多世纪以来,日本人一直生活在密集的狭窄的河谷里,需要小集体间的密切合作。单一的种族、特殊的环境有助于集体意识的形成和发展。早在4世纪末,日本古代国家形成时,称国家最高统治者为"大王",6-7世纪时,"大王"被改为"天皇"。自天皇制确立后,按照皇统"万世一系"的规则,王位一直相传在唯一的皇室之

① 德永正直、堤正史、宫岛秀光、林泰成、神原志保《道德教育论——从对话到对话的教育》,[日]中西屋出版社,2003年,第66页。
② 梁忠义《梁忠义日本教育文集》,东北师范大学出版社,2001年,第2页。
③ 《日本学辞典》,吉林教育出版社,1990年,第552页。
④ 饶从满《日本现代化进程中的道德教育》,东北师范大学博士学位论文(未刊),1998年,第98页。

中,朝代从未中断过。天皇制作为把天皇置于最高支配地位的统治体制,需要献身天皇、效命国家的重整体精神与其相一致,而且,在漫长的天皇统治期间,日本人逐渐形成了把天皇视为国家人格化的象征。[①]由此可见,无论是国家主义还是天皇制,都与"国家"有千丝万缕的联系,都强调个人服从国家利益。"二战"以后,二者均遭到猛烈批判,以天皇名义颁布的、宣传个人利益服从国家利益的《教育敕语》被废除,以国家主义、天皇制为主的修身科教育也被取消。然而,20世纪50年代以后,随着日本国内右倾势力的抬头,在学校教育中加强国家主义和天皇制内容的政府报告纷纷出台。例如,1953年天野公开发行《国民实践要领》,强调"爱国心"和"天皇"的观点;1963年教课审提出《关于充实中小学道德教育的方法和对策》,要求加强爱国心教育,培养作为国家社会的优良建设者;1966年中教审发表《理想的人》的咨询报告,提出要培养具有纯正的爱国心,敬爱天皇的国民等。尽管天野的《国民实践要领》和中教审的《理想的人》都因为受到以日教组为首的革新势力的批判而没有获得法律效力,但对道德教育产生了很大的影响。特别是《理想的人》的颁布,成为1968年道德教育课程改革的哲学背景。

70年代中期以后,随着以欺侮、校内暴力和其他青少年不良行为为主要特征的学生道德危机的日益严重,日本政府更加注重和加强道德教育。90年代以后,随着冷战的结束和"55体制"[②]的崩溃,日本政治已显示出总体上的右倾化倾向。[③] 在这种背景下,有关国家主义和

---

① 吴潜涛《日本伦理思想与日本现代化》,中国人民大学出版社,1994年,第196—197页。

② "55体制"是指日本1955年至1993年自民党一党统治体制,这个体制在1993年崩溃,1993年8月开始了多党统治时期。

③ 日本政治右倾化主要指的是日本国内否认侵略战争历史、纵容右倾势力抬头、强化日美联盟体制等表现。(参见李庆《日本政治右倾化探析》,《中共福建省委党校学报》,2002年,第8期,第58页。)

天皇制内容的道德教育受到了高度的重视,得到了进一步的加强。在重视国家主义方面,虽然已经不提"忠君爱国""国体""家族道德",但除了通过对天皇制的拥护来强化国家观念外,还通过"有关自己与集体以及社会关系的内容"来强调国家利益。例如,在1998年《学习指导要领》"有关自己与集体以及社会关系的内容"中,要求小学中年级儿童"喜爱我国(日本)的文化和传统",高年级儿童"珍惜我国(日本)的文化和传统","热爱祖国","具有作为日本人的觉悟";①要求初中儿童"具有把自己看做是日本人的自觉性,热爱祖国,为国家的发展尽心尽力,并为继承优良传统、创造新文化作出贡献"。② 在对天皇制的拥护方面,虽然已经和"二战"前有了很大区别,不再在《学习指导要领》中出现"天皇"的字眼,但天皇仍然是国家的象征。国旗国歌教育在"二战"前受到高度重视,在"二战"后也被保守的政府层层推进。1989年,文部省规定各学校必须升国旗、奏国歌。1999年夏,国会又通过"国旗国歌法案",将"日之丸旗"和《君之代》歌定为日本国旗国歌。这样,日本的中小学生每天都通过升国旗("日之丸旗")、奏国歌(《君之代》歌)的方式,自然而然地产生对天皇的崇敬感和民族认同感。

3. 强化新保守主义的政治主张

日本新保守主义的基本理念是恢复旧的国家观与民族观,强调日本民族的优越性和自豪感。日本新保守主义具有很强的"国家主义"和"大日本"的观念,是日本新民族主义和新国家主义的翻版,其实质是要唤起"民族自尊",树立新的"精神支柱"和"国家形象"。③ 它形成于20世纪80年代,当时的主要代表人物是首相中曾根康弘。冷战以后国际

---

① 《小学学习指导要领》,[日]大藏省印刷局,1998年,第90—93页。
② 《初中学习指导要领》,[日]大藏省印刷局,1998年,第99页。
③ 日本学刊编辑部《日本:世纪之交的回顾与展望——学术研究研讨会发言摘登》,2000年,第1期,第20页。

形势的变化为新保守主义的发展创造了有利条件,加上日本社会整体保守意识的加强,新保守势力的崛起,促进了新保守主义的发展。以小泽一郎、桥本龙太郎、小泉纯一郎为代表的新保守主义成为主导日本政治的主要势力,使得新保守主义的理念在冷战后的日本政治中得到了具体体现。其主要表现有:①从国家利益出发,倡导"普通国家"(一是日本应该面向开放的世界,拥有大国的国际权利;二是日本应该拥有向海外派兵的权利),并积极推动日本在国际社会发挥独特作用。②全面否定侵略历史,甚至美化侵略历史,为日本争做"政治大国"树立良好形象。③修改宪法。其目的主要是突破制约日本发展军事力量的"瓶颈",以便日本成为能够为国际社会"发挥作用"的"普通国家"。[1] 在新保守主义政治的引领下,日本的政治逐渐呈现保守化和右倾化。

在上述背景下,日本文部省通过强调学生道德危机的严重性,在全国免费发放《心灵的笔记》作为道德课参考书、强化义务劳动、强调尊重日本传统、文化等间接的方式来加强道德教育,强化新保守主义的政治主张。例如,文部省从 2002 年开始向全国的小学和初中发放道德课的辅助教材《心灵的笔记》,名为给教师进行道德课教学提供便利,实则是政府加强对道德课教学的控制、增强道德课效果的一种措施。又如,2002 年 7 月,中教审发表了《有关青少年的义务劳动和体验活动的推进方法和策略》的咨询报告,其中,对如何加强儿童的义务劳动进行了具体的规定。这种做法歪曲了"义务劳动"的"自愿"性质,是一种强制性的道德教育措施。

二 道德教育作为经济的工具

在日本经济现代化的发展过程中,教育起了很重要的作用。日本

① 朱艳圣《冷战以后日本新保守主义的发展及日本政治的发展趋势》,《当代世界与社会主义》,2001 年,第 5 期,第 41—42 页。

经济现代化是资本主义的现代化,它始于明治维新之后。明治维新以来的现代化过程,可分为三个阶段:第一阶段,大体是 1876 年到 1910 年,是工业化的确立时期;第二阶段,大约是 1914 年到 1940 年,是向工业成熟的急速推进期,也是垄断资本主义的发展期;第三阶段,是"二战"后以来的阶段,是重新恢复和发展成熟的工业经济时期。"在这三个不同发展阶段中,有一个共同的因素发挥着重大的作用,这就是教育,就是人才培养。"①对于日本教育在经济现代化发展中的作用,日本前首相吉田茂在《激荡的百年史》一书中总结日本明治维新后百年来的发展历程时说:"教育在现代化中发挥了主要作用,这大概可以说是日本现代化的最大特点。"②

但是,在为日本经济现代化服务的同时,教育被异化了。从日本的国家政策来看,在第一次教育改革时期,明治政府制定了"富国强兵"的总目标,"富国"是总目标之一,这一时期日本的教育主要是以"立身出世""治产昌业"、欧美化、现代化、工业化来达到"富国"的目标。在第二次教育改革时期,日本政府主要确定了"富国富民"这一社会总目标,这一时期日本主要是以实现数量的扩充、大众化、平等化和标准化为目标来普及和发展教育,以促进经济的发展、社会的富裕。20 世纪 50 年代到 70 年代末,是战后日本经济高速发展的时期,也是教育作为经济工具较突出的时期。50 年代初,日本经济界开始了对教育政策与规划的干预;50 年代中期以后,日本历届政府在制定国民经济发展规划时,都把教育发展计划纳入到国民经济计划中。1957 年 12 月,岸内介内阁(1957 年 2 月 - 1960 年 7 月)制定了《新长期经济计划》(1958 - 1962 年),首次将教育发展计划和教育政策编入国民经济计划。该计划特别

---

① 梁忠义《梁忠义日本教育文集》,东北师范大学出版社,2001 年,第 21 页。
② 张珺《日本:教育对日本现代化起了主要作用》,《教育发展研究》,2003 年,第 2 期,第 9 页。

强调振兴科学技术、加强科技教育、增招理工科大学的学生、确保科技人员的数量和提高科技人员的素质。为此，从 1957 年开始，日本实施增招理工科大学生 8000 名的计划，到 1960 年度基本完成。1960 年 12 月，池田内阁（1960 年 7 月－1964 年 11 月）制定了《国民收入倍增计划》(1961－1970 年)，①直接把人才培养纳入到规划中，把振兴科学技术和教育视为发展经济不可缺少的一个环节。根据这一计划，日本教育在规模扩展的同时，还必须进行结构调整，解决当时重文法、轻理工，重视普通高中、轻视职业高中的问题。为了配合经济发展的要求，文部省于 1962 年出版了《日本发展与教育》的教育白皮书，试图从理论上用经济发展的观点来探讨教育的发展方向问题。白皮书认为，教育的发展要以经济发展为基础，教育应该从属于经济。1963 年 1 月，经济审议会发表了《关于开发人的能力政策的咨询报告》，提出了两条建议：一是建立产业与学校的合作制，即"产学合作"或"产学一体"；二是为了取代学历主义和年功序列制，要在学校实行以"能力主义"为导向的教育。在这两条建议的指导下，作为人力开发政策的一个环节，日本的学校教育体系在 60 年代进行了重新调整。调整后的学校体系似乎是多样化了，但实质上学校变成了竞争和选拔的机构，这从根本上改变了战后"六三三四"单轨学制的精神，使儿童从此跌入了痛苦的"考试地狱"之中。1966 年 10 月，中教审又发表了《理想的人》的咨询报告，特别强调勤奋工作、安分守己、意志坚强、互敬互爱和忠诚爱国等方面的品质。这一报告受到产业界的好评，这是因为，报告中所宣扬的安分守己、勤劳工作和忠诚爱国等品质正是产业界希望劳动者所具备的。在这种背

---

①　该计划的主要目标是，从 1960 年到 1970 年的 10 年里，使国民生产总值增加 1 倍以上，达到 26 兆亿日元（1958 年是 9 兆 7 千亿日元）。如果实现此目标，日本按人口平均计算的国民收入将达到略低于西德和法国，略高于意大利的水平。（参见吴廷璆《日本史》，南开大学出版社，1994 年，第 971 页。）

景下,文部省进一步加强了对教育系统,尤其是对中小学课程和高中阶段多样化的控制。从 1965 年到 1970 年,文部省先后修改并公布了小学、初中和高中的《学习指导要领》;70 年代初,文部省又根据《学习指导要领》对中小学的教科书进行了修改。按照当时文部大臣中村梅吉的意见,这次对《学习指导要领》修改的目的是,使学生加深对日本历史、传统和文化的理解,培养具有爱国意识的日本人。可见,从明治以来到 20 世纪 70 年代初,日本一直把快速赶超欧美先进工业国作为国家目标之一,使教育成为培养人才、促进经济发展、社会富裕和科技进步的经济工具。在这种政策的引导下,日本教育界注重的是数量、指标和效率,忽视了儿童的个性、自由,造成了对儿童心灵的压抑。诚如我国学者于洪波所言:"在日本经济高速发展的过程中,教育所应有的本然性以及儿童的个性发展往往被忽视甚至被抛弃,取而代之的是服从于冷酷的经济原则。"①

　　道德教育,作为教育体系的一个组成部分,在日本经济现代化的发展过程中,也起了非常重要的作用。诚如吴潜涛博士所言:"在捕捉日本实现现代化的主要原因时,无论是日本学者抑或是国外学者都看到了由忠诚、勤劳、节俭、献身等品格凝聚而成的日本伦理精神。这并不是一种偶然的巧合,它有力地说明了日本伦理精神与日本现代化的相依并存关系,忽视了这一点,就难以走出日本成功的'迷宫',就会使任何一种阐述日本成功的理论陷入不攻自破的绝境。这是因为,与作为日本现代化主要原因的其他因素相比,日本伦理精神是居于首位的最活跃的因素,丢掉了它,无疑是在舍本求末。"②道德教育,主要是以培养人才的忠诚、勤劳、节俭、献身等品格凝聚而成的日本伦理精神,对日

① 于洪波《日本教育的文化透视》,河北大学出版社,2003 年,第 252 页。
② 吴潜涛《日本伦理思想与日本现代化》,中国人民大学出版社,1994 年,第 222 页。

本经济现代化作出了巨大的贡献。然而,在强调道德教育为经济现代化服务的同时,日本的道德教育自身也被异化了。它"所充当的往往只是经济的工具,它只听命于经济的需要,把人培养成经济人"。① 它对社会经济所提出的要求只会简单地服从、消极地顺应,成为社会经济的附属品和工具。下面,笔者就主要从两个方面探讨道德教育作为经济工具的具体表现。

(一)重视培养重整体的精神

"与西方相比较而言,重整体精神是东方伦理思想的一般特征。"② 吴潜涛比较了中国和日本传统伦理中重整体精神之间的异同,指出日本的重整体精神的特征有以下几个方面:第一,日本儒教伦理思想中的重整体精神在道德规范体系中具有根本的意义,即把个人对整体的"忠诚"视为最根本的美德;第二,日本伦理思想中的重整体精神有着更高层次的要求:与"献身"、"尽命"联在一起的日本儒教的"忠"义观念使日本人早就习惯于履行这样的准则:作为超家族集团的国家和其他非亲属集团的利益高于家族本身的利益;第三,日本伦理思想中重整体精神的绝对性,即个人对于整体、臣对于君,只有绝对地服从。③ 因此,吴潜涛认为,重整体精神这种东方伦理的一般特征,"在日本民族那里呈现出具体的形态:为整体而献身的忘我精神。"④饶从满认为,日本民族的重整体精神呈现了如下几个特点:第一,强调为整体而忘我献身的忠诚心理;第二,重视协调与竞争相结合的小集团主义意识;第三,日本的整体精神具有变通性。整体、集团的范围既可外推,又可内缩。⑤ 总之,

① 鲁洁《超越与创新》,人民教育出版社,2001年,第272页。
② 吴潜涛《日本伦理思想与日本现代化》,中国人民大学出版社,1994年,第191页。
③ 同上,第194—196页。
④ 同上,第191页。
⑤ 饶从满《日本现代化进程中的道德教育》,东北师范大学博士论文(未刊),1998年,第100页。

作为东方道德一般特征的重整体精神,在日本民族那里可用"为整体献身的忘我精神"来归纳,其中的"整体"既可以是家庭、家族、小集团,又可以是国家、天皇制。这种重整体的精神既有其积极的一面,又有其消极的一面。其积极的一面表现在这种精神成了日本经济腾飞的力量源泉,其消极的一面是阻碍和压抑了日本人个性的形成。

这种重整体的精神既是日本传统文化的结晶,又是长期以来日本道德教育不断强化的结果。在教育成为经济工具较突出的 20 世纪 50－70 年代,是"二战"结束以来日本道德教育较重视培养整体精神的时期。进入 50 年代以后,冷战局面的形成、美国对日政策的转变、日本经济的逐步自立和政治的日益独立,加上青少年道德危机现象的严重化,在日本政府和广大国民中形成了加强爱国心教育的空气。1950 年 10 月,文部大臣天野贞祐发表谈话,希望在学校的庆祝活动时悬挂"国旗"并齐唱"国歌",要求"各学校对学生进行彻底的节日意义的教育,自觉地使他们加深对成为国家和社会一员的意识,这是十分必要的"。① 同年 11 月,天野又在全国社会教育委员会研究协议会上指出:"战后的今日,屡屡过分地主张个人的自由、放纵,而出现了无视为国家社会效力这一面的倾向。国家原本不是国家单方面的手段,个人也不是国家单方面的手段。没有个人的幸福也就没有国家的昌盛,没有国家的昌盛也就不可能有个人的福利。"② 1951 年 11 月,天野在《朝日新闻》上介绍了《国民实践要领》草案,罗列了日本人作为个人、家庭成员、社会及国家成员应遵循的伦理规范,特别强调了"爱国心"和"天皇"的观点。③ 1952 年 9 月,吉田首相在自由党总会的发言中指出:"只有彻底

---

① 大田尧《战后日本教育史》,王智新译,教育科学出版社,1993 年,第 153 页。
② 饶从满、满晶《战后日本现代化过程中的学校道德教育》,《外国教育研究》,1997 年,第 6 期,第 21 页。
③ 张德伟《日本教育特质的文化学研究》,东北师范大学出版社,1999 年,第 102 页。

地向青年进行教育,说明日本的历史是万国之冠,日本的国土是世界上最为美丽的,这样才能培养爱国心。"①10 月,上任不久的冈野清豪文部大臣又提出了旨在"发扬道义、涵养爱国心"的加强修身、地理、历史教育的文教政策。② 11 月,吉田首相在第 15 次特别国会上特别宣称:"关于战后的教育改革,鉴于其经验,为使其适合我国国情而加以重新研究,同时,谋求涵养国民自立之基础的爱国心和发扬道义","国民了解什么是爱国心非常重要",③再次鼓吹爱国心教育。随着"55 体制"的形成,日本维持绝对多数的保守政权,一面受到以《日美安全保障条约》为基轴的对美从属关系的支持,推行一系列的以修改宪法和重新武装为基调的政策,一面又开始追求以现代化为目标的经济高速增长政策。在此背景下,一些国民,特别是产业界、教育界人士提出了如下意见:《教育基本法》中的道德准则,是以普遍论的哲学为依据的,没有体现日本国势的特殊性和民族主义;适应日本工业社会需要的道德应是民族主义和功利主义的道德。而要很好地进行这种道德的教育,就必须在学校开设道德课。针对这些批评,文部省于 1958 年进行了课程改革,在小学和初中开设道德课。此后,日本形成了以特设道德课为核心,通过全部教育活动进行道德教育的"特设道德教育体制"。通过这一体制,日本不断地对学生施加民族主义、功利主义的道德教育。④ 由此可见,从 50 年代初期开始,随着日本经济界对培养人才要求的逐步提高,道德教育的工具性特征也越来越明显,其主要表现是 1955 年以前通过加强爱国心教育,1955 年以后通过加强民族主义和功利主义教育为日

---

① 大田尧《战后日本教育史》,王智新译,教育科学出版社,1993 年,第 153 页。

② 张德伟《日本教育特质的文化学研究》,东北师范大学出版社,1999 年,第 103 页。

③ 同上。

④ 饶从满、满晶《战后日本现代化过程中的学校道德教育》,《外国教育研究》,1997 年,第 6 期,第 22 页。

本培养政府和国家需要的"德才兼备"的人才。

20 世纪 60 年代以后，由于财界和国家之间的联系进一步加强，经济界的要求通过政府机构这一媒介贯彻于教育政策中，出现了教育政策从属于经济政策的趋向。构成经济界要求的基调是教育要确保适应产业结构变化的高才能劳动力。这种高才能劳动力不仅具有与经济增长相适应的知识和技能，而且对社会分工具有满足感、具备"适应能力"，对企业具有强烈的归属意识和"爱社精神"。经济界的要求在 60 年代的经济审议会和教育审议会公布的咨询报告中得到了充分的反映，而政府又是采取一系列措施尽力给予采纳。正如日本学者大田尧所言："决定教育政策的最主要因素是经济政策，经济政策比什么都重要，道德教育、爱国心教育都被看成是构成劳动力质量的成分。"[1]1960年池田内阁制定的《国民收入倍增计划》指出，作为经济政策的一环必须设法提高人的能力，并强调今后的学校教育要在加强科技教育的同时，重视道德情操教育，这就是所谓的"人力开发资源政策"。1963 年 7月，教课审提出了《关于充实中小学道德教育的方法和对策》，提出了将道德教育内容具体化时必须重视以下几点：①在尊重个人的同时，要注意培养作为国家社会的优良建设者，充满自主精神、身心健康的日本国民；②在从日常生活中选择生动的教材之同时，要注意汲取古今东西的经验和教训，同时还要充分利用日本文化、传统以充实其内容；③鉴于日本在国际社会中的地位和作用，要更加重视提高国民自觉性，培养公正的爱国心；④从宗教和艺术等方面来充实、加强情操教育。[2] 在以上四条建议中，第一条直接提到了道德教育为培养"国家社会的优良建设者"而服务，第三条提到了爱国心的培养，第二条说的是选择教材要注

---

① 大田尧《战后日本教育史》，王智新译，教育科学出版社，1993 年，第 236—237 页。

② 饶从满、满晶《战后日本现代化过程中的学校道德教育》，《外国教育研究》，1997 年，第 6 期，第 22 页。

意利用日本文化、传统的问题。由此可见,这三条建议都或多或少地强
调了道德教育为集体、为国家、为日本社会服务的工具性质。如果说这
一报告对道德教育培养重整体的精神的要求还不够明确的话,那么,
1966年中教审提出的《理想的人》的这一要求就非常露骨了。《理想的
人》提出了"理想的日本人"的标准,从"作为个人""作为家庭成员""作
为社会成员"和"作为国民"四个方面来论述。其中,"作为社会成员"和
"作为国民"两个方面集中体现了政府对道德教育培养重整体的精神的
这一要求。报告指出,"作为社会成员",应该是埋头工作、为社会福利
作出贡献、发挥创造性和尊重社会规范的人;"作为国民",应该是具有
纯正的爱国心、具有对于象征的敬爱之念和发展优秀的国民性的人。①
可见,道德教育就是要培养为日本国家和社会献身、忠于国家、忠于天
皇的日本人。在《理想的人》的指导下,1968年修订的《学习指导要领》
开始强调与"敬爱"天皇相联系的"爱国心"。② 综上所述,日本经济高
速增长时期(20世纪50年代到70年代)的中小学道德教育注重促进
经济的发展,为此强调培养人才注重整体的精神,强调为集体、为国家、
为社会、为天皇的献身精神。

　　到20世纪70年代初,日本基本上实现了自明治维新以来梦寐以
求的现代化理想:日本在世界国民经济总产值中所占的百分比,也由
1965年的4.1%增至1970年的6%;日本国民经济总产值,1967年超
过英法,1968年再超过联邦德国,成为仅次于美国的资本主义世界第
二经济大国。③ 为此,日本政府从70年代中期开始设立新的发展目

---

①　中教审《理想的人》,见钟启泉《日本教育改革》,人民教育出版社,1991年,第243—
246页。
　　②　藤田昌士《道德教育——现状、历史和问题》,[日]阿衣得如研究所,1985年,第49
页。
　　③　吴廷璆《日本史》,南开大学出版社,1994年,第1029页。

标,力图在巩固经济大国的基础上实现新的飞跃。从 70 年代中叶至
21 世纪初是日本第三次大飞跃的时期。在这一时期,日本政府的主要
目标是走"科技立国"的道路,确立"政治大国"的地位,实现"文化大国"
的梦想。在上述背景下,日本教育界也从 70 年代初至今进行着第三次
教育改革。它一方面反思经济高速增长的副作用和能力主义教育的不
良影响,提出重视儿童个性等改革措施;另一方面又重蹈覆辙,继续强
调教育的工具性价值,强调教育为"科技立国""政治大国"和"文化大
国"服务。道德教育,在新保守主义势力的影响下,在"教育荒废"现象
日益严重的背景下,在第三次教育改革强调加强道德教育的呼声中,得
到了进一步的重视和加强。其中,强调儿童的重整体的精神是道德教
育中重要的内容之一。1974 年 4 月,自民党总裁田中角荣撰文指出,
战后日本的教育是"智育肥胖","德育消瘦",缺乏平衡;并强调《教育敕
语》在今日也仍是共同的课题,表现出对《教育敕语》的浓厚的乡愁。①
同年 5 月,他又撰文指出"德育是万国通用的普遍原则",并提出了"五
个重要""十个反省"的德育论。② 其中,第五个"重要"就是"热爱国家、
社会"。在他的德育论的指导下,1977 年的课程改革特别强调道德教
育。和 1968 年的道德教育内容相比,1977 年的道德教育内容强调"特
别要养成遵守日常的社会规范的态度",要求更加重视"自主自律和社
会团结、尊重劳动、热爱自然和人类、服务精神、纪律和责任、爱国心与
国际理解等等"。③ 其中,"遵守日常的社会规范""社会团结""纪律和
责任"和"爱国心"等内容,都体现了重整体的精神。

　　1984 年,日本首相中曾根跨过文部省,设立直属首相机关的临教
审。1985 - 1987 年,临教审发表了四次咨询报告,提出了当时教育改

---

① 　饶从满等《当代日本小学教育》,山西教育出版社,1999 年,第 259 页。
② 　船山谦次《战后道德教育论史》(下),[日]青木书店,1981 年,第 278—279 页。
③ 　山崎英则、西村正登《道德和心灵的教育》,[日]密涅瓦书房,2001 年,第 143 页。

革的必要性。报告认为,伴随着日本经济两次起飞的是日本教育两次富有成效的改革——明治时期和战后的两次教育改革。这两次改革使日本的教育普及程度显著提高,成为社会经济发展的动力;但是,由于这两次改革基本上是以国家的政治和经济发展需要为依据而全面实施的,教育本身所应有的目的性和规律性遭到了无情的践踏。经济成功所带来的副产品表现在教育上,就是教育内容和教学方法的刻板划一、学生人文精神及个性的缺失、残酷竞争的应试教育、以逃学和校园暴力等为特征的"教育荒废"等。① 由此可见,临教审已经认识到在日本已经成为世界经济大国且要融入国际社会之时,日本教育由来已久的痼疾需要进行彻底的根治。然而,在新保守政治势力的影响下,在学生道德危机日益严重的背景下,第三次教育改革仍然继续强调"继承日本传统文化""培养爱国心"和灌输皇国史观等观点,继续将道德教育作为政治和经济的工具。在反映1989年和1998年两次课程改革的《学习指导要领》中,都强调从四个方面的视点("有关自己的内容""有关与他人关系的内容""有关与自然及崇高事物关系的内容""有关自己与集体以及社会关系的内容")来进行道德教育。在培养整体精神方面,除了在道德教育作为政治工具的内容中已经提过的通过对天皇制的拥护来强化国家观念外,还通过"有关自己与集体以及社会关系的内容"来强调集体精神和国家利益。在强调集体精神方面,1998年的《学习指导要领》要求小学低年级儿童"喜欢参加学校和班级的活动",中年级儿童"和大家合作,为建立快乐的班集体而努力",高年级儿童"和大家合作,为建立更好的校风而努力";②要求初中儿童"具有把自己看做是班级和学校一员的自觉性,和大家合作,为建立更好的校风而努力"。③ 在

① 于洪波《日本教育的文化透视》,河北大学出版社,2003年,第272页。
② 《小学学习指导要领》,[日]大藏省印刷局,1998年,第91—93页。
③ 《初中学习指导要领》,[日]大藏省印刷局,1998年,第99页。

强调国家利益方面,1998 年的《学习指导要领》要求小学中年级儿童"喜爱我国(日本)的文化和传统",高年级儿童"珍惜我国(日本)的文化和传统","热爱祖国","具有作为日本人的觉悟";[①]要求初中儿童"具有把自己看做是日本人的自觉性,热爱祖国,为国家的发展尽心尽力,并为继承优良传统、创造新文化作出贡献"。[②]

(二)重视培养努力奋斗的精神

在日本文化中,既强调个体为整体服务的献身精神,要求个体要为群体和社会的利益而"克己";又强调个体自身努力奋斗的精神,要求个体要为个人的"立身出世"而"扬己"。所谓"立身出世",是表示(在社会上)成功、出息和发迹的含义。"日本的立身出世是'对他人的期待给予适当的响应'的一种社会适应形态,具有响应来自家族等第一层次集团的社会期待的取向,并且以将之作为社会中占主导地位的规范和价值予以遵从的形式为个人的立身出世提供动机。因此,日本立身出世的特色在于期待着通过一身的独立达到与共同体的同步调和和对国家目标的认同与投入。"[③]可见,日本的"立身出世"虽然鼓励个体通过努力和他人竞争,达到在社会上成功、出息和发迹的"扬己"的目的,但却是以考虑到整体利益,不损坏整体利益为前提的。只有这样,个人的努力奋斗才能构成整体的力量,为日本经济的发展、社会的进步作出贡献。从这个意义上说,个体的"克己"是个体的"扬己"的前提和条件,个体的"克己"和"扬己"是日本民族在世界之林中"扬己"的前提和条件。总之,这种重视个人努力奋斗的精神既有其积极的作用,也有其负面作用。其积极的作用表现在这种精神构成了日本民族团结的源泉,并促

①　《小学学习指导要领》,〔日〕大藏省印刷局,1998 年,第 90—93 页。
②　《初中学习指导要领》,〔日〕大藏省印刷局,1998 年,第 99 页。
③　饶从满《日本现代化进程中的道德教育》,东北师范大学博士学位论文(未刊),1998 年,第 101 页。

进了日本经济的发展、社会的富裕；其消极的一面是从某种程度上阻碍和压抑了日本人个性的充分发挥。

　　日语"頑張る"一词表示"努力"的意思，包含着坚持、忍耐、尽力和不要放弃的含义。努力精神是"日本社会的一个显著特征，因而有人称日本民族为勤勉努力主义民族"。① 这种勤勉努力主义不仅在家庭、学校，而且也在公司被提倡，充斥了日本人生活的每个角落。当某人因为遭遇某种失败而灰心丧气的时候，父母、老师、同学、朋友或公司的上司、同事、朋友等都会鼓励他通过努力来获得成功，不要泄气。其中，学校在培养儿童的努力奋斗精神方面起了很重要的作用。教师和同伴经常用"頑張る"一词来鼓励儿童坚持、忍耐、尽力和不要放弃，以达到某种目标。另外，各级学校中都设有学习指导员和生活指导员，他们也总是有意或无意、明示或暗示地传播着努力精神具有很高价值的思想。在日本文化传统的影响下，在全社会都提倡努力精神的氛围下，中小学道德教育更注重培养儿童的这种精神。进入 20 世纪 50 年代之后，在强调爱国心教育的同时，培养儿童努力奋斗的精神也得到了加强。1951 年 11 月，文部大臣天野贞祐在《朝日新闻》上介绍了《国民实践要领》草案，罗列了日本人作为个人、家庭成员、社会及国家成员应遵循的伦理规范。《国民实践要领》由前言和四个章节组成。在第一章"个人"第八条"忍耐"中，天野指出："人是脆弱的，当遇到困难和痛苦时，很容易陷入自暴自弃而不可自拔。我们只有在逆境中学会忍耐，拥有爱心，坚持正义，才能看到世界的光芒"；在第三章"社会"第八条"勤勉"中，天野专门提到"勤勉"这一伦理规范，指出："我们应该尊重勤劳的美德，并形成勤劳的习惯，在各自的岗位上勤奋工作，为社会创造物质和精神的财富。"①可见，在天野看来，作为个人，应该学会忍耐；作为社会中的人，应该学会勤勉。这两者均为日本国民应该具备的伦理道德。

1966年，中教审发表了《理想的人》的咨询报告，提出了理想的日本人的标准。其中，"作为个人"，应该是自由的、发展个性的、珍惜自己的、具有坚强意志的和具有敬畏之念的人；"作为社会成员"，应该是埋头工作、为社会福利作出贡献、发挥创造性和尊重社会规范的人。② 在此，作为个人的"具有坚强意志"的品德和作为社会成员的"埋头工作"的品德都与努力精神有关，都提倡个人努力奋斗、不放弃、坚持和忍耐的精神。报告在最后指出："过去作为日本人的优秀的国民性，是勤劳苦干的性格，高度的智力水准，出色的技能素养。我们要重新认识并发展这些品格，使日本在狭小的国土、贫乏的资源、增长的人口这些不利条件之下，也能同世界各国一道，迈向和平与繁荣的坦途。"③由此可见，"勤劳苦干"这个代表努力奋斗精神的词汇被中教审看做是日本人优秀的国民性之一，是排在"高度的智力水准"和"出色的技能素养"这些因素前面的更为重要的因素，是必须加以发扬光大，以克服日本的种种不利条件，帮助日本走向经济发展、社会富裕的重要的国民性。如果将《理想的人》与《国民实践要领》比较，不难发现它们在日本人所应具有的努力精神方面的品质是何其的相似：前者强调"具有坚强意志"，后者强调"忍耐"；前者强调"埋头工作"，后者强调"勤勉"。《理想的人》直接影响了1968年的课程改革，其有关努力精神的内容也在道德教育中得以反映。进入70年代以后，在田中角荣重视德育思想的指导下，

---

① 贝冢茂树《战后教育中的道德与宗教》，[日]文化书房博文社，2003年，第215页，第219页。

② 中教审《理想的人》，见钟启泉《日本教育改革》，人民教育出版社，1991年，第239—245页。

③ 同上，第246—247页。

1977 年的课程改革特别强调道德教育,强调"自主自律和社会团结、尊重劳动、热爱自然和人类、服务精神、纪律和责任、爱国心与国际理解等等"。① 其中,"自主自律""尊重劳动"和"服务精神"等内容,都体现了努力奋斗的精神。

在新保守主义势力的影响下,在学生道德危机日益严重的背景下,从 20 世纪 80 年代中期开始日益深入的第三次教育改革,仍然奉行加强道德教育的主张。其中,培养个人努力奋斗的精神也是道德教育的重要内容之一。在小学和初中的《学习指导要领》中,这部分内容主要通过"有关自己的内容"来反映。1989 年和 1998 年的《学习指导要领》都强调培养儿童坚持性和忍耐性,培养儿童为了达到目标而努力的精神。例如,在 1998 年的《学习指导要领》中,要求小学低年级儿童"认为是好的事情的,就好好地去做",中年级儿童"认为是正确的事,能够有勇气地去做",高年级儿童"树立较高的目标,并怀着希望和勇气、坚定不移地为达到目标而努力";②要求初中儿童"怀着希望和勇气,向着更高的目标,坚韧不拔、意志坚定地努力"。③

总之,"二战"结束以来至 70 年代初,日本社会一直以"富国富民"作为国策,使教育成为培养人才、促进经济发展、社会富裕和科技进步的经济工具。道德教育作为教育的一个组成部分,在这一国策的指导下,极端重视培养儿童重整体的精神和努力奋斗的精神,一方面培养学生为整体而忘我献身的忠诚心理,一方面又注重培养学生通过努力获得成功和实现自我。通过这样的道德教育,起到通过个人"小我"的努力和忍耐,达到实现国家"大我"的发展和腾飞。然而,由于过分强调通过个人努力而达到出人头地、"立身出世"的目的,造成了儿童为考试竞

---

① 山崎英则、西村正登《道德和心灵的教育》,[日]密涅瓦书房,2001 年,第 143 页。
② 《小学学习指导要领》,[日]大藏省印刷局,1998 年,第 90—92 页。
③ 《初中学习指导要领》,[日]大藏省印刷局,1998 年,第 98 页。

争而拼命，以致承受巨大的精神压力；由于过分强调牺牲"小我"而发展"大我"，许多儿童的个性被压抑，人格被扭曲，身心受到了极大的摧残。20世纪80年代中期以后，日本社会已经开始认识到教育存在的痼疾，也提出种种改革的措施，然而，从本质上来说，道德教育还是"科技立国"的工具，还是注重其为经济服务的工具性特征，还没有从根本上对千差万别的个体赋予更多的人文关怀。

以上主要从日本中小学道德教育作为政治和经济的工具两方面来阐述道德教育的工具化问题。事实上，日本中小学道德教育还存在着作为文化的工具的问题。从明治维新到现在，在处理传统文化和外来文化的关系问题上，日本采取了"和魂洋才"的文化方针。在这一方针的指导下，日本一方面对传统文化进行改造，一方面积极吸收西方的现代文化，找到了一条东方文化与西方文化、传统文化与现代文化相结合的道路。① 为了积极贯彻"和魂洋才"的文化政策，道德教育一方面成为日本传统文化的继承者和传播者，一方面又通过直接和间接的道德观念的教育，有选择地传播一些西方文化。具体来说，在继承和发扬日本传统文化方面，主要表现为等级观念和集团主义精神的宣传和教育等。自古以来，等级观念和集团主义精神就是日本中小学道德教育的主要内容。"二战"以后，等级观念和集团主义精神通过中小学道德教育的手段，为促进日本社会的稳定与团结起了积极的作用；但与此同时，也由于它们过分强调等级关系和集团主义，压抑了儿童的个性，伤害了儿童的人格，成为造成日本学校欺侮、暴力等教育荒废的直接和间接的原因之一。在有选择地促进西方文化的传播方面，主要表现为对民主、自由、平等、竞争等思想的宣传和教育等。例如，在培养继承和发展传统文化的日本人的同时，也培养致力于促进民主社会和民主国家

---

① 张德伟《日本教育特质的文化学研究》，东北师范大学出版社，1999年，第203页。

的形成和发展的人;在宣传等级观念和集团意识的同时,也主张通过个人的努力和平等竞争来达到立身出世的目的。西方文化的民主、自由、平等、竞争等民主意识的培养,一方面为消除封建残余、建立民主和平等的日本社会、树立儿童正确的世界观和人生观打下了基础;但另一方面也促进了儿童为了追求个人主义、自由主义、享乐主义和利己主义而放任自己,丧失基本的价值规范,染上抽烟、喝酒、吸毒、援助交际、不上学等不良行为,甚至欺侮他人、用暴力伤害他人等。

明治维新以来,日本的教育表现出鲜明的国家主义特征。日本学者堀尾辉久曾尖锐地指出:"日本现代教育制度诞生较晚。从它诞生之日起,政治家们就将它看出是实现自己政治和经济抱负的有效工具,教育制度完全在政治家们制定的框架内形成,历史的传统延续至今。事实上今天国家对学校的操纵较战前更甚。"[①]我国学者于洪波也指出:"在日本这样一个单一民族的国家里,教育在国家发展中的工具性特征达到了淋漓尽致的地步。教育对国家发展的功用性,虽然在西方诸发达国家普及义务教育的年代里也有不同的表现,但是像日本这样达到极端的程度却是举世无双的。"[②]道德教育也同样如此。从明治时期以来,日本的道德教育一直在国家主义政策的导向下,作为政治、经济和文化的工具,在日本社会的发展中起了非常重要的作用。然而,在这一过程中,日本的道德教育只重视了道德教育的社会性功能——为社会制度的改革、发展,为社会整体关系的协调而服务,忽视了道德教育的个体性功能——"自我与他人和谐关系的建立"和"独立自我本身达到某种内在的平衡"。[③] 诚然,道德教育具有社会性的功能,但是只重视

---

① 堀尾辉久《当代日本教育思想》,王智新等译,山西教育出版社,1994 年,作者自序,第 2 页。

② 于洪波《日本教育的文化透视》,河北大学出版社,2003 年,第 221 页。

③ 鲁洁《超越与创新》,人民教育出版社,2001 年,第 236 页。

社会性功能,而忽视其个人性功能,显然是不全面的。而且,忽视道德教育的个人性功能,将使道德教育走向歧途。鲁洁教授深刻地指出:"只有当德育在个人关系领域内充分发挥它的功能,德育才不是把人作为工具来培养,而是作为目的来培养,德育才赋予它原应有的本质的意义。这种德育才不致使被教育对象视为'异己''异化'了的德育,才能成为对象们衷心自愿接受的德育。"[①]可见,只有重视了个体性功能,道德教育才有可能不被"异化",儿童才有可能不被当作工具,而被当作目的来培养;只有将道德教育的社会性功能和个人性功能结合起来,才能更好地发挥道德教育的作用。

"道德教育是人类创造的一种特殊实践活动。从价值哲学的观点看,一种特定的实践活动及其主体既具有工具性价值——满足其他实践活动及其主体之需要的属性,又具有主体性价值——满足自身需要的属性。主体性价值是人的实践活动本身的价值,是'创造价值的价值',……是内在价值,是工具性价值(外在价值)的源泉。"[②]因此,主体性价值是道德教育的首要价值,否认或忽视了道德教育的主体性价值,将使道德教育成为消极的、被动的、任人摆布的客体,由此而发挥的工具性价值也是消极而被动的。日本道德教育要想真正解决道德教育存在的种种问题,只有改变道德教育被动的工具性状态,使其作为主体积极投入到现实生活中,积极干预并超越社会生活,发挥道德教育主体性价值的作用。

第三节 文化对道德教育的负面影响 ·

日本文化是日本民族在特定的自然、社会环境中的创造性活动及

---

① 鲁洁、王逢贤《德育新论》,江苏教育出版社,2000年,第327—328页。

② 钟启泉、黄志成《西方德育原理》,陕西人民教育出版社,1998年,第406页。

其产物的总和,可分为物态文化、行为文化、制度文化和精神文化四个层面。其中,制度文化主要是指表现在制度上的传统的道德和法律的规范;精神文化主要是指表现在社会意识形态和社会心理方面的文化,如哲学、宗教、艺术、价值观、社会心理和民族性格等。[①]　在此,笔者主要探讨制度文化和精神文化对日本道德教育的影响。

日本文化并不只是日本的原初文化,也不仅是在原初文化基础上形成的传统文化,而是日本文化发展的各个时期被不断地复制和再创造出来而存在于社会的广义文化。它既有原初文化中的成分,也有随社会发展而产生的新文化成分,也有不断被吸收、消化而日本化的外来文化成分。因此,从动态的发展的观点来看,日本文化处于不断地形成和发展过程中。在漫长的历史发展过程中,日本文化吸收了东西方文化的精华,将传统与现代、外来文化与自我文化有机地结合,综合创新,获得了不断的进步和发展。

文化对道德教育的影响是全方位的,也是深层次的。日本文化对道德教育的影响有积极的方面,也有消极的方面。在此,笔者主要从以下两个方面来探讨"二战"结束后日本文化对道德教育的负面影响。

一　文化冲突对道德教育的冲击

第二次世界大战后,日本仅用了30多年时间成为世界第二经济大国。"日本之所以能够迅速崛起,有赖于其政治、经济体制的变革和由传统文化向现代文化的转型。……经济、政治、文化是构成社会大系统的三大要素。其中,文化的变迁,特别是作为文化核心的文化价值观的变迁更能有效地促进社会整体的变革。"[②]在战后日本现代化的发展过

---

① 汤重南等《日本文化与现代化》,辽海出版社,1999年,第2页。
② 张德伟《日本教育特质的文化学研究》,东北师范大学出版社,1999年,第3页。

程中,日本始终坚持明治以来有选择地吸收西方文化和创造性地改造传统文化的方针,使文化的变迁成为促进日本经济发展、政治民主化、社会进步的重要因素。但是,在东西方文化的碰撞、冲突和双向选择的过程中,①在价值多元冲突的过程中,也存在着一些问题,其中某些问题对道德教育产生了消极的影响。

20 世纪 70 年代中期以来,日本出现了以欺侮、校内暴力和其他青少年不良行为为主要特征的教育荒废现象。这一现象既反映了日本教育出现的荒凉和衰退的景象,也反映了日本儿童心灵的危机。因此,教育荒废不仅是教育的荒废,也是儿童心灵的荒废,反映了道德教育实效的低下,道德教育落后于时代要求等问题。造成教育荒废的原因有很多,文化冲突造成的消极影响就是其中的一个方面。

(一)东西方文化价值的冲突对儿童心灵的冲击

"由于日本四周环绕着大海,在地理位置上与各大陆国家隔绝,所以,在人种、宗教、语言、文化、生活方式等方面,同质性很高;并且由于较高密度地定居在狭窄的山间、平原地带从事稻田耕作的关系,形成了独特的日本式的集团主义、宽容心态和日本文化。"②明治维新以来,随着现代工业文明的引进和发展,以欧洲为主的西方文化冲击着日本的传统文化,冲击着同质性较高的日本社会,使日本社会处于原有的传统文化和外来的欧美文化二者交互影响的状态中。"二战"以后,随着战败引起的对日本传统价值的否定,科学技术的文明的发展和社会的逐渐富裕,以美国为代表的西方文化纷纷涌入日本,并逐渐渗透到日本社

---

①　汤一介指出:"文化的双向选择是指原有文化在外来文化传入后有一个选择过程,外来文化对所传入的民族的文化也有一个适应和变化的过程。"(参见汤一介《关于文化问题的几点思考》,《云南大学学报(哲学社会科学版)》,2002 年,第 1 期,第 9 页。)

②　临教审《关于教育改革的第二次咨询报告》,见钟启泉《日本教育改革》,人民教育出版社,1991 年,第 453 页。

会中,"西方种的文化已经深入地培育了日本的根。"①然而,传统的东方文化在日本社会仍然存在,并主要通过学校这块阵地,通过文化传统和传统文化对儿童进行潜移默化的影响。因此,每一个正在成长着的儿童都面临着东西方文化的双重轰炸,面临着价值观的选择。

在日本偏重学历的社会风气影响下,在学校严密的管理体制、划一主义的教育体制下,在父母"望子成龙"的高期望值下,日本儿童感受到沉重的心理压力,却感受不到人的尊严、价值、个性和自主性。因此他们比较容易接受西方的自由、平等、权力、尊严的思想,喜欢享受按自己的意愿生活的充分自由和独立性,偏重消费享乐,反对学校和家长的压制。然而,他们在学校里接受的仍然是日本传统的价值教育,即强调以仁爱、忠诚、责任、义务、宽容、勤劳、奋斗为基点的道义型文化,和西方以竞争、利益、权力、尊严、效率、自由等功利性文化形成鲜明的对比。东西方文化的碰撞和冲击,通过学校内外巨大的信息空间,在儿童的心灵中激荡和冲突。在心灵的冲突之后做出的选择因人而异,有的儿童仍然遵循设计好的"好学校→好工作→好人生"的线路,接受传统的文化教育,按部就班地过日子;有的儿童虽然接受了一些西方文化的思想,但只是在生活方式方面,骨子里还是地地道道的日本人;有的儿童从生活方式到思维方式,都接受西方文化的影响,标榜自由、平等、权力、尊严和价值,反对压制,走自己的路;还有一部分儿童接受西方文化中"利己"的一面,变成无责任感、追求享乐、自私自利、随心所欲的人。在最后这一部分儿童中,有的染上了吸毒、不上学等不良行为,有的则成为欺侮和暴力的加害者,还有的成为盗窃犯、抢劫犯等刑事犯罪者,但更多的则是无所事事、安于"随便",缺乏规范意识、人际关系冷漠,缺乏目标意识的人。因此,西方文化在"二战"以后日本的国土上,对儿童

---

① 卞崇道等《跳跃与沉重——二十世纪日本文化》,东方出版社,1999年,第46页。

第三章　中小学道德教育的问题　129

的教育荒废和心灵荒废起了一种催化的作用。

　　日本传统文化和西方文化对儿童的影响究竟孰重孰轻？笔者从教育荒废的两种典型表现——欺侮和校内暴力的量的变化这一侧面进行分析。费孝通先生指出，"己"是西方文化的核心观念，扬己和克己也许正是东西方文化差别的一个关键。① 如果说欺侮是日本土生土长的教育方面问题，反映了日本文化的集团性性格——集团对个体或少数人的一种欺负行为和东方文化的"克己"性——内心烦恼却不愿求援，宁愿选择自杀或杀人行为；那么，校内暴力则反映了"二战"后西方文化对日本的影响，反映出西方文化的"扬己"性——倾向于将不满诉诸暴力，通过破坏性行为来发泄内心的不满和紧张。所以，20世纪70年代以来日本中小学生的道德危机所反映出来的不仅是道德教育或教育的危机，而且也是东西方文化在日本国土上互相碰撞后在儿童心灵方面折射出的危机。从总的趋势来看，欺侮的发生件数从1996年以来呈现了逐年递减的现象；与此相反，校内暴力的发生件数从1994年开始逐年上升，到2000年发展到最高峰。如果这不是一种偶然或暂时的现象，那么它是否可以说明西方文化对日本儿童的影响在某种程度上已经超过了日本传统文化对儿童的影响呢？当然，如果仅仅从欺侮或校内暴力发生的件数来看这种趋势似乎只是从表面上、从量的角度来看问题，不能说明内在的、本质的东西，但至少从校内暴力发生的件数和恶劣程度上，可以说明西方文化对日本儿童的影响已经达到了相当的深度。

　　（二）价值多元冲突对道德教育的冲击

　　从20世纪50-60年代开始，在美国等西方国家，"一种崭新的关于道德善恶、人类行为标准的语言开始在西方社会悄然兴起，诸如自

---

① 　费孝通《文化论中人与自然关系的再认识》，《群言》，2002年，第9期，第15页。

我、存在……等等语汇已经广泛见诸于人们的日常语言。"①每个人、每种文化、每种价值观似乎都是合理的。因此,"正义与邪恶、崇高与卑劣、真理与谬误的界线就殊难判定,从而导出这样的结论:一个人只要有所信奉、有他自己的价值择定,不管其信奉和价值的内容如何,就是好人。"②20 世纪 70 年代以后,随着全球化的发展,价值多元冲突的问题日益尖锐,世界上大多数国家都陷入了价值多元冲突的困境。对此,世界各国采取了积极的措施。如美国从 20 世纪 80 年代后期开始复兴品德教育运动,③英国也在 2000 年 9 月开始实施国家课程中重视价值观教育,并以传递国家政治形态的核心价值为主。④ 许多学者也提出了各自的主张。一些学者提出"教会选择"而不是"教会顺从",还有一些学者提出了"普遍价值"的主张,很多学者都主张实施多元文化教育等等。

　　和世界上大多数国家一样,20 世纪 70 年代以后,日本也陷入了价值多元冲突的困境。其主要的表现就是传统的价值受到了根本的动摇,社会处于道德混乱的状态。犯罪率上升、性道德混乱、赌博、未婚生育以及拍摄、出版或阅读色情刊物等问题不断涌现,过去非常清楚的善恶标准变得不清晰了。此外,价值多元还疏离了道德的共通性,使公共道德逐渐走向沦丧。这对成长中的青少年的影响很大。日本国内外的一些研究表明,日本青少年缺少基本的道德和伦理观念。例如,1995年,日本的一个政府组织 EPA 对 4400 名随机抽取的年龄在 20 - 59 岁

---

① 叶国文、陈洁《道德的共同体:教育的政治哲学观》,《复旦教育论坛》,2004 年,第 1 期,第 15 页。

② 同上。

③ 檀传宝《第三次浪潮:美国品德教育运动述评》,《北京大学教育评论》,2003 年,第 2 期,第 34 页。

④ 钟启泉、张华《世界课程改革趋势研究》(中),北京师范大学出版社,2001 年,第 399 页。

之间的日本男女(实际有效答卷 3392 份)进行了问卷调查。结果各个年龄段的人均承认,日本青少年总体上缺乏基本道德素质和社会礼节,其中,最缺乏的是坚韧、礼貌、责任、宽容和大度精神、对公共利益的关心和节俭等。① 这一研究表明,在日本公民看来,日本青少年缺少基本的道德和伦理观念,无法成为人们心目中严谨、正派的公民。

　　在上述价值多元的困境下,道德价值观的抉择和推行都显得困难。为此,日本政府采取了下列对策:一是和英美一样,强化"普遍价值"(又称"普遍伦理"或"核心价值观")和强调正面的道德教育。早在 1986 年,临教审就提出了培养"丰富的心灵"的主张。1996 年,第 15 届中教审在《关于展望 21 世纪我国教育的应有状态——让儿童拥有"生存能力"和"轻松宽裕"》的咨询报告中,提出了无论社会如何变化,在教育中都存在着超越时代的不变的价值,即"永恒性"的内容,具体为"丰富的人性,尊重正义感及公正性的精神,不断地律己、与他人相协调、同情他人之心,尊重人权之心,热爱自然之心等"。② 这里所指的"永恒性"内容实际上就是"普遍价值",也是心灵教育的内容。此后,第 16 届中教审、教育改革国民会议、新成立的中教审分别在 1997 年、2000 年和 2003 年的报告中,继承第 15 届中教审的报告精神,提倡培养儿童"丰富的人性",加强对儿童的心灵教育。此外,还在学校加强道德教育,从正面培养儿童良好的道德品质,使儿童具备摆脱不良价值观影响的能力,选择有价值的生活。二是在强化"普遍价值"和道德教育的前提下,尊重儿童的个性、主体性和创造性。在 1989 和 1998 年的《学习指导要领》有关道德教育的目标中,都提到了"尊重人性的精神"、"培养具有主体性的日本

---

① 　大卫·松本《解读日本人》,谭雪来译,中国水利水电出版社,2004 年,第 75—76 页。

② 　中教审《第 1 部:今后教育的应有状态》,载《关于展望 21 世纪的我国教育的应有状态》(1996 年 7 月),http://www. mext. go. jp/b＿menu/shingi/chuuou/toushin/960701b. htm,2003 年 4 月 8 日下载。

人"等内容；在 1998 年的道德教育目标中，还增加了"开拓未来"的内容。日本学者宫岛秀光认为，1998 年的《学习指导要领》在强调"秩序意向的道德"的同时，也强调"创造意向的道德"，是跟日本社会的变化分不开的。① 三是在承认价值多元的基础上，提倡国际理解教育。之所以不用国际上惯用的"多元文化教育"，可能是因为日本人认为自己是单一民族的国家，不存在文化多元的现象，而只存在跨文化的教育。②

日本一些学者在研究道德教育、教学理论时，致力于对"教会选择"的研究，反对"规训式"或"控制性"的道德教育。例如，堤正史提倡教师和学生展开平等的"对话教育"，认为对话本身就是道德教育，就是道德教育的原型；③以诸富祥彦为代表的对价值澄清理论的研究，强调引导学生通过对各种价值观的分析和选择来形成自己的价值观；以荒木纪幸为代表的对两难教学法的研究，引导儿童在两难情境中进行思考；押谷由夫倡导的综合单元的道德学习理论，强调以儿童为主体的道德教育；金井肇倡导的结构化方式教学理论，强调道德教育应以培养儿童的主体性为主；伊藤启一倡导的综合计划理论强调儿童道德学习的主体性，强调道德的相对性和多元化等等。

尽管日本政府、学术界和各中小学作出了种种努力，但是在当代社会，道德教育陷入多元价值冲突的困境仍然不可避免。这是因为，一方面，"在信息化社会中，利用大众传媒来传播信息的主体必然会既愈来愈'大众化'，又愈来愈'个人化'。前者意味着价值取向传播的日趋'多源'，后者意味着价值取向传播的日益'多歧'。两者都将对价值冲突的

---

① 德永正直、堤正史、宫岛秀光、林泰成、神原志保《道德教育论——从对话到对话的教育》，[日]中西屋出版社，2003 年，第 137 页。

② 王鉴《多元文化教育的世纪论争》，《贵州民族研究》，2003 年，第 1 期，第 127 页。

③ 德永正直、堤正史、宫岛秀光等《对话的道德教育》，[日]中西屋出版社，1997 年，第 56 页。

频起、凸显、泛布与强化,继而对多元价值的共存乃至多元社会的形成起着推波助澜的作用。"[1]另一方面,政府、学术界和中小学的各种措施有些还只是一种尝试、一种假设,有些尽管有一定的作用,但只能推行一定的价值观和帮助儿童选择一定的价值观,至于是否对儿童有作用,有多少作用,则不是由教育者的意志为转移的。

二　文化传统对道德教育的束缚

文化传统,又称民族文化传统或民族传统,"是指一个民族经过长期的历史积淀而形成的对现实社会仍产生巨大影响的文化特质或文化模式。"[2]"文化传统是不死的民族魂。它产生于民族的历代生活,成长于民族的重复实践,形成为民族的集体意识和集体无意识。简单说来,文化传统就是民族精神。"[3]

不同的民族拥有不同的文化传统。日本的文化传统是很特别的,既和西方文化传统有质的差别,又和亚洲的其他国家的文化传统有着明显的区别。正如美国哈佛大学教授塞缪尔·亨廷顿(Huntington, S. P.)所指出的那样:"最重要的孤独国家是日本,没有其他与之相同的独特文化。"[4]关于日本的文化特质(文化传统),不同学者有不同的看法。比较著名的观点有日本学者加藤周一的"杂种文化论"、[5]中根

---

① 吴康宁《教会选择:面向21世纪的我国学校道德教育的必由之路》,见朱小蔓《道德教育论丛》(第1卷),南京师范大学出版社,2000年,第96页。

② 顾明远《民族文化传统与教育现代化》,北京师范大学出版社,1998年,第6页。

③ 庞朴《文化传统与传统文化》,《科学中国人》,2003年,第4期,第9页。

④ 塞缪尔·亨廷顿《文明的冲突与世界秩序的重建》,周琪等译,新华出版社,2002年,第143页。

⑤ 卞崇道等《跳跃与沉重——二十世纪日本文化》,东方出版社,1999年,第44—48页。另外,和加藤周一一样,认为"日本文化是由多种文化混合交织而形成"的学者有:广歌和子("合金文化")、永井道雄("混合文化")和依田熹惠("并存文化")等。(参见顾明远《民族文化传统与教育现代化》,北京师范大学出版社,1998年,第76页。)

千枝的"纵式社会论"、①土居健郎的"娇宠论"、②梅绰忠夫的"平行进化
论"、梅原猛的"日本文化论"、上山春平的"深层文化论"、③本尼迪克特
的"耻感文化论"、④李御宁的"缩小意识论"⑤等。这些理论从不同的侧
面对日本文化进行了剖析,揭示了日本文化的基本特征。其中,一些理
论认为"和"的观念和集团主义是日本文化的特质。事实上,"和"的观
念和集团主义有着密切的关系,前者是后者的基础,后者是前者的具体
表现。一些学者也将二者结合在一起,称之为"以和为中心的集团主
义"。如韩国学者李御宁表述为"令世界大吃一惊的'和'的神秘集团主
义"。⑥ 在此,为了论述的方便,笔者主要侧重"和"的观念中所强调的
人伦关系和集团主义中所强调的集团意识,将二者分开阐述。总的来
说,"和"的观念和集团主义在明治维新以来的日本社会的发展过程中
所起的作用是巨大的,既有积极的影响,也有消极的影响。下面,主要
就二者对日本道德教育的消极影响进行简要的评述。

(一)"和"的观念对道德教育的消极影响

重视人伦关系是东方道德的一个重要特征。日本对人伦关系的重
视有其自身的特点,即强调"和"的观念。日本哲学家、原京都国际日本
文化研究所所长梅原猛把日本人重视人际关系,以宽宥态度处理人际
关系的做法提炼为"和"的思想。他认为,"和"的观念是贯穿于日本文
化的原理,是日本精神的核心和日本人价值观的基础。⑦ 确实,"和"的

---

① 卞崇道等《跳跃与沉重——二十世纪日本文化》,东方出版社,1999 年,第 48—58
页。
② 李御宁《日本人的缩小意识》,张乃丽译,山东人民出版社,2003 年,第 3 页。
③ 以上三种理论详见卞崇道等《跳跃与沉重——二十世纪日本文化》,东方出版社,
1999 年,第 48—58 页。
④ 详见鲁思·本尼迪克特《菊与刀》,吕万和等译,商务印书馆,1990 年。
⑤ 详见李御宁《日本人的缩小意识》,张乃丽译,山东人民出版社,2003 年。
⑥ 李御宁《日本人的缩小意识》,张乃丽译,山东人民出版社,2003 年,第 169 页。
⑦ 卞崇道等《跳跃与沉重——二十世纪日本文化》,东方出版社,1999 年,第 54 页。

观念已经渗透到日本的精神世界中,并以各种物质和精神的方式表现出来。例如,日本民族就称为"大和"民族。凡是日本本土固有的东西,比如"和歌"(日本诗)、"和绘"(日本画)、"和琴"(日本琴)和"和服"等,都以"和"冠之。又如,历代日本统治者也以"和"作为立国之法。早在1400多年前,圣德太子制定的日本历史上的第一部宪法——十七条宪法中,开宗明义第一条就是"以和为贵"。[①] 再如,日本现代的伦理学家和辻哲郎(1889-1960年)不是以个人为研究对象,而是把人际关系放在伦理价值的中心,提出了"作为人际之学的伦理学"。[②]

"和"的观念反映了日本社会的等级关系。在集团中,为了使集团内部成员的关系和谐、统一,集团中的人必须严格遵守等级秩序。日本社会人类学家中根千枝在分析日本的社会构造、研究日本人之间的关系时指出:"日本人较之'资格'更为重视'场',较之'横式'人际关系更为重视'纵式'人际关系。"[③]这里所说的"纵式"的人际关系是以等级秩序为基础构成的,强调等级在人际关系中的作用。我国学者吴潜涛指出,重视人伦关系的观点是从中国传入日本的,但进入日本以后,却"失去了中国儒教原有的那种人本主义观点,人伦关系中的双向性义务变成了下对上、卑对尊的单方面的绝对服从。"[④]一言以蔽之,日本文化中"和"的观念是和等级秩序相联系的,等级秩序是维护人际关系的前提条件。从更深的层次来说,"和"的观念还是构成天皇制意识形态的核

---

① 李兆忠《暧昧的日本人》,广东人民出版社,1998年,第177页。

② 龚颖《和辻哲郎对"作为人际之学的伦理学"的前提论证》,《哲学动态》,2001年,第11期,第38页。

③ 王家骅《儒家思想与日本的现代化》,浙江人民出版社,1995年,第245页。中根千枝认为,"资格"是指使某个人与他人区别开来的种种属性,如生而具有的性别、姓氏、年龄,后天具有的学历、地位、职业等。"场"是指把一些个人构成为团体的场合,如地域、企业、学校、机关等。

④ 吴潜涛《日本伦理思想与日本现代化》,中国人民大学出版社,1994年,第203页。

心思想。这是因为，日本是以天皇为家长的一个大家族国家，这个国家是以作为家族伦理的"和"的综合原理建立起来的。在这个大家族的国家中，天皇是家长，处于等级制的最上层。日本学者中村元指出："从过去的历史看，日本思想的这一倾向（重视人伦关系的倾向）是以尊重家庭道德，重视等级身份秩序开始的，最终却导致了国家至上主义。此外，日本人对于特定的个人采取绝对服从的态度，这一点也很明显，所以，国家至上主义也表现为崇拜天皇的形式。"①可见，在中村元看来，重视人伦关系的倾向是造成国家至上主义和天皇崇拜的主要原因。

　　自古以来，日本社会就是建立在"和"的观念基础上的典型的等级制社会。等级制的出现源于弥生时代原始社会趋于解体，奴隶制社会开始建立之时。4世纪中叶建立的奴隶制国家大和，通过确立氏族制度和"部"制度，使社会阶层明显地区分为贵族、平民、奴隶三个世袭的身份等级。大化改新后，日本封建社会的身份制度几经变革，在奈良、平安两个王朝时代，人民的身份大致分为良民和贱民两大类。镰仓时代的社会阶层分为公家、武家、平民和贱民四种。江户时代的身份等级进一步细分化，除皇室和宫廷贵族（公卿）以外，有士（武士）、农、工、商四个世袭等级，另外还有"秽多""非人"等贱民。②总之，日本古代社会的秩序就是靠等级制度来维持的。在严格的等级制度下，日本的传统教育有着显著的等级差别，人们因身份的不同，在教育权、教育程度及教育内容等方面有极大的差异。此后，"日本经历了两个平等化发展阶段：明治维新和第二次世界大战之后即开始的一系列民主化改革。直到二战末期，才从社会制度层面上废除了（作为阶级和社会分层基础

　　① 吴潜涛《日本伦理思想与日本现代化》，中国人民大学出版社，1994年，第203页，括号内的内容为本文作者所加。
　　② 张德伟、徐蕾《论日本教育的等级性与平等性》，《外国教育研究》，1996年，第3期，第22页。

的)先赋原则。"①尽管如此,明治维新以来,等级观念并没有从日本人的头脑中清除,在教育上也表现为"等级性和平等性相结合的双重性格"。② 东京大学教授割谷刚彦近期的研究也表明,"日本的学校教育中仍然存在以阶层差为根源的显著的不平等现象"。③

总之,日本人的这种蕴含着等级关系的"和"的观念,和西方强调个人、自由和平等等观念是相对的,但却没有因为西方文化的输入而被扬弃,而是被继承和发扬下来。"和"的影响不完全是负面的,至少它使日本的各阶层在纵式的等级关系中各安其职,各行其是,维持了社会的稳定和发展、民族的团结和进步。但是,它也强化了日本社会等级制的人际关系,甚至起到增强日本国民天皇制意识的作用,同时也阻碍了自由、平等和个性等西方文化在日本的传播,成为日本政治现代化发展的绊脚石。诚如吴潜涛所言,日本社会的人伦关系,"既使日本民族饱受其害,又使其有所受惠。"④在此,主要探讨"二战"结束以后"和"的观念对中小学道德教育的消极影响。

其一,等级观念渗透到道德教育领域,在中小学道德教育中得到了强化。

"二战"以后,尽管颁布了《教育基本法》,强调个人的自由、民主和平等,但在道德教育领域中,仍然强调以"和"为中心的人伦关系。在道德教育的内容上,虽然去除了 1890 年天皇颁布的《教育敕语》中下对上、卑对尊等绝对服从的人伦关系,但仍然强调以"和"为中心的人伦关

①　高坂健次《当代日本社会分层》,张弦等译,中国人民大学出版社,2004 年,序言部分,第 11 页。

②　张德伟《日本教育特质的文化学研究》,东北师范大学出版社,1999 年,第 124—145 页。

③　翁文艳《日本学校教育中的平等与不平等问题的考察》,《外国教育研究》,2002 年,第 9 期,第 4 页。

④　吴潜涛《日本伦理思想与日本现代化》,中国人民大学出版社,1994 年,第 203 页。

系,强调作为家庭成员、社会成员和国民必须注重的人际关系和必须处理好与集体的关系。1951年天野提出的《国民实践要领》,罗列了日本人作为个人、家庭成员、社会及国家成员应遵循的伦理规范。在第二章"家庭"中,天野提出了夫妇、亲子、兄弟姐妹应该遵守的人伦关系;在第三章"社会"中,又提出了社会成员应该"相互帮助"的人伦关系;在第四章"国家"中,提出了个人与国家互为手段,个人应该敬爱天皇等观点。[①] 可见,在天野看来,无论是作为家庭成员,还是作为社会和国家中的个人,都应该遵守一定的人伦关系。他有关敬爱天皇的观点明确提出了国民对天皇的服从关系,有回归《教育敕语》中下对上、卑对尊的绝对服从的人伦关系之嫌,受到了激烈的批判。无独有偶,15年以后的1966年中教审发表的《理想的人》的咨询报告,再次提出了作为个人、家庭成员、社会成员和国民应该遵守的伦理规范。报告指出,作为家庭成员应该遵守的有关夫妇、亲子和兄弟姐妹的人伦关系;作为社会成员,应该懂得"协作和协调",懂得"为他人服务";作为国民,应该有"纯正的爱国心","具有对于象征的敬爱之念"。[②] 其中,有关对国家、对国家的象征的天皇的下对上、卑对尊的关系,是《教育敕语》和《国民实践要领》的翻版,受到了舆论的猛烈批判。尽管《理想的人》未能获得法律效力,但它所表达的"爱公司""爱国家"的思想受到了保守人士欢迎,成为1968年课程改革的哲学背景,在1968年小学和初中的《学习指导要领》中得到了体现。

　　20世纪70年代以后,在1977年、1989年和1998年的三次课程改革中,在道德教育内容方面,仍然强调人伦关系的教育。1977年的《学

---

　　① 贝冢茂树《战后教育中的道德与宗教》,[日]文化书房博文社,2003年,第217—221页。

　　② 中教审《理想的人》,见钟启泉《日本教育改革》,人民教育出版社,1991年,第241—246页。

习指导要领》，受田中角荣"五个重要""十个反省"的德育论的影响，强调"尊重人""关心长者""同情弱者""尊重父母和老师的意见"等人伦关系的培养。在反映1989年和1998年两次课程改革的《学习指导要领》中，都强调从四个方面的视点（"有关自己的内容""有关与他人关系的内容""有关与自然及崇高事物关系的内容""有关自己与集体以及社会关系的内容"）来进行道德教育。其中，"有关与他人关系的内容"和"有关自己与集体以及社会关系的内容"都是关于人伦关系的伦理。在这一时期，对国家的服从、对天皇的敬爱在《学习指导要领》有关道德教育的内容中受到了限制，没有体现出来，但却通过升国旗、唱国歌的形式，渗透在日常生活中，对儿童起着潜移默化的影响。1989年，文部省规定各学校必须升国旗、奏国歌。1999年夏，国会又通过"国旗国歌法案"，宣布了国旗和国歌的合法性。这样，日本的中小学生每天都通过升国旗（"日之丸"旗）、奏国歌（《君之代》歌）的方式，自然而然地产生对国家和天皇的崇敬之感。

其二，"和"的观念对教育荒废和心灵荒废的影响。作为日本文化传统之一的"和"的观念，像一张无形的大网，罩住了儿童生活的方方面面，是造成教育荒废和心灵荒废的原因之一。

首先，"和"的观念是造成欺侮、暴力等教育荒废的根源之一。"和"的观念强调在等级制基础上的人伦关系，是造成儿童社会不平等的原因之一，也是造成儿童在社会中不平等地位的原因之一。儿童社会的不平等现象，主要表现在以下几个方面：低年级儿童必须要服从高年级儿童，尊之为"学长"，受其压制，否则要遭受欺侮或暴力；儿童必须服从班级中儿童的内部权威，否则也会遭受欺侮或暴力；在身体、智力等方面较弱的儿童处于儿童世界中的劣等地位，要受到其他儿童的欺侮或暴力；生活在日本的外国侨民的后代则处于儿童世界的最底层，受到更严重的排斥、欺侮或暴力等等。除此之外，儿童在日本社会中也受到成人社会的压制和打击。例如,儿童必须要服从教师,否则就要受到教师包括体罚在内的惩罚;儿童要服从学校的管理体制,否则要受到校规等的惩罚;某些儿童还要服从专制型家长的权威,否则要遭受暴力等惩罚等等。总之,在儿童社会和成人社会多种权威的压制下,儿童的身心遭受了摧残,无法体会到人的尊严和人生的乐趣。有的被欺侮,有的被施与暴力,有的不敢上学,有的中途退学,有的使用暴力手段报复他人或转向欺负比自己更弱小的人或动物,有的染上了吸毒等不良行为习惯不能自拔,有的甚至被逼自杀等等。

其次,"和"的观念是造成儿童心灵危机的原因之一。这主要表现在两个方面:一是"和"的观念是造成儿童人际关系淡漠、内心孤独的根源之一。建立在等级制基础上的人伦关系,使得高年级与低年级、老师与学生之间有一条不可逾越的鸿沟,使得跨阶层的儿童与儿童之间、学生与教师之间的交往变得虚伪和不真实。在儿童社会中,低年级儿童对高年级儿童的服从带有不情愿的成分;儿童对班级中的内部权威的服从也常常是不得已而为之;侨民的后代受到不合理的对待而不得不忍辱负重等。在日本社会中,儿童和教师、学校的管理者以及父母缺乏平等的交流和沟通的权利,不得不服从教师的体罚、学校的管理和父母的意志。当儿童和同伴之间、和成人之间缺乏平等的关系时,儿童就无法敞开他们的内心,和人的交往也变成了虚伪的俗套,缺乏真诚的爱和关心,关系变得淡漠,心灵变得孤独和痛苦。二是"和"的观念强调学校、班级和儿童团体的正常运转,强调团体的凝集力,容易使儿童丧失自我,丧失个人的自由,容易使儿童的个性淹没在团体之中。除少数团体中的领导者外,团体中的大部分儿童处于被压抑的地位,不得不压抑自我,表现出忍让和宽容,到了忍无可忍的时候,就会爆发出来,引起欺侮、暴力和其他不良行为。20世纪90年代以来,"普通"的儿童突然生气,爆发出某些令人吃惊的暴力行为,就是其中的一个例证。

（二）集团主义对道德教育的消极影响

很多研究日本文化的学者都认为，集团主义（集团意识）或整体意识是日本文化的重要特征之一。例如，美国文化人类学家本尼迪克特的《菊与刀——日本文化的类型》把"集团主义"和"耻感文化"视为日本文化的主要类型特征，给日本学术界以巨大影响，并由此引发了战后初期日本文化论的讨论。① 日本东海大学入谷敏男教授从社会心理的角度撰写了《日本人的集团心理》②一书，论述了"二战"时日本如何在集团意识的驱使下，侵略中国和其他亚洲国家的。前述的日本社会人类学家中根千枝 1964 年发表了名为《日本式社会结构的发现》的论文，提出了日本式社会结构是日本人的"集团"及"组织"原理的"纵式性"，并肯定地评价现代日本获得成功的最重要的原因，是企业"集团主义"的理论。③ 我国学者叶渭渠认为，"日本文化在人的基本关系，包括人与社会、人与人、人与自我的关系的整个观念中，其核心所在就是对集团的忠诚、对等级制度的信赖。"④张德伟认为，"日本文化的价值取向是以集团为本位的。"⑤吴潜涛认为，重整体精神这种东方伦理的一般特征，"在日本民族那里呈现出具体的形态：为整体而献身的忘我精神"。⑥

和一直强调集体主义教育的中国相比，日本的集团主义意识更强。这是因为，集团主义的传统不仅通过中小学道德教育也通过家庭和社会的影响、通过文化的蓄积与沉淀渗入到大和民族的灵魂中，一直保持

---

① 卞崇道等《跳跃与沉重——二十世纪日本文化》，东方出版社，1999 年，第 37 页。
② 入谷敏男《日本人的集团心理》，天津编译中心编译，中国文史出版社，1989 年。
③ 卞崇道等《跳跃与沉重——二十世纪日本文化》，东方出版社，1999 年，第 38—39 页。
④ 叶渭渠《日本文化史》，广西师范大学出版社，2003 年，第 290 页。
⑤ 张德伟《日本教育特质的文化学研究》，东北师范大学出版社，1999 年，第 145 页。
⑥ 吴潜涛《日本伦理思想与日本现代化》，中国人民大学出版社，1994 年，第 191 页。

至今。集团主义意识发展到登峰造极之时是在第二次世界大战时期，那时日本政府大肆宣扬国家主义，并以此为愚弄日本国民的思想工具，侵略亚洲国家。"二战"以后，尽管中小学道德教育中已经不再提"国体""国家主义"等词，但集团主义仍然是中小学道德教育的重要内容。例如，在1989和1998年的《学习指导要领》中，通过"有关自己与集体以及社会关系的内容"来强调集体精神和国家利益；①日本学校设有的"特别活动"，就是希望通过学校集团的特别活动，培养学生的集团主义精神，培养对集团的归属感和忠诚心。②

　　个人主义是"一种社会观，主张在社会哲学、政治理论和实践上，在道德思想和行动上，个人的存在与价值优先于社会群体，社会通常是由个人为了彼此间的共同利益而组成的，社会及其组织可说是为了个别成员而存在的"。③它虽然强调以个人为中心，却不是个人自我的极端张扬，也不等同于不道德或自私自利。在日本历史上，个人主义是自明治维新以后，随着欧美科学技术的引进而流入日本的。"二战"以前，个人主义并没有形成一定的势力。"二战"以后，在美军单方面占领日本的特殊历史条件下，以个人主义为特征的美国文化大量涌入日本。④一方面，在思想领域，实用主义和存在主义十分盛行，大大促进了个人主义在日本的传播。另一方面，在美国占领军的指令下，日本颁布了《日本国宪法》，确定了和平、民主主义、尊重人权等基本精神；并在此基

---

① 《小学学习指导要领》，[日]大藏省印刷局，1989年，第106—108页。
　　《初中学习指导要领》，[日]大藏省印刷局，1989年，第118—119页。
　　《小学学习指导要领》，[日]大藏省印刷局，1998年，第90—93页。
　　《初中学习指导要领》，[日]大藏省印刷局，1998年，第99页。
② 王丽荣《中日道德教育的异同》，《比较教育研究》，2003年，第5期，第46页。
③ 这是社会哲学家戈登·葛拉姆对个人主义的定义。（参见张人杰《若干德育问题上经由比较后的发现》，《华东师范大学学报(教育科学版)》，2002年，第4期，第5页。)
④ 张德伟《日本教育特质的文化学研究》，东北师范大学出版社，1999年，第190页。

础上颁布了《教育基本法》,确立了尊重个人尊严、价值和自主精神的教育主旨。[①] 1952 年朝鲜战争结束,日本在政治上获得独立以后,开始强调恢复国民的民族意识和独立性,个人主义受到了批判。直到 1985 年,新自由主义势力上台、日本国内经济发展要求教育界提供创新性人才以后才有所改观。1985 年,临教审的第一次咨询报告就明确提出了重视个性的原则,此后的改革也一再提到重视培养儿童的自主性、创造性和个性。即使如此,在道德教育的内容中,却没有培养个人主义的有关条目。可见,《教育基本法》和教育改革中所体现的民主主义和个人主义的道德观,在日本中小学道德教育中,既没有作为一项重要的内容来体现,更没有与国家、社会相对立单方面地被提倡。然而,随着国际化和信息化的迅速发展,个人主义通过大众媒介在日本社会得到了广泛的传播。在学校和家庭受到压制的儿童,很容易把个人主义片面地理解成我行我素、随心所欲的单纯的功利主义,从而造成欺侮、暴力和其他不良行为的产生。

日本道德教育内容中对集团意识的强调和对个人主义的忽视,造成了中小学道德教育的困境:首先,道德教育无法阻止校外的信息空间对儿童进行个人主义价值观的熏染,也无法进行正确的个人主义价值观的教育。其次,从日本经济、教育发展的状况来看,提倡个性和个人价值是振兴日本经济、培养创新性人才的重要前提之一,只强调集团主义的道德教育却与其背道而驰。第三,在全球化和国际化的社会,培养拥有广阔的心胸、放眼世界、具有鲜明个性的下一代是十分重要的,在道德教育中过分强调集团意识和国家利益的有关内容容易使日本民族、日本人、日本和世界其他民族、其他人民、其他国家分隔开来,也和

---

① 《教育基本法》,见贝冢茂树《战后教育中的道德和宗教》,[日]文化书房博文社,2003 年,第 201 页。

道德教育中有关"作为世界中的日本人"的内容相矛盾。诚如吉水·汗所指出的那样:"在战前,教育救语、修身科和国体鼓励日本人民在危急时刻应为国家的利益而尽责;之后,侵略和扩张主义的野心导致了战争。今天,道德传递必要的价值,调整人们的心态以应对现存的危机、竞争的挑战以及在全球经济中的统治地位。对日本而言,它仍然是一个'我们反抗世界'的等式。"①

日本文化中的集团意识和中小学道德教育对集团意识的强调、对个人主义的忽视,在一定程度上助长了儿童的欺侮和暴力行为。

首先,在选择欺侮或暴力的被害者上体现了集团意识。在班级这个集团中,尽管每个学生都有自己的特点,但要得到别人的承认要有一定的限度。如果超出这个限度,就容易被看做"异己的人",让人感到"碍眼"或"不顺眼",容易成为欺侮和暴力行为被害的对象。所谓"异己的人",有时是指那些在集团中在特性和性格方面比较突出的成员,例如,成绩很好,长得帅,服装新潮,运动好,或是其反面,特别糟糕等;有时是指在态度和行动方式方面与众不同的处于集团边缘的成员,例如,新来者或转校生,或者是跟不上集团节奏的人,或者是缺少协调性、忠诚心的人。总之,在加害者的眼里看来,那些看起来像是自己的同伴,但表现出不同之处的同班同学,就会被看做不是自己人,没有被自己所同化,因此容易成为欺侮和暴力的被害者。其中一个典型的例子就是,学校暴力中的其中一种形态"对他人的暴力行为"的主要原因就是"看不顺眼"。这是因为,这里的"他人"是那些偶然路过学校的同伴、过路人,来学校参加典礼等活动的来宾等,他们与被害者没有任何利害关系,却无端遭受攻击,主要就是因为被当作异己而被排斥。

---

① Khan, Y. *Japanese moral education past and present*. London, Associated University Presses, 1997. 208.

其次,加害者多数是以"集团"的形式对个人或少数人进行欺侮或暴力行为。对他人进行欺侮或暴力行为毕竟是一种不好的行为,只有以"集团"的形式出现,才能表现出所谓的"合理性"。以"集团"形式出现的欺侮或暴力表现在两个方面。第一,欺侮或暴力行为本身就是以"小集团"的形式来进行。如班上3-5个儿童组成一个小集团,对某人或某两个人进行欺侮或施加暴力。或在校外,5-6个青少年围攻某个或2-3个青少年,或集团与集团之间的斗殴等。第二,欺侮和校内暴力是在"集团"的承认和默许下进行的。这是一种更深层次的集团意识的表现,它充分反映了集团意识已经深深地扎根于儿童的精神世界中。其中一个典型的例证就是,班级集团对欺侮的承认和默许,是造成欺侮长期存在的根本原因之一。欺侮不仅仅是因为加害者和被害者二者之间的关系而起。从加害者这一方来说,不仅是他们自身的问题,也是他们所属的班级或小组的文化和价值体系的问题。也就是说,欺侮这种越轨行动,本来是要接受集团内的制裁,使其行动受到抑制,回复到原来的既定秩序。但是,由于除了加害者和被害者之外的班级其他成员的态度,使得欺侮长期存在下去。这些人可以分成两个阵营,一个是旁敲侧击地鼓励欺侮的积极支持者,一个是看到像没看到那样的消极支持者。前者更像是参加欺侮但活动性较少的人,后者更像是怕被牵连而不得不表现出无动于衷的样子。日本教育家和精神病学家土屋守指出:"现代欺侮的构造是三角构造,是一个人(被欺侮者)对少数人(欺侮者)和对多数人(旁观者)的结构。少数人对某人进行固执的阴险的攻击,但这还不足以导致被欺侮者的死亡,因为少数人旁边有多数的旁观者的存在,这个'多数'是造成被欺侮者死亡的主要原因。知道这是一种欺侮现象,却在旁边看着的儿童,成为现代欺侮结构的中心位置。"①

---

①　土屋守《荒废的孩子们的心——对教养、教育的提议》,[日]大修馆书店,2001年,第96页。

可见,欺侮不是一种个体行为,而是一种集体行为,是欺侮的加害者和旁观者共同对少数的被害者进行的欺侮行为。

明治维新以来,日本主要受到两次较大的外来文化的冲击。第一次是明治维新时期的西欧文化的冲击,第二次是"二战"结束后美国文化的冲击。每当外来文化冲击之时,日本总是采取"和魂洋才"的方针,在不断吸收西方技术文明的同时,努力维护自己的文化传统。"在当今世界上,似乎没有哪个东方国家比日本的西化程度更高了;然而与此同时,恐怕也没有哪个东方民族比日本更善于保存传统文化了。一方面,日本人不遗余力地引进西方文化;另一方面,日本人又在十分顽固地维护着自己的民族传统。"①日本人之所以努力维护其民族传统,主要有两方面的原因。一是日本人的自卑心理。特殊的地理环境使日本一直处于东西方文化的边缘,强烈的文化落差,造成了日本人文化心理上的不安感。这就促使日本人在学习和赶超先进文化的同时,努力维护自己的民族传统,唯恐丧失其精神家园。二是日本人的自信和自尊心理。在长期的历史发展过程中,日本人逐渐形成了对日本文化传统的自信和自尊心理。尽管在明治维新初期和"二战"结束后初期,日本人也表现出对外来文化的崇拜,对日本文化的优越性产生过动摇,但不久便改弦易辙,重振民族精神,对外来文化采取有选择地吸收的方针。20 世纪 60 年代中后期以来,由于高速发展的经济给日本人带来的巨大优越感,使日本人过分自信自己的文化传统,并形成"日本文化第一"的心态。一些日本人甚至认为,"美国世纪"已经结束,21 世纪是"日本世纪"。② 在这种心态下,面对 20 世纪 70 年代以来的多元文化冲击,日本人更加自信地采取"和魂洋才"的方针,更加努力地维护自己的文化

---

① 陈炎《"文明"与"文化"》,《学术月刊》,2002 年,第 2 期,第 71 页。

② 王一丹《日本的民族文化观念与教育改革》,《外国教育研究》,1989 年,第 3 期,第 52 页。

传统。20 世纪 80 年代以来日本政府创建文化大国的方针,修改和平宪法和《教育基本法》的企图,推崇新民族主义和新国家主义等举措都是其具体的表现。

日本人善于学习先进文化和善于维护文化传统的精神无疑是值得肯定和加以学习的,然而,一味地固守文化传统,阻挡传统前进的步伐和变化的趋势也是有其缺陷的。我们知道,文化传统有优有劣,同时也具有双重性——既是民族宝贵的财富,又是民族发展的包袱。"传统是一种惰性的力量,保守的因素,它具有遏制人们思想、规范人们行动的本性,利于造成原地踏步的局面,也将出现某种不堪设想的和不忍设想的后果。"[1]如果说近代以来至 20 世纪 70 年代以前,在面临两次较大的外来文化的冲击时,日本人还多多少少认识到文化传统的惰性的话;那么,20 世纪 70 年代以来,在日本已经成为世界第二经济大国之时,日本人对文化传统的过于自信,使他们将传统看做是永恒不变的东西,阻碍了传统前进的脚步和变化的趋势。这不能不说是一种缺陷和遗憾。

"文化是重要的,它有着正反两个方面的影响。"[2]发展中的日本文化对道德教育的影响也是非常重要的,也有着正反两个方面的影响。从一定程度上说,文化对道德教育的影响甚至要超过政治、经济对道德教育的影响。这是因为,文化的延续性和周遍性决定了文化对道德教育的影响是"渗透性的",是对道德教育的过程和领域的全面及全过程的影响。[3] 无疑,日本文化对道德教育的影响也有许多积极的方面,即便是文化传统也如此。例如,"和"的观念中重视人伦关系的观点,在

---

① 庞朴《文化传统与传统文化》,《科学中国人》,2003 年,第 4 期,第 11 页。
② 塞缪尔·亨廷顿《再论文明的冲突》,李俊清编译,《马克思主义与现实》,2003 年,第 1 期,第 39 页。
③ 檀传宝《学校道德教育原理》,教育科学出版社,2000 年,第 198 页。

1989年和1998年的《学习指导要领》中反映在"有关与他人关系的内容"和"有关自己与集体以及社会关系的内容"两个方面。例如,在1998年的《学习指导要领》中,小学1－2年级的"有关与他人关系的内容"包括以下几方面:①高高兴兴地与别人打招呼,注意自己的言行举止,待人接物愉快明朗;②对周围比自己小的孩子及老人亲切、和善;③对朋友友善,并互相帮助;④感谢日常生活中照顾和帮助自己的人们;"有关自己与集体以及社会关系的内容"中有关人伦关系的内容有:①尊敬祖父母、外祖父母,主动帮助做家务,并为能为家里做事感到高兴;②尊敬老师,和学校里的人们友好相处。[①] 这些条目多为指导儿童待人友善方面的积极内容,摈弃了"和"的观念中的等级关系。但是,日本文化对道德教育的消极影响也是不可忽视的。在这节中,笔者主要从两个方面论述了"二战"结束以来发展中的日本文化对道德教育的消极影响。如果说文化冲突对道德教育的消极影响是"二战"后特别是20世纪以来日本文化发展过程中不可避免的问题的话,那么,日本长期固守的"和"的观念和集团意识等文化传统中不适合于时代发展的部分,就有必要受到反省、加以改造和发展。否则,它们将阻碍日本文化自身的进步和发展,阻碍教育(包括道德教育)的进步与发展,阻碍日本国际化的进程。

第四节　对道德教育的忽视

我国学者饶从满指出:"重视道德教育是日本的特征。'二战'以前如此,'二战'以后也如此。"[②]确实,"二战"结束以后,日本政府对

---

① 《小学学习指导要领》,[日]大藏省印刷局,1998年,第90—91页。
② 饶从满《日本现代化中道德教育的地位和作用》,[日]《道德教育》,2001年,第9期,第107页。

道德教育仍然非常重视,而且呈现出愈演愈烈的状态。"二战"结束初期,受《第一次美国教育使节团报告书》的影响,日本政府确立了以社会科为中心、以生活指导为辅的全面主义道德教育体制。然而,1950 年以后,随着美国对日政策的转变,日本经济的自立和政治独立程度的扩大,青少年犯罪的增加,日本政府逐渐开始加强道德教育。50-60 年代日本首相、文部大臣等人对"爱国心"教育的强调,1951 年天野的《国民实践要领》的提出,1958 年特设道德教育体制的设立,1966 年中教审《理想的人》咨询报告的提出,1958 年以后的历次课程改革对道德教育的重视,都是日本政府加强道德教育的具体表现。

在上述各种加强道德教育的方针和政策中,1958 年确立并开始实施的特设道德教育体制是一个重大的举措。它为日本政府加强道德教育提供了时间方面的保证,意味着日本道德教育从美国所倡导的以社会科和生活指导为中心的道德教育,向日本以道德课为中心进行道德教育的传统的回归。此后,日本小学和初中的道德教育就一直是以学校全部教育活动中的道德教育为基础,以特设道德课为核心的。① 一方面,包括各学科、特别活动和综合学习时间在内的学校全部教育活动是实施道德教育的基础和载体;另一方面,特设道德课是一种专门设置的道德教育课程,对学校全部教育活动中的道德教育起一种补充、深化和统合的作用,成为道德教育的核心。这种以特设道德课为核心的道德教育体制,给道德教育上了双保险,充分体现了文部省等政府部门对道德教育的重视。

然而,事实上,日本政府有关加强道德教育的方针政策并没有在中

---

① 日本高中的道德教育是以学校全部教育活动中的道德教育为基础,以"公民"课中有关"伦理"的内容为核心的。由于高中没有专门设道德课,有关道德教育的内容只是"公民"课程中的一个部分,所以相比中小学来说,高中的道德教育内容比较少。

小学教育的实践中得到充分的贯彻和实施。此外,日本的学术界也存在着忽视道德教育的倾向。下面,就具体探讨20世纪70年代以来日本教育界忽视道德教育的原因及其表现。

一 忽视道德教育的原因

(一)战前修身科和战后社会科的影响

首先,对战前修身科的负面作用心有余悸。日本素有重视道德教育的传统。"二战"以前,在日本学校各类课程中,最重视的就是以修身科为中心的道德教育。"二战"期间,为了塑造合格的忠实于天皇的小国民,日本中小学主要以《教育敕语》为绝对的价值标准进行道德教育。1941-1943年出版的教科书,被称为"战时版的修身教材","通篇都没有出现'忠君爱国'的字样,但是从头到尾,没有一课不是鼓吹忠君爱国精神的。特别是将语文、历史、地理等都合并到修身课中,加强了这些课程中的道德教育色彩。"[1]这样的道德教育对日本在"二战"中对包括中国在内的其他国家的侵略起了直接的促进作用。

"二战"结束以后,对战前的教育进行反省和批判时,日本教育界首先想到的就是以修身科为中心的道德教育,认为"二战"前的修身科对战争负有一定的责任。由此,一提到修身科甚至一提到道德教育,许多教育界人士至今仍心有余悸,不敢信任。例如,曾经在1984-1987年担任过临教审委员的濑岛龙三指出,在1987年讨论临教审第四次咨询报告之时,他曾经提出在报告中加上"重建伦理道德"的文字,但由于审议会的其他成员对道德教育有"过敏"反应,因此没有得到采纳。[2] 又如,日本教育家梅原猛在他1998年出版的《挽救心灵的危机》一书中,

---

① 朱永新、王智新、尹艳秋《当代日本道德教育》,山西教育出版社,1999年,第57页。
② 尾田幸雄、尾田绫子《终身学习社会中的心灵教育》,[日]日本图书中心,1999年,第13页。

承认他一直不能从对道德教育的不信任感中解脱出来。[①] 很多经历过"二战"失败的教师和家长也有同样的感受。例如,铃木勋认为,对"二战"前道德教育有过敏反应的人除了审议会委员外,还有很多教师。而且,这些教师的过敏反应还很强烈。[②] 在以上背景下,很多教师在进行道德教育时带有抵触情绪,不能全力以赴。

其次,照搬社会科的影响。"二战"结束初期,日本从美国引进了社会科,采用以社会科为中心、以生活指导为辅来进行道德教育的全面主义道德教育体制。"以社会科为中心的道德教育,是以社会生活观念与认识为基础,以谋求培养社会需要的人的道德品质。这是修身科教育所无法比拟的,它为战后日本道德教育开辟了新的领域,并构筑了合理的基础,在这一点上应给予高度的评价。"[③]然而,由于社会科不是一个专门进行道德教育的学科,它包括了"二战"结束以前的修身、公民、地理、历史等学科,因此,道德教育的内容被削弱了。

此外,采用以社会科为中心来进行道德教育的全面主义道德教育体制不大符合日本的国情。因为在美国,儿童除了在学校接受道德教育以外,还受家庭和社会的影响,接受一定程度的宗教教育。而在日本,家庭和社会都没有类似美国的宗教教育。而且,日本的家庭在日常生活中存在着对儿童溺爱、放任和过分保护等问题,给道德教育造成了不良的影响。日本的家庭有溺爱、放任和过分保护儿童的传统,这一方面与日本以母亲为中心的家庭教育有关,另一方面也与日本的文化传统有关。美国学者本尼迪克特在 1946 年出版的《菊与刀》中指出:"日本的人生曲线

---

　　① 押谷由夫《有关道德课成立过程的研究——道德教育的新发展》,[日]东洋馆出版社,2001 年,第 276 页。

　　② 尾田幸雄、尾田绫子《终身学习社会中的心灵教育》,[日]日本图书中心,1999 年,第 13 页。

　　③ 饶从满等《当代日本小学教育》,山西教育出版社,1999 年,第 252 页。

与美国的人生曲线正好相反。它是一根很大的浅底 U 字形曲线,允许婴儿和老人有最大的自由和任性。随着幼儿期的过去,约束逐渐增加,直到结婚前后个人自由降至最低线。"①在幼儿期儿童形成的自由和任性的习惯,到小学、中学以后不一定能改正;而且,虽然上小学以后对儿童的约束逐渐增多,但在成为"大人"②以前,儿童违反这些约束都是可以原谅的。总之,在校外没有宗教教育、家庭和社会道德教育比较薄弱的日本社会,只采用以社会科为中心、生活指导为辅进行的中小学道德教育,分量显然不够,客观上造成了忽视道德教育的效果。

(二)对特设道德教育体制的批判

1958 年,日本废除了以社会科为中心、以生活指导为辅的全面主义道德教育体制,开始采用特设道德课的道德教育体制。而且,在教育理论界也有一批学者十分赞同设立特设道德教育体制,认为应该恢复日本重视中小学道德教育的传统。有学者这样赞扬特设道德课:"可以这样认为,特设道德课的设立是日本道德教育从美国占领期间的政策下独立出来的标志。"③但是,由于政治上的原因,从 1955 年自民党执政以来,以日教组为代表的革新派与保守派展开了激烈的斗争,特设道德课成了政治斗争论战的焦点之一,受到了严厉的批判。有人这样批判特设道德课:"特设道德课是对基于民主主义基础上的战后教育成果的反叛,辜负了国民对一般道德教育的期望,是迎合当政者的德目主义,是维持保守政权的政策之一,是篡改和平宪法的开端,是鼓吹忠君爱国的工具,将再次把国民引向战争。"④以日教组为首的教职员团体

---

　　①　鲁思·本尼迪克特《菊与刀》,吕万和等译,商务印书馆,1990 年,第 176 页。

　　②　"大人"在日语中为"一人前",意指成为一个经济独立、能独挡一面的成人。

　　③　石川侑男《歌声,响起来》,见全国小学道德教育研究会《开拓 21 世纪的道德教育》,[日]东洋馆出版社,1999 年,第 77 页。

　　④　尾田幸雄《道德教育的课题》,见全国小学道德教育研究会《开拓 21 世纪的道德教育》,[日]东洋馆出版社,1999 年,第 93 页。

对特设道德教育体制持坚决的反对态度。他们在各地组织讲演,极力阻止特殊道德教育体制的实施。这些声势浩大的抵抗运动,在社会上造成了一定的影响,促使家庭和社会也对特设道德教育体制心存疑虑。在这种背景下,尽管政府一再强调道德教育,每次课程改革都强调道德课的重要性,但特设道德课仍在很长一段时间内不受重视。正如日本著名学者押谷由夫所指出的那样:"尽管从理论上来说,道德课是'在全部教育活动基础上'的加深,但在教育理论界对此缺乏深刻理解,在教育实践上很少有教师真正按要求去做。"①铃木勋也认为:"在特设道德课之后的三次课程改革中,道德教育的地位没有改变,但是由于教师们没有搞好道德课的教学,其效果不很理想。"②

对特设道德教育体制的批判在政府要推行这一体制之间和推行之后初期最为激烈,此后一直持续了近30年之久,在20世纪70年代中期以后才有所减弱。其原因一方面是因为在长达近30年的过程中,日本政府无视反对的呼声,一再强调道德课的重要性,并通过课程改革将道德课的教学不断细化和制度化;另一方面是因为在这一时期,日本出现了以欺侮、校内暴力等为首的教育荒废现象,一些持反对意见的人也认识到应该通过加强道德教育减缓这些现象的发生或发展,因此对特设道德教育体制的态度有所转变。当然,这并不意味着人们对特设道德教育体制就完全持赞同的态度,它只表明反对的意见被暂时掩盖起来,成为一种潜在的暗流。一旦时机成熟,反对的呼声又会重新响起,再次冲击似乎已经较为稳固的特设道德教育体制。

---

① 押谷由夫《有关道德课成立过程的研究——道德教育的新发展》,[日]东洋馆出版社,2001年,第277页。

② 尾田幸雄、尾田绫子《终身学习社会中的心灵教育》,[日]日本图书中心,1999年,第13页。

（三）对道德教育政治化的反感和批判

正如笔者在第二节已经阐述的那样，自古以来，日本的道德教育就存在着较严重的政治化倾向。"二战"结束以后，道德教育的政治化倾向具体表现在"《教育基本法》和《教育敕语》的同质性"、"强化国家主义和天皇制的内容"和"强化新保守主义的政治主张"三个方面。道德教育的政治化倾向使道德教育成为政治的附庸，失去了其独立的功能，引起了许多学者和广大教师的反感。例如，很多教师就反对在学校升国旗、唱国歌。正如日本学者行安茂所指出的那样："尽管《君之代》在国际社会中已经得到公认，但仍然有人反对在入学式和毕业式进行国歌齐唱的仪式。要想通过培养儿童对国旗的尊敬之念来培养日本人对日本的骄傲和尊敬，还是今后要努力解决的问题。"[①]

"二战"结束以后，日教组、学术界等社会各界对日本教育（包括道德教育）的政治化倾向进行了批判。其中，1947年成立的日教组在团结教师中的进步力量，争取教育的民主化和研究的自由等方面作出了很大的贡献。"在战后很长的一段时间里，日本的教育就是在'日教组'反对文部省的图式下开展的。"[②] 80年代以后，由于国际、国内政治气候等的变化，日教组的发展受到了很大影响，内部出现了分化。尽管如此，改组后的日教组和新成立的全日本教职员工会（简称"全教"）仍然对文部省等政府部门道德教育的政治化进行了抗议和批判。很多学者也对日本道德教育的政治化倾向进行了批判。例如，吉水·汗指出："（日本的）道德教育极易受到来自于政府政治和社会政策的影响。国家对道德教育的控制可能会有教化和操作精神的危险。正如战前时

---

① 小野健知、押谷庆昭《社会生活和心灵的教育》，[日]日本图书中心，1999年，第59页。

② 梁忠义《日本民间教育运动的过去与现在》，《比较教育研究》，2001年，第3期，第17页。

期,国家对日本人民道德的控制,现在日本政府又在控制下一代的道德品质。"①

正是因为对道德教育政治化的反感和批判,许多学者和中小学教师才会对宣传和鼓吹政府价值观的道德教育产生反感和厌恶情绪,从而造成忽视道德教育的后果。

(四)学历社会的弊害

学历社会,又称学历主义、学历化社会、学历主义社会,是指"在一定的社会中,个人学历在很大程度上决定了其在社会和职业上的地位"。② 学历主义是工业社会的普遍现象,是适应近代科层制的需要而产生的。马克斯·韦伯(Weber, M.)认为,它符合了工业社会"合理"与"效率"的原则。③ 日本素有"学历社会"之称。在日本社会,曾有过"18岁的某一天,某人取得怎样的成绩,就决定了他的一生"的断言,形象地表明了日本高考定终身、学历决定一切的现象。日本的学历社会是从明治时代开始逐渐形成的。在打破封建等级制度,形成社会尊重知识的风气、促进教育和经济的发展方面,学历社会有其积极的作用。

"二战"以后,日本和美国、加拿大共同列为世界上高学历的国家。到1998年,日本义务教育入学率达到99.98%,高中(包括职业高中等)入学率达到96.8%,高等教育入学率(包括短期大学、中专等)达到65%。④ 可见,日本已经成为名副其实的高学历社会。由于整个社会学历的提高,社会对学历的关心在性质上也发生了重要的变化,即从"纵向学历社会"到"横向学历社会",从原来注意低学历与高学历的区

① Khan, Y. *Japanese moral education past and present*. London, Associated University Presses, 1997. 209.
② 宫崎和夫、米川英树《现代社会和教育的视点》,[日]密涅瓦书房,2000年,第91页。
③ 朱永新、王智新《当代日本教育改革》,山西教育出版社,1992年,第66—67页。
④ 宫崎和夫、米川英树《现代社会和教育的视点》,[日]密涅瓦书房,2000年,第90页。

别,转移到现在注意高学历中的名牌与一般大学的区别,社会导向也就产生了追求名牌大学的升学竞争。[①] 学历社会的畸形发展,造成了包括教育荒废、忽视道德教育在内的一系列教育问题。

首先,给儿童带来了巨大的心理压力。"横向学历社会"导致了教育中的"精英倾向",加剧了儿童之间的竞争。从幼儿园开始,很多儿童都被"学历社会"所驱使,为入重点小学、重点初中、高中而努力,为18岁时参加的高考做准备。儿童不是为自己能否升入高一级学校而担心,而是为自己能否考进名牌学校,并能否在各种各样的考试中名列前茅而担心。因此,只要还有学校之间的等级差别或名次不同,那么几乎所有的儿童都被放到等级中,被迫意识到自己所处的相对位置。由此,在升学考试竞争的压力中,不仅有来能不能升入想上的学校和考试复习效果如何以及考试失败了怎么办等压力,而且还有对被放到结构等级中的潜在厌恶感和无法抗拒的愤怒之情。[②] 而且,因为所有的同伴都是竞争对手,同伴之间的关系变得紧张了,互相排斥与歧视,很难产生真正的友谊。正如临教审的第一次咨询报告所指出的那样:"激烈的考试竞争,使青少年之间或青少年与教师之间,往往丧失了心灵上的交往、人性的联系、友情和信赖。"[③]一方面面临升学考试的压力,一方面又没有可以谈心的伙伴,加上缺乏释放内心压力的正常渠道,一些儿童染上了抽烟、喝酒、吸毒等不良习惯;一些儿童通过欺侮别人,对教师、同伴或路人施加暴力等不良途径来发泄自己内心的压力。

1998年,联合国《儿童权利审查委员会》对日本政府就有关教育方

---

①　朱永新《日本教育的问题与前瞻》,《外国教育研究》,1993年,第1期,第16页。

②　藤田英典《走出教育改革的误区》,张琼华、许敏译,人民教育出版社,2001年,第114页。

③　临教审《关于教育改革的第一次咨询报告》,见钟启泉《日本教育改革》,人民教育出版社,1991年,第423页。

面的改善提出了建议,指出:"在高度竞争的教育制度下,儿童承受着巨大的压力。因为没有闲暇、运动和休息的时间,我们担心日本的儿童是否会有身心发展方面的问题。同时,我们还担心不上学儿童数的继续增长。考虑到日本现存的高度竞争的教育制度,以及由此造成的对儿童身心方面的健康不利影响,建议日本采取适当的措施,以预防儿童承受过度的压力和不上学人数的继续增长。"①可见,联合国已经注意到日本高度竞争的考试制度对儿童造成的心理压力和其他身心方面的不良影响,并认识到它对不上学的负面影响。

其次,促使学校和家庭以升学考试为中心,忽视学生个性等方面的培养。偏重学历导致日本学校教育功能的衰退,即学校不是为了培养追求知识、追求真理的学生,不是为了发展儿童的能力和个性而存在,而只是为了培养出更多能够拿到高学历、拿到好学校的文凭的学生而努力。为此,升学考试成为学校一切工作的中心,儿童的身心健康、个性培养以及和升学考试无关的科目受到了忽视。为了使学生在考试中立于不败之地,学校教育的内容注重的是跟考试有关的知识方面的传授,培养的主要是死记硬背的能力与应付考试的技能。大多数学校都是为了学生的考试竞争而奋斗,考试成了大多数学校的统一指挥棒,指导着学生的主要工作。在这种情况下,教师只关注学生的考试成绩,对学生其他方面的发展不加重视;学校对学生的评价只看学习成绩,而忽视学生其他方面的能力。

由于考试与获取学历,与儿童的出路、前途有着密切的关系,所以考试不仅成为学校而且成为家庭的中心。为了取得好分数,许多家长不惜拿出高额的费用,把儿童送到补习学校学习。开始,补习学校只是为要升入大学的高中生所开的;后来,补习学校逐渐扩展到初中、小学

---

① 池上彰《大家的"学校问题"》,[日]讲谈社,1999 年,第 20—21 页。

甚至幼儿园。很多儿童早上就到校,下了课就进补习学校,回到家还要做学校和补习学校的作业。例如,据文部省 1993 年的调查,1993 年 1－6 年级的小学生上补习学校的占全体小学生人数的23.6％,初中生上补习学校的占 59.5％;1993 年小学生和初中生上补习学校的占全体人数的百分比为 36.4％,和 1985 年的 26.3 ％相比,约增长了 10％;无论是小学生还是初中生,上补习学校的人数都是随年级的增长而增长,1993 年小学 6 年级学生上补习学校的占全体人数的 41.7％,初中 6 年级学生上补习学校的占 67.1％。又如,文部省 1997 年的调查表明,小学 6 年级学生上补习学校的占全体学生总数的43.2％,和 1993 年的 41.7％相比又有所增加;此外,和地方都市相比,大都市上补习学校的学生比率要高得多,1997 年大都市上补习学校的小学 5 年级学生有 47.5％,高于地方都市的 33.8％(其中,上补习学校中的升学指导班的 5 年级学生有 25.6％,高于地方都市的 2.8％);1997 年小学 6 年级学生每周上补习学校的天数以 1－2 天为最多,占全体的 66.9％,每天在补习学校待的时间以 1－2 小时为最多,约占全体的 80％。[①] 上述两个调查表明,日本的小学生和初中生上补习学校非常普遍,承担着非常繁重的学习负担。

　　总之,日本学历社会的负面影响给儿童带来了巨大的心理压力,使教育被异化为通过标准化考试获得资格认证的工具,使儿童成为为了通过标准化的考试获得资格认证的受约束的、循规蹈矩的"动物",是造成教师、学生和家长忽视道德教育的根源之一。

---

　　① 中教审《以生活体验和自然体验培养日本儿童的心灵——充实培养青少年生存能力的社区环境方案》(1999 年 6 月),http://www.mext.go.jp/b_menu/shingi/12/shougai/toushin/990602.htm,2003 年 8 月 17 日下载。

二 忽视道德教育的表现

在上述原因的交互影响下,日本的家庭、社会和学校存在着忽视道德教育的现象。在学历化社会的影响下,许多父母都持相同的价值观,认为"能读书的孩子就是好孩子",对儿童的知识教育投入了大量的时间和精力,却不重视儿童的道德教育,甚至忽视儿童基本的行为习惯教育。社会上也存在着忽视道德教育的现象。社区中儿童之间交往的机会很少,社区的道德教育功能减弱;学历社会的负面影响使补习学校成为儿童校外常去的场所,占据了儿童的休息、娱乐和与人交往的时间,使儿童少有闲暇接受各种形式的道德教育。在此,笔者主要阐述日本的学校中存在的忽视道德教育的现象。

(一)忽视道德教育的师资培训

忽视道德教育的师资培训包括不重视职前培训和职后培训两个方面,职前培训是指任用教师以前的教师培养,职后培训是指任用教师以后的教师进修。

"二战"以后,日本把封闭式师范教育体制改为开放型教师培养教育制度。根据《教育职员许可法》规定,一般大学毕业生如果修得所规定的学分,也能获得教师许可证。[1] 所以,无论是哪一所大学,只要经文部省许可,都可以从事师资培训。然而,在所修学分方面,与道德教育有关的科目受到了忽视。"在学分方面,有重视各科教学的倾向;在以担任教师为目标的学生的思想中,也有轻视道德教育的倾向。"[2]这样,道德教育的职前培训就受到了忽视。尽管1989年和1999年改订

---

[1] 陈永明《中日两国教师教育之比较》,华东师范大学出版社,1994年,第10页。
[2] 押谷由夫《有关道德课成立过程的研究——道德教育的新发展》,[日]东洋馆出版社,2001年,第277页。

的《教育职员许可法》大大增加了与道德教育有关的科目，[①]但是总的来说，道德教育的职前培训还是没有受到充分的重视。

在日本的中小学，道德课的教学是由班主任担任的，这些老师都是担任各科教学的教师。虽然这些教师受过学科教育，但不等于他们就掌握了道德课的有关知识和教学方法，就能搞好课堂教学。此外，组织学生特别活动、综合学习的教师和教其他学科的教师也必须了解和掌握有关的道德教育方面的知识和教学法，否则则无法融会贯通，将道德教育的有关内容渗透在特别活动、综合学习和各科教学中。因此，道德教育的职后培训是能否搞好道德教育的关键。

然而，事实上，日本小学和初中的教师接受道德教育职后培训的机会却比接受各科教学职后培训的机会少。日本中小学教师的进修机关共有五大类：大学及师资培养教育机关、专门的进修机构、教师专业团体、广播电视及函授教育机构和教师在职校内进修。无论以上任何一种形式，中小学教师接受各科教学培训的机会都比接受道德教育培训的机会多。以教师的在职道德教育的校内进修为例。[②] 根据文部省1993 年以"道德课"为中心的道德教育推进状况的调查，推进道德教育校内进修的道德主任占小学和初中的 70－80％；教师校内进修每年有两三次的学校占小学和初中的 40％，每年有一次的占 40％，一次以下的占小学的 22％，占初中的 17％。[③] 由此可见，日本小学和初中对道

---

① 押谷由夫《有关道德课成立过程的研究——道德教育的新发展》，[日]东洋馆出版社，2001 年，第 277 页。

② 20 世纪 80 年代以来，日本重视"以学校为中心"的教师在职进修方式，即校内进修。校内进修以教学为重点，重视解决学校教育中的实际问题，这在教师进修活动中所起的作用将越来越大。（参见陈永明《中日两国教师教育之比较》，华东师范大学出版社，1994 年，第 19 页。）

③ 权藤与志夫《我国有关价值教育的政策动向和课题》，[日]《比较教育学研究》，2000 年，第 26 期，第 14 页。

德教育的在职校内进修重视不够。

（二）忽视道德课的教学

首先，特设的道德课不能保证。1958 年特设了道德课以后，按规定每周只有一节课，一年下来只有 35 节课（一年级只有 34 节课）。但即使如此，道德课也不能得到充分的保证。根据文部省 1993 年道德教育推进状况的调查，能够确保一年上 35 节道德课的班级，小学只有58％，初中只有 24.4％。[1] 此外，1998 年中教审的报告表明，"尽管道德课的标准课时是 35 节，但实际达不到这个标准（实际上平均课时是小学 33 节，初中 29 节），能够达到 35 小时的班级在小学中只占60％，在初中只占 20％"。[2] 从上述数字来看，初中更不能保证道德课。这主要是因为初中教师和小学教师相比，有更多的升学方面的压力的缘故。

由于忽视道德教育，很多学校和教师在道德课的安排上并没有按照文部省的有关规定进行。有时道德课被其他活动所替代，有时又被一些重大的活动所充斥。有的老师说，除了各科教学以外的各种活动包含了道德教育的内容，所以冠冕堂皇地用其他活动挤掉道德课的时间。而事实上，尽管其他活动包含了道德教育在内，但还是不能代表道德课。因为从根本上来说，其他活动并不可能像道德课那样，从设计、进行和结束都围绕着道德教育来进行。此外，在还没有实施每周"五日制"之前，道德课还经常被排在星期六（在日本，六月份的第二个星期六是法定的公休日），又少掉一节课。从上述道德课的安排来看，很多学校还是存在重视其他课程忽视道德课的现象。因为没有时间上的保

---

① 权藤与志夫《我国有关价值教育的政策动向和课题》，[日]《比较教育学研究》，2000年，第 26 期，第 14 页。

② 中教审《关于从幼儿期开始的心灵教育的应有状态》（1998 年 6 月），http://www.mext.go.jp/b_menu/shingi/chuuou/toushin/980601.htm，2003 年 4 月 1 日下载。

证,提高特设道德课教育的有效性就成了一句空话。

其次,忽视特设道德课的教学研究。尽管 1958 年以来,从理论上说,日本的中小学道德教育是以特设道德课为核心的。但是,在实际工作中,出现了一种倾向——相比特设道德课的教学研究来说,很多学校更重视在其他教育活动中的道德教育研究。

文部省和各教育委员会每年都在全日本的小学和初中指定一些道德教育研究学校。这些学校被称为"道德教育推进学校",它必须贯彻有关文部省道德教育方针,并接受文部省有关道德教育实施效果的检查。在被指定为道德研究学校一年之后,这些学校要对道德教育的有关情况以报告的形式向文部省做汇报。报告分四个部分,分别是"学校的概要""研究经过""研究组织"和"研究方法和成果"四个方面。其中,"研究方法和成果"包括两个部分的内容,即"道德课"和"其他教育活动中的道德教育"两个部分。日本原文部省初等中等教育局主任视学官青木孝赖根据"平成 4、5 年(1992 年、1993 年)道德教育推进学校"的"道德教育报告",[1]对 100 所小学道德教育报告中的"研究方法和成果"中"道德课"的内容记载量进行了统计,发现只有 11 所小学"道德课"的内容记载量在"研究方法和成果"中所占比例为 75％左右,有 17 所小学为 50％,有 19 所小学为 33％,还有 53 所小学为 25％。根据以上数字,青木孝赖认为,有 70％的小学不是将道德课,而是将其他教育活动中的道德教育作为报告的重点来陈述,这表明文部省的道德教育研究指定学校对道德教育的研究重点更多地偏向其他教育活动中的道德教育。[2] 青木孝赖的研究从某种程度表明了在小学中,教师们对道德课内的道德教育的研究比较少,也缺乏深刻的体会。

---

① 这些报告载于[日]《初等教育资料》,1994 年,2 月临时增刊号。

② 青木孝赖《道德课教学的三个基本课题》,见全国小学道德教育研究会《开拓 21 世纪的道德教育》,[日]东洋馆出版社,1999 年,第 18 页。

　　造成这种现象的原因是多方面的:①特设道德课内的道德教育必须在规定的时间内,完成文部省规定的道德教育内容,因此教学任务比较重,不可能以生动活泼的形式来完成所有的教学内容。②文部省所规定的道德教育内容纲纲条条比较多,讲解起来容易给学生造成灌输和说教的印象,效果并不太好。③在各学科以及特别活动和综合学习时间所进行的道德教育虽然也包含了道德教育活动内容,但道德教育不是主要内容,不是以一种灌输和说教的形式来进行的,因此容易被学生所接受,形式比较活泼,效果也比较理想。

　　第三,忽视道德课年度计划的撰写和灵活运用。根据文部省的要求,日本大多数的小学和初中都制定了道德课年度计划。但是,这并不能说明道德课年度计划的撰写已经达到计划要求的标准,也不能说明学校基本按照年度指导计划进行道德课的教学,更不能说明学校灵活运用了年度指导计划。

　　以小学为例。根据文部省"道德教育推进状况调查报告书","主题名·目标·资料名·指导时间"中有一项不全的年度指导计划有13%。这样的年度指导计划根本不能称作年度计划,因为再简单的年度指导计划也必须有这四项内容。此外,"根据年度指导计划进行道德课的小学"只占所有被调查小学的86%,而且这个数字还只能代表某校某些年级某几个班级的事情,不能代表某校所有年级所有班级的情况。在以上这几项要求中,最难做到的是灵活运用年度指导计划。其原因如下:①很少教师能做到在道德课的年度计划中写上简明扼要的"开展的概要",以便下一任班主任灵活运用。在日本的小学中,教师的调动是很频繁的,每所小学每年的教师调动率为18%,在5-6年的时间内所有老师都换完的小学也不罕见。因此,对那些到新学校来的教师来说,如果只有"主题名·目标·资料名·指导时间"的年度计划,缺乏"开展的概要",就难以了解上任班主任的意图,难以活用道德课年度计划。②写了"开展的概要"的教师常常有以下的弊病:要么是特别复杂,要么是特别详细,除非特别有经验的教师很难灵活运用;频繁使用一些术语,很难理解;准备材料过多,为了一小时的道德课,需要过多的劳动力和时间的准备。

第四,道德课的教学效果不好。由于道德课不能保证,教师不注重道德课的研究以及道德教育难教等方面的原因,道德课在日本中小学教育中的教学效果不佳。

1998 年中教审的报告指出,从上课的情况来看,教师的教学中存在着不能打动儿童心灵的形式化的上课,以及只是传授给儿童德目的内容等问题。而且,这种情况随着年级的增长而增加。据调查,上道德课感到"愉快"和"有时感到愉快"的儿童,小学达到 90%,初一达到70%,但初二、初三则却只有 50%。其中,上道德课感到愉快的儿童,随着年级的增长而减少:小学低年级有 50%,高年级只有 20%,到了初中三年级就只有 5%了。当问到儿童上道德课为什么感到不愉快时,小学生的回答是"因为上课的形式总是一个模式,没有变化","因为老师经常说这样做比较好,或者说必须要这样做","因为上课的内容很没意思","因为上课的内容都是我们已经知道的,上课时我们很少被感动,也很少有思考的机会"等等。初中生的回答也大致相同。① 金井肇1995 年对日本各地 12 所小学 2046 人,8 所初中 4550 人的调查表明,上道德课感到"愉快"和"有时感到愉快"的儿童,小学达到 87.9%,初中达到 59.2%;无论在小学还是在初中,都随年级的增加有所减少,到初三只有 50.6%。此外,金井肇还对东京都 10 所高校的 2029 名大学

---

　　①　中教审《关于从幼儿期开始的心灵教育的应有状态》(1998 年 6 月),http://www.mext. go. jp/b_menu/shingi/chuuou/toushin/980601. htm,2003 年 4 月 1 日下载。

生进行了调查,根据他们的回忆,小学低年级时上道德课感到"愉快"和"有时感到愉快"的比例达到 72％,到初三却只有 32.4％。[①]由此可见,由于教师对道德课的教学不够重视,没有很好地研究道德课的教学,以及道德课的难教等问题,造成了道德课不生动活泼、缺乏变化、不能引起学生浓厚的学习兴趣等问题。

(三)忽视全部教育活动中的道德教育

在中小学道德教育中往往有两种形式,一是直接方式;二是间接方式。所谓直接方式,就是指开设专门的道德教育课,把教育内容编成教材,通过教师的传授让学生理解并熟记规定的学习内容的方式。间接的方式,是指不开设专门的道德教育课去传授既定的教育内容,而是通过各学科的教育,同时开展道德实践、生活指导及课外活动等全面性的教育活动来实施道德教育的方式。[②]直接方式和间接方式各有利弊,单靠一种方式往往难以取得理想的效果。直接方式和间接方式样的综合运用,似乎可以使道德教育达到最理想的教育效果。但事实并非如此,这两种方式的综合运用,也会使二者互相推卸责任,造成"形式上的重视"而"实际上的忽视"的后果。

如前所述,文部省的道德教育研究指定学校对道德教育的研究重点更多地偏向其他教育活动中的道德教育,但这主要是因为全部教育活动中的道德教育开展起来更有特色,更容易出成果而已。事实上,在中小学的实际工作中,存在着轻视全部教育活动中的道德教育的倾向。这是因为,有了特设道德课以后,很多中小学教师在原则上或口头上高唱全面主义道德教育,但在实践中却嫌麻烦,把道德教育的重任全部推

---

① 金井肇《道德课的基本构造理论》,[日]明治图书出版,1998 年,第 7 页。

② 朱永新、王智新、尹艳秋《当代日本道德教育》,山西教育出版社,1999 年,第 234—235 页。

给特设道德课。这样,全部教育活动中的道德教育就成为道德课的一种辅助形式、一种铺垫、一种点缀,而不是进行道德教育的一种主要途径。

　　总之,尽管从1958年以来,日本政府很重视道德教育,确立了特设道德课的道德教育体制,但在日本中小学中,却存在着忽视道德教育的倾向。正如我国学者饶从满所言:"特设'道德课'以后,日本采取了直接方法和间接方法并用的原则,意在二者相互联系、相互配合,取长补短。但在实践中,又形成了全面主义途径形同虚设,专以'道德课'的指导为中心进行道德教育的状况。而直接道德教育方法的效果也被证明不尽如人意"。[①] 道德教育在实际工作中的被忽视,加上道德教育本身就有一些不易克服的难题和限制,道德教育在日本中小学教育中的效果并不好。

　　道德教育的效果不佳,意味着正面的道德教育不够稳固、不够扎实,不能使儿童形成一些比较稳固的价值观。在这种状况下,处于多元价值冲击的信息社会,及时行乐的消费社会,整齐划一、僵死、封闭的学校环境和令人疲惫的考试地狱中的儿童,难免会失去控制,染上欺侮、暴力等一些不良行为习惯,或失去对人的信任,感到心灵的寂寞和孤独。

第五节　学生的道德危机

　　20世纪70年代中期以来,日本出现了以欺侮、校内暴力、不上

---

　　① 饶从满、宋海春《战后日本学校道德教育方法的嬗变》,《外国教育研究》,1996年,第1期,第10页。

学、①高中中途退学和班级崩溃等为主要特征的教育荒废现象。"教育荒废"是从日文的"教育荒废"（或"教育的荒废"）中翻译过来的。日文的"荒废"有两层含义，一是荒废、荒凉的意思，二是指人气馁、颓唐、颓废的样子。②因此，从词义本身来看，"教育荒废"的内涵是指教育出现荒废、荒凉、衰退的景象，暗指受教育者失去生气的状态，表现出气馁、颓唐和颓废的样子。教育荒废的外延比较大，包括了欺侮、校内暴力、不上学、班级崩溃、高中中途退学、凶恶的青少年犯罪、飞车族、性越轨行为、偷窃、抽烟、吸毒、喝酒、自杀、家庭内暴力、激烈的考试竞争、偏重学历、问题教师、体罚等一切反映教育危机的现象。但根据1976年以来教育荒废现象量的发展和质的变化情况来看，欺侮、校内暴力、不上学、班级崩溃和高中中途退学是其主要的特征。

1976年开始，以性越轨行为、偷窃、抽烟、飞车族、吸毒、喝酒和暴力等为特征的青少年不良事件的发生数逐渐上升，在1980年前后到达战后第三次高峰。③ 进入80年代以后，欺侮和不上学的问题也逐渐严重起来，引起了日本政府、学术界和社会的广泛关注。1985年6月，日本临教审在其咨询报告中指出："近年来，激烈的入学考试竞争、欺侮、不上学、校内暴力和青少年不良行为等被称为教育荒废的现象越来越

---

① 日文"登校拒否"一般译成"拒绝上学"，"不登校"一般译成"不上学"。前者表示儿童不想上学的主观意志，后者表示儿童不上学的一种状态（可能是儿童因为不喜欢学校、怕上学而拒绝上学，也可能是想上学但因为怕被欺侮等不敢上学）。可见，"不上学"的外延更广，包括"拒绝上学"在内。现在，在日本有关的书籍和论文中，有的称"登校拒否"，有的称"不登校"，还有的把二者并列在一起"登校拒否·不登校"。在国内的有关译著和论文中，有的译者或作者译成"拒绝上学"、"不上学"或"拒绝上学·不上学"。为了统一称呼，作者在此将日文的"登校拒否"和"不登校"以及"拒绝上学·不上学"全部译成"不上学"；在引用国内译者的译著和论文时也统一用"不上学"。

② 《21世纪辞林》，三省堂编修所编，[日]三省堂，1993年，第713页。

③ 船山谦次《战后道德教育论史（下）》，[日]青木书店，1981年，第312页。

突出,事态的发展很值得人们忧虑"。① 这是日本政府明确提出"教育
荒废"现象的开始。此后,上述教育荒废的现象并没有明显的好转,有
的甚至有严重化的趋势;而高中中途退学和班级崩溃的现象却分别
从 80 年代后期和 90 年代中期开始逐渐升级。面对上述教育荒废现
象日益严重的现象,日本的中教审、教育改革国民会议和文部省等政
府部门给予了高度的关注。2000 年 12 月,教育改革国民会议发表
了《教育改革国民会议报告——改变教育的 17 条提案》的报告,尖锐
地指出:"现在站在 21 世纪入口处的日本人,无法对教育荒废的现象
置之不问。欺侮、不上学、校内暴力、班级崩溃、凶恶的青少年犯罪的
连续发生等教育问题越来越严重,如果再这样下去,社会将面临难以
维持的危机状态。"②可见,教育改革国民会议认为教育荒废的现象有
可能导致社会危机,表现出对教育荒废现象的担忧态度和重视程
度。

　　教育荒废不仅是日本教育危机的表现,也是日本中小学生道德危
机的表现。其主要原因如下:①教育荒废的主要特征表现了中小学生
的道德危机。在教育荒废的主要特征中,欺侮、校内暴力是中小学生道
德危机的直接表现;"不上学""班级崩溃"和"高中中途退学"也部分地
反映了中小学生的道德危机。②许多教育荒废的其他现象③也反映了
中小学生的道德危机。凶恶的青少年犯罪、飞车族、性越轨行为、偷窃、

　　① 临教审《关于教育改革的第一次咨询报告》,见钟启泉《日本教育改革》,人民教育出
版社,1991 年第 416 页。在引用时,为了使论文中所用的名词相一致,笔者将书中所译的"恶
作剧"改为"欺侮","逃学"改为"不上学",下同。
　　② 教育改革国民会议《教育改革国民会议报告——变革教育的 17 条提案》(2000 年 12
月),http://www.kantei.go.jp/jp/kyouiku/houkoku/1222report.html,2003 年 3 月 31 日下
载。
　　③ 有些教育荒废的现象,如偏重偏差值的激烈的考试竞争、偏重学历、问题教师、体罚
等,是造成中小学生道德危机的背景和原因,而不是学生道德危机本身。

抽烟、吸毒、喝酒、自杀、家庭内暴力等现象都属于青少年不良行为的范畴,都是中小学生道德危机的表现。下面,就从中小学生的表层道德危机入手,探讨日本中小学生的道德危机。

一　表层危机

在教育荒废的各种现象中,较能体现日本中小学生道德危机的是欺侮、校内暴力和其他青少年不良行为。① 因为这些现象的严重程度反映了人与人之间关系(包括同伴关系和师生关系)的恶化,反映了中小学生对集体、社会的淡漠、仇视和对抗,反映了中小学生对自我的否定、对人生的厌倦。下面就以这些现象为例,说明 20 世纪 70 年代以来日本中小学生的道德危机。

(一)欺侮

欺侮(又译为"以强凌弱""欺负弱小""恶作剧"等),是指使弱的人或物痛苦的事。学校中的欺侮,主要是指使处于劣势的儿童感到身体和精神上的痛苦。② 这里所指的"处于劣势的儿童"不仅指身体弱,也包括立场和人数处于劣势的情况。因此,欺侮主要是指占优势的一方,对特定的人进行单方面的身体的、心理的折磨。

20 世纪 70 年代以来,欺侮这种现象常见于美国、欧洲和日本这些发达资本主义国家的学校中。但是日本的欺侮现象相对其他国家来说比较严重。正如吉水·汗所指出的那样:"欺侮这种现象可能存在于任何社会或任何时间,但是,应该特别引起人们注意的是日本的欺侮现象

---

① 青少年不良行为包括了欺侮、校内暴力在内,所以本文在此将除了欺侮和校内暴力之外的青少年不良行为成为"其他青少年不良行为"。有关其他青少年不良行为详细内容将在下面探讨。

② 《广辞苑》(第 5 版),新村出编,[日]岩波书店,1998 年,第 139 页。

常常会引起凶杀和自杀现象。"①而且,欺侮现象在日本中小学中的严重性表明了儿童同伴关系的恶化现象,选取它作为微观研究的对象,具有一定的典型性。

在日本的儿童社会里,欺侮很早就存在。从室町时代到江户时代,在作为普及庶民教育机关的"寺子屋"中,就存在过欺侮现象。但是,20世纪 70 年代以来,欺侮的性质发生了变化,比过去更严重更恶劣了。一些被欺侮者苦恼得无法自拔,以致不得不以自杀来结束生命。1978年,日本媒体报道了 70 年代以来的最初的欺侮事件。但这一消息并没有引起人们和教育界的重视,"欺侮"一词也还没有在日本社会上流行。80 年代,欺侮的问题开始变得严重了,成为社会上公认的学校问题和社会问题。1984 年,有七名学生不堪忍受欺侮而自杀。进入 1985 年以后,欺侮的事件还在不断地发生,并达到高潮。从表 3.1 可以看出,根据文部省的调查,1985 年,日本的小学、初中、高中共计发生了高达155066 次的欺侮事件。1986 年 2 月,东京都中野富士见初中二年级的学生鹿川因为不堪忍受欺侮,留下了"这样下去的话是生活在'活的地狱'里啊"的遗书而自杀,使日本社会对欺侮的关心达到第一个高峰。1987 年以后,从正式的统计数字看,欺侮的事件已经急速减少,不过朝着低年龄化、匿名化和阴险化的方向发展,而且,因欺侮而自杀的事件也没有中断过。② 但总的来说,1987 - 1993 年是欺侮问题相对平静的时期。

1994 年,爱知县西尾市市立东部初中一名初二学生因被欺侮而自

---

　① Khan, Y. *Japanese moral education past and present*. London, Associated University Presses, 1997. 34.

　② 藤田英典《走出教育改革的误区》,张琼华、许敏译,人民教育出版社,2001 年,第111 页。

杀的事件,使欺侮问题再次被日本社会所瞩目,迎来了社会对欺侮关心的第二个高峰。1994年和1995年是自1986年以来欺侮发生事件最多的两个年度,但从1996年开始,欺侮又进入相对平静的时期。从图3.1和表3.1可以看出,从1996到2002年,欺侮的发生件数基本上呈现递减的状态。

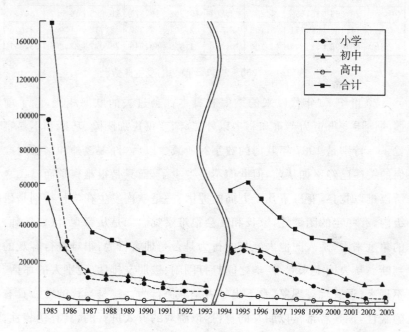

注:1994年(平成6年)以后调查方法有所改变,和以前有所区别,因此中间用符号隔开,表示有所不同。另外,1994年(平成6年)以后的统计,包括特殊学校的发生件数在内。

图3.1 1985–2003年欺侮的发生件数[①]

———————————

① 图中数据来源:[日]文部科学省《图2–3,欺侮的发生件数》,载《有关学生指导的诸问题的现状(概要)》(2004年8月),http://www.mext.go.jp/b_menu/houdou/16/08/04082302/006.pdf,2005年6月22日下载。

	1985	1986	1987	1988	1989	1990	1991	1992	1993	1994
小学	96,457	26,306	15,727	12,122	11,350	9,035	7,718	7,300	6,390	25,295
中学	52,891	23,690	16,796	15,452	15,215	13,121	11,922	13,632	12,817	26,828
高中	5,718	2,614	2,544	2,212	2,523	2,152	2,422	2,326	2,391	4,253
合计	155,066	52,610	35,067	29,786	29,088	24,308	22,062	23,258	21,598	56,601

	1995	1996	1997	1998	1999	2000	2001	2002	2003
小学	26,614	21,733	16,294	12,858	9,462	9,114	6,206	5,659	6,051
中学	29,069	25,862	23,234	20,801	19,383	19,371	16,635	14,562	15,159
高中	4,184	3,771	3,103	2,576	2,391	2,327	2,119	1,906	2,070
合计	60,096	51,544	42,790	36,396	31,359	30,918	25,037	22,205	23,351

表 3.1　1985-2003 年欺侮的发生件数[①]

　　20 世纪 70 年代以来的欺侮和日本社会过去的欺侮相比,除了前述的性质变得更为严重和恶劣以外,逐渐变得更加阴险、巧妙和不易察觉了。特别是 1987 年欺侮的数字有所减少以后,许多教师和家长对欺侮的关注已经不如从前,但欺侮不是变少了,而只是很难察觉而已。之所以难以觉察,有以下几个方面的原因:一是欺侮发生在学校特别是班级内,有一定的闭锁性,家长和社会很难察觉。二是从旁观者(如教师)的角度来看,某人向他人施与的行为是否是加害行为,很难进行客观的判断。从表面上来看,同学之间打打闹闹、被朋友排斥、说别人的坏话、不理人、逗着玩等现象,看不出是否是欺侮行为。三是当代的欺侮具有隐蔽性,加害者常常以朋友的身份,以游戏的方式进行的,具有伪装性。这样,作为加害者一方,自己的罪恶感减轻,来自周围的非难也可以避免;而作为受害者一方,也不好说出加害者的攻击性。这就使欺侮变得潜在和固定了。四是学校和教师因为忙碌、疏忽等原因,对一些已经看见的征兆没有加以关注,或采取回避责任的方法,就使本来可以发现的

---

　　①　表中数据来源:文部科学省《图 2-3:欺侮的发生件数的附表》,载《有关学生指导的诸问题的现状(概要)》(2004 年 8 月),http://www.mext.go.jp/b_menu/houdou/16/08/04082302/006.pdf,2005 年 6 月 22 日下载。

欺侮变成不易发现的欺侮了。

日本学校中的欺侮现象在班级中发生的占绝大多数。这是因为，班级的空间很容易产生欺侮现象。欺侮一般发生在集团中，而集团中欺侮容易发生的条件有三个：①集团的成员一般是固定的，人员流动的情况很少；②集团的成员一般有共同的目标，采取一致行动；③从表面来看，看不出集团的内部情况。[①] 班级这个集团，具有以上三个特点，具体表现为以下三个方面：①学年开始、班级成员决定以后，班级成员一般一年之内不能变更；②学校和教师对班级的要求是一致的，要求同班同学好好相处；③教师或他人从表面上来看，很难看到班级内部的情况。因为儿童从早上到傍晚都在班级中度过，从加害者的角度来看，每天长时间看到自己不喜欢的人；从被害者的角度看，很难脱离班级，也不能转校。而且，即使发生了欺侮，儿童也很少向教师和家长透露。因此，班级内的欺侮容易发生，也容易升级。在容易产生欺侮的教室中，当事者以外的人也担心"接下来可能就轮到我了"，"不能相信别人"，产生了慢性的不安和紧张感，对同学的不相信感，惶惶不可终日。日本学者森田洋司的调查结果表明，欺侮在同一班级中关系好的朋友中发生的情况较多，[②] 也从侧面说明了中小学的欺侮现象在班级中发生的现象较多。

班级内发生的欺侮现象的一半，是低频度的欺侮，是比较容易解除的。这种轻微的欺侮和初中相比，小学多一些。这种欺侮，加害者的人数是 2－3 人。班级内发生的欺侮现象的另外一半，是高频度的欺侮，每周 2－3 次，时间长达一学期或一年以上，加害者一方人比较多，形成一个小团体，对少数或个别被害者进行欺侮。班级内欺侮的方法多数

---

① 宫崎和夫、米川英树《现代社会和教育的视点》，[日]密涅瓦书房，2000 年，第 240 页。

② 谷川彰英、无藤隆、门协厚司《迷失的现代和孩子们》，[日]东京书籍，2000 年，第 47 页。

是对被害者讲坏话、开玩笑、嘲弄、无视、孤立；更恶劣的是，对被害者散发坏的流言蜚语、在被害者的书或其他东西上乱写乱画，偷被害者的东西等；最糟糕的是，打、踢和威胁被害者。最后一种是男孩们经常采用的欺侮方法。一些严重的、性质恶劣的欺侮还触犯到刑法，如榨取钱财的恐吓罪和集体殴打被害者的暴行罪等。

　　欺侮的表现主要是"嘲笑""戏弄""排斥""暴力"等，但在小学、初中和高中，根据发生的频率和程度，其表现的排列顺序有所不同。小学以"嘲笑""戏弄""排斥""暴力"为序，初中以"暴力""嘲笑""戏弄""言语的威胁"为序，高中以"暴力""言语的威胁""嘲笑""戏弄"为序。[1] 东京都教育厅在"平成5年（1993年）儿童问题行动的状况"中发表了"欺侮的状况"的有关数字。据此，1993年，东京都（23特别区26市）发生"嘲笑""戏弄"的有941件，发生"暴力事件"的有763件，发生"言语的威胁"的有727件。其中，小学和初中的"嘲笑"和"戏弄"表现得最为频繁，高中的"暴力事件"最多。[2] 由此可见，欺侮的表现在小学、初中和高中是有一定的差异的。

　　欺侮对被害者的伤害是巨大的。有些被害者在被欺侮时受到直接的肉体和精神上的伤害；有的被害者在被欺侮时尽管没有什么特别的身心问题，但在这之后，会感到无力和出现神经官能症的症状等。大多数的被害者都感到人格受到了伤害、屈辱、自卑，有的还伴随有严重的忧郁症。而且，在加害者的胁迫下，有的被害者进行盗窃、出现暴力行为、损坏器皿，甚至伤害自己或采取自我防卫的方式——不上学等，以及用最极端的手段自杀等。而且，被害者所感受到的屈辱感、劣等感

---

　　① 尾崎无元《日本的教育改革——孕育产业化社会130年》，[日]中央公论新社，1999年，第221页。
　　② 清水文朗《人的形成和道德教育——谋求小学和初中的一致性》，[日]近代文芸社，1996年，第31页。

等,有时会以家庭暴力,或对比自己弱小的动物或人进行攻击,甚至杀人等方式发泄出来。因此,欺侮又容易导致其他青少年不良行为和暴力行为的发生。

(二)校内暴力

校内暴力(又译为"校园暴力"),主要是指学生在校内发生的暴力行为,包括对教师的暴力、学生之间的暴力、对他人的暴力、对学校的物品损坏四个方面。和欺侮不同,校内暴力主要强调"暴力行为",而不问造成暴力的原因是什么;而欺侮则主要强调优势的一方对弱势的一方进行折磨,虽然也可能造成暴力行为,但更强调心灵的创伤。20 世纪70 年代以来,校内暴力在日本中小学特别是中学发展迅速,成为日本教育荒废的主要特征之一。

从 20 世纪 60 年代开始,作为学校文化的一个部分,校内暴力就已经存在于日本的中学中。[①] 但是,当时校内暴力只是个别问题,还没有成为教育荒废的一道"风景"。"校内暴力"一词是在 1978 年开始使用的,当时主要指中学生对教室的窗户、厕所的设施等的破坏,同学之间的吵架,对教师的暴力行为等。1980 年前后是日本校内暴力达到高潮的时期,引起了社会各界的广泛重视。根据文部省统计的结果,1982年,有 1388 所公立初中(占全日本公立初中的 14.8%)发生了暴力行为,有 657 所初中发生了对教师的暴力行为,被害教师达 1715 人,有暴力行为的初中生达 2810 人。而且,实际数字可能比统计数字要高。[②]80 年代初的校内暴力的风暴,在学校、教师和家长的努力下,在 1984年左右平息下来。从图 3.2 可以看出,从 1987 年至 1993 年,校内暴力

<hr>

① 尾崎无元《日本的教育改革——孕育产业化社会 130 年》,[日]中央公论新社,1999年,第 220 页。
② 谷川彰英、无藤隆、门协厚司《迷失的现代和孩子们》,[日]东京书籍,2000 年,第 38页。

的发生件数一直呈现缓慢增长的势头。1993 年,初中有 1285 所(占所有初中的 12%),高中有 597 所(占所有高中的 14%)的学校发生了暴力事件;从发生暴力事件的件数来看,初中有 3820 件,高中有 1725件。[①]

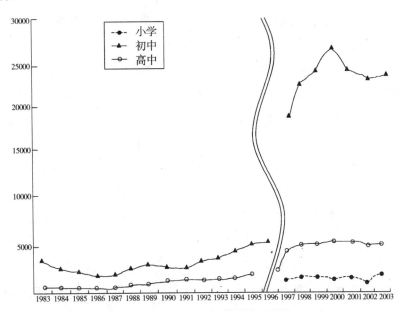

注:(1) 调查对象是公立的小学、初中和高中。
    (2) 1996 年度为止是有关"校内暴力"的调查;1997 年以后调查
        方法有所改变,和以前有所区别。
    (3) 有关小学的"校内暴力"调查是从 1997 年开始的。

图 3.2　1983－2003 年校内暴力行为的发生件数[②]

　　从 1994 年开始,校内暴力事件又开始增加起来,发生件数、参加的学生人数,几乎超过 80 年代前半期达到高潮时的数字。其中,初中暴

①　文部省《我国的文教措施(1995 年度)》,[日]大藏省印刷局,1995 年,第 210 页。
②　图中数据来源:文部科学省《图 1－2:校内暴力的发生件数》,载《有关学生指导的诸问题的现状(概要)》(2004 年 8 月),http://www. mext. go. jp/b_menu/houdou/16/08/04082302/002. pdf,2005 年 6 月 22 日下载。

力事件的增加幅度之大，令人感到震惊。从图 3.2 中，可以看出从 1994 年开始，在高中的暴力事件仍保持缓慢增长趋势的同时，初中的暴力事件突然大幅度增加至 2000 年。而且，在所有的暴力事件中，初中生对教师的暴力事件比较严重，1995 年达到 880 件，1996 年达到 1300 件。① 1998 年 1 月，栃木县黑矶市一个"普通"的初中生刺杀教师致死事件，给教育界和日本社会以极大的震动。90 年代中期以后的校内暴力，和 80 年代的校内暴力不同之处在于，行凶少年是那些平常看起来很"普通"的孩子，而不是 80 年代那种穿着奇形怪服、脾气乖戾的孩子。这些看起来"普通"的孩子，为了一些小事，在某些时候突然变得狂暴起来，发生暴力行为。1998 年，日本全国小学、初中、高中发生的校内暴力，比 1997 年增长 25.7％。② 从表 3.2 中可以看到，1999 年发生的暴力事件共有 31055 件，和 1998 年相比，又有所增长。2000 年，暴力事件又有所增加，达到有史以来暴力发生件数的最高峰。到 2001 年，这种情况有了一些改变。从表 3.2 可以看出，2001 年全国公立小学、初中、高中的暴力事件发生数为 33130 件，和历史上最高水平的 2000 年相比，减少了 4.2％。初中和高中的暴力事件有所减少，分别是 25769 件和 5896 件，分别比 2000 年减少了 5.6％和 1.3％，但小学的暴力事件却发生了 1465 件，比 2000 年增加了 10％。但从暴力事件发生的学校来看，高中和小学分别是 2193 所和 538 所，和 2000 年相比，分别增加了 258 所和 15 所。小学、初中、高中发生暴力事件的总数为 6291 所，比 2000 年增加了 118 所，可见，尽管从总的来说，暴力事件有所减少，但发生暴力事件的学校却有所增加。③

---

① 谷川彰英、无藤隆、门协厚司《迷失的现代和孩子们》，[日]东京书籍，2000 年，第 54 页。

② 池上彰《大家的"学校问题"》，[日]讲谈社，1999 年，第 18—19 页。

③ 泽圭一郎《校内暴力——公立初中、高中发生件数减少，小学增加 10％》，[日]《每日新闻》，2002 年 8 月 23 日。

	1983	1984	1985	1986	1987	1988	1989	1990	1991	1992	1993
小学											
初中	3,547	2,518	2,441	2,148	2,297	2,858	3,222	3,090	3,217	3,666	3,820
高中	768	647	642	653	774	1,055	1,194	1,419	1,673	1,594	1,725
合计	4,315	3,165	3,083	2,801	3,071	3,913	4,416	4,509	4,890	5,260	5,545

	1994	1995	1996	1997	1998	1999	2000	2001	2002	2003
小学				1,304	1,528	1,509	1,331	1,465	1,253	1,600
初中	4,693	5,954	8,169	18,209	22,991	24,246	27,293	25,769	23,199	24,463
高中	1,791	2,077	2,406	4,108	5,152	5,300	5,971	5,896	5,002	5,215
合计	6,484	8,031	10,575	23,621	29,671	31,055	34,595	33,130	29,454	31,278

表 3.2　1983－2003 年校内暴力行为的发生件数[①]

校内暴力行为包括以下四种类型:第一,对教师的暴力行为。这种类型尽管所占的比例只位居第三,但却是引起社会舆论最强烈反响的一项。它一般是指对教师直接施以暴力行为,最严重的是将教师刺杀致死。第二,学生之间的暴力行为。它主要是指校内发生的存在一定关系的学生之间的暴力行为,包括同班同学之间的暴力行为,也包括不同班之间、不同年级之间的暴力行为。第三,对他人的暴力行为。它是指在校内发生的除对教师的暴力和学生之间的暴力之外的暴力行为。如和偶然路过的其他学校的学生吵架,从而引起的暴力行为;又如为了抢夺钱物,对路过的人施以暴力行为;对来学校参加毕业典礼的来宾拳打脚踢等。因为在校内出现的他人比较少,而且这些人与学生本身没有利益冲突,所以这一类型的暴力行为所占比例最小。第四,对学校的物品损坏。物品损坏主要指对学校设施和设备的有意损坏。如故意弄

---

　　①　表中数据来源:文部科学省《图1－2:校内暴力的发生件数》,载《有关学生指导的诸问题的现状(概要)》(2004 年 8 月 23 日),http://www.mext.go.jp/b_menu/houdou/16/08/04082302/002.pdf ,2005 年 6 月 22 日下载。

坏厕所的门,教室的桌椅、玻璃等。

四种类型的暴力行为按照其发生件数在所有暴力行为中所占的比例来看,排在第一的是学生之间的暴力行为,排在第二的是对学校物品的损坏,排在第三的是对教师的暴力行为,排在第四的是对他人的暴力行为。下面,就以 1999 年为例,说明四种类型的暴力行为发生的件数和所占的比例。从表 3.3 可以看出,1999 年,学生之间的暴力事件有15181 件,占所有暴力事件的 48.9%,排在第一;物品损坏的暴力事件有 10722 件,占所有暴力事件的 34.5%,排名第二;对教师的暴力事件为 4877 件,占所有暴力事件的 15.7%,排名第三;对他人的暴力事件为 275 件,占所有暴力事件的 0.9%,排在最后。虽然这只是 1999 年暴力行为的简况,但从中可窥近年来日本中小学各类暴力事件的发生件数和所占比例的基本情况。

		小学	初中	高中	合计
对教师的暴力行为	发生件数(件)	161	4,065	651	4,877
	构成比(%)	10.7	16.8	12.3	15.7
学生之间的暴力行为	发生件数(件)	725	11,105	3,351	15,181
	构成比(%)	48.0	45.8	63.2	48.9
对他人的暴力行为	发生件数(件)	5	214	56	275
	构成比(%)	0.3	0.9	1.1	0.9
物品损坏	发生件数(件)	618	8,862	1,242	10,722
	构成比(%)	41.0	36.6	23.4	34.5
合计	发生件数(件)	1,509	24,246	5,300	31,055
	构成比(%)	100.0	100.0	100.0	100.0

表 3.3 1999 年四种类型的校内暴力行为发生件数和所占比例的比较[①]

---

① 表中数据来源:文部科学省《第二章:"暴力行为",参考表"四种类型的暴力行为发生件数的比较"》,载《有关学生指导的诸问题的现状》(2000 年 12 月),http://www.mext. go.jp/b_menu/houdou/12/12/001219c.htm,2003 年 3 月 21 日下载。

（三）其他青少年不良行为

青少年不良行为，是由日文"少年非行"或"青少年非行"翻译而来。目前日本的各类出版物中，有称作"少年非行"的，也有称作"青少年非行"的，但其含义都是指 20 岁以下青少年的不良行为。从日文辞典来看，日文的"少年"一般表示年轻男子，指七八岁到十五六岁的男孩；但在少年法中，是指不满 20 岁的青少年；在儿童福利法中，又指上小学以后到 18 岁为止的青少年。① 因为青少年不良行为涉及到法律，所以是按照《少年法》来计算年龄，所以在"少年非行"中所指的"少年"是指不满 20 岁的男女青少年。根据日文辞典，"非行"是指青少年违反法律或社会规范的行为。② 因此，我们就可以将日文的"少年非行"或"青少年非行"理解为以下的含义：20 岁以下的青少年违反法律或社会规范的行为。根据《青少年白皮书》，青少年不良行为包括"青少年刑事犯罪"、"违反道路交通犯罪"和"问题行为"三个方面。其中，最严重的是"青少年刑事犯罪"。

1. 青少年刑事犯罪

根据刑事犯罪青少年被捕的人数及其在人口中所占的比例可以看出青少年刑事犯罪的发展状况。从 1949 年到 2001 年，日本刑事犯罪青少年被捕人数及其在人口中所占的比例出现了四个高峰期。第一个高峰期是 1950－1951 年（昭和 25－26 年）。在这一时期，日本刚刚结束战乱，大多是由于贫困和社会秩序的混乱而造成的犯罪。犯罪的青少年多是 18－19 岁的青少年，大多是抢夺钱物的强盗犯。第二个高峰期是高度经济增长的 1964－1966 年（昭和 39－41 年）。这一时期飞车族的行动比较猖獗，家庭内的暴力也比较多发。犯罪的青少年多为高

---

① 《21 世纪辞林》，三省堂编修所编，［日］三省堂，1993 年，第 1012 页。

② 同上，第 1709 页。

中生,强盗之类的凶恶犯有所减少,伤害、恐吓、暴力行为的粗暴犯比较多。此后,刑事犯罪的人数及所占的人口比有所减少。第三个高峰期持续比较长,为 1981 - 1988 年(昭和 56 - 63 年),这个时期因刑事犯罪而被捕的青少年到达了有史以来的顶峰。很多不良行为是因为青少年的无聊和寂寞而造成的,构成了没有特殊原因的"游戏型不良行为"。犯罪向低年龄延伸,初中生犯罪的数目有了很大的增长。罪犯多是在商店里偷东西的盗窃犯和吸毒犯等。第四个高峰期是 1997 - 1998 年(平成 9 -10 年)。这个时期青少年的犯罪仍是以"游戏型不良行为"为主,但罪犯的年龄继续向低年龄延伸,14 - 17 岁的犯罪人数有了显著的增加。而且,女性罪犯从 1972 年(昭和 47 年)开始有了显著的增加,到 1997 年达到所有人数的 25.1%。[1]图 3.3 显示了刑事犯罪青少年被捕人数及其在人口中所占的比例从 1949 年以来到 2001 年的四个高峰期。

1998 年以来,青少年刑事犯罪呈现出以下几个特点:第一,罪犯低年龄化的趋势继续发展。2001 年,犯罪的 16 岁少年最多,其次是 15、14 岁。14 - 16 岁的低年龄层的青少年罪犯占所有青少年罪犯的 66.4%。[2]第二,女性犯罪率略有下降。2001 年,男性的刑事青少年罪犯为 105611 人,相比 2000 年增加了 2.9% ;女性为 33043 人,相比 2000 年增加了 11.2%。女性的犯罪者占全体的 23.8%,比 2000 年增加了 1.4%,[3]但却少于 1997 年的 25.1%。第三,"初发型"青少年刑事犯罪有所增加。在被捕的凶恶犯中,约有一半是以前没有任何不良行为记录的儿童(1999 年的数字是 45.5%),这是过去没有过的现象。这

---

① 麻生诚、天野郁夫《当代日本的教育课题》,[日]广播大学教育振兴会,1999 年,第 133 页。

② 内阁府《青少年白皮书的概况——青少年的现状和措施》(2002 年版,2002 年 7 月), http://www. pb-mof. go. jp/ja/books/whitepaper/aracontents/seisyonen/021023/siry1023. htm,2003 年 4 月 9 日下载。

③ 同上。

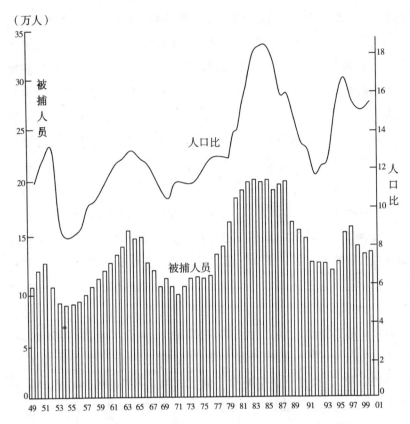

注：(1) 这里所说的被捕人员是指除了因业务上的过失而造成的交通事故之
　　 外的 14－19 岁的刑事犯罪青少年(但是,1965 年以前的数字,还要除
　　 去偷盗、住宅侵入等罪)。
　　(2) 所谓人口比,指 14－19 岁青少年人口的 1000 人当中所占的被捕人员。

图 3.3　因刑事犯罪而被捕的青少年及人口比的变迁(1949－2001 年)[1]

些儿童看过去很温顺,像是"普通的孩子",甚至没有在商店里偷东西或

　　① 图中数据来源:内阁府《青少年白皮书的概况——青少年的现状和措施》(2002 年
版,图 4,2002 年 7 月),http://www. pb-mof. go. jp/ja/books/whitepaper/aracontents/
seisyonen/021023/siry1023. htm,2003 年 4 月 9 日下载。

参加不良行为小集团的征兆,却因为内心的不满或压力,突然爆发出一些暴力行为。①

　　总的来说,日本青少年刑事犯罪从被捕人员的人口比来看,是美国、德国和法国的一半以下。但近年来日本社会不良行为的特色,是青少年不良行为发生率有所上升,成人犯罪率有所下降。青少年人口仅占总人口的 13%,但犯罪件数却占了 53%,成人人口占总人口的 77%,但犯罪件数却不到 47%。② 另外,从青少年比(刑事犯罪青少年被捕人数在全体被捕人数中所占的百分比)来看,除了因业务上的过失被捕的青少年以外,1989 年达到从 1966 年以来的最高峰,为 57.4%,从 1998 年又开始下降,到 2001 年达到 46.0%。③

　　2. 违反道路交通犯罪

　　1955 年(昭和 30 年)以后日本青少年交通犯罪开始急剧增长。为此,1970 年日本政府修订了道路交通法,使之也适用于制裁违法交通规则的青少年。在此之后,青少年交通犯罪开始大幅度减少。然而,在汽车和摩托车、自行车等死亡事故中,16 - 24 岁的年轻人的死亡事故还是非常多。1982 年的飞车族的活动达到高峰,此后总人数有所减少,但小集团的数目有所增加,因此可以看出飞车族小规模化的倾向。④ 2001 年,因为业务上的过失造成交通事故而逮捕的青少年有40218 人,和 2000 年相比减少 229 人,减少0.71%;在违反道路交通法

---

① 《平成 13 年版青少年白书的概要》(2001 年版),http://www8.cao.go.jp/youth/whitepaper/h13hakusho/index-h13.html,2003 年 6 月 16 日下载。
② 麻生诚、天野郁夫《当代日本的教育课题》,[日]广播大学教育振兴会,1999 年,第134 页。
③ 法务综合研究所《2002 青少年不良行为的动向及处置》,载《犯罪白书的概况》(平成14 年版),http://www.moj.go.jp/HOUSO/2002/hk1_4.html,2003 年 4 月 9 日下载。
④ 麻生诚、天野郁夫《当代日本的教育课题》,[日]广播大学教育振兴会,1999 年,第133 页。

中，因无证驾驶、超过最高速度驾驶而被捕的青少年为 610842 人，和 2000 年比减少 30960 人，减少 4.8％。[①]

3. 各种问题行为

各种问题行为，又称为不良行为，包括不上学、吸毒、欺侮、校内暴力、性越轨行为、家庭内暴力、喝酒、抽烟、离家出走、自杀等。在此，主要介绍不上学、家庭内暴力、吸食药物的发展情况。

不上学这种现象，1941 年被美国称为"学校恐惧症"。当时，精神分析学的影响比较大，认为其主要原因是不成熟的母子关系导致的"分离不安"。[②] 20 世纪 60 年代，日本首次出现"不上学"的情况是因为儿童懒惰、身心方面或"学校恐惧症"等原因，当时出现的专门词汇只有"登校拒否"。进入 70 年代末期特别是 80 年代以后，出现了"想上学却不能上学或不敢上学"的儿童，对这些儿童用"登校拒否"一词已经不适合，所以又出现了"不登校"的词汇。所谓想上学却不能上学的儿童，是指在那些因不喜欢学校而不想上学的儿童当中，不是意图很明显地拒绝，而是由于心理方面的原因，在早上上学时突然头痛、腹痛等，即使想上学也上不了。所谓想上学而不敢上学的儿童，是指因为怕被欺侮等而不敢上学的儿童。由于不上学现象的日益严重，1991 年，文部省对不上学儿童的统计，由原来的一年 50 天改为 30 天。

从发展的趋向来看，不上学的现象 20 余年来增加了很多。小学从 1987 年（昭和 62 年）以后，初中从 1977 年（昭和 52 年）以后迅速增长。而且，低年龄化和深刻化的趋向没有减缓的趋势。表 3.4 显示了 1991

---

① 内阁府《青少年白皮书的概况——青少年的现状和措施》(2002 年版，2002 年 7 月），http://www. pb-mof. go. jp/ja/books/whitepaper/aracontents/seisyonen/021023/siry1023. htm，2003 年 4 月 9 日下载。

② 佐伯胖、黑崎勋、佐藤学、浜田寿美男《欺侮和不上学》，[日]岩波书店，1998 年，第 218 页。

到 2003 年 13 年间不上学儿童数及其增长情况。从中可以看到,2001
年以前,尽管全体儿童数在逐年减少,不上学儿童数却在逐年增加,不
上学儿童在全体儿童中所占的百分比也在增长;2001 年以后,不上学
儿童数略有下降,增加率也呈负增长。具体而言,2001 年以前,小学生
和初中生的不上学人数均呈现增加的趋势,其中 1996 年和 1998 年的
数字增长最快,增加率最高,分别达到小学的 17.7% 和 25.3%,初中的
15.1% 和 20.0%。从不上学儿童数在全体人数所占的百分比来看,也
在逐年增长,到 2001 年达到小学生全体人数的 0.36%,和 2000 年并
列第一;达到初中生全体人数的 2.81%,为 11 年中的最高数值。从不
上学儿童的总数来看,小学生和初中生均呈现年年增长的趋势,到
2001 年均达到最高值,分别为小学的 26511 人,初中的 112211 人,从
而使不上学学生的总数达到 138722 人,为 13 年间的最高值。从总体
情况来看,不上学的情况在初中比小学严重。从不上学的学生总数来
看,尽管初中生比小学生人数要少,但不上学的学生数却比小学要多几
倍;由此导致了初中不上学学生数在全体学生数所占的百分比比小学
要多的情况,导致在全体不上学学生总数中初中生占很大比例的结果。

年度	小学				初中				不上学儿童数的合计(人)
	(A)全体学生数(人)	(B)不上学儿童数(人)	不上学儿童数的增减率(%)	B/A×100(%)	(A)全体学生数(人)	(B)不上学儿童数(人)	不上学儿童数的增减率(%)	B/A×100(%)	
1991	9,157,429	12,645	—	0.14	5,188,314	54,172	—	1.04	66,817
1992	8,947,226	13,710	8.4	0.15	5,036,840	58,421	7.8	1.16	72,131
1993	8,768,881	14,769	7.7	0.17	4,850,137	60,039	2.8	1.24	74,808
1994	8,582,871	15,786	6.9	0.18	4,681,166	61,663	2.7	1.32	77,449
1995	8,370,246	16,569	5.0	0.20	4,570,390	65,022	5.4	1.42	81,591
1996	8,105,629	19,498	17.7	0.24	4,527,400	74,853	15.1	1.65	94,351

年度	小　学				初　中				不上学儿童数的合计（人）
	(A)全体学生数（人）	(B)不上学儿童数（人）	不上学儿童数的增减率(%)	B/A×100(%)	(A)全体学生数(人)	(B)不上学儿童数（人）	不上学儿童数的增减率(%)	B/A×100(%)	
1997	7,855,387	20,765	6.5	0.26	4,481,480	84,701	13.2	1.89	105,466
1998	7,663,533	26,017	25.3	0.34	4,380,604	101,675	20.0	2.32	127,692
1999	7,500,317	26,047	0.1	0.35	4,243,762	104,180	2.5	2.45	130,227
2000	7,366,079	26,373	1.3	0.35	4,103,717	107,913	3.6	2.63	134,286
2001	7,296,920	26,511	0.5	0.36	3,991,911	112,211	4.0	2.81	138,722
2002	7,239,327	25,869	-2.4	0.36	3,862,849	105,383	-6.1	2.73	131,252
2003	7,226,910	24,086	-6.9	0.33	3,748,319	102,126	-3.1	2.72	126,212

表 3.4　不上学儿童（每年 30 天以上的缺席者）数字的变迁[1]

　　1980 年,川崎市的某高考生在家中用金属棒将熟睡中的亲生父母殴打致死的事件,掀开了家庭内恶性暴力事件的帷幕,给日本社会以很大的冲击。[2] 此后,家庭内暴力事件不断发生。2001 年,通过青少年咨询和辅导活动所了解的情况,家庭内暴力件数达到 1289 件,和 2000 年相比减少 97 件,减少 7.0%。从青少年暴力施与的对象来看,首先是针对母亲的暴力,达到 54.3%;其次是对家具等财产的暴力,占 16.3%;第三是对父亲的暴力,为 13.3%。[3]

　　近几年来增加的不良行为之一是吸食兴奋剂、大麻和稀释剂的青

　　[1]　表中数据来源:文部科学省《有关学生指导的诸问题的现状（概要）》(表 3-1,2004年 8 月),http://www.mext.go.jp/b_menu/houdou/16/08/04082302/015.pdf,2005 年 8 月29 日下载。

　　[2]　门协厚司《儿童的社会能力》,[日]岩波书店,1999 年,前言部分,第 1—2 页。

　　[3]　内阁府《青少年白皮书的概况——青少年的现状和措施》(2002 年版,2002 年 7月）, http://www.pb-mof.go.jp/ja/books/whitepaper/aracontents/seisyonen/021023/siry1023.htm,2003 年 4 月 9 日下载。

少年的增加。而且,吸食这些药物的 14-17 岁的少年有明显的增加倾向。其中,女性的比例较高,在性方面的脱轨行为也与吸食兴奋剂有一定的关系。此外,最近几年来在这些药物的吸食方面有如下几方面的特征:①不经过饮酒、吸食稀释剂等有机溶剂,直接就使用兴奋剂的案例有所增加;②同时使用两种药物(大麻和兴奋剂,或酒精和兴奋剂);③除了使用兴奋剂以外没有其他不良行为的案例增加。① 2001 年因吸食兴奋剂被捕的青少年有 946 人,和 2000 年相比有所减少;因吸食大麻被捕的青少年有 176 人,是平成 10 年(1998 年)以来的第一次增加。②

除以上三种问题行为外,从 2001 年的情况来看,其他问题行为的情况如下:首先,因性越轨行为被辅导和因性行为被害而被保护的青少年达到 4354 人,和 2000 年相比,增加了 224 人,增加率为 5.4%。其中,高中生占全部 4354 人的 39.7%,初中生占 31.6%,无业青少年占 20.6%等。高中生和初中生共占全体人数的 71.3%。从动机来看,占比例最高的动机是"想要娱乐的钱",占全体动机的 37.1%。其次,2001 年警察辅导过的不良行为少年(并不是犯罪青少年,但因为喝酒、抽烟、离家出走等原因被警察辅导过的 20 岁未满者)达到 971881 人。其中,抽烟的占 45.1%,深夜还在街头闲逛的占 38.1%。第三,2001 年被警察发现、保护过的离家出走的少年有 26232 人,和 2000 年相比,减少 927 人,减少率为 3.4%。其中,初中生占 42.4%,排第一;其次是高中生。从性别的情况看,女学生占 57.8%,比男学生所占的百分比要高。第四,2000 年警察所了解的青少年自杀者共有 598 人,和 1999

---

① 麻生诚、天野郁夫《当代日本的教育课题》,[日]广播大学教育振兴会,1999 年,第 135 页。

② 内阁府《青少年白皮书的概况——青少年的现状和措施》(2002 年版,2002 年 7 月),http://www.pb-mof.go.jp/ja/books/whitepaper/aracontents/seisyonen/021023/siry1023.htm,2003 年 4 月 9 日下载。

年相比,减少 76 人,减少率为 11.3%。以学生的种类来看,高中生最多;从性别来看,男子比女子更多些。①

总之,从日本中小学青少年不良行为的第三个高峰期(1981－1988年)以来,日本青少年的不良行为在不断地发展。特别是从第四个高峰期(1997－1998 年)以来,尽管被捕青少年的数量没有超过第三个高峰期,但青少年不良行为在逐渐地恶化。恶化的情况突出表现在以下几个方面:中学生中吸毒的人数迅速增多;欺侮事件变得阴险、恶毒和隐蔽;持刀行凶的恶性暴力事件不断发生;没有前科的青少年参与凶杀的案件呈现上升的趋势;越轨性行为如同瘟疫一样,在社会中流行蔓延等。

以上通过对欺侮、校内暴力和其他青少年不良行为的一些数据和情况分析,说明了 20 世纪 70 年代以来日本中小学生的道德危机。从量的发展来看,欺侮的发生件数经历了 1984－1986 年和 1994－1995年的高峰期,从 1996 年以来呈现了逐年递减的现象;与此相反,校内暴力的发生件数经历了 1980－1983 年的高峰期、1984－1986 年的低潮期、1987－1993 年的缓慢增长期以后,从 1994 年开始迅速上升,到2000 年发展到最高峰。青少年不良行为的情况比较复杂:从刑事犯罪的情况来看,1970 年以来呈现出 1981－1988 年和 1997－1998 年两个高峰期;从交通犯罪的情况来看,自 1982 年以后,情况有所好转;从不上学的情况来看,从 1985 年开始,不上学的学生数在迅速地增长,高居不下。从质的变化来看,欺侮逐渐向严重、恶劣、阴险、巧妙、不易察觉和低年龄的方向发展;校内暴力逐渐向低年龄化、普遍化(看起来"普通"的孩子也会突然出现暴力行为,发生暴力事件的学校有所增加)的方向发展;以刑事犯罪、不上学、吸毒、越轨性行为等为主的青少年不良行为逐渐向

---

① 内阁府《青少年白皮书的概况——青少年的现状和措施》(2002 年版,2002 年 7月),http://www. pb-mof. go. jp/ja/books/whitepaper/aracontents/seisyonen/021023/siry1023. htm,2003 年 4 月 9 日下载。

低年龄、恶化的方向发展。从这三者的关系来看,首先,欺侮和校内暴力有一定的关系。欺侮有可能导致校内暴力或其他暴力行为,欺侮有时也采用暴力的手段来进行;校内暴力中的同伴之间的暴力行为产生的原因有可能是欺侮。其次,欺侮、校内暴力都是青少年不良行为的组成部分,通过对这二者的阐述和分析,可以从某种程度上说明青少年不良行为的情况。第三,欺侮、校内暴力的加害者和被害者都可能有其他不良行为。例如,欺侮的被害者就很可能因为担心被欺侮而不上学;欺侮的加害者有可能同时是家庭内暴力的加害者;欺侮、校内暴力的加害者和被害者都有可能有吸毒、越轨性行为或其他不良行为。总之,上述欺侮、校内暴力和其他青少年不良行为在量的发展、质的变化和其中复杂关系等方面的问题,确实反映了这一时期日本中小学生的道德危机。

除了欺侮、校内暴力和其他青少年不良行为以外,一些其他的教育荒废现象也反映出日本中小学生的道德危机。例如,一般认为,高中中途退学主要有三个理由:一是不适应学校生活或学业;二是改变主意不想在原高中就读;三是学习成绩不好。据统计,2001 年日本公立和私立高中所有中途退学的学生有 104894 人,其中因第一个理由退学的有38.1%,因第二个理由退学的有 36.3%,因第三个理由退学的有6.4%。在第一个理由中,因为人际关系不好而退学的有 6682 人,占第一条理由的 16.72%,占全体人数的 6.4%。除了以上三条主要理由外,还有因问题行为退学的学生 4709 人,占全体人数的 4.5%。① 这表明,人际关系和问题行为也是造成高中中途退学的原因之一,这就从某种程度上反映了高中生的道德危机。又如,一般认为,班级崩溃主要是与社会流行的教育观、家庭教育的失当、幼儿教育的问题、小学教育的

---

① 文部科学省《第六章:高中中途退学等》,载《有关学生指导的诸问题的现状》(2002年 12 月),http://www.mext.go.jp/b_menu/houdou/14/12/021215f.htm,2003 年 4 月 7 日下载。

问题和小学生自身的问题等有关，①但直接的原因却是小学生规范意识差，无法遵守学校和班级纪律、无视教师的存在、自由散漫、随便走动，从而造成教师无法上课。因此，班级崩溃也从某种程度上反映了小学生的道德危机。

二　深层危机

欺侮、校内暴力、中途退学和班级崩溃等教育荒废的现象，主要是以道德行为的方式来表现的，所反映的是儿童心灵的危机。儿童心灵的危机主要表现在以下三个方面：一是基本规范意识的淡薄；二是人际关系的淡漠；三是缺乏目标意识。

（一）基本规范意识的淡薄

规范意识，是道德意识的一个组成部分。日本儿童规范意识的淡薄甚至丧失，是其心灵危机的表现之一，也是导致欺侮、校内暴力和其他青少年不良行为等现象发生的直接原因之一。

法国思想家鲍德里亚尔（Baudrillard，J.）在其著作《透明之恶》中写道："'恶'被一种透明的病毒所侵害，变得看不到了，'恶'不再成为'恶'。"②鲍德里亚尔的预言在当代的日本好像应验了，很多中小学生将"恶"看做是"恶"的意识越来越淡薄。例如，一些有重大问题行为的青少年遵守社会基本规则的意识比较淡薄，不在乎是否会违反法律或给别人添麻烦，如果因为自己的行为被他人责备，就怀恨在心、试图报复。③又如，欺侮同学不觉得是坏事，而认为"有趣"和"好玩"；旁观者

---

① 张德伟《日本小学班级崩溃问题的诱因与解决对策探析》，《比较教育研究》，2001年，第11期，第28—30页。

② 千石保《日本的高中生》，胡霞译，海豚出版社，2001年，第2页。

③ 青少年问题审议会《超越"战后"——青少年的自立和成人社会的责任》（1999年7月），http://www8.cao.go.jp/youth/suisin/990723a2.htm，2003年6月16下载。

也不敢阻止,而在一边面无表情地旁观。过去日本那些"欺侮弱者是可耻的事"、"对陷于困境的人应该帮助他们"的规范意识,现在似乎已经变得淡薄,甚至丧失了。再如,根据民间教育研究所的调查,在对初中生进行"(不经同意)骑别人放在一边的自行车"、"私自使用体育馆"等规范意识项目的调查中,认为这样做是"不好的"的比率1995年比1983年的要低,①这表明初中生的规范意识比过去要淡薄了。又如,抽烟、喝酒、不上学、吸毒、援助交际等青少年不良行为从20世纪90年代以来不再是少数学生的不良行为,而变得一般化和普遍化了。

日本教育家深谷昌志对1983年和1993年初中生的规范意识进行了比较调查,指出:初中生的规范意识在崩溃。他认为,也许正是因为儿童规范意识的崩溃,才造成儿童没有罪恶感,才会导致欺侮等问题行为的不断发生。②他在此后的研究中,继续就儿童的规范意识进行了调查。他指出,在当今日本,不仅是高中生,甚至连初中生、小学生都穿着奇装异服,对世上的人情常理、对努力和认真做事等表现出一副不屑一顾的样子,很强调自己的主张,却不敢对自己所做的事负责任。更糟糕的是,他们缺乏对善恶的分辨能力,失去了规范意识。例如,他们丢弃了"对父母尽孝"的传统观念,却又不像欧美的儿童那样到了一定的年龄就离开父母独立生活,到了高中甚至大学都还要依靠父母,不能自立。他的调查表明,只有16％的父母表示将来要靠子女照顾,③可见大多数的父母不敢对子女抱有奢望。上述深谷昌志的两个研究表明,日

---

① 中教审《展望21世纪我国教育的应有状态(第一次咨询报告)》(1996年7月),http://www.mext.go.jp/b_menu/shingi/chuuou/toushin/960701c.htm,2003年4月8日下载。

② 七条正典、五条诗织《初中生的心灵教育》,〔日〕日本图书中心,1999年,第3页。

③ 深谷昌志《在规范意识崩溃的暗流中看价值观的真空化》,〔日〕《现代教育科学》,2000年,第8期,第31页。

本青少年的规范意识十分低下。

　　日本青少年研究所曾对日本、中国、韩国的高中生进行过有关生活意识的问卷调查。在问到一些项目是"绝对不可以"还是"可随本人自由"时,结果如表 3.5。从表中可以看出,认为"离家出走"和"观看色情录像或杂志"可以是个人自由的比率,日本要远远高于中国和韩国。另外,日本高中生认为"吸烟"、"喝酒"、"赌博"可以是个人自由的比率都超过 50%;其中,前两项超过中国,和韩国不相上下;后一项"赌博"远远超过中国和韩国。过半数的高中生对上述行为不回答"绝对不可以",而认为可以随心所欲,就意味着那些项目在他们眼里不是作为规范而存在的,禁止吸烟、喝酒、赌博、观看色情录像或杂志对他们来说不再是不能违反的规范。

规范意识＼国别	日本	中国	韩国
离家出走	84.1	32.1	54.7
吸烟	61.8	40.0	61.5
喝酒	80.3	56.8	81.9
赌博	76.9	13.5	55.3
毁坏公物	15.4	19.2	12.9
偷盗	14.4	2.3	12.0
抢劫	11.4	2.6	10.6
辱骂	18.7	15.0	24.0
施加暴力	15.6	12.7	16.3
群体吵架	35.2	15.7	19.5
看色情录像或杂志	90.5	12.0	70.7

表 3.5　高中生的部分规范意识(回答"可随本人的自由"的比率)[1]

---

① 表中数据来源:千石保《日本的高中生》,胡霞译,海豚出版社,2001年,第186页。

中里至正在其 1997 年出版的《变质的日本青少年》一书中,用实证研究证明了日本青少年社会性的欠缺和规范意识的崩溃已经到了"变质"的地步。中里至正对日本、中国、韩国、土耳其、美国的中学生(包括初中生和高中生)进行了一些问题的国际比较研究。调查结果表明,在"对长辈用有礼貌的语言"、"尊敬父亲"等基本行为规范的回答中,日本青少年肯定回答的百分比是五个国家中最低的。(在"对长辈用有礼貌的语言"这一项目中,日本青少年的肯定回答占全体被调查人数的 34.7%,中国是 54.5%,韩国是 55.3%,土耳其是 90.1%,美国是 63.9%。在"尊敬父亲"这一项目中,日本青少年的肯定回答占全体被调查人数的 23.9%,中国是 70.9%,韩国是 45.1%,土耳其是 91.0%,美国是 71.6%。)[1]可见,过去被称作"礼仪之邦"的日本正面临着基本礼仪崩溃的危机。

(二)人际关系的淡漠

人际关系的淡漠具体表现在缺乏对他人的关心、爱和信赖三个方面,反映了青少年内心道德情感的沙漠化。在道德规范意识逐渐淡薄的情况下,加上情感的冷漠,就更容易导致欺侮、暴力和其他青少年不良行为等教育荒废现象的产生。

种种教育荒废现象反映了儿童对他人关心、爱和信赖感的缺乏以致丧失。例如,看到被欺侮的同伴难过、悲伤、处于悲惨的境地,欺侮者不觉得被欺侮者可怜;其他旁观的儿童也如此,不觉得应该介入、应该干涉,而是觉得好玩,使得欺侮更加升级;被欺侮者不敢告诉父母、老师,一方面是因为怕遭到更可怕的欺侮,另一方面是因为觉得即使告诉成人也无济于事,可见他们已经失去了对成人的信任。又如,施暴者对低年级的儿童、对教师甚至对路人施加暴力,丝毫没有怜悯、羞耻感,而

---

① 山崎英则、西村正登《道德和心灵的教育》,[日]密涅瓦书房,2001 年,第 17—18 页。

是觉得痛快、舒畅,可见施加暴力者是多么的冷漠和缺乏同情心。1999
年 11 月,日本青少年问题审议会报告指出,那些有杀人、行凶等重大问
题行为的青少年具有"自我中心,无法根据善恶判断来控制自己的欲望
和冲动"的特点,"在违反法律或社会规范、伤害了他人以后,他们只考
虑自己,不考虑他人或周围的人"。①

　　1943 年,美国精神病专家利奥·坎纳(Kanner,L)首次提出"自闭
症"一词,并对此进行了研究。根据他的研究,患有"自闭症"的儿童有
以下几个方面的特征:①和别人接触时视线游移、面无表情;②语言使
用不当;③在注视物体时眼睛滴溜溜地转之类机械的动作不断地重复;
④不能进入一般人生活的圈子;⑤有较好的操作物体的技能和良好的
记忆力。② 日本学者三泽直子 1997 年用"综合型 HTP 法"对东京都的
四所小学 1-6 年级学生进行了绘画测验。根据绘画结果,三泽直子指
出,现在的孩子的画缺乏现实性,特别是所画的人大都是坐着的,这表
明儿童对他人的生活状态缺乏关心和真实感。而且,当问到儿童画中
画的人是谁时,很多儿童都说"不知道""谁也不是"或"只是人而已"。③
可见,儿童对自己周围的人不够注意,缺乏感情。1999 年,日本著名的
教育社会学者门协厚司指出,近年来,日本出现了"普通的孩子"自闭症
化的倾向,即一般的孩子呈现出自闭症儿童特征的趋势。这种趋势主
要是因为儿童从乳幼儿期开始和周围大人的关系不密切甚至比较恶劣
而造成的,因为在变化的社会环境中生活的方式有较大的改变而造成
的。④ 另一学者高桥胜指出:现在的青少年已经到了"除了亲近的伙伴

---

① 青少年问题审议会《超越"战后"——青少年的自立和成人社会的责任》(1999 年 7
月),http://www8.cao.go.jp/youth/suisin/990723a2.htm,2003 年 6 月 16 日下载。
② 门协厚司《儿童的社会能力》,[日]岩波书店,1999 年,第 15 页。
③ 同上,第 19—20 页。
④ 同上,第 18—21 页。

之外，把其他人都看做风景"的地步了，他们已经丧失了对"他人"的感觉。① 由此可见，现在日本的儿童从小学开始就生活在自己的世界中，只关心自己，对他人（包括自己周围生活着的亲人、老师和同伴）缺乏关心和爱。

在日本厚生省有关"儿童的环境"的调查中，小学 5 年级开始到初中三年级学生"经常在一起玩的朋友数目"，昭和 61 年(1986 年)"2－3人"的为 27.2％，"6 人以上"的为 32.4％；但到了平成 3 年(1991 年)，"2－3 人"的增加到 32.5 ％，"6 人以上"的却减少到 26.7％。平成 4年(1992 年)，日本 NHK 电视台的舆论调查结果表明，儿童和"亲密的朋友"的交往，"不说出内心的想法"和"只是表面的交往"的回答，占初中生的 35.1％，高中生的 29.3％ ；和"普通的朋友"的交往，"不说出内心的想法"和"只是表面的交往"，占初中生的 84.3％、高中生的 90.2％。② 上述两个调查表明，儿童的朋友数目在不断减少；而且，即使是朋友，甚至是亲密的朋友，其交往局限于表面的情况也比较多。这表明，日本的儿童和同伴之间的关系越来越弱，人与人之间的信赖、关心和爱越来越淡漠。

日本著名的精神病医生野田正彰，使用"照片投影法"来了解现代都市中生活的儿童的内心世界。1988 年，野田正彰出版了著作《被漂白的儿童》，记载了他对东京、京都、大阪和神户 30 名小学生和初中生所拍的 60 卷胶卷（每卷 36 张底片）的分析研究。他针对在 60 卷胶卷中以人为中心的照片很少和在拍照时尽量避免拍人的情况，提出"当代

---

① 高桥胜《如何找回失去"他人"的感觉》，[日]《现代教育科学》，2000 年，第 8 期，第 6页。

② 中教审《展望 21 世纪我国教育的应有状态》（第一次咨询报告）(1996 年 7 月)，http://www.mext.go.jp/b_menu/shingi/chuuou/toushin/960701c.htm，2003 年 4 月 8 日下载。

的儿童具有把在现实生活中的人排除出自己的生活空间的特征"的观点。他还介绍了某小学五年级一个女生写的一篇名为"如果有一个可以擦掉任何东西的橡皮的话"的作文。在这篇作文中,这个小学生写道,她想擦掉的对象是老师、心眼不好的同学、朋友和父母。野田正彰认为,从这个案例可以看出,当代的儿童想尽量避免与他人接触的想法是很强烈的。他指出,这是因为"当代儿童的共同点是有欺侮的体验",正是因为儿童从早年生活开始就有被欺侮的体验,才使得儿童避免和他人交往;即使在和人交往时,也已经有了警戒心。① 由此可见,欺侮的体验造成了儿童内心世界对人的恐惧,从而失去了对他人的信赖、关心和爱,而转向冷漠、仇视和敌对;而缺乏对他人的同情、信赖和关爱的儿童,又将沦落为更多的欺侮的加害者、旁观者和被害者。

（三）缺乏目标意识

道德规范意识的低下和道德情感的消退是儿童心灵危机的写照,但更深刻的危机还在于缺乏目标意识,即缺乏人生的目标。人是因为有了希望,有了理想,才会为了光辉的未来而等待、而努力。缺乏了人生目标的儿童,也就失去了希望,失去了等待未来的信心。

当儿童失去生活目标时,开始往往是以反抗来表现自己的空虚,但他们马上又发现认真反抗社会毫无意义,因为社会有其特殊的发展规律,不会因为他们的反抗而改变。于是,"随便"一词就经常挂在儿童的嘴边,成为他们对抗社会的一种典型表现。"随便"既不是反抗也不是目的,意味着保持现状地"漂浮",既无目的也不需自己做决定,一切与自己无关。其最鲜明的表现就是无理想、既不肯定也不否定的态度———一种任其自然、随其发展的态度。这种态度看起来似乎"超脱",但却极其危险,经常可能因为某些诱因而导致极端的行为,如突然发

---

① 门协厚司《儿童的社会能力》,［日］岩波书店,1999 年,第 21—23 页。

怒、无缘无故的暴力行为、随随便便就开始吸毒或有性越轨行为等。

　　因为失去人生目标，儿童会感到空虚、无聊、压抑和无奈。正如日本教育家小原国芳所说："不弄清人为何而生，首先人生本身就失去了意义。"①透过教育荒废的各种现象，我们可以看到由于丧失人生目标而造成的儿童心灵深处的空虚、无聊、压抑和无奈。例如，因为觉得好玩而欺侮同伴并以此为乐是儿童心灵空虚、无聊的表现；尽管存在着对生的向往，因为无法忍受欺侮不得不走向死亡的深渊是儿童无奈的表现；对老师、对同伴、对公共设施甚至是对素不相识的路人施加暴力是儿童内心压抑、无聊的表现；1981 年以来没有特殊原因的"游戏型不良行为"（包括偷窃、自杀、吸毒、性越轨行为等）的泛滥是儿童心灵寂寞和空虚的表现。

　　日本青少年研究所在 1999 年末对日本、美国、中国、韩国的中学生做了一项有关 21 世纪理想的问卷调查。调查结果表明，日本的初中生和高中生在"对人类来说 21 世纪是充满希望的社会""21 世纪的社会要比现在更和平""21 世纪的社会要比现在更富裕""在 21 世纪人与人之间将会更加相互信赖""21 世纪因科学的进步人们的生活更加幸福""21 世纪贫富差别会缩小""21 世纪自己的能力会得到更好的发挥""21 世纪社会上的腐败和不正之风会减少""21 世纪的社会要比现在更有秩序"和"21 世纪违法犯罪将会减少"等项目中的肯定率都远远低于其他三国。② 这表明，和美国、中国和韩国的中学生不同，日本的中学生对 21 世纪并不是充满希望的。在同一项调查中，对上述四国的初中生的人生目标进行了提问，其结果表明，日本初中生缺乏明显的人生目标。在"在科学领域有新发现""学习好""为社会作贡献"和"社会地位

----

　　①　小原国芳《小原国芳教育论著选》（下卷），刘剑乔等译，人民教育出版社，1993 年，第 122 页。

　　②　千石保《日本的高中生》，胡霞译，海豚出版社，2001 年，第 235—237 页。

高"的四项理想中,初中生的肯定率均低于美、中、韩三国,这反映了日本的初中生缺乏进步、向上的愿望、对社会不关心。在"每天快乐度日""享受兴趣爱好之乐""建立平凡但美满的家庭"这三项理想中,初中生的肯定率却超过了其他三个国家。①这表明日本的初中生的理想比较现实,没有远大的理想和明确的人生目标。

我国学者赵志毅对中国南京市、无锡市、锡山市华庄镇和日本田川的小学和初中进行了有关志向水平的问卷调查。中方有效答卷为796份,其中初中生答卷436份,占54.8%;小学生答卷360份,占45.2%。日方有效答卷为287份,其中初中生答卷为155份,占54%;小学生答卷132份,占46%。结果表明:①在对未来的希望和自信方面。首先,中国学生对"幸福的家庭""好父母"角色的向往比日本学生分别高出10%和20%。其次,90%以上的中国学生希望通过自己的努力,成为"事业上成功的人""对国家和社会有用的人""深受大家欢迎的人";日本学生中认为会成为"事业上成功的人"只占60.7%,有53.6%的学生认为会成为"深受大家欢迎的人",只有三分之一的人认为会成为"对国家和社会有用的人"。第三,中国学生中60%的人相信自己会成为"有钱的人",近半数的人相信自己会成为"有名的人";与此形成鲜明对照的是,日本学生当中70%以上的人认为自己不会成为有钱人和名人。②在初中毕业后的打算方面。中国学生的选择更倾向于"为社会作贡献"(占全体的62.5%),其次是"找个好工作"(52.6%);日本学生则是以"找个好工作"为主要原因(占全体的66.4%),其次是"父母让我升学"(20.1%),第三才是"想为社会作贡献"(14.8%)。② 总之,以上调查表明,在儿童志向水平和择业价值观方面,日本儿童对未来生活所持

---

① 千石保《日本的高中生》,胡霞译,海豚出版社,2001年,第237—238页。

② 赵志毅《中日中小学生志向水平比较研究》,见朱小蔓《道德教育论丛》(第1卷),南京师范大学出版社,2000年,第554—559页。

的消极程度普遍比中国儿童高。

　　如果说教育荒废现象表现了 20 世纪 70 年代以来日本狭义（表层）的学生道德危机，那么，上述三个方面的儿童心灵荒废的现象则表现了同一时期日本广义（深层）的学生道德危机。这是因为，一方面，并不是所有规范意识淡薄、人际关系淡漠、缺乏目标意识的儿童都有教育荒废的各种表现，许多还没有表现出欺侮、校内暴力、不上学、高中中途退学等不良行为的"普通"儿童也存在心灵的危机，他们可能在某些时候突然爆发出来，发生某些不良行为，造成教育荒废的某些现象；但也可能并不爆发出来，却对社会、对人生、对他人并不怀有希望，只是安于"随便"，虚度时光。20 世纪 80 年代以来，日本社会普遍将青少年称作"无法理解的一代"，认为很多青少年已经过早地失去青春的活力，陷于无气力、无责任、无关心、无感动、无作为的"五无主义"。① 另外，许多青少年还被冠以"活动暂停人"②"密封舱人"③"自闭症人"④"青椒人类"⑤"新人类"⑥"等待指示的一代"⑦"您人类"⑧和"自我中心儿童"等名称。⑨ 这些名称都从不同侧面形象地表现了缺乏理想、缺乏对别人的

---

　　① 陈永明《试述日本教育发展的三大特征与三大弊病》（下），《外国教育资料》，1994 年，第 2 期，第 60 页。

　　② 指那些为了躲避社会的义务和责任，即使大学毕业了，因为不想工作而继续读书，或者不得不以工作而糊口时选择自由职业，或者根本就不工作，靠父母资助的无所事事的年轻人。

　　③ 指那些像宇宙飞行员那样缩在狭小的密封舱里，不和外界接触的人。

　　④ 和"密封舱人"类似，指自己将自己关起来，不和外界接触的人。

　　⑤ 指像青椒一样看上去生气勃勃，但内心空虚，没有自己的思想的人。

　　⑥ 指做事以自我为中心，对政治不关心，对旧习俗看不惯，生活上追求享乐，但思想活跃，易于接受新事物和新知识的年轻人。他们把年长一些，有异于他们的行为准则的人称之为"旧人类"。

　　⑦ 指那些从小被大人命令惯了，长大了仍然不能独立思考和判断的新一代，他们没有得到别人的指示就不知道该做什么以及怎么做。

　　⑧ 称呼别人始终用敬语"您"，表示和他人关系很一般甚至对人很冷漠的人。

　　⑨ 门协厚司《儿童的社会能力》，[日]岩波书店，1999 年，第 14 页。

关心、爱和信赖的儿童缩在狭小的空间里,人际关系淡漠、精神世界空虚的样子。日本学者佐野安仁认为,当代的儿童具有以下的特性:缺乏克服困难的耐性,心理上的不成熟,很少为他人着想,缺乏对善恶的判断力等。[①] 另一方面,许多教育荒废的表现是外在的,是可以通过各种措施和对策来抑制和减少的;而心灵荒废的表现则是难以觉察的和难以解决的,是很难通过一些外在的措施来化解、消除的。因此,对日本文部省等政府机构、学术界以及日本中小学来说,重要的是针对儿童的心灵进行教育,而不仅仅是就道德危机的某一现象来解决表面问题。

小　结

综上所述,20 世纪 70 年代以来的日本中小学道德教育的问题是严重的。较能表现问题严重性的是学生的道德危机,它以外显的统计数字、令人触目惊心的恶劣事件,使日本社会关注中小学道德教育的问题。然而,当我们透过学生道德危机,对中小学道德教育的问题进行归类和分析以后,我们才发现,中小学道德教育的问题还不止于此,还有工具化倾向、和生活世界的分离、受到文化的负面影响以及受到忽视等问题。这些问题正是造成学生道德危机的主要原因。而包括学生道德危机在内的所有中小学道德教育问题又是在日本社会、政治、经济和文化的背景下发生和发展的。其中,大多数问题都是在一定历史时期中发生,在转型期日本社会、政治、经济和文化的背景下发展的。因此,从这一意义上说,日本中小学道德教育的问题不仅是中小学道德教育的问题,也是日本社会、政治、经济、文化等方面的问题。中小学道德教育的问题既是日本社会各方面问题的缩影,又是这些问题在中小学道德

---

① 佐野安仁、荒木纪幸《道德教育的视点》,[日]晃洋书房,2000 年,第 2 页。

教育领域中的反映。也正因如此,只要日本社会、政治、经济和文化中存在的问题不解决,日本中小学道德教育的问题也很难解决。

日本中小学道德教育的问题不仅反映了日本社会、政治、经济和文化的问题,也反映了世界中小学道德教育的问题。20世纪70年代以来,世界各国的中小学道德教育在不断进步和发展的同时,也处于困境之中。高德胜认为,现代(包括当代)德育困境主要有"失节于功利主义大潮""屈服于政治压力""迷失于科学主义惯性"和"与生活的疏离"等。① 张人杰对中外研究结果进行了比较,指出德育的"瓶颈"有"对道德规范的知与不知的矛盾""道德认知与道德行为之间的鸿沟""德育与独立思考或创造力的培养之间的矛盾"和"价值多元的环境使价值观的抉择和推行都显得困难"等。② 由此可见,世界中小学道德教育都面临着一些共同的问题。日本中小学道德教育的问题既在总体上反映了世界中小学道德教育的问题,又为我们展现了日本中小学道德教育问题的特殊性。

笔者认为,日本中小学道德教育问题的特殊性主要表现在以下两个方面:首先,性质较严重的问题是道德教育的工具化倾向和忽视道德教育的问题。前者使道德教育偏离自己的运行轨道而受政治、经济乃至文化的运动所左右,"从而无法形成自己独立的评价系统,也就难以形成通过自我反省和外部批判实现自我调节、自我超越的机制";③后者使道德教育被社会、家长和教师驱赶到社会、家庭和学校的边缘,受到冷落和忽视,既失去了赖以生存的家园,又失去了引领儿童追求幸福

---

① 高德胜《知性德育及其超越——现代德育困境研究》,教育科学出版社,2003年,第5页。

② 张人杰《若干德育问题上经由比较后的发现》,《华东师范大学学报(教育科学版)》,2002年,第4期,第3页。

③ 戚万学《道德教育新视野》,山东教育出版社,2004年,第8—9页。

的理想。其次,较难解决的问题是文化传统对道德教育的束缚问题。这是因为,"'传统'的本质不是在过去,而是在现在。'传统'即存在于我们的生活方式中。甚至可以说,'传统'就是我们生存的一种方式。"①日本文化传统中以等级制为核心的"和"的观念和集团主义的传统,长期以来对日本道德教育的发展起着阻碍的作用。而这些传统将因为传统的惰性和保守性,因为日本人成为经济大国以后膨胀起来的民族自豪感而造成的固守文化传统的心理,因为日本政府推行的建立文化大国的国家战略,继续阻碍着日本道德教育的进步和发展,影响着日本道德教育的现在和将来。

进一步考察上述日本中小学道德教育问题的特殊性,可以发现,日本中小学道德教育的根本问题是历史问题。这主要表现在两个方面:第一,大多数道德教育问题都是历史问题在当代的新发展。例如,道德教育与生活世界的分离从制度化教育产生以后就开始了。20世纪70年代以来,二者的分离在日本道德教育领域中比较集中地体现在"过分强调价值内化"这一问题上,而这一问题可以追溯到明治初期修身科设立时期。第二,对《教育敕语》和修身科的危害性认识不清楚、批判不彻底,是造成日本道德教育问题的根源之一。战后日本教育界对《教育敕语》和修身科的危害性认识不清楚、批判不彻底,导致了政府和学术界、日教组和一些教师的对立,是造成教师忽视道德教育的根本原因之一,也是"过分强调价值内化"问题在20世纪70年代以后回潮的根源之一。更重要的是,《教育敕语》中的忠君爱国的思想,在新的历史时期以国歌、国旗教育的形式和狭隘的爱国主义重演。因此,要想真正解决日本学校道德教育的问题,关键是要解决日本学校道德教育的历史问题。

---

① 　丁钢《历史与现实之间:中国教育传统的理论探索》,教育科学出版社,2002年,第4页。

第四章 中小学道德教育的
变革与发展

　　20世纪70年代,日本完成了赶超欧美发达国家的战略目标,成为名副其实的经济大国。这意味着进入近代以来一直以追赶西方列强为基本国策的日本,已经失去了赶超和模仿的样板,政治、经济、文化和教育的反思与创新成为面向21世纪的课题。① 面对日本经济、社会的全面转型和政府新的国家战略的制定,日本政府从20世纪70年代初期开始了第三次教育改革。第三次教育改革可以分成两个阶段。第一阶段是以中教审1971年公布《今后学校教育的综合扩充与整顿的基本措施》(又称"四六答申")的咨询报告为开端至80年代初。"这一阶段的教育改革以终身教育为理念,以能力主义和国家主义为政策目标,主要在高等教育领域设置新型学校和加强高等职业教育等方面取得了一些进展。但从改革的总体来看,进展是缓慢的,而且发展也不平衡,一些教育制度方面的深刻问题并没有触及,因此改革也是不彻底的,它最终导致了80年代初的教育改革的深入发展。"②第二阶段是以中曾根内阁1984年成立直属于首相的咨询机构——临教审为起点的。从此,日本第三次教育改革进入了一个新阶段。这一阶段的改革尽管也有为了贯彻日本政府的国家战略而将

---

　　① 于洪波《日本教育的文化透视》,河北大学出版社,2003年,第265页。
　　② 梁忠义《梁忠义日本教育文集》,东北师范大学出版社,2001年,第16页。

教育作为其工具的一面,[①]但由于它是"以教育的个性化、自由化、国际化为目的进行的",[②]是由过去追求形式上的教育机会平等转向注重儿童的个性教育,由重视知识传授转向重视智育、心灵教育和创新人才的培养,由重视课堂教育转向重视学生主体性的体验和探求,"其哲学意义是要解决在知识经济时代,国家和人在科技与文化,即科技与人的情感世界之间的平衡"。[③] 因此,总的来说,第三次教育改革具有积极的意义。而且,与第一和第二次教育改革为了摆脱殖民统治以及作为战败者不得已而为之不同,第三次教育改革是在确立了经济大国以后的一种主动的改革,具有"鲜明的文化自觉性、自主性和创造性等特点"。[④]

上述日本经济、社会的转型和第三次教育改革,为解决战后出现的道德教育问题,提供了新的机遇和新的视野,也给道德教育带来了新的问题和新的挑战。那么,20 世纪 70 年代以来,日本为解决中小学道德教育问题采取了哪些对策、进行了哪些变革、有哪些发展变化呢? 这正是本章所要研究的主题。对这一主题的研究,最简便的方法莫过于对这一时期的日本各界所采取的变革措施进行详尽的阐述,但是这样做

---

① 在第三次教育改革时期,文部省等政府部门为了落实政治大国的国策而采取教育国际化的发展战略;为落实科学技术立国国策而加强心灵教育,建立"能够伸展个性,提供多样性选择的学校制度",实行校本管理,"促进尊重现场自主权的学校建设"和推进大学改革,振兴大学科研等(文部科学省《序章:教育改革的动向》,载《我国的文教措施(2000 年度)》,http://www. mext. go. jp/jyy2000/index-5. html,2003 年 3 月 31 日下载);为落实文化立国国策而促进儿童对传统文化的理解、促进国际文化的交流和完善综合的推进体制等(文部科学省《第一部:面向文化立国》,载《我国的文教措施(2000 年度)》,http://www. mext. go. jp/jyy2000/,2003 年 3 月 31 日下载)。

② 藤田英典《走出教育改革的误区》,张琼华、许敏译,人民教育出版社,2001 年,第 4 页。

③ 吴忠魁《论日本 21 世纪国家发展战略与教改对策》,《比较教育研究》,2001 年,第 1 期,第 5 页。

④ 于洪波《日本教育的文化透视》,河北大学出版社,2003 年,第 266 页。

既不可能也无必要,因为我们不需要面面俱到的概略式的陈述,而需要通过合理的取舍突出所要研究的主题。基于上述考虑,笔者选取了学术界的研究、政府部门的方针政策和中小学的实践三个方面作为研究的主要对象。之所以选择以上三者,主要有以下两方面的原因:一是因为它们是日本中小学道德教育理论和实践的重要组成部分,都对解决战后中小学道德教育问题作出了很大的贡献,选取它们作为主要研究对象具有一定的典型性。二是因为它们既具有相对的独立性,又具有内在的逻辑关系:学术界的研究直接或间接地影响到政府部门的方针政策和中小学的实践,为解决道德教育问题奠定了理论基础,同时又受到政府部门的方针政策和中小学实践的影响;政府部门的方针政策在制定之前,受到学术界的研究和中小学的实践的影响,但一经制定,又直接或间接地影响到中小学的实践和学术界的研究;中小学的实践既是政府部门方针政策和学术界研究的来源,又直接或间接地受到这二者的影响。可以这样说,在很大程度上,互相影响、互相制约的学术界的研究、政府部门的方针政策和中小学的实践,是日本中小学道德教育的重要组成部分,反映了当代日本中小学道德教育理论和实践的基本面貌,共同承担着解决道德教育问题的任务。此外,需要说明的是,在探讨这三者解决中小学道德教育问题的对策时,笔者注重以解决道德教育问题为中心来讨论,但不局限于解决道德教育问题本身,力图站在一个更高的位置,去分析造成日本学术界、政府部门和中小学采取有关对策的原因,透视它们解决道德教育问题的基本理念和具体主张,并通过这一侧面反映日本中小学道德教育的全貌。

第一节　学术界的研究

20 世纪 70 年代以来日本学术界有关中小学道德教育的研究,深受后现代主义、全球化和西方道德教育理论的影响。后现代主义产生于 20 世纪 60 年代中期,在 80 年代达到高峰。它是在社会变化、对社会生存危机的反思和对后工业社会的回应等社会背景下出现的"一种流行的、颇具前卫色彩的哲学、文化思潮"。[①]它"主要是针对现代工业社会的生活方式、思维方式及态度而形成的一种批判性、重构性的思维方式或文化逻辑与态度",[②]其影响涉及人类生活的各个领域。教育、道德教育领域也不例外。后现代主义为当代日本学术界对战后中小学道德教育的批判、反思和超越奠定了一定的理论基础。"全球化"一词从 20 世纪 60 年代就开始使用,"但作为一种严格的理论形态的学术话语而被广泛认可和使用则是 90 年代的事情。"[③]全球化具有二重性:一方面,全球化是一个活生生的客观存在,它发生在社会生活的各个领域并产生了各种影响;另一方面,全球化又是一种观念,一种意识,一种认识方法。后者是指一种开放的心态、多元并存的态度以及共生互补的策略,它内在地要求对生命的尊重,对爱的呼唤,对权利的承认和对理性的信念。这就为日本学术界提供了研究道德教育的新视角,即确立"人是主体"的思想,[④]凸显生活教育和理解教育的主题,体现人是目的、以人为本的理念。尽管后现代主义是一种思潮,全球化是一种进程,但二者都对日本社会产生了深刻的影响,都为当代日本道德教育研究提供了独特的视角和一定的理论基础。相对后现代主义和全球化而言,西方道德教育理论对日本学术界道德教育理论研究的影响更为直接和具体。这不仅因为日本和西方国家均为发达的资本主义国家,在

①　顾明远、孟繁华《国际教育新理念》,海南出版社,2001 年,第 163 页。
②　郝德永《课程与文化:一个后现代的检视》,教育科学出版社,2002 年,第 192—193 页。
③　邬志辉《教育全球化——中国的视点与问题》,华东师范大学出版社,2004 年,第 1 页。
④　王啸《全球化时代的中国道德教育》,《北京师范大学学报(社科版)》,2004 年,第 3 期,第 20 页。

经济高度发展以后同时面临着物质富裕、精神贫乏的"富裕病";因为善于学习的日本人从明治维新以来一直是以西方发达国家为学习的榜样;而且还因为日本 20 世纪 70 年代以来还没有产生像福泽谕吉、小原国芳那样的大师级的教育专家,也没有产生像涂尔干(Durkheim,E.)、杜威(Dewey,J.)、威尔逊(Wilson,J.)、科尔伯格(Kohlberg,L.)、诺丁斯(Noddings,N.)等在世界范围内有较大影响的道德教育家。也正因如此,20 世纪 70 年代以来的日本中小学道德教育的理论研究,主要是停留在对西方道德教育理论的学习、解读和本土化的层面,还没有形成自己独有的流派和出现大师级的人物。20 世纪 70 年代以来,在西方资本主义国家道德混乱和社会问题加剧的背景下,西方道德教育理论从 50 - 60 年代的荒凉时期走向繁荣发展的新时期。受此影响,伴随着日本国内学生道德危机日益严重的状况,日本的道德教育理论研究也掀起了热潮。到 80 年代,已经呈现出一派欣欣向荣的景象。下面就参照戚万学教授对当代道德教育理论和实践问题的分类,①从以下两方面探讨 20 世纪 70 年代以来日本学术界有关中小学道德教育的理论研究。

一 道德教育的基本理论问题研究

道德教育的基本理论问题研究是指对道德教育领域中那些根基性的、具有永恒价值的基本问题的研究。对道德教育基本理论问题的研究,直接影响到中小学道德教育的实践,影响到对道德教育问题总的看法和解决道德教育问题的思路。那么,哪些问题是道德教育的基本理

① 戚万学教授认为,当代道德教育的基本理论和实践问题可以概括成八个问题,其中第一到第七个问题是当代道德教育的基本理论问题,第八个问题是道德教育的实践问题,主要是道德教学论(课程、方法、教师)。(参见戚万学《冲突与整合——20 世纪西方道德教育理论》,山东教育出版社,1995 年,第 69—72 页。)

论问题呢？对此,不同的学者有不同的看法。在此,参照戚万学教授对当代道德教育基本理论问题的分类,①从以下四个有代表性的问题,探讨当代日本学术界对道德教育基本理论问题的研究。

（一）个人与社会

在处理个人和社会关系问题上,大多数日本学者强调个人与社会关系之间的一种平衡。"二战"结束后民主主义思想的输入以及西方自由主义风气的影响,加上个人主义教育理论、存在主义、价值澄清学派等西方道德教育理论学派反对个人价值服从社会价值,强调个人在价值选择方面的自由等思想的影响,大多数学者并不否认道德教育要重视个人的价值,要从增进人的幸福、促进人的发展来考虑。但是,由于受到日本强调集体主义的文化传统和道德教育强调个人服从社会的历史传统的影响,大多数日本学者还是认为,个人要服从一定的社会规范,要有一定的道德准则,反对道德相对主义,反对"去道德化"。因此,总的来说,在处理个人和社会的关系上,大多数学者既不否认道德教育要重视个体的利益,又强调个人必须要服从社会的利益。日本教育文化研究所所长金井肇教授和京都女子大学田井康雄教授有关个人与社会关系的看法就是其中的两例。

金井肇在他的专著《道德教育的基本原理》中,在"社会生活与道德"这一章中专门设立了"个人与社会"一节,从以下三个方面论述了个人与社会的关系：①适应和个性。从团体和个人的关系来看,首先要服从团体的习惯和规则,适应团体;其次,不是消极地去适应团体,而是要发挥个性,积极地发挥自己在团体中的作用。②个人的价值观和团体

---

①　戚万学教授将涵盖道德教育理论的七个基本问题概括如下：1.个人与社会;2.理智与行为;3.他律与自律;4.内容与形式;5.道德原则;6.灌输;7.在道德上受过教育的人。（参见戚万学《冲突与整合——20世纪西方道德教育理论》,山东教育出版社,1995年,第69—72页。）

价值观的调和。个人的价值观,是由许多众所周知的普遍的价值观、按照特定的方式由一个个具体的价值观构成的价值体系。因为每个人的价值体系都是由普遍的价值观构成的,因此,尽管每个人的价值体系都带有鲜明的个性,却很容易被他人所认同。从这个意义上说,道德教育无需为了培养与社会协调的人而强制儿童去掌握某些特定的价值观,而只要加深儿童对普遍价值观的认识,形成一定的价值体系就可以了。③个人与社会。个人与社会的关系包括两个方面:一方面是个人只有在社会中才有可能实现自我;另一方面是在一些情况下个人与社会是互相限制的。道德的一个重要任务就是要协调个人与社会互相限制的这一方面。其具体做法就是,在重视个人的同时,以道德来谋求个人和团体、和社会的协调。可见,金井肇认为,道德既是一种团体现象也是一种个体经验,二者并不矛盾,道德的作用之一就是协调团体和个人的关系。①

田井康雄认为,道德教育的目的具有二重性,既要使儿童适应社会的发展,又要发展儿童的个性。具体而言,就是既要为了使儿童适应现实社会而促使儿童掌握所必需的知识、形成一定的生活习惯,也要为了发展个性、使人像人而启发、培养人的道德性。这二者并不是冲突的,而是协调的。这是因为,人是在适应社会的同时发展个性的,这一过程也是人发展社会性的过程,是人实现自我的过程。② 田井康雄虽然没有从道德的根源来回答个人与社会的关系,却从道德教育目的这个侧面提出了道德既是团体的,又是个人的;道德教育既要注重团体,又要注重个体的观点。

综上所述,无论是金井肇的观点还是田井康雄的观点,似乎都存在

---

① 金井肇《道德教育的基本原理》,[日]第一法规出版,1992年,第90—96页。
② 田井康雄《道德教育的原理和教学法——培养"生存能力"的"心灵教育"》,[日]学术图书出版社,1999年,第95页。

着一个假设,即个人与社会不存在不可协调的矛盾。他们都没有提到当道德无法协调个体和团体之间的关系时,道德究竟是一种团体经验还是一种个体经验,道德的根源究竟是团体的还是个人的。从金井肇的观点来看,似乎他在兼顾二者的同时更加强调"社会"的一面,因为他在谈及"适应和个性"时,他强调个体首先要适应团体,然后才谈到个体应该积极地适应团体,而不是被动地适应团体。

20世纪80年代以来,随着人的主体性的觉醒和主体主义影响的不断加深,①随着道德相对主义在理论上普遍被道德教育学术界所接受以及全球化进程的加速,一些学者在道德教育的理念上也发生了一定的变化——在处理个人和社会的关系问题上,对个人的重视程度有所增强,对社会的重视程度有所减弱。例如,正如笔者在绪论中已经谈到的那样,过去日本有关道德性和道德教育的定义比较注重个体对社会道德标准的适应、注重儿童的社会化,近年来却已经开始注重到个体的发展、注重儿童的主动性和积极性。又如,追随路易斯·拉斯(Raths,L.)、梅里尔·哈明(Harmin,M.)和悉尼·西蒙(Simon,S.)等倡导的价值澄清学派的日本学者,大都主张个人中心,认为道德从根本上是个人的而不是社会的。再如,日本学者森昭认为,道德有两方面的作用:一是"维持社会体制和人际关系的秩序的作用",二是"解决问题的作用"。他认为,在社会稳定时期,应该更强调前者;在社会变革时期,更应该强调后者。② 名城大学的宫岛秀光教授援引了森昭的观点,将前者称为"秩序志向的道德",将后者称为"创造志向的道德",认为在20世纪90年代以后,在日本社会面临全球化、信息化时代的挑战和中小学生的道德危机的社会变革时期,在不否定"秩序志向的道德"的同

---

① 李太平《20世纪西方道德教育理论的特点及其思想根源》,《比较教育研究》,2003年,第9期,第3页。

② 森昭《教育的实践性和内在性》,[日]黎明书房,1978年,第108页。

时,需要强调"创造志向的道德"。① 宫岛秀光虽然没有直接论及个人与社会的关系,却从道德的作用这个侧面,强调了道德不单是一种团体现象,不仅应该要求个体去遵守社会规则,更应该注重个体解决问题的能力,注重个体创造性的发挥。

（二）理智与行为

日本道德教育理论界素有重视道德知识和道德认知能力的传统。"无论是战前还是战后,日本的道德教育一直是以价值内化为目标展开的,也可以说道德教育的理论是以（价值）内化论为主导的。"②价值内化论既强调道德知识,即一个个的"德目"或"价值";也强调道德认知能力,即强调让儿童理解和感悟"德目"。因此,在多数日本学者看来,道德知识和道德认知能力是道德教育的充分条件,将道德知识的传授、道德认知能力的培养看做是道德教育的主要目标、重要内容以及评价道德教育的标准之一。还有的学者认为,一般的知识也是道德教育的基础。例如,中村学园大学的射场智子认为,语文、数学等各科教学中的知识都包含有道德性的内容,和道德是不可分离的,是道德教育的基础。③

道德认知能力包括道德理解能力、推理能力以及道德判断和选择能力。如果说战前的日本学术界只注重研究儿童的道德理解能力的话,那么,战后,特别是 20 世纪 70 年代以来,在西方道德教育理论的影

---

① 德永正直、堤正史、宫岛秀光、林泰成、神原志保《道德教育论——从对话到对话的教育》,[日]中西屋出版社,2003 年,第 132 页,第 135 页,第 151 页。
② 饶从满《战后日本道德教育理论的特征》,[日]《道德教育》,2001 年,第 12 期,第 106 页。饶从满认为,所谓（价值）内化论,是指教给儿童一定的价值,并以儿童的价值内化作为道德教育的目的。换句话说,是将"德目"作为特定的目标,把让儿童理解、感悟这些德目作为道德教育的宗旨。
③ 射场智子《知识和道德分离吗》,见土户敏彦《道德可教吗》,[日]教育开发研究所,2003 年,第 62—72 页。

响下,日本学术界在注重研究儿童的道德理解能力的同时,也开始注重研究儿童的道德推理能力、道德判断和选择能力。例如,倡导价值澄清学派的日本学者,特别重视研究儿童的道德判断和选择能力。

20世纪70年代以来,在学生道德危机的背景下,在西方道德教育理论的影响下,日本学者开始注重研究儿童道德行为和知行脱节的问题。他们认为,道德归根结底是一种行为操作或实践,如果只注重道德认识,不注重道德行为,就不能达到良好的道德效果。至于如何解决理智与行为之间的矛盾,多数日本学者主张,在注重向儿童传授道德价值的同时,也应该通过让儿童参加实践活动、丰富各种体验来达到知行合一,提高道德教育的实效性。以下是两例比较有代表性的研究。

70年代末期,宫田丈夫教授对儿童的"道德实践能力"这一问题进行了研究。他认为道德教育不是"单纯的见识的教育",同时也是"实践的教育"。他把道德实践能力分成三层结构进行考虑,认为第一层(见识、判断、情感)和第二层(态度、实践意欲)应在道德课里进行培养,第三层的实践意志力应在"道德课"以外的各种学校教育机会中、放在家庭和社会生活中进行培养。他从培养道德实践能力的出发点重视道德实践,主张对以往的道德课的指导过程进行重新审视,强调必须重视道德课的指导从以资料为中心的价值指导到以价值实践为目标的"生活化"的过程,即道德课的指导不应停留于学科指导的逻辑以知识理解而告终,应联系生活指导的逻辑进行实践。[1] 宫田丈夫是20世纪70年代以来对道德实践能力有较深研究的第一人,在道德实践能力的结构分层上有独到的见解。

押谷由夫在《新道德教育的理念和方法——培养理想、希望和勇

---

① 饶从满、宋海春《战后日本学校道德教育方法的嬗变》,《外国教育研究》,1996年,第1期,第9页。

气》一书中,提出了"运用丰富的体验进行道德教育"的主张。他从以下四个方面来探讨这一观点:①培养具有主体性的儿童。道德教育就是要培养"有丰富的感受,能思考、决断,能积极进行道德实践的儿童"。其中,"能积极进行道德实践"最为重要,因为道德教育的最终目的就是要培养具有道德实践能力的儿童,如果做不到这一点,就无法加深人与人之间的关系,无法创造出更美好的社会。②体验的重要性。体验的基本特点是"主体的、能动的、实践的",因此能够促进主体在面对实际状况时灵活运用所掌握的知识。由此可见,要培养具有道德实践能力的具有主体性的儿童,就应该以道德体验为基础,以促进儿童掌握道德价值。③全部教育活动中的体验。道德教育是通过全部教育活动(包括各科教学活动、特别活动和综合学习时间等)来进行的,因此,全部教育活动中的体验应该成为进行道德教育的基础。而且,当前学校的全部教育活动,强调培养儿童学力和自我教育能力,确实能够丰富儿童的体验。道德教育就是要充分利用儿童在学校的全部教育活动中获得的各种体验,培养更具主体性、自律性和更具道德实践能力的儿童。因此,教师应该在了解哪些活动能够丰富儿童的哪些体验,哪些体验又和道德教育四个方面的内容(有关自己的内容、有关他人的内容、有关自然和崇高的内容、有关集体和社会的内容)的哪部分有关的基础上,制定道德教育的计划,使体验直接为道德教育奠定基础。④道德课中的体验。道德课主要是灵活运用儿童在全部教育活动和日常生活中获得的体验,下工夫将儿童的道德价值内化,并为儿童在道德课内培养的道德实践能力运用在其后的教育活动和日常生活中打下基础。为此,在道德课中,重要的是让儿童获得感动的体验,也就是使道德课成为打动儿童心灵的教学活动。押谷由夫指出,感动的体验包括以下三个方面:一是要把儿童放在主体的地位,感动的对象是儿童,这是不容忽视的;二是要注意价值的内化,只停留在感动的层面是不够的,要使感动成为促进儿童发展道德性的力量;三是要促进儿童的发展变化,要使感动和价值内化变成儿童的行动,而不只是停留在认识和情感方面。在教学中,教师要注意以下三点:一是要使儿童对道德价值本身感动,二是使儿童对道德价值具象化的事物感动,三是使儿童发现自己将进入新的道德价值的阶段而感动。① 综上所述,押谷由夫对道德实践能力和体验的重要性、应该如何丰富儿童的体验,并如何通过体验培养儿童的道德性提出了自己的看法。在押谷由夫看来,道德教育就是要培养具有主体性的儿童,而培养具有主体性的儿童离不开体验,所以体验是道德教育的必要条件;全部教育活动中的体验和道德课的体验在培养儿童道德性方面的作用是不同的,各有各的作用。他还详细阐述了如何通过全部教育活动和道德课来培养道德体验,为中小学教师如何运用体验进行道德教育提供了理论的依据。

(三)自律和他律

关于自律和他律的关系问题,涉及到对道德本质的理解,涉及到对道德教育的根本看法。"道德本质上是他律的,还是自律的,是仅指对规则、对他人的义务因而只有服从才是道德的,还是指主体的自由意志、自我负责因而只有独立思维、自主决策、自由选择才是道德的? 道德是以外在权威(包括规则、原则、个人权威、团体利益)为定向,还是以主体的内在本质为定向、以主体的自由理性为定向? 如果是前者,道德教育的性质是强制的、权威主义的,教育的目的是服从的、方法则是反理性的;如果是后者,道德教育的性质是自由的、民主的,教育的目的为自主、自决,方法是理性的。"②20 世纪 70 年代以来,日本学术界虽然鲜

---

① 押谷由夫《新道德教育的理念和方法——培养理想、希望和勇气》,[日]东洋馆出版社,1999 年,第 75—83 页。
② 戚万学《冲突与整合——20 世纪西方道德教育理论》,山东教育出版社,1995 年,第 70 页。

有直接论述自律和他律关系问题的论著,但从其他侧面对这一问题进行了较多的探讨。概括起来,其内容主要涉及到以下几个方面。

首先,在自律和他律的关系上,多数日本学者认为,自律和他律都是必须的,但自律比他律更为重要。例如,金井肇认为,如果没有他律,任儿童盲目发展,儿童就不能成人,因此在小学,特别是小学低年级应该注重他律教育;但到了初中以后,就应该培养儿童的自律性,而自律性是在儿童形成主体的价值观以后才能形成的。他还专门论述了自立和自律的关系,认为这二者虽然是不同的概念,但却有很大的联系。自律是形成健全的人格的重要因素,能自律的人才能自立,而真正能自律的人也需要自立。① 可见,在金井肇看来,他律是基础,自律是目标,道德应该以主体的自由理性为主。

其次,在"他律—自律"发展理论上,多数日本学者认为儿童的道德发展是从他律向自律的发展过程。例如,1976 年,大西文行经研究指出,包括日本学者在内,世界上共有 17 位学者的研究表明,道德性的发展具有从他律向自律发展的倾向。② 这一结果不仅表明许多日本学者赞同这一结论,也使更多的日本学者认同这一观点。金泽大学的太平胜马教授认为,道德性的发展不像身体或心理的发展那样呈现出明显的阶段性,很难划分出具体的发展阶段。尽管如此,他还是提出了儿童道德发展的七个阶段:①无道德期(0-1、2 岁):这是本能和冲动的阶段,不知道区分善恶。②道德的萌芽期(2-4 岁):还不能明确区分善恶,具有从情绪上判断善恶的倾向;从奖惩的经验中知道成人所说的"好"和"不好"的含义。③权威道德期(4 岁—小学 1、2 年级):即使已经了解并掌握了善恶的知识,但那是在权威者的肯定和否定的基础上形成的,或

① 金井肇《道德教育的基本原理》,[日]第一法规出版,1992 年,第 115—121 页。
② 荒木纪幸《如何看待道德性的发展》,见土户敏彦《道德可教吗》,[日]教育开发研究所,2003 年,第 145 页。

是在模仿周围的人、在周围的人的暗示下识别善恶的。而且,从结果来判断善恶多于从动机来判断善恶。④伙伴道德期(小学 2、3 年级—4、5年级):与成人的权威相比,更重视同伴的评判标准和协定,受同伴的是非标准、行为以及对善恶的理解所左右。此外,从动机来判断善恶多于从结果来判断善恶。⑤过渡的转换期(小学 5、6 年级):与第三、第四阶段不同,这一阶段是向自主的理解、判断过渡的改造期。在这一时期,儿童的道德知识、理解能力、判断能力进一步发展;开始有了自责感;当自己的行为违背了社会公认的价值观时,内心会感到矛盾;开始批判他人的行为和判断。⑥第一次自律道德期(初中—高中前期):开始形成自律性,对成人社会的权威道德和惯例感到怀疑,在现实问题和自主决定之间徘徊和烦恼。在初中阶段,刚刚进入自律期;在高中前期阶段,在客观的道德理想的指导下,道德的自律性逐渐发展。⑦第二次道德自律期(高中后期以后):道德的自律性逐渐发展,进入和谐的、有个性的自律期。① 由以上七个阶段的划分和各阶段的特征可以看出,在太平胜马看来,儿童道德性发展的最高阶段是道德自律期,儿童的道德发展是从权威道德期和伙伴道德期向道德自律期的发展过程。太平胜马的七阶段论,和科尔伯格的六阶段论相比,在内容的说明和时间的划分上更为简洁和明了,但由于缺乏实验的论证,不具有较强的说服力。

　　第三,在自由和纪律的关系上,强调自由和纪律的统一。关于这个问题,原名古屋大学的上田薫教授在《道德教育论》中有精辟的论述。他从以下四个方面来阐述这一问题:①作为否定秩序的自由。上田薫认为,自由对秩序的否定不是彻底的否定,而是有保留的否定,即"包含着对秩序的尊重",然而,"对秩序的否定是自由的根基"。② 在他看来,遵守

---

　　① 青木孝赖、金井肇、佐藤俊夫、村上敏治《新道德教育事典》,[日]第一法规出版,1980年,第 48 页。

　　② 上田薫《道德教育论》,[日]黎明书房,1993 年,第 29 页。

纪律意味着遵守规则,也就意味着对现存秩序的遵守,因此它和以否定秩序为根基的自由是一种明显的对立关系。尽管如此,遵守纪律并不等于失去自由,而只有自律(自觉地遵守纪律)才能获得自由。在这里,他特别强调道:"重要的问题是,纪律不是自律,而是以他律的形式从外部产生的制约人的东西。"①那么,自由和纪律,到底在多大程度上对立呢?上田薰认为,在自由不是放纵的前提下,二者不完全是对立的,也不是二选一的关系,当然也不能因此说二者就绝对是共存的。②伟大的权威。上田薰认为,尊重规则、遵守法的权威,其重要性是谁都没有异议的。然而,不能永远固守秩序。而且,正确的东西常常是运动着的,静止的法和规则,会限制那些合理地运动着的事物。可见,在他看来,权威不是不可动摇的。③规则的相对性(之一)。上田薰指出,失去规则的无秩序的状态(普遍性不足),是很恐怖的;但固定的秩序(普遍性完全成立)也会使人和社会窒息乃至灭亡。在这两者之间的路才是真正的自由——在追求规则的普遍性的同时,发现规则的普遍性中不足的部分;通过发现规则的不合理和矛盾之处,促进规则的灵活运用。他进一步指出,创造规则,意味着自己要被规则所束缚;如果创造规则的人只想打破规则,不想被规则所制约,那么他就是在破坏秩序,否定自由。他还认为,规则是为人类的幸福而创造的,但同时又是束缚人的。因此,为了不使人成为规则的奴隶,有必要清楚地了解规则的局限性。只有了解了追求普遍性的局限性、了解了规则的相对性之后,才能真正了解自由和纪律的关系。④规则的相对性(之二)。上田薰认为,文部省特设道德课是为了将儿童的道德内化,是为了让儿童了解到自由的限度,但却忽视了纪律的限度。事实上,纪律是相对的,是可以打破的。为了使纪律相对化,自律是必须的,为此必须使外部而来的纪律相对化;而与此同时,儿童也必须掌握一

①　上田薰《道德教育论》,[日]黎明书房,1993年,第30页。

定纪律的普遍性,将自己的主张相对化。这二者的"相对化"的平衡才是真正的自由。在此基础上,上田薰指出,纪律或规则对人而言不是绝对的,这并不表明它们是软弱的,而只能说明它们和人之间能够和平共处。如果纪律或规则是绝对的,那么就会犯双重错误:一是强迫人去遵守不能遵守的纪律或规则;二是将实际上没有遵守的纪律或规则当作遵守的纪律或规则来看。而这双重错误将使纪律或规则灭亡、死去。最后,上田薰指出,为了使人类避免怀疑和轻视纪律或规则,避免只是表面上而不是实际上遵守规则,人类才需要道德教育。①

综上所述,上田薰从自由入手,较为深入地探讨了自由和纪律的关系。在他看来,在自由不是放纵的情况下,自由和纪律不是完全对立的;权威(纪律或规则)不是不可动摇的;规则(纪律)是相对的,真正的自由是在追求普遍性和发现普遍性不足的基础上寻找平衡,在掌握纪律的普遍性和将纪律相对化的基础上得以实现。在上田薰的论述中,规则、权威、纪律基本上是通用的,代表外在权威;自律是自觉地遵守纪律(或规则或权威),是获得自由的条件;而自由,是在遵守纪律和改变纪律二者之间的平衡。由此可见,在上田薰看来,道德既不是以外在权威为定向,也不是以主体的内在本质为定向,而是二者之间的一种平衡。因此,虽然他没有直接阐述自律和他律的关系,却从自由和纪律这个侧面,探讨了他对道德本质和道德教育性质的理解。

（四）灌输

反对传统的道德灌输是当代道德教育理论的共同呼声,也是 20 世纪西方道德教育的主要特色之一。日本也不例外。这不仅表现在日本学者对灌输的反对,还表现在他们强调无灌输的道德教育。其主要观点主要有以下几个方面。

---

① 上田薰《道德教育论》,[日]黎明书房,1993 年,第 29—35 页。

首先，多数学者认为儿童的道德发展是一个连续的、有自己特定规律的过程，道德教育应该根据儿童的道德发展规律进行，其内容和方法应该是儿童能够理解和愿意接受的。很多学者主张根据皮亚杰、科尔伯格、吉利根（Gilligan，C.）有关道德认知、道德情感发展阶段的学说，促进儿童的道德发展。一些学者还从日本文化的视角，研究日本儿童道德发展的规律。御茶水女子大学的内藤俊史教授对日本文化背景下道德判断发展的研究，就是其中的一例。

内藤俊史在前人研究的基础上，指出了在科尔伯格的各个道德发展阶段，文化对儿童道德发展的影响。例如，在前习俗水平的第一个阶段（惩罚与服从阶段），儿童除了从父母或学校的教师那儿知道什么是"好"，什么是"不好"以外，还受其他人的影响。这里的"其他人"是些什么人，则是由当地的文化所决定的。例如，在日本的东北部，母亲怕影响亲子关系，有时在批评孩子时喜欢用"你看，你会被警察训斥的"等方法，用"警察"的训斥来代替自己的训斥。此外，这一阶段正好是日本的儿童刚刚进入小学的阶段，儿童从幼儿园和保育所的"游戏中心"向"学习中心"转换，全班集体教学较多，在班集体中受到很多"规则"的限制；而与此同时，欧美的很多小学却较少有全班集体教学的活动，而且班集体的"规则"较少。日本和欧美学校要求的不同，也影响了儿童道德判断的发展。又如，在前习俗水平的第二个阶段（个人的工具主义目的与交换阶段），儿童所处的社会的价值观对儿童道德判断的影响较大。在美国，由于各种人种和宗教的影响，儿童的价值观反映了各种人种和宗教的价值观；在日本，由于日本文化强调同伴应具有相同的看法和感情的影响，儿童都认为"大家都是这么想的，所以应该平等对待"，因此日本儿童的价值观差异不大。① 可见，在内藤俊史看来，在不同的文化背

---

① 内藤俊史《儿童·社会·文化》，[日]科学社，1991年，第103—109页。

景下,科尔伯格的道德认知理论需要有不同的注解。而且,尽管他本人并没有明确指出,我们却能从他的研究中发现,在日本文化背景中,儿童道德判断的发展有其特殊性,不一定完全符合科尔伯格的道德认知发展阶段论。他的研究,为科尔伯格的道德认知理论在日本文化背景下的修正提供了一定的参考。

　　其次,多数学者鼓励儿童通过自己的理智活动和实践获得道德上的成熟,认为没有主体的参与就不可能使儿童的道德性获得真正的发展。很多学者强调在道德教育中培养儿童的主体性,并提出了一些相关的理论。其中,庆应义塾大学的村井实教授的"道德的主体性形成的理论"是很有代表性的一例。

　　村井实主要从以下四个方面阐述了他的理论:①"道德的主体性"的含义。村井实认为,要确保道德的主体性,不应该单纯地服从习俗的道德,而是应当把自己看成是创造道德的主体。人们不应该盲从习俗的道德,而应该对它加以理解、选择和使用,这才是真正的道德的主体性。②实践的三段论法。村井实指出,根据亚里士多德的理论,人类的道德行为跟智慧理论一样,可以从三段论的结构来推理。大前提是实践原则,是道德行为成立的根据;小前提是个人对自己状况的认识;对状况的认识和大前提中的原则相对应,得出的行为就是结论。根据这个三段论的结构,村井实从教育的视点出发,提出了以下的三段论:一是道德原则(德目)的教育;二是对个人或社会条件或状况的认识的教育;三是将一和二相互对应而进行的行为教育。在他看来,只有确实实施了这三方面的教育才是完美的道德教育,而日本的中小学道德教育存在着只是教儿童有关的德目,或是只让儿童说出自己的体验和意见,几乎没有对儿童进行道德行为方面的训练和教育。③超越实践的三段论法。村井实指出,亚里士多德实践的三段论法的出发点是大前提的原理、原则——习俗的道德,而习俗的道德是受宗教教义、社会关系、生活习惯和历史状况等影响的相对的原理和原则。这样的原理和原则具有可变的性格。因此，如果只是忠实地接受实践的三段论法就谈不上具有真正的主体性。村井实认为，必须对作为习俗道德的原理、原则进行批判、修正和创造，才谈得上超越三段论法，回到形成道德主体性的原点。④道德判断的结构。村井实根据米勒(Miller, J. S.)的《伦理学体系》一书中使用的用语——道德判断的裁判官和立法家的机能等设计了道德判断的结构图(见图 4.1)。他认为，人类的道德的主体性，可以与裁判官和立法家的两种机能相对应——裁判官的主体性类似于在大前提下根据个别的事例(小前提)给予判决(结论)；与此相对，立法家的主体性就像立法家的工作一样，不是根据已制定的法律或实践规则来判断，而是根据自己的社会行动或判断的标准、人性的或社会的正义来判断。那么，这两个看起来似乎完全不同的主体性是如何形成道德判断的结构的呢？村井实认为，这可以从他的结构图中得到解答，其中最根本的问题是，主体性形成的方向是将立法家的主体性的大前提确立为道德的大原则，即习俗道德的标准。① 综上所述，村井实提出了一个较为系统的全面的"道德的主体性形成的理论"——不仅在亚里士多德的实践三段论的基础上提出了道德的主体性的三段论，而且还在米勒《伦理学体系》的有关术语的启发下提出了道德判断的结构。在村井实看来，要发挥裁判官的道德主体性，立法家的主体性和裁判官的主体性同样重要——如果没有发挥立法家的主体性，没有制定发挥了主体性的道德原则，那么，就无法发挥好裁判官的主体性。可见，要发挥儿童的道德主体性，成人必须发挥自身的道德主体性。总之，村井实的"道德的主体性形成的理论"，展示了为什么必须要提倡"道德的主体性"，应该如何培养儿童的"道德的主体性"以及道德主体进行道德判断

---

① 转引自小笠原道雄《道德教育原论》，[日]福村出版，1991 年，第 22—24 页。

的结构,不仅丰富了日本道德教育的基本理论,而且为道德教育实践提供了有价值的指导。

还有一些学者认为,在道德教育中,即使有主体的参与但不是自觉自愿的参与也不可能使儿童的道德性获得真正的发展。例如,2000年12月,教育改革国民会议在咨询报告中提出了"全体人员进行义务劳动"的建议。报告指出,为了培养儿童的同情心,有必要加强儿童义务奉献方面的学习。报告还具体提出了"在小学和初中实施两周、在高中实施一个月的义务劳动"的建议。① 对此,很多学者提出了反对意见,认为这样做是强迫儿童参加义务劳动。例如,三宅良子明确提出了反对教育改革国民会议的主张,认为有关义务劳动方面的规定是对儿童的强制。②

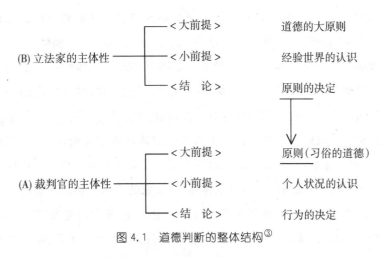

图 4.1　道德判断的整体结构③

---

①　教育改革国民会议《教育改革国民会议报告——变革教育的 17 条提案》(2000 年 12 月),http://www.kantei.go.jp/jp/kyouiku/houkoku/1222report.html,2003 年 3 月 31 日下载。

②　三宅良子《停止践踏儿童权利的教育法案的成立》,http://www.yomogi.sakura.ne.jp/dci-jp/NEWS/kokuminkaigi/9.htm,2003 年 3 月 31 日下载。

③　转引自小笠原道雄《道德教育原论》,[日]福村出版,1991 年,第 24 页。

第三,多数学者主张在道德教育中应该注重培养儿童的道德思维能力和解决问题的能力。日本道德教育方法学会的理事森冈卓也和大阪成蹊短期大学的神原志保的观点就是其中的两例。

森冈卓也认为,尽管每周只有一节道德课,也要培养儿童的道德思考力。他是从以下三个方面来阐述他的观点的:①道德价值、状况和行为的关系。他指出,所谓道德实践,就是人们以自己的道德价值为基础,根据当时的状况而采取的行动。因此,道德价值、状况和行为是三位一体、缺一不可的。如果在考虑道德实践能力时,只考虑道德价值的重要性,忽视当时的状况和道德行为,将陷入德目主义的泥沼。②道德状况的明确化。森冈卓也指出,很多道德课效果不理想的原因,和教师在使用教材时,没有将道德状况明确化有关。所谓道德状况,就是道德行为发生时的道德场面或状况。在道德课中,如果教师注重将学习的内容和当时发生的状况联系在一起,就可以使儿童回忆起日常生活中的道德状况,将道德课的内容与日常生活联系起来。③培养儿童的道德思考力。森冈卓也指出,在儿童明确了道德状况后,重要的是使儿童了解"在这种状况下最适合的道德价值和行为是什么"。而要使儿童了解这一点,重要的是要培养儿童的思考力——思考在一定的道德状况下,根据已掌握的道德知识,该怎么做的问题。为此,在道德课中,教师要注重引导儿童思考,并将自己的思考结果与同伴的相比较。① 可见,在森冈卓也看来,道德价值、状况和行为的联系是非常重要的,而联结三者的前提是明确道德状况,关键是培养儿童的道德思考力。他不仅从理论上阐述了培养儿童道德思考力的必要性,而且联系实际探讨了在道德课中应该如何使儿童明确道

---

① 森冈卓也《道德课中的道德思考力——一小时道德课的改变之处》,[日]《道德教育方法研究》,1998年,第4期,第73页。

德状况、培养儿童的道德思考力等问题,为广大中小学教师的道德实践探索指明了方向。

另一学者神原志保认为,培养儿童解决问题的能力是非常必要的。他指出,在现代社会,道德教育的目标不应该是成人将价值判断和行为标准教给儿童,而应该是让儿童从和他人相互作用中进行价值判断、了解行为标准,并在这一过程中培养儿童解决问题的能力。这一过程,正是儿童在与他人的相互接触中,在遇到各种问题时,通过"对话",探讨解决问题的方法的过程。至于如何培养儿童解决问题的能力,神原志保认为,应该通过角色扮演、价值澄清法、道德两难教学等方法来进行。[①] 综上,神原志保反对灌输式的道德教育,主张通过儿童和他人的相互作用,提高儿童解决问题的能力。

总之,日本学者对道德灌输的反对和强调无灌输道德教育的主张,体现了他们对作为道德主体的儿童的自由意志的尊重,反映了他们对传统的道德灌输的反叛。

二　道德教育的实践问题研究

根据戚万学教授的研究,道德教育的实践问题主要是道德教学理论(课程、方法、教师),因此道德教育的实践问题研究主要是指对道德教学理论的研究。道德教学理论属于道德教育理论的范畴,但又有别于一般的道德教育理论。戚万学教授把它看做是道德教育理论的一个部分,但把它看做是理论对实践的建议。[②] 范树成教授将价值澄清理论、体谅关心理论等道德教学理论看做是专门为德育实践提供具体、微

---

① 德永正直、堤正史、宫岛秀光、林泰成、神原志保《道德教育论——从对话到对话的教育》,[日]中西屋出版社,2003年,第98—99页。

② 参见戚万学《冲突与整合——20世纪西方道德教育理论》,山东教育出版社,1995年,第72页。

观的可操作的道德教育理论,将它们和宏观的道德教育理论区分开来。[①]　总之,道德教学理论是介于纯粹的道德教育理论和道德教育实践当中的产物,它不如一般的道德教育理论那么抽象,又高于实践,指导着实践。正因为道德教学理论有上述特点,它才被善于学习他人长处、善于运用理论的日本人所驾驭。20 世纪 70 年代以来,日本学术界在道德教学理论的研究方面出现了空前繁荣的景象,涌现出一些道德教学的理论流派。其特点主要有以下两个方面。

（一）解读并运用西方的道德教学理论

在西方道德教学理论中,比较著名的是价值澄清理论、关心理论和道德两难教学理论等。对于这些理论,日本学者进行了学习和解读,并在实践的层面上加以运用。

1. 价值澄清理论

价值澄清理论主张引导学生通过对各种价值观和行为方式的分析和选择来形成自己的价值观,是强调儿童主动选择价值观的一种道德教学理论。它产生于 20 世纪 60 年代的美国,是美国 20 世纪 50、60 年代社会道德每况愈下、社会秩序混乱不堪的背景下的产物,对重整美国中小学道德教育有一定的作用。因此,它被日本学者看做是缓解日本社会道德危机和解决中小学道德教育问题的良方。从 60 年代开始,日本学者就开始翻译拉斯等人的著作;80 年代以后,更多关于价值澄清理论的著作被介绍到日本。如黎明书房 1989 年出版了悉尼·西蒙(Simon,S.)的《教师的工作簿:从价值澄清化走向发现自己的旅程》一书的译著,1991年又出版了拉斯(Raths,L.)、哈明(Harmin,M.)和西蒙合著的《道德教育的革新:为教师而作的价值澄清的理论和实践》的译著。

---

① 范树成《20 世纪西方德育理论研究的特征与未来趋势》,《教育研究》,2003 年,第 1期,第 61 页。

　　在价值澄清理论的研究者中,特别值得一提的是千叶大学的诸富祥彦副教授。他不仅和他人合译了拉斯等人的著作,而且还提出了根据价值澄清理论改革道德课的主张,其代表作是明治出版社出版的《道德课的革新:用价值澄清培养儿童的生存能力》一书。此书于1997年初次出版,到2001年已经出版了第六版,受到了广大读者的热烈欢迎,也表现了诸富祥彦本人在价值澄清理论及其在实践运用方面的深入研究。诸富祥彦认为,用价值澄清的方式上道德课,可以有两种类型——A型(基本型)和B型(应用型)。A型称为"帮助儿童'塑造自己'"的道德课,主要是为了培养儿童在多种价值观和多种信息中,选择自己生存方式的能力。其模式为:①导入:用照片、画、统计资料和读物等材料提示儿童,促进儿童思考;②展开一:让儿童仔细考虑自己的价值观,并写在纸上;③展开二:小组开展讨论活动,让儿童互相提问,互相理解各自的价值观;④展开三:将小组意见汇总,让全班儿童分享所有的价值观;⑤展开四:再次让儿童思考自己所选择的价值观和选择的理由,并写在纸上;⑥结束:让儿童将今天课上感受到的、学到的、新发现的、今后想做的事情写在纸上,并请某些儿童发表自己的看法。B型称为"培养儿童'发现和解决问题能力'"的道德课,主要是为了培养儿童在遇到问题时,知道如何抓住问题的要点,并找到解决问题的方法的能力。其构成要素为:①提供能够让儿童抓住事物本质的材料,培养儿童的问题意识;②促进儿童主体的判断和行为的选择,并尊重儿童的选择;③提供儿童与他人讨论、交换意见的场所,在此基础上促使儿童进一步考虑自己的选择;④用角色扮演等方法,让儿童体验自己选择的行为和造成的结果。①可见,诸富祥彦的道德教学理论主要是对道德教学过程的

---

　　①　诸富祥彦《道德课的革新:用价值澄清培养儿童的生存能力》,[日]明治图书出版,2001年,第76—119页。

研究,通过两种类型的道德课,培养儿童的生存能力。诸富祥彦的过程模式吸收了拉斯等人 1966 年的三过程七步骤的过程模式及柯申鲍姆(Kirschenbaum,H.)1976 年的五过程十六步骤的优点,注重儿童的自我选择、儿童之间的交流与分享以及儿童的自我评价。此外,诸富祥彦的过程模式根据培养目的划分为两种类型,更具有针对性,这是在拉斯、柯申鲍姆过程模式基础上的新发展。诸富祥彦的道德教学理论在实践的层面上加以运用,产生了一些典型的教学案例,对促进价值澄清理论在日本中小学道德教育实践中的运用,起了积极的作用。

2. 关心理论

关心理论主张教师应该以关心者的身份来关心儿童,是强调以情动人的一种道德教学理论。其主要代表人物是美国的诺丁斯。它产生于 20 世纪 80 年代的美国,在 80 年代末 90 年代初开始跻身于西方道德教育理论的行列。关心理论很快被介绍到日本,并引起较大的反响。90 年代以来,介绍和研究关心理论的译著纷纷出版。如 1989 年尤米鲁出版了弥尔顿·迈耶罗夫(Mayeroff,M.)《关心的本质:生存的意义》的译著,1995 年医学书院出版了卡罗尔·莱潘南·蒙哥马利(Montgomery,C.L.)的《关心的理论和实践》的译著,1996 年尤米鲁出版了西蒙娜·罗奇(Roach,S.)的《行为·关心:对人关心的人》的译著,1997 年晃阳书房出版了诺丁斯 1984 年的代表作《关心:伦理和道德的教育——从女性的观点来看》的译著。与此同时,一些学习和解读关心理论的著作和论文也不断问世。如水野治太郎著述的《关心的人学》(尤米鲁出版,1991 年)、石川道夫和田边埝编著的《关心的形式》(中央法规出版,1998 年)、成山文夫和石川道夫编著的《家庭·教育·关心》(北树出版,2000 年)、林泰成编著的《培养关心的道德教育——超越传统的伦理学》(北大路书房,2000 年)、伊藤博美的论文"新的人性观和道德性的发展"(《教育》,2001 年第 6 期)、立山善康的论文"论作为实践课题的'关心'"(选自关西伦理学会编:《现代伦理的课题》,晃洋书房,1990 年)和"正义和关心"(选自杉浦宏编:《美国教育哲学的动向》,晃洋书房,1995 年)。在这些著作和论文中,研究者从不同的角度,对所关心的理论和实践进行了研究和探索。

在诸多的研究中,上越教育大学学校教育研究系林泰成副教授的研究具有一定的创新性。这主要表现在以下几个方面:①研究了关心伦理和正义伦理的关系。林泰成认为,关心伦理是与以正义为中心的伦理学相对的伦理学说,而以正义为中心的伦理学是以科尔伯格的道德性发展理论为代表的。林泰成在考察了科尔伯格的道德教育理论和正义的关系、考察了关心理论的另一代表人物吉利根对科尔伯格道德教育理论批判的基础上,指出:关心伦理"是在理性地考虑正义之前、在情感产生共鸣的基础上,对需要帮助的人产生同情的伦理,是一种和目前为止的理性中心主义完全不同的崭新的伦理思想";"在教育的实践中,关心伦理可以作为正义伦理的补充,发挥其积极的作用"。[①] 可见,林泰成在积极肯定关心伦理的独特性的同时,反对将关心伦理和正义伦理对立起来的看法,认为二者是可以相辅相成的。②研究了爱他行动的心理学和关心伦理之间的关系。首先,林泰成认为,关心理论的构思来源于对认知理论的批判。科尔伯格提出的三水平六阶段的道德发展阶段,认为女性的道德性发展比男性缓慢。吉利根从关心理论的视点出发反对科尔伯格的这一观点;而诺丁斯则从伦理学、教育学的视角对此提出了批判。其次,林泰成指出了关心伦理与爱他行动心理学之间的异同,认为,诺丁斯的关心伦理依赖于一定的条件,但在维持关心的关系上,和相对主义不同;在不以普遍的爱为前提这一点上,又和弗

---

① 林泰成《培养关心的道德教育——超越传统的伦理学》,[日]北大路书房,2000 年,第 25—26 页。

莱彻(Fletcher,1966年)的状况伦理不同;在使义务和自然的情感相融合这一点上带有自然主义的色彩,但又没有犯伦理学中自然主义的谬误。最后,在总结以上两个方面内容的基础上,林泰成对关心伦理的特色进行了总结。他认为,从学术的观点上看,有"经验性理论"①和"大理论"②之分,还有"基础"和"临床"之分。关心理论的特色是:和爱他行动心理学不同,属于临床的大理论。③ 总之,林泰成区分了爱他行动的心理学和关心伦理的异同,并总结出关心伦理的特色,在关心理论的理论研究方面有一定的突破。③研究了关心理论和教育实践的关系。林泰成认为,除了诺丁斯从关心理论的角度提出的对话、练习、奖励和榜样等四种道德教育的方法以外,还可以通过角色扮演、动物饲养、小组关心体验活动等方法来培养儿童的关心。他指出,在传统的日本道德教育方法中,采用以情动人的方法很多,因此,关心理论的方法很适用于日本。他认为,现代社会学校的教育目的有了很大的变化,学校不再是以传授知识、而是以培养儿童心灵为主要目的的场所。然而,到目前为止学校中的心灵教育总是不够充分。教师只有用关心理论的观点来看待教育工作,才能改善教师和学生的关系,并使其关系密切化,促进儿童的心灵教育。④可见,林泰成不仅扩充了诺丁斯的道德教育方法,而且还提出了用关心理论的观点来看待学校的全体工作,密切教师和学生的关系。总之,林泰成不仅对关心理论的某些方面进行了

---

① "经验性理论"是指基于经验资料基础之上的理论(此解释来源于林泰成2003年11月4日给作者的信)。

② "大理论"是指不仅在经验的基础上,而且在理论基础之上的大理论。例如,康德、黑格尔等思辨性的综合体系的理论(此解释来源于林泰成2003年11月4日给作者的信)。

③ 林泰成《培养关心的道德教育——超越传统的伦理学》,[日]北大路书房,2000年,第42—53页。

④ 林泰成《培养关心的道德教育——超越传统的伦理学》,[日]北大路书房,2000年,第192—202页。

较为深入的研究,而且还积极促进了关心理论在实践中的运用。

　　3. 道德两难教学理论

　　道德两难教学理论是以科尔伯格的道德认知发展理论为理论基础,在教学中采用道德两难推理的一种教学理论。这种教学理论主要是通过设计一些道德上的两难故事并提出一个道德问题,让学生进行讨论,思考、检验自己的立场,反思不同意见,以达到促进儿童道德认知发展的目的。这种教学理论随着科尔伯格道德认知发展理论被介绍到日本以后,很受日本道德教育界的欢迎。不少学者从理论和实践的层面对其进行了研究。研究主要可以分为三个方面:①对科尔伯格理论的研究。这方面的研究主要是探讨科尔伯格两难推理方法的理论基础和方法要点。其代表著作主要有:永野重史编著的《道德性的发展和教育:科尔伯格理论的展开》(新曜社,1985年)、佐野安仁和吉田谦二编著的《科尔伯格理论的基础》(世界思想社,1993年)和山岸明子著的《有关道德性发展的实证的和理论的研究》(风间书房,1995年)等。②对道德两难教学理论的研究。这方面的研究主要是探讨科尔伯格的道德两难推理法在日本中小学道德教育中运用的理论和实践问题。这方面研究的主要成果有:荒木纪幸编著的《道德教育的趣味所在:科尔伯格的理论和实践》(北大路书房,1988年)、内藤俊史著述的《儿童·社会·文化:道德的心灵发展》(科学社,1991年)、佐野安仁和荒木纪幸编著的《道德教育的视点》(晃洋书房,1990年)、荒木纪幸编著的《活用道德性的测定和评价的新道德教育》(明治图书,1993年)、德永悦郎著述的《道德两难推理学习的道德课》(明治图书,1995年)、荒木纪幸编著的《道德教育的趣味所在(续)——科尔伯格理论的发展和道德两难教学》(北大路书房,1997年)和樱井育夫编著的《如何提高道德的判断力:科尔伯格理论中有关道德教育的展开》等。③对道德两难推理教材的研究。这方面的研究主要是研究和开发在道德课中使用道德两难方法时所使用的教材。其主要研究成果有以下三个方面：第一，对教材的研究，主要包括荒木纪幸著述的《从两难推理资料看道德课的改革：科尔伯格理论的建议》（明治图书，1990 年）和《道德两难推理课的教材开发》（明治图书，1996 年）等；第二，对阅读教材的开发，主要包括荒木纪幸编著的《两难道德推理资料和道德教学的展开（小学）》（明治图书，1990 年）、《两难道德推理资料和道德教学的展开（初中）》（明治图书，1990 年）和《活用资料的道德两难教学的方法》（明治图书，1993 年）等；第三，对音像教材的开发，主要包括荒木纪幸和畑耕二编制的《道德两难推理课——使用魔法的礼物（小学二年级录像）》（明治图书，1995 年）、《道德两难推理课——绝对秘密（小学六年级录像）》、荒木纪幸和德永悦郎编制的《道德两难推理课——足球大会（小学六年级录像）》（明治图书，1995 年）、荒木纪幸和铃木宪编制的《道德两难推理课——为了这个孩子（初中一年级录像）》等。

　　从上述的研究成果来看，兵库教育大学的荒木纪幸教授的研究成果颇丰，内容涉及两难教学法的理论研究和实践运用方面。其中，最能代表荒木纪幸道德教学研究和思想的是他有关"一个主题两课时"模式（又称"道德两难教学"模式）的研究。此模式是荒木纪幸在参考和借鉴了美国学者基于科尔伯格理论开发出的几种教学模式基础上提出的，主要包括以下两个方面的内容：①道德教学过程由以下四个阶段组成：一是共同理解冲突阶段，主要通过让学生认真、准确地理解资料，使学生对主人公所处的冲突情况进行共同理解；二是表明和澄清自己对冲突的想法阶段，主要是使每个学生对道德两难问题形成各自的想法；三是作为教学核心的集体讨论阶段，主要是使学生相互交流意见，并围绕道德判断进行讨论；四是道德判断阶段，主要是使学生将自己的想法与讨论中出现的各种意见进行调整。②"一个主题两课时"模式。荒木纪幸认为，在小学低年级应该采用"一个主题一课时"的模式，即应该将上述四个阶段放在一个课时内完成。而在小学中高年级以上，则应该以"一个主题两课时"的模式为基本。此时，上述四个阶段是在两个课时中展开的，即第一课时重点理解资料中的道德冲突，决定主人公怎么办；第二课时则以集体讨论为中心，让学生在进行角色认同的同时，思考其中包含什么道德价值，与自己有什么关系。美国学者的模式主要以"一个主题一课时"为主，因此，荒木纪幸的创新主要表现在"一个主题两课时"模式上。[①]"道德两难教学"模式突破了美国学者"一个主题一课时"的模式，具有弥补资料内容上的不足，保证学生有充分的时间去理解两难资料的内容、充分思考等优点。总之，荒木纪幸的研究不仅促进了日本道德教育理论界对科尔伯格理论及其建立在此基础上的道德两难教学理论的深入研究，而且也丰富了和发展了科尔伯格道德两难教学理论，促进了西方理论在日本本土的运用和创新。

（二）创建适合日本国情的道德教学理论

除了学习、解读和运用西方的道德教学理论外，一些日本学者还注重根据时代的发展，创建适合日本国情的道德教学理论。以下几种理论就是日本当代最负盛名的道德教学理论。

1. 综合单元的道德学习

这是押谷由夫教授 1988 年开始倡导的道德教学理论，其主要内涵为："综合地把握培养儿童道德性的场所，以道德课为中心，使发挥各学科、特别活动和综合学习时间等特点进行的有关道德价值的学习形成有机的统一，以便能够开展重视儿童意识流程的道德学习而进行的计划。"[②]这一理论的要点主要有以下四个方面：①强调以儿童为主体的

---

① 饶从满、李广平《"一个主题两课时"道德两难教学过程模式述评》，《外国教育研究》，2002 年，第 12 期，第 18 页。

② 押谷由夫《新道德教育的理念和方法——培养理想、希望和勇气》，[日]东洋馆出版社，1999 年，第 8 页。

道德教育。押谷由夫指出,"综合单元的道德学习"中的"道德学习"的含义就是"支援儿童自己培养自己道德性的道德教育",①而不是由教师或他人来培养。换言之,道德学习的主体是儿童本身,教师的作用是支援儿童,促使儿童在道德学习中自主思考、独立学习、不断成长。②强调以综合性为主的道德教育。在押谷由夫看来,"综合单元的道德学习"中的"综合"包括了多种含义,表现了多种综合——综合把握培养儿童道德性的场所,综合地计划和组织道德学习的活动和内容,有弹性地计划和组织学生的道德学习。③强调道德课和综合性单元学习之间的相互关系。押谷由夫认为,一方面道德课必须以综合单元的道德学习为前提,另一方面必须在综合单元的道德学习中赋予道德课以中心地位。②换言之,综合单元的道德学习虽然不限于道德课,但却是以道德课为中心的;而道德课的教学是以综合单元的道德学习来进行规划的。二者相辅相成,缺一不可。在强调二者关系的基础上,押谷由夫提出了以道德课为中心的综合单元的道德学习的两种形式:一种是日常性的最基本的综合单元的道德学习,即在道德课中重视事前指导和事后指导;另一种是一学期一次、一年一两次左右的有重点、有计划的综合单元的道德学习。可见,押谷由夫提倡的综合单元的道德学习既落实在一般的道德课教学中——日常性的综合单元的道德学习,又落实在包括道德课、各学科、特别活动、综合学习时间中的学校全体教育活动中;既体现了道德课在道德教育中的核心作用,又没有忽视学校全体教育活动在道德教育中的作用。④提出综合单元设计的构想。押谷由夫认为,综合单元的道德学习一方面应该以各小学和初中的学校目标、

---

① 押谷由夫《新道德教育的理念和方法——培养理想、希望和勇气》,[日]东洋馆出版社,1999 年,第 86 页。
② 饶从满《主体性与综合性的交融:综合单元性道德学习论解析》,《外国教育研究》,2002 年,第 8 期,第 56 页。

班级目标或基本生活习惯的道德学习等为重点进行单元设计；另一方面应该从整体把握儿童道德学习的机会和场所，进行多样化的单元设计。前者体现了押谷由夫重视各学校、各班级特色在单元设计中的作用，后者体现了押谷由夫重视从广义的道德教育、从宽广的视野出发进行单元设计的思想。

　　总之，综合单元的道德学习是押谷由夫根据日本道德教育的具体情况，自己创建的道德教学理论。它是当代日本非常有影响的道德教学理论，并已经被运用于实践当中，得到实践的检验。日本国立教育政策研究所的西野真由美研究员指出："当今在很多（日本的）小学中使用的综合单元的道德学习，可称为现在世界正在流行的综合的道德教育方法的先驱。"①我国学者饶从满盛赞综合单元的道德学习为当代"对日本中小学道德教育实践影响最大的道德教育理论"。② 总之，综合单元的道德学习所蕴涵的融主体性和综合性为一体，以道德课为核心设计道德学习的单元，从宽广的视野来看待道德教育，重视道德教育教学的校本化等思想，尽管实施起来还有一定的困难（如对教师水平的要求和对道德教育的重视等），但具有一定的合理性，闪烁着日本学者理性的光辉。

　　2. 结构化方式

　　这是金井肇教授1984年开始倡导的道德教学理论，其主要内涵为："以创建生动活泼而又富有成效的道德教学为主旨，强调明确培养道德性的原理的重要性，主张在道德教学中要以真实的人性为基础，让学生思考其与价值的关系，从而加深对价值重要性的自觉。"③这一理论主要

---

　　① 西野真由美《从道德教育的视点看世界的课程改革》，［日］《道德与教育》，2004年，第318・319期，第39页。

　　② 饶从满《主体性与综合性的交融：综合单元性道德学习论解析》，《外国教育研究》，2002年，第8期，第53页。

　　③ 饶从满、张德伟《结构化方式道德教学论的本体论基础考察》，《外国教育研究》，2000年，第5期，第22页。

由以下两个部分组成:①本体性原理,即主要从道德教学目标解析入手,在明确道德性结构的基础上,提出培养道德性的基本原理。金井肇认为,道德的本质在于内部的人格,而不在于外在的规范。因此,道德教学的目标应该是为了使学生能够主体地、个性化地生存和表现所期望的行为,而培养作为其基础的道德性。那么,什么是道德性呢?金井肇认为,道德性基本上是一种内在素质,是道德情感、道德判断力、道德实践意愿和态度的统一体。因此,在培养儿童道德性时,应该注重培养儿童的内在素质,而不是浮在表面的道德习惯、道德礼仪等。金井肇还分析了道德性的结构,认为道德性是由包括感觉、感情、欲望等先天的东西——人的自然性和重视美、善、正当等的价值意识这两个要素构成的。这两个要素的相互关联就构成了道德的判断基准、行动基准。金井肇把道德性比作由两层组成的日本年糕,自然性在下层,价值意识在上层。人的价值判断和行动基准就是在自然性和价值意识二者相互作用的基础上形成的。金井肇认为,培养道德性,只要培养了上层的价值意识即可,原因是下层非常强大,具有充分的潜力,随着身体的发育、发展而逐渐分化、强化起来,无须再对其进行强化,而想要对其加以抑制也是很困难的。因此,只要发展上层,从而使上下保持平衡即可。①
②方法性原理,即主要揭示结构化方式道德教学的具体程序。金井肇认为,培养儿童的价值意识,有两种方式。一种是结构化方式——使道德课上所呈现的作为主体目标、价值体系构成素材的每个价值与行为相区别,只是作为价值本身为学生心里牢牢地理解和接受,并且通过价值在学生心中日积月累和结构化,形成每个人固有的价值体系,从而培养道德性的方式;另一种是整体化方式——使儿童每个人的道德性整体,即上层和下层之整体,直面人生活的各种场面,并作为一个整体来

①　金井肇《道德课的基本结构理论》,〔日〕明治图书出版,1998年,第21—30页。

对其给予提高的方式。金井肇认为,"结构化方式是最有效率的培养道德性的原理",①整体化方式也有许多长处,二者如果结合起来,"就可以组建立体的有深度的教学"。② 他认为,结构化方式教学的关键在于弄清某道德价值与人的自然性之间的关联,并且要以与其相关联的自然性为起点进行教学。为此,金井肇将道德价值与人的自然性的关联方式总结为五个方面:与人所具有的软弱性、丑陋性侧面相关联的价值自觉;与人所具有的高尚侧面相关联的价值自觉;与人所具有的追求道德的侧面相关联的价值自觉;与人的有限性相关的价值自觉;通过加深感动,深化对价值的自觉。对上述五种关联方式,金井肇都提出了加深学生对道德价值自觉的具体对策。③

总之,结构化方式是金井肇根据他对道德教育原理的研究,自己创建的道德教学理论。它注重从道德教育的原理出发,探讨教学理论;注重从人的自然性和道德价值之间的关系出发,探讨有效的道德教学的途径。它所提倡的道德教育应以培养儿童的主体性和道德性为主等道德教育的理念,对 20 世纪 80 年代末和 90 年代末的日本道德教育课程改革产生了一定的影响。它尽管还属于传统的价值内化理论的范畴,但它所提倡的道德教育应注重儿童主体性、主张主体性教育比规范教育更为重要等观点,体现了时代的精神,是日本传统的道德教学理论在新时期的发展和创造。如果说押谷由夫的综合单元的道德学习更注重实践,更强调教学理论本身的话;那么,金井肇的结构化方式则更注重理论,更强调道德教育的基本原理和教学理论、实践的关系。二者各有长处,都是当代最著名的道德教学理论。

---

① 金井肇《道德课的基本结构理论》,[日]明治图书出版,1998 年,第 31 页。
② 同上,第 44 页。
③ 饶从满《结构化方式道德教学论的方法论原理考察》,《外国教育研究》,2001 年,第 4 期,第 19—20 页。

3. 综合计划

这是高知大学的伊藤启一教授 1991 年开始倡导的道德教学理论，又称为统合性道德教育论。其主要内涵为："促使儿童发现价值的多面性，从立体的角度加深他们对人生观和自然观的认识，并认识到自己的不可替代性，培养他们积极向上的生活态度。"①这一理论的要点有以下三个方面：①理论来源的综合性。首先，综合计划综合了价值的传授和创造。伊藤启一认为，教师要承认自己和儿童之间的价值观差异，在了解、理解并接受儿童的价值观的同时，也要教给儿童一些基本的价值观。因此，综合计划是教师传授价值和儿童创造价值二者的统一。其次，综合计划综合了美国传统的品格教育和进步主义流派的观点。伊藤启一指出，美国的道德教育分为两大流派：一派是传统的道德教育或品格教育，是以成人传授给儿童一定的价值观为主；另一派是进步主义流派，包括价值澄清理论及科尔伯格的认知发展理论等，强调通过对话和讨论来促进儿童的价值表现和判断。综合计划综合了这两种流派的观点，认为传授价值和培养儿童道德的批判力和创造力都是很重要的。第三，综合计划综合了教师的教和学生的学。伊藤启一推崇日本江户时代儒学家伊藤仁斋的"啐啄同时"的观点，②认为儿童成长的愿望和教师适当的指导、帮助在道德教育中都是不可缺少的。因此，他强调教师的教和学生的学在道德教育中的统一。正因为理论来源的综合性，伊藤启一才把他的教学理论称为"综合计划"。②把道德课分为两种类型——Á 型和 B 型。A 型（传授·理解型）是以教道德价值为主要目的的道德课。其主要特点是：重视传授传统的、社会上公认的道德价

---

① 伊藤启一、长崎县奥浦小学《学校全体共同创造的小学综合计划》，[日]明治图书出版，2000 年，第 24 页。

② "啐"表示小鸡即将孵化出壳时，在蛋壳内发出的声音；"啄"表示母鸡从外面啄蛋壳，"啐啄同时"表示两种动作同时进行的意思。

值;强调所有儿童都要学习的内容;注重道德课的结果;道德课以封闭型形式结束。尽管 A 型是以传授道德价值为主,但仍然反对灌输,强调尊重儿童的价值观,发挥儿童学习的主动性。B 型(接受·创造型)是以接受儿童个性的、主体的价值表现和判断为主要目的的道德课。其主要特点是:重视儿童对道德价值的表现力、判断力和批判力;强调儿童个人的看法;注重道德课的过程;道德课以开放型形式结束。在 B 型教学中,引入价值澄清理论和道德讨论等方法,开展尊重儿童的价值表现和判断的教学。上述两种类型的道德课既各有特色,又互相补充。③设计计划的根本点。伊藤启一认为,针对日本学校为了排除异己而产生的欺侮现象,针对多元价值社会中存在的价值选择难的问题,要让儿童了解不同的价值观,对他人的价值观采取宽容的态度。在设计 B 型计划时,要让儿童充分表达自己的想法,并用"你的想法很有意思""哦,原来还有这样的想法""啊,你是这样想的"和"啊,老师怎么从来就没有这样想过"等语言表示接受、肯定儿童的想法,使儿童产生"在道德课中什么都可以说""老师对什么想法都接受、都认可"的想法,从而促进儿童对他人的价值观采取宽容的态度。在设计 A 型计划时,要以"认可不同的价值观"为目的,传授不同的价值观。教师要通过各种资料,使儿童认识到尽管价值观不同,但都有一定的价值。[①]

　　总之,综合计划是伊藤启一综合各家各派、融合古今日本及外国而提出的道德教学理论。它和押谷由夫、金井肇的道德教学理论一样,是日本当代非常有影响的道德教学理论。和押谷由夫提倡的"综合性"不同,综合计划的综合性不仅体现在课程设计方面,而且体现在整个教学理论的方方面面,包括理论基础、教学观念等方面。和押谷由夫和金井肇的道德教学理论不同,伊藤启一的道德教学理论不是日本土生土长的理论,而是东西

---

①　伊藤启一、长崎县奥浦小学《学校全体共同创造的小学综合计划》,[日]明治图书出版,2000 年,第 15—22 页。

合璧的结果;它既体现了时代的特色,如强调主体性、综合性,强调道德相对性和价值多元化等观念,也反映了"啐啄同时"的日本古代教育思想和美国传统教育观。因此,综合计划是最能体现"综合",体现日本人善于学习的一种教学理论。目前,综合计划不仅在日本道德教育的理论界产生了一定的影响,也在道德教育实践中得到了运用和发展。

综上所述,当代日本学术界对道德教育的基本理论问题和实践问题的研究不是孤立的,而是相互联系的。对道德教育的基本理论问题研究直接影响到对实践问题的研究,对实践问题的研究反过来又促进对基本理论问题的研究。总的来说,在道德教育的问题中,基本的问题是个人和社会的问题,其他问题如自律和他律的问题、灌输的问题等,都会因对这一问题的看法不同而有所不同。正因如此,由于在个人与社会问题上多数日本学者都赞同个人与社会之间的平衡,多数学者在自律和他律的问题上赞同自律和他律都是必须的、在灌输问题上持反对灌输的意见。20世纪80年代中叶以后,随着时代的发展,在个人与社会关系上,一些学者在认可个人应该遵守社会规范、反对道德相对主义的基础上,对个人的重视程度有所增强。这一变化也使这些学者在自律和他律问题上、在灌输问题上持更为激进的观点——更重视自律、更反对灌输。这种渐进的变化也反映了后现代主义思潮、全球化和西方道德教育理论对日本学术界影响的不断加深。

戚万学教授在《冲突与整合——20世纪西方道德教育理论》一书中,将当代西方道德教育理论的流派分为"强硬派"(或称传统派、保守派)、"温和派"(或称现代派、激进派)和"折中派"三大派别。① 尽管当

---

① "强硬派"的基本观点如下:在当代道德教育的基本问题上,是以社会中心,教师中心,以直接传授特定的内容为特点的;从性质上,它是保守的、灌输式的;它要培养的是循规蹈矩的、顺从型的,因而是他律的人;它反对任何个人主义的、自由选择的倾向,坚持道德规则或原则的社会或文化特征;虽然强调理智在道德发展和道德教育中的作用,但这种理智只意味着学生对具体道德知识的汲取和记忆,不包括个体在做出道德决定和判断时审慎的理

代日本道德教育理论还谈不上有影响的"流派",但如果根据威万学教授的划分标准,把它们暂时"归类"来看的话,日本20世纪70年代以来的道德教育理论极少有属于"强硬派"的,大都属于"温和派"和"折中派"的阵营。例如,前述的在人与社会关系上更注重个人的学者,属于"温和派"中的"激进派"。又如,认为既要坚持向儿童传授一套具体的、相对固定的道德规则;又要摒弃灌输的方法,发展儿童的道德自主性的学者,属于"折中派"。目前,持"折中派"观点的学者在日本学术界比较多。

20世纪70年代以来,日本学术界尽管还没有产生在世界范围内有较大影响的道德教育家,但还是出现了一些在日本国内较有影响的学者。其中,比较公认的著名学者是村井实、金井肇和押谷由夫三人。村井实出生于1922年,1967年出版了《道德可教吗?》一书,奠定了他在道德教育基本理论研究方面的权威地位;1981年和1990年又分别出版了《道德教育的理论》和《道德教育原理——应该怎样看待道德教育》两本书,进一步阐述了他有关道德教育的理论。金井肇生于1929年,不仅以其道德教学理论——结构化方式闻名于日本道德教育界,而且于1992年出版了《道德教育的基本原理》一书,阐述了他对道德教育基本理论的精辟见解。押谷由夫生于1952年,以在博士论文基础上修改

智的思考。"温和派"的基本观点如下:在当代道德教育的基本问题上,是以个人中心、学生中心为特点的;在教育的性质上是反灌输的、开放的甚或说是进步的;它的主要任务不是向学生直接传授特定的道德内容而是培养道德推理的技能和能力;反对任何强制的、反理性方法的使用,主张通过儿童的自主选择和反省探究确立自己的价值观念。因此,它不是以服从为定向、而是以自律、自决为定向。相比较之下,温和派中的激进派更强调个体所固有的内在素质和主体权利,重视儿童的自由选择。稳健派则以有机体和环境的相互作用为出发点,更强调道德推理的发展。二者都把主体性作为道德教育的重要前提,反对直接的道德教学。"折衷派"是"强硬派"和"温和派"相结合的产物,反对非此即彼的道德教育模式。(参见威万学《冲突与整合——20世纪西方道德教育理论》,山东教育出版社,1995年,第486页,第491页,第494—495页。)

而成的 2001 年出版的专著《有关道德课成立过程的研究——道德教育的新发展》、1999 年出版的《新道德教育的理念和方法——培养理想、希望和勇气》和 1995 年出版的《提倡综合单元的道德学习论》为其代表作,在道德教育理论上颇有造诣。在这三位著名的学者中,金井肇和押谷由夫都很重视将自己的道德教学理论运用到中小学的道德教育实践中,并在实践中丰富和完善自己的理论;而且,二者均担任过文部省道德教育的教科调查官,①曾经拥有官员和学者的双重身份,对日本政府的有关道德教育的方针、政策产生过一定的影响。

　　总之,当代日本学术界有关道德教育的理论研究,通过对政府方针政策的影响和在中小学道德教育中的运用,极大地促进了日本道德教育的实践。其中,较突出的表现是通过和广大中小学教师的合作、改革道德教学方式与方法,改善了道德课教学的课堂气氛,部分解决了道德教育不易教的困难,对缓解学生的道德危机起了一定的促进作用。

第二节　政府部门的方针政策

　　"教育问题只有成为教育决策部门所考虑的问题时,才能称为教育

---

　　① 金井肇于 1976 年开始担任文部省初等中等教育局初中教育科、高中学校教育科教科调查官,后任初等中等教育局视学官,直到 1988 年才调离文部省,到大妻女子大学担任教授,2001 年退休后担任日本教育文化研究所所长。押谷由夫于 1988 年开始担任文部省初等中等教育局小学科教科调查官,到 2001 年又转为担任文部科学省初等中等教育局教育课程科教育调查官、国立教育政策研究所教育课程研究中心研究开发部教育课程调查官,直到 2001 年 10 月才调离文部科学省,到昭和女子大学担任教授。(以上参见金井肇、押谷由夫数本著作的作者简介部分撰写而成。)所谓教科调查官,是指在文部省(或文部科学省)内根据各种审议会的报告,提出教育课程应该如何改善、实施的专家。道德教育的教科调查官,主要负责调查和研究道德教育课程的实施状况、参与制定道德教育课程的改革计划和协助实施道德教育的改革等。在审议会中,教科调查官有权发言,在文部省的内部会议中也有发言的权利。因此,在一定程度上,教科调查官对道德教育政策的颁布和实施有一定的影响。

政策问题。"①在诸多的中小学道德教育问题中,被日本政府高度关注的主要是引起社会较大反响的学生道德危机和忽视中小学道德教育的问题。为解决这两个问题,20 世纪 70 年代以来,日本政府主要采取了两个方面的对策:一方面是采取针对性强、讲求时效的具体对策,包括社会领域和学校领域的对策;另一方面是采取涉及面广、周期性长的对策,包括针对所有儿童、家长、社区和学校的对策。二者相辅相成,共同为改变学生道德危机和忽视道德教育的状况而努力。

在具体对策方面,日本政府主要从以下两个方面来进行。第一,由内阁府负责的防止青少年不良行为严重化的对策,主要是针对青少年刑事犯罪、违反交通犯罪和问题行为中有关吸毒、卖淫等已经涉及到法律的青少年不良行为而采取的一些具体措施。其基本措施包括:①设立专门的领导机构,确立总的对策措施。1982 年,内阁设立了"防止不良行为对策联络会议",多次提出了防止青少年不良行为的紧急措施。1999 年,总务厅(2001 年改称为"内阁府")又设立了防止"青少年对策推进会议"的机构,确立了防止青少年不良行为严重化的主要方针——不以消极地预防、保护和纠正为主,而以积极地唤起青少年的自主意识和自我意识为主。2003 年,内阁又设置了"青少年培养推进本部",目的是"为在确保各有关行政部门紧密联系,共同提出和贯彻有关培养下一代青少年的政策的同时,谋取综合性的效果"。② ②建立各种组织机构,开展多种活动。在内阁府的领导下,日本全国建立了"青少年辅导中心""防范协会""母亲会""学校警察联络协会""青少年支援中心""全国青少年辅导员协议会"等组织机构,开展了"防止青少年不良行为的强调月""街头辅导活动""青少年咨询谈话活动""宣传启发活动""开设

---

① 袁振国《教育政策学》,江苏教育出版社,2001 年,第 20 页。
② 内阁府《有关青少年培养推进本部的设置》(2003 年 6 月 10 日),http://www8. cao. go. jp/youth/index. html,2003 年 6 月 24 日下载。

防止药物乱用教室"和"有害环境的净化活动"等活动。③对不良行为青少年的处理。日本设立了"家庭裁判所""青少年鉴别所""教护院""青少年院""青少年监狱"和"保护机关和团体"等以教育为主的改造机构,对程度不同的不良行为青少年进行处理和教育。第二,由文部省主管的防止青少年不良行为严重化的对策,主要是针对问题行为中的欺侮、校内暴力、不上学等问题行为而采取的具体措施。其基本措施包括:①从1982年开始,逐步扩大对有关青少年不良行为的数字的调查和统计,并通过文部省出版物《我国的文教施策》、"有关学生指导的诸问题的现状"和互联网等方式等向全社会公布,引起社会对青少年不良行为的关注。②召开各种会议,商讨预防和解决青少年不良行为的对策,发布防止青少年不良行为的有关谈话、呼吁和通知,号召各教育委员会和各中小学乃至全社会为了防止青少年不良行为而努力。③采取有关对策,防止青少年不良行为的严重化。其对策主要可分两个阶段。第一阶段,1985-1996年时期,主要是针对欺侮、校内暴力、不上学等青少年不良行为采取一些具体措施,以防止青少年不良行为的严重化。第二阶段,1997-2003年时期,在采取具体措施的同时,注重防止青少年不良行为的整体对策,如"使教学变成学生易懂的教学""进一步提高教师素质""充实教育咨询的体制""学校、家庭、社区的合作"和"创设让儿童安心上学的学校,改善出席停止制度"等。以上分别由内阁府和文部省主管的防止青少年不良行为的具体对策,通过社会和学校两个阵地,为防止教育荒废现象严重化,做出了积极的贡献。

在长期对策方面,日本政府也主要从两方面来进行:一是在社会、家庭和学校推行心灵教育,以防止广义的学生道德危机——心灵荒废,是一种广义的道德教育;二是加强学校道德教育,并强调和家庭、社区的联合,以防止学生道德危机,促使学校重视道德教育,是一种相比心灵教育来说较为狭义的道德教育,是我们一般所说的中小学道德教育。

尽管心灵教育的内涵、外延、用途和道德教育不尽相同,但由于它的外延比较大,又是中小学道德教育的基础,因此它对中小学道德教育的影响是很大的。临教审、中教审、教育改革国民会议、教课审报告所提出的心灵教育的方针政策,都通过文部省的一些具体方针、政策、课程标准等方式,成为中小学道德教育的基本方针、政策和依据,影响着中小学道德教育的目标、内容、方法和手段。另一方面,中小学道德教育是培养儿童道德性的教育,具有比心灵教育更丰富的内涵,是心灵教育的深化和补充,也是心灵教育在学校中实施的途径,因此具有其不可替代的作用。

综上所述,20 世纪 70 年代以来的日本道德教育改革政策主要包括具体对策和长期对策两个方面。然而,如果把焦点集中到中小学道德教育改革政策这一侧面,那么,当代日本中小学道德教育改革政策,主要是围绕作为中小学道德教育方针的心灵教育政策和道德教育课程改革政策两方面来进行的。从二者的关系来看,心灵教育政策是上位政策,涵盖了道德教育课程改革政策在内;道德教育课程改革政策是下位政策,是心灵教育政策的具体化。在此,笔者就主要在探讨心灵教育政策和道德教育课程改革政策演变的基础上,分析日本政府制定中小学道德教育改革政策的基本理念。

一　中小学道德教育改革政策的演变

(一) 道德教育方针——心灵教育政策的演变

"心灵教育"一词是由 1877 年毕业于纽约州奥斯威戈(Oswego)州立师范学校的日本人高岭秀夫传到日本的。[①] 19 世纪 70 年代,正是以奥斯威戈州师范学校为中心的裴斯泰洛齐教育运动在美国兴起的时候。裴

---

① 横山利弘、藤永方纯《高中生的心灵教育》,[日]日本图书中心,1999 年,第 9 页。

斯泰洛齐在其著作《天鹅之歌》中,将教育分为头脑(Head)的教育、心灵(Heart)的教育和手(Hand)的教育。裴斯泰洛齐认为,头脑的教育是指知识和思考力、思考方法的教育,心灵的教育是指以道德教育为中心的情感和意志的教育,而手的教育是以视听觉为中心的身体的运动和技术的教育。教育就是这三者互相协调的结果。尽管后来裴斯泰洛齐运动在 1890 年以后逐渐被赫尔巴特运动所取代,但在日本教育史上,学者们就裴斯泰洛齐有关心灵教育的重要性及其在人格形成中的中心作用的观点一直给予高度的重视,并展开了激烈的争论。① 20 世纪 70 年代以来,随着学生道德危机的日益严重,强调培养儿童"丰富的心灵"或"丰富的人性"为主要内容的心灵教育又重新被提出,并受到日本政府的高度重视。

日本政府关于"心灵教育"一词,是在 1998 年 6 月 30 日公布的中教审咨询报告《关于从幼儿期开始的心灵教育的应有状态》中正式提出来的。但是,在这之前,日本政府就已经提出了培养儿童"丰富的心灵"的主张;在这之后,有关心灵教育的内容又有所扩展。下面,我们就从日本政府提出心灵教育的来龙去脉,探讨日本政府有关中小学道德教育方针——心灵教育政策的演变历程。

1. 教课审的方针:培养"丰富的人性"

日本政府在 1976 年教课审的咨询报告《关于改善小学、初中和高中教育课程的基准》中,首次提出培养学生"丰富的人性"。咨询报告提出了课程改革的三个目标:①培养人性丰富的学生;②使儿童具有宽松、充实的学校生活;③重视基础、基本内容,发展儿童的个性和能力。② 报告指出,为了培养人性丰富的学生,要彻底实施道德教育;根据当今社会的

① 横山利弘、藤永方纯《高中生的心灵教育》,[日]日本图书中心,1999 年,第 10 页。

② 田浦武雄《道德教育的结构》,[日]福村出版,1978 年,第 76 页。

现状,必须培养的道德性有"自主自律和社会协作,尊重劳动、热爱自然和人类、服务精神、纪律和责任、爱国心和国际理解"和"进一步培养对超人力量的敬畏之念"。①可见,从教课审的课程改革目标和道德性培养的内容来看,这一时期教课审已经提出了心灵教育的基本精神和主要内容,是心灵教育政策的萌芽阶段。当时正值以欺侮、校内暴力为主要特征的教育荒废现象初次进入高峰的时期,文部省将培养具有丰富人性的学生作为课程改革的目标来强调,表明教课审已经意识到应该通过培养学生丰富的人性来防止学生道德危机日益严重的现象。尽管教课审没有阐述丰富的人性的含义,但这一课程改革的目标,在道德教育课程改革中受到了重视。

2. 临教审的方针:培养"丰富的心灵"

临教审在1986年发表的第二次咨询报告中,首次明确地提出了"心灵荒废"一词。报告指出:"以欺侮、校内暴力、青少年行为不良为代表的教育荒废,是儿童心灵的荒废";"校内暴力、欺侮、自杀等教育荒废现象,被称为儿童心灵的荒废"。② 可见,临教审已经透过教育荒废的表面,看到了教育荒废现象的本质——儿童心灵的荒废。在此基础上,报告指出:"当今,重要的是,一方面认真思考表现为教育荒废的种种病理现象及其根本原因;另一方面面向未来,恢复教育世界生机勃勃的活力和创新精神、丰富的人性和人与人心灵的交往。"③这表明,临教审将"丰富的人性"和"人与人心灵的交往"作为教育改革的一项重要内容,作为克服教育荒废现象的手段之一,强调了培养儿童丰富心灵的必要性。

---

① 山崎英则、西村正登《道德和心灵教育》,[日]密涅发书房,2001年,第143页。
② 临教审《关于教育改革的第二次咨询报告》,见钟启泉《日本教育改革》,人民教育出版社,1991年,第450页,第455页。
③ 同上,第419页。

尽管如此,临教审在 1985 至 1987 年的四次报告中自始至终没有直接提出"丰富的心灵"的确切含义,而是间接阐述其有关内容的。在第一次咨询报告的第一部分第三节"本审议会的任务"中,临教审批判以往的教育忽视了"尊重自由与个性、礼仪和自律、对他人的同情心、丰富的情操、个人与集体的协调、对大自然和神灵的敬畏之心等的重要性"。① 从中可以看出,临教审暗示了"对他人的同情心"和"对大自然和神灵的敬畏之心"是将来教育应该重视的内容,而这些内容也正是丰富的心灵的内容。此外,在第一部分第四节"改革的基本思想"中,临教审提出:"在家庭中,必须培养同情心、尊重生命之心、珍惜和敬畏自然之念、责任感、自立自助的精神、自我控制能力、礼节、善良、丰富的感受性等等。"②在此,临教审明确指出了培养同情心、尊重生命之心等心灵教育的内容。在第二次咨询报告中,临教审在第一部分第二节"学校教育的荒废"中指出,富裕社会的实现,"导致了人类长期在逆境中培养起来的自立心、自制力、忍耐力、责任感、亲和感、同情心、感恩心情、对祖先的崇敬之心、对自然和神灵的敬畏之心、宗教心等衰退的结局,也带来了心灵的贫困"。③ 这表明,上述这些被忽视的、已经衰退的内容是心灵教育的内容。在第四次咨询报告(终结报告)的第一章"教育改革的必要性"中,临教审陆续指出了培养儿童丰富的心灵的一些内容,如"应当培养儿童对人类与自然的热爱之心和同情之心""对他人他物和异质性、多样性的宽容之心""爱国之心"等等。④ 综上所述,在临教审看来,"丰富的心灵"的主要内容是培养儿童对自然和人类的热爱之心、同情之心、宽容之心、责任心、忍耐力,以及作为日本人的爱国之心等。

---

① 临教审《关于教育改革的第二次咨询报告》,见钟启泉《日本教育改革》,人民教育出版社,1991 年,第 420 页。

② 同上,第 422 页。

③ 同上,第 452 页。

④ 同上,第 622—623 页。

3. 中教审的方针:重视"心灵教育"

(1)第 15 届中教审的方针:培养"丰富的人性"

1995 年 4 月,第 15 届中教审接受文部大臣"关于展望 21 世纪我国教育的应有状态"的咨询之后,经过认真审议,于 1996 年 7 月发表了《关于展望 21 世纪我国教育的应有状态(第一次咨询报告)》。在这次报告中,中教审明确提出了培养"生存能力"的思想,其中包含了培养"丰富的人性"在内的道德教育方面的内容。在 1997 年 6 月发表的《关于展望 21 世纪我国教育的应有状态(第二次咨询报告)》中,中教审再次强调了培养"丰富的人性"的观点。

在《关于展望 21 世纪的我国教育的应有状态(第一次咨询报告)》中,中教审指出:无论社会如何变化,在教育中都存在着超越时代的不变的价值,即"永恒性"的内容。这就是"丰富的人性,尊重正义感及公正性的精神,不断地律己、与他人相协调、同情他人之心,尊重人权之心,热爱自然之心等"。[①] 可见,这里所指的"永恒性"内容实际上就是对儿童进行心灵教育的内容。在此基础上,中教审阐述了"生存能力"的基本含义。报告指出:"我们认为,今后儿童所需要的,是无论社会怎样变化,都能够自己发现课题,自己学习、自己思考、主动地做出判断和行动,更好地解决问题的素质和能力;是能够自律,善于和他人协调,具有同情之心和感动之心等丰富的人性;是为了茁壮成长的健康和体力。以上这些素质和能力,我们把它们称作是在今后急剧变化的社会中的'生存能力'。"[②]可见,"生存能力"包括智、德、体三种能力,其中,"能够自律,善于和他人协调,具有同情之心和

---

① 中教审《第一部:今后教育的应有状态》,载《关于展望 21 世纪的我国教育的应有状态(第一次咨询报告)》(1996 年 7 月),http://www.mext.go.jp/b_menu/shingi/chuuou/toushin/960701b.htm,2003 年 4 月 8 日下载。

② 同上。

感动之心等丰富的人性"是道德素质方面的内容。报告进一步指明了道德素质方面包括的具体内容:"对美好事物和大自然的感动之心,铭记良好行为、憎恶不良行为的正义感,重视公正性,珍惜生命,尊重人权等基本的伦理观,同情他人之心,关爱之心,能为他人考虑,并与他人共同理解、产生共鸣的温和之心,志愿服务社会等为社会奉献的精神等,这些都是构成生存能力的重要支柱。"[①]上述这些内容主要涉及了对人和生活的基本态度、基本的伦理观和为社会的奉献精神等三个方面,是对前一段论述的补充。

在《关于展望 21 世纪的我国教育的应有状态(第二次咨询报告)》的第一章"适应每个人的能力和适应性的教育的必要性和基本的考虑"中,中教审再次提出要重视教育中的"永恒性"内容,指出:"尽管第一次咨询报告已经强调了培养永恒性内容的重要性,但在这里我们还想强调的是,培养儿童的同情心、正义感等人性,以及培养儿童对我国传统和文化的尊重之心。无论社会和时代如何变化,它们都是非常重要的。"[②]在此,中教审一方面强调了培养"丰富的人性"的重要性,另一方面再次重申了"丰富的人性"的含义。

综上,第 15 届中教审明确阐述了"丰富的人性"的含义和具体内容,表明了"丰富的人性"是教育中永恒不变的内容,其主要观点是在临教审培养"丰富的心灵"基础上的进一步加深和发展。

(2)第 16 届中教审的方针:充实"心灵教育"

1997 年 8 月,第 16 届中教审接受文部大臣"关于从幼儿期开始的

---

① 中教审《第一部:今后教育的应有状态》,载《关于展望 21 世纪的我国教育的应有状态(第一次咨询报告)》(1996 年 7 月),http://www.mext.go.jp/b_menu/shingi/chuuou/toushin/960701b.htm,2003 年 4 月 8 日下载。

② 中教审《第一章:适合每个人的能力和适应性的教育的必要性和基本的考虑》,载《关于展望 21 世纪的我国教育的应有状态(第二次咨询报告)》,(1997 年 6 月),http://www.mext.go.jp/a_menu/shougai/shingi/index.htm,2003 年 7 月 31 日下载。

心灵教育的应有状态"的咨询之后,经过认真审议,于 1998 年 6 月发表了咨询报告《关于从幼儿期开始的心灵教育的应有状态》。在这次报告中,中教审以心灵教育为中心,探讨在家庭、社区和学校应该如何培养儿童"丰富的人性"等问题。

　　报告明确指出了心灵教育的含义。首先,报告第一章第二个问题的标题为"培养正义感、伦理观和同情心等丰富的人性",点出了心灵教育的主要含义。紧接着,报告开门见山,直接提出了心灵教育的具体内容。报告指出,儿童必须具有生存能力,而生存能力的核心是丰富的人性,它包括以下几个方面的内容:对美好事物和自然的感动之心等纤细的感受性;重视正义感和公正性的精神;热爱生命、尊重人权之心等基本的伦理观;同情他人之心和社会奉献精神;自立心、自制力和责任感;与他人共生和对异质事物的宽容。[①] 由此可见,"心灵教育"就是培养儿童"丰富的人性",就是培养正义感、伦理观和同情心等上述几个方面的内容。和第 15 届中教审的两个咨询报告相比,第 16 届中教审的咨询报告更清楚、更系统、更直接地提出了心灵教育的含义。第 15 届中教审主要是在探讨面向 21 世纪儿童应该掌握的生存能力的基础上探讨培养"丰富的人性"的问题的;第 16 届中教审则主要是在培养生存能力的前提下,主要探讨如何培养丰富的人性,充实儿童心灵教育的。因此,第 16 届中教审是以培养儿童丰富的人性,充实心灵教育为主要议题的。正如张德伟博士所言:"第 16 届中教审的这次咨询报告是专门阐述德育问题的,这在中教审的历史上还是第一次。"[②]甚至可以说,这

　　① 中教审《第一章:面向未来重新审视我们的现状》,载《关于从幼儿期开始的心灵教育的应有状态》(1998 年 6 月),http://www.mext.go.jp/b_menu/shingi/chuuou/toushin/980601.htm,2003 年 4 月 1 日下载。

　　② 张德伟、展素贤《从培养"丰富的心灵"到培养"丰富的人性"再到培养"人性丰富的日本人"——20 世纪 80 年代以来日本德育方针的演变》,《外国教育研究》,2001 年,第 4 期,第 4 页。

也是日本政府首次明确地提出心灵教育的含义,并把心灵教育提到重要的议事日程。它充分体现了日本政府对心灵教育的重视程度。

明确地提出心灵教育的含义对于日本的道德教育来说,是很重要的一个里程碑;但是从整个报告的内容来看,它只是报告中很小的一个部分。在阐明了充实心灵教育的内涵以后,报告指出,为了培养儿童丰富的人性,家庭、社区和学校要重新审视现状,改正错误,作出各方面的努力。之后,报告用大量的篇幅探讨了在家庭、社区和学校实施充实心灵教育的具体措施。首先,报告在第二章"重新看待家庭"中,从"重新看待家庭的应有状态""对孩子的不对之处要严格管教""培养有同情心的孩子""尊重儿童的个性,让他们对未来充满梦想""制定儿童应该遵守的规则""进一步认识游戏的重要性"和"让孩子参加由不同年龄的儿童组成的团体活动"等七个方面,对在家庭里对儿童进行心灵教育的理念、内容、方法和手段等进行了较为详尽的探讨。其次,报告在第三章"发挥社区的作用"中,从"社区支援儿童教育""创造机会,让儿童在不同年龄组成的团体中获得丰富多彩的体验"和"对儿童的心灵有不良影响的信息采取相应的措施"等三个方面,对在社区中如何支援儿童心灵教育的内容、方法和手段等进行了探讨。第三,报告在第四章"重新看待作为儿童心灵教育场所的学校"中,从"重新看待幼儿园、保育所的作用"和"重新看待小学及小学以后的学校教育的作用"两个方面,对在学校中进行心灵教育的内容和方法进行了较为详尽的探讨,涉及范围较广,主要包括正面的道德教育和如何对待问题行为等等。[①] 综上所述,中教审针对目前存在的心灵教育方面的种种问题,从家庭、社区、学校三个方面具体论述了

①　中教审《第四章:重新看待作为儿童心灵教育场所的学校》,载《关于从幼儿期开始的心灵教育的应有状态》(1998 年 6 月),http://www.mext.go.jp/b_menu/shingi/chuuou/toushin/980601.htm,2003 年 4 月 1 日下载。

进行心灵教育的内容、方法和手段问题。

在咨询报告中,中教审并没有论及心灵教育与道德教育之间的关系。但是,从二者的内涵和外延进行分析,可以看出日本政府对心灵教育与道德教育二者关系的基本认识。

如前所述,报告在第一章中已经明确地指出了心灵教育的含义,即培养正义感、伦理观和同情心等"丰富的人性"。在报告的第四章中,也提到了学校道德教育的定义,指出:"学校的道德教育,就是为了培养能够在具体生活中灵活运用尊重人性的精神和敬畏生命的理念、能够为创造个性丰富的文化和发展民主社会和国家而努力、能够在国际社会中作出贡献和发挥主体作用的日本人,而培养作为其基础的道德性。"[①]从上述心灵教育和道德教育的内涵来看,二者尽管有许多共同点,如在培养丰富的人性的内容方面,但心灵教育更强调培养一些永恒不变的东西,如正义感、伦理观、同情心等;而道德教育则在不否定培养尊重人性的精神和敬畏生命的理念的同时,强调主体性的作用,强调个体为社会服务等内容。可见,从内涵上来说,二者不尽相同,道德教育的内涵从某种程度来说比心灵教育的内涵更为丰富一些。

从整体内容来看,报告是紧紧围绕心灵教育来探讨的,包括心灵教育的内涵,以及在家庭、社区和学校进行心灵教育应采取的措施;有关道德教育的内容,只在第四章"重新看待作为儿童心灵教育场所的学校"中有所涉及。可见,在中教审看来,道德教育仅仅是在学校教育的层面上进行的,而心灵教育不仅是中小学道德教育的事情,也是家庭和社区应该尽力去做的事情。由此可见,心灵教育的外延比道德教育要更大一些,是在整个社会的背景下探讨克服"丧失培养后代心灵的危

<hr/>

①　中教审《第四章:重新看待作为儿童心灵教育场所的学校》,载《关于从幼儿期开始的心灵教育的应有状态》(1998 年 6 月),http://www.mext.go.jp/b_menu/shingi/chuuou/toushin/980601.htm,2003 年 4 月 1 日下载。

机"的;而道德教育的外延更小一些,是在学校中培养具有主体性的儿童的道德性活动。

综上所述,心灵教育和道德教育尽管是内涵接近的两个词,但在内涵、外延和用途方面都不尽相同。从内涵方面来说,道德教育的内涵更为丰富一些;从外延来看,心灵教育的外延更为宽广一些;从用途方面来说,心灵教育更强调对问题行为的预防和干预作用,道德教育更强调正面的、一般的培养儿童道德性的功用。但总的来说,二者还是非常接近的,都强调对儿童进行道德素质方面的教育;其目的也比较一致,都是为了培养儿童丰富的人性或道德性,为日本建设政治大国、科学技术立国和文化大国培养人才。而且,从广义上来说,道德教育是在心灵教育的基础上进行的。这是因为,只有进行了心灵教育——培养儿童人性的基本教育,才有可能在此基础上进行正规的道德教育;只有预防和干预了儿童的问题行为,才能更好地解决学生的道德危机问题,为中小学道德教育奠定更坚实的基础。因此,从这种意义上来说,心灵教育是广义的道德教育。

总之,"二战"后"心灵教育"一词的首次提出,表明日本政府对培养儿童丰富的人性的高度重视,表明它们已经认识到心灵教育是预防和防止教育荒废和心灵荒废进一步严重化的对策之一,认识到心灵教育需要家庭、社区和学校三者的共同努力才能行之有效。

(3)新成立的中教审的方针:培养"丰富的心灵"

2001年1月,伴随着日本中央省厅的整体改革,新的中教审成立了,设立在新成立的文部科学省中。11月,新的中教审接受了文部大臣"关于教育振兴基本计划"和"适合新时代的教育基本法的应有状态"的咨询,经过审议,于2003年3月发表了《关于适合新时代的教育基本法和教育振兴基本计划的应有状态》的咨询报告。报告主要分四个部分,第一章到第三章主要探讨了教育基本法和教育振兴基本计划的内容,但在相关部分中,对培养儿童"丰富的心灵"的问题进行了探讨。

　　报告主要在第一章"关于教育的课题和今后教育的基本方向"的第二节中,提出了 21 世纪教育的五个方面的目标,其中,第二个目标是"培养丰富的心灵和锻炼健壮的身体"。报告指出,丰富的心灵的主要含义是:"除了要让青少年确实具有最基本的规范意识外,还要教育儿童有自律心,诚实、勤勉,有公正感、伦理观,有感激和同情之心,有能够理解别人的痛苦的体贴之心,有礼貌,有爱自然之心,对美丽的事物的感动之心,有重视生命之心,有对自然和崇高的事物的敬畏之念。"①

　　尽管从字面上来看,2003 年中教审提出的培养儿童"丰富的心灵"和 1986 年临教审提出的"丰富的心灵"完全相同,但提法却不相同。1986 年临教审提出培养儿童"丰富的心灵"时还是含糊不清的,不是直接地提出"丰富的心灵",而是用暗示的办法,在不同的段落,在字里行间渗透着心灵教育的含义。而 2003 年中教审提出培养"丰富的心灵"的主张却非常明确,而且是集中在一段中提出其含义的。和第 15、16 届中教审的咨询报告、教育改革国民会议的报告相比,新成立的中教审的咨询报告比较接近第 15、16 届的咨询报告的精神,即在心灵教育中只强调培养"丰富的心灵",而没有强调培养儿童的社会性,没有强调培养"日本人"。尽管关于培养儿童的社会性的内容已经渗透在培养"丰富的心灵"的内容当中,关于培养"日本人"的内容在其他方面的目标中也有所涉及,但总的说来,这两个部分的内容没有作为心灵教育的重点内容而强调。

　　4. 教育改革国民会议的方针:培养"人性丰富的日本人"

　　2000 年 12 月 22 日,森喜朗首相的私人咨询机关教育改革国民会

---

　　①　中教审《关于适合新时代的教育基本法和教育振兴基本计划的应有状态》(2003 年 3 月),http://www.mext.go.jp/b_menu/shingi/chukyo/chukyo0/toushin/030301b.htm,2003 年 7 月 31 日下载。

议,发表了《教育改革国民会议报告——改变教育的 17 条提案》。这个报告主要就四个方面提出了 17 条提案。这四个方面是:①培养人性丰富的日本人;②发挥每个人的才能,培养负有创造性的人;③在新的时代,营建新的学校;④教育振兴基本计划与教育基本法。其中第一个方面——"培养人性丰富的日本人"是有关心灵教育的内容的。它是第 16 届中教审有关心灵教育提案的延续和发展。

报告在第一章"我们所期望的教育改革"中提出了"培养儿童的社会性,促进自立,培养人性丰富的日本人"的主张。在提出这一观点之后,报告指出:"在使儿童自律、同情他人、热爱自然、对超越个人力量的东西有敬畏之念、尊重传统文化和社会规范、培养热爱乡土和国家的精神和态度的同时,掌握社会生活中必要的基本知识和教养的教育,必须放在教育的基础地位。"可见,这一论断的前半部分"使儿童自律、同情他人、热爱自然、对超越个人力量的东西有敬畏之念、尊重传统文化和社会规范、培养热爱乡土和国家的精神和态度"是培养"人性丰富的日本人"的主要内容。此后,报告用专章(第二章)论述了培养"人性丰富的日本人"的具体措施。报告是以提案的方式来陈述的,提出了"自觉认识到教育的原点在家庭""学校对教授道德不能犹豫""全体人员进行义务劳动""对问题儿童的教育不能暧昧"和"保护儿童不受有害信息的影响"等提案。① 综上所述,教育改革国民会议针对心灵教育的问题,从家庭、学校和社会几个方面探讨了应该采取的措施。其中第三和第四个提案是第 16 届中教审有关充实"心灵教育"的措施中没有涉及的。这两个提案的提出,反映了教育改革国民会议对加强全体儿童心灵教育和防止问题行为严重化的重视程度已经超过了中教审,是在 16

---

① ［日］教育改革国民会议《教育改革国民会议报告——变革教育的 17 条提案》(2000 年 12 月),http://www.kantei.go.jp/jp/kyouiku/houkoku/1222report.html,2003 年 3 月 31 日下载。

届中教审提出心灵教育的措施方面的新发展。

综上所述,尽管"心灵教育"一词的正式提出是在1998年中教审的咨询报告中出现的,但日本政府针对儿童教育荒废和心灵荒废的心灵教育从70年代末就开始了。从20世纪70年代的教课审,到80年代的临教审,90年代的第15、16届中教审,到站在世纪门槛上的教育改革国民会议,再到21世纪初的中教审,都从道德教育的危机、成人社会的危机等方面阐述了心灵教育的重要性,都从培养儿童"丰富的人性"或"丰富的心灵"的角度阐述了心灵教育的含义,有的还详细阐述了"丰富的人性"或"丰富的心灵"的主要内容,并具体阐述了实施心灵教育的具体措施。总的来说,第16届中教审在1998年提出的咨询报告是日本政府最强调心灵教育的一个报告,它集中体现了心灵教育的内涵、外延和方式方法。这与1997-1998年日益猖獗的教育荒废和日益严重的心灵荒废现象不无联系。16届中教审以后的报告或咨询报告尽管也强调心灵教育,但由于不是以心灵教育为主题,涉及的内容主要还是以16届中教审的心灵教育为主,只是在方式、方法上有一些进展。

(二) 道德教育课程改革政策的演变

20世纪70年代以来,日本政府进行了三次道德教育课程改革。这三次道德教育课程改革主要是在临教审、中教审和教课审有关文件精神的指导下,通过70、80和90年代三次课程改革反映出来的。下面以日本政府提出的教育改革方针为指导,以70、80和90年代的课程改革为主线,探讨20世纪70年代以来日本中小学道德教育课程改革政策的演变历程。

1. 20世纪70年代的道德教育课程改革

20世纪70年代的道德教育课程改革是在1976年教课审的文件精神指导下,通过1977年文部省改订的中小学课程标准《学习指导要领》具体体现的。

1975－1976 年,是青少年不良行为比较猖獗的时期。在这样的背景下,1976 年 12 月教课审发表的《关于改善小学、初中和高中教育课程的基准》的咨询报告,提出了本次课程改革的三个目标:①培养人性丰富的学生;②使儿童具有宽松、充实的学校生活;③重视基础、基本内容,发展儿童的个性和能力。[①] 按照教课审报告的精神,1977 年日本进行了战后第四次课程改革,对 1968 年的《小学学习指导要领》、1969 年的《初中学习指导要领》进行改订。这次《学习指导要领》的改订,从总体上看是为了培养学生丰富的人性、实现宽松的学校生活,而精选教材内容、减少上课时间的,这和历次《学习指导要领》增加教材内容相比,有很大的不同。[②] 其具体改订之处主要表现在以下几个方面。

首先,在总则中,强调"加深教师和儿童相互间的人际关系""谋求家庭和社区的密切配合,以促进与培养日常生活中的基本生活习惯等有关的道德实践"。在改订的 1977 年的《学习指导要领》的第一章"总则"中,对道德教育是这样规定的:"学校的道德教育,应该通过学校全部教育活动进行。因而道德课自不用说,在各科教学和特别活动中也必须根据各自的特点进行适当的指导。在进行道德教育的过程中,应注意加深教师与儿童相互间的人际关系。此外,还应注意谋求与家庭和社区的密切配合,以促进与培养日常生活中的基本生活习惯等有关的道德实践。"[③]以上规定在 1968、1969《学习指导要领》的基础上增加了"加深教师和儿童相互间的人际关系""谋求家庭和社区的密切配合,以促进与培养日常生活中的基本生活习惯等有关的道德实践"的内容。这表明文部省已经意识到要解决学生道德危机问题,需要增强儿

---

①　田浦武雄《道德教育的结构》,[日]福村出版,1978 年,第 76 页。

②　同上,第 77 页。

③　文部省《日本小学道德教育大纲(1977 年)》,见余光、李涵生《德育》,人民教育出版社,1989 年,第 183 页。

童的道德情感教育,需要学校、家庭和社区的共同配合,需要提高儿童的道德实践能力;表明文部省对道德教育的重视程度。

其次,在道德课的目标中,强调培养儿童的道德实践能力。在新《学习指导要领》的第三章"道德"的第一条中,对道德课的目标是这样表述的:"在道德课里,以上述的目标(道德教育的目标)为基准,在和各科教学、特别活动的道德教育保持密切联系的同时,对学生进行有计划、有发展性的指导,从而补充、深化和统合道德教育;通过提高道德判断力,丰富学生的道德情感,增强道德实践的愿望和态度,以培养道德实践能力。"①这次改订在 1968、1969 年的《学习指导要领》的基础上增加了培养道德实践能力的内容,体现了文部省培养道德实践能力的重视程度。文部省之所以要强调儿童道德实践能力的培养,一是在学生道德危机的背景下,强调知行合一的重要性;二是认为道德实践能力和道德实践不同,②教师应该在道德课中培养儿童的道德实践能力,而不仅仅是让儿童参加实践活动,追求表面的、外显的、短期的和形式化的道德教育效果。

第三,精选道德教育的内容。改订前的《学习指导要领》,小学和初中的道德教育内容项目不平衡,形式也不同,内容项目的连续性不明确。在这种状况下,1977 年的《学习指导要领》在第三章"道德"的第二条中,对道德教育的内容进行了新的规定。其中,小学的道德教育内容从过去的 32 项,整理、统合为 28 项,③但在基本内容上并没有改变。初中的道德教育内容从过去的 13 项内容扩充为 16 项。④ 文部省之所以要整理统合小学和初中的道德教育内容,一是为了落实课程改革、实

---

① 文部省《日本小学道德教育大纲(1977 年)》,见余光、李涵生《德育》,人民教育出版社,1989 年,第 183 页。

② 山崎英则、西村正登《道德和心灵教育》,[日]密涅发书房,2001 年,第 144 页。

③ 文部省《日本小学道德课教学大纲(1977 年)》,见余光、李涵生《德育》,人民教育出版社,1989 年,第 184—188 页。

④ 同上,第 191—193 页。

现宽松的学校生活的精神而精选教材内容,二是为了使小学和初中的道德教育内容更具有连续性。

综上所述,1977 年的道德教育课程改革,主要是在教课审心灵教育、宽松教育的政策影响下,强调加深教师和儿童相互间的人际关系,谋求中小学道德教育和家庭、社区的密切配合,培养儿童的道德实践能力和统合与整理道德教育的内容。其中一些改订的内容和防止学生道德危机的严重化有关。首先,加深教师和儿童相互间的人际关系,主要是为了加深儿童对成人和同伴的理解,防止儿童的情感冷漠现象的严重化;谋求中小学道德教育和家庭、社区的配合也是为了加强中小学道德教育而提出的;培养儿童的道德实践能力也是为了强调知行合一,提高道德教育的效果。这些改革内容反映了日本政府期望通过加强道德教育、提高道德教育的有效性来遏止学生道德危机的严重化,反映了日本政府对中小学道德教育的重视和强调。

2. 20 世纪 80 年代的道德教育课程改革

20 世纪 80 年代的道德教育课程改革是在临教审 1985 - 1987 年的四次咨询报告的指导下,在 1987 年教课审的文件精神指导下,通过 1989 年文部省改订的《学习指导要领》具体体现的。

从 1985 年到 1987 年,临教审在其咨询报告中,突出了道德教育的重要地位。首先,在咨询报告中将过去的"智、德、体"的顺序改为"德、智、体",强调了道德教育在中小学教育中的主体地位。其次,把教育荒废看做是儿童的心灵荒废,指出包括道德教育在内的心灵教育的重要性。再次,在 21 世纪的教育目标中,强调了道德教育的重要地位。临教审有关 21 世纪的教育目标包含以下三个方面:①宽广的胸怀、健壮的体魄、丰富的创造力;②自由、自律和公共的精神;③面向世界的日本人。① 其中,第

---

① 临教审《关于教育改革的第二次咨询报告》,见钟启泉《日本教育改革》,人民教育出版社,1991 年,第 464 页。

一条中的"宽广的胸怀",第二条中的"公共的精神"和第三条目标的全
部内容都与道德教育有关。在临教审咨询报告精神的指导下,教课审
于 1987 年 12 月发表了《关于改善幼儿园、小学、初中和高中教育课程
的基准》的咨询报告,对道德教育给予了高度的重视。按照教课审报告
的精神,1989 年日本进行了战后第五次课程改革,其改订的精神主要
体现在 1989 年 3 月出版的《学习指导要领》中。这次《学习指导要领》
的修订,从总体上看是以"重视、充实道德教育"为主要支柱来进行的,
力图通过整个教育而不是通过零敲碎打的方式来重视和充实道德教
育。① 其具体改订之处主要表现在以下几个方面。

　　首先,在总则中,强调"通过丰富的体验培养儿童的道德性"和"培
养良好的人际关系"。在改订的《学习指导要领》的第一章"总则"中,对
道德教育是这样规定的:"学校的道德教育,应该通过学校全部教育活
动进行。因而道德课自不用说,在各科教学和特别活动中也必须根据
各自的特点进行适当的指导。在进行道德教育的过程中,应注意在加
深教师与儿童相互间的人际关系的同时,通过丰富的体验以谋求培养
植根于儿童内部的道德性。此外,还应注意谋求与家庭和社区的密切
配合,以促进与培养日常生活中的基本生活习惯和良好的人际关系等
有关的道德实践。"② 以上规定在 1977 年《学习指导要领》的基础上增
加了"通过丰富的体验培养植根于儿童内部的道德性"和"培养良好的
人际关系"。这次改订之所以强调"丰富的体验",一方面是为了强调丰
富的体验在形成儿童道德性方面的重要性;另一方面是为了强调通过
各科教学、特别活动等形式使儿童获得丰富的体验,避免把道德教育全

---

① 饶从满《日本现代化进程中的道德教育》,东北师范大学博士学位论文(未刊),1998
年,第 91 页。
② 《小学学习指导要领》,[日]大藏省印刷局,1989 年,第 1 页。
　《初中学习指导要领》,[日]大藏省印刷局,1989 年,第 1 页。

部推给道德课的做法。为此,新的《学习指导要领》在特别活动、国语(日语)课和新设的生活课中,注意渗透一些道德教育的内容,从而促进儿童获得丰富的体验,培养儿童的道德性。此外,这次改订强调"培养良好的人际关系"有两个目的:一是针对当代儿童缺乏与人交往的现象和能力而提出的;二是为了培养能在国际社会立足的日本人,需要从小培养能与人沟通、交流、形成良好的人际关系的能力。

　　其次,在道德教育的目标中,增加了"对生命的敬畏之念"和"具有主体性的日本人"的内容。新《学习指导要领》第三章"道德"的第一条中,规定了道德教育的目标:"所谓道德教育的目标,就是根据《教育基本法》和《学校教育法》的基本精神,为培养能够在家庭、学校、社会的具体生活中贯彻尊重人性的精神与对生命的敬畏之念,能够为创造个性丰富的文化与发展民主社会和国家而努力,能够为和平的国际社会作贡献,具有主体性的日本人,而培养作为其基础的道德性。"[1]这个目标,在1977年的《学习指导要领》上增加了"对生命的敬畏之念"和"具有主体性的日本人"两个方面的内容。之所以增加"对生命的敬畏之念"的有关内容,一方面是为了让儿童感受到生命的可贵,不轻易伤害自己、也不伤害他人的生命;另一方面,可以使儿童认识到人的生命存在于与一切生命的关系和协调之中,从而使儿童形成对所有生命的东西的感谢之心,通过这些进一步培养他们丰富的心灵。之所以强调"具有主体性的日本人",主要是为了强调以下几点:一是培养能够主体地适应社会变化的人;二是培养能自觉认识到自己在国际社会中的作用与责任,并积极为国际社会作贡献的人;三是培养掌握自律的道德性、

---

① 《小学学习指导要领》,〔日〕大藏省印刷局,1989年,第105页。
　《初中学习指导要领》,〔日〕大藏省印刷局,1989年,第117页。

具有坚定生活信念的人。[①] 可见,日本道德教育从此时起,就已经开始强调道德教育的主体性,而非强调其社会性。而强调主体性的目的既是为了个人,也是为了适应社会发展的需要,为了适应日本国家战略——争当政治大国的需要。

第三,在道德课的目标中,强调培养儿童的道德情感。例如,在改订的《小学学习指导要领》的第三章"道德"的第一条中,对道德课的目标是这样表述的:"在道德课里,以上述的目标(道德教育的目标)为基准,在和各科教学、特别活动的道德教育保持密切联系的同时,对儿童进行有计划、有发展性的指导,从而补充、深化和统合道德教育;通过丰富儿童的道德情感,提高道德判断力,增强道德实践的愿望和态度,以培养道德实践能力。"[②]1977 年的《学习指导要领》是将"提高道德判断力"放在"丰富学生的道德情感"的前面的;这次改订却将道德情感的培养放在提高道德判断力的前面,体现了对道德情感的重视程度。之所以要强调儿童道德情感的培养,其主要原因在于要培养植根在儿童内部的道德性。要想让道德性植根于儿童的心灵,只有道德知识及在此基础上的道德判断力是不够的,更重要的是要让儿童产生一定的道德情感;只有形成了丰富的道德情感,才能使道德知识内化,使儿童形成道德实践的愿望和态度,并养成一定的道德行为习惯。由此可见,文部省已经意识到要真正形成扎根于儿童心灵深处的道德性,必须抓住道德情感这个关键。

第四,在道德教育的内容中,强调四个方面的视点。在新《学习指导要领》的第三章"道德"的第二条中,对道德教育的内容进行了规定。

---

① 饶从满《日本现代化进程中的道德教育》,东北师范大学博士学位论文(未刊),1998年,第 92 页。

② 《小学学习指导要领》,[日]大藏省印刷局,1989 年,第 105 页。括号及其括号内的内容为作者所加。

从 1958 年日本特设道德教育课以来,经过 1968 年和 1977 年的修改,道德教育的内容已经比较完善和充实了。但是 1989 年的改订却把道德教育的内容重新统整、分类,归为四个方面的视点,变得更加有条理了。具体内容如下:①有关自己的内容,主要是为了维持自身的存在,以及为了形成自我所需的道德行为;②有关与他人关系的内容,主要是与他人维持良好的人际关系的道德行为;③有关与自然及崇高事物关系的内容,主要是从大自然的伟大及崇高的事物中,加深作为人的自觉性,发展人性以充实精神生活的道德行为;④有关自己与集体以及社会关系的内容,主要是从自己与家庭、团体、社区、家乡、国家、国际社会的关系中,认识到自己是国际社会中的日本人,形成与其相适应的道德性。

以上这四个方面的内容是互相联系、相辅相成的。它们主要是围绕诚实、有节制的生活态度、礼仪、同情心、热爱自然、对美好和崇高事物的崇敬,为社会尽力、遵守社会规范、热爱家庭、关心日本文化和传统等基本内容展开的。从小学的低年级(14 项具体内容),经过中年级(18 项具体内容),到高年级(22 项具体内容),再到初中(22 项具体内容),这四个方面的内容从简单到复杂,逐渐加深和发展,具有连贯性与衔接性。

综上所述,1989 年的道德教育课程改革主要强调通过丰富的体验培养植根于儿童心灵深处的道德性,强调培养儿童的道德情感,统整并归类了道德教育的内容体系,增加了"对生命的敬畏之念"和"具有主体性的日本人"等有关内容。它反映了日本政府对中小学道德教育在整个课程领域中的重要性的认识,对道德教育中儿童主体性的发挥、对道德教育是否真正植根于儿童的心灵,以及道德教育内容体系的充实和发展等问题的重视。此外,由于上述道德教育课程的改革是在学生道德危机的背景下进行的,因此,许多改订的内容和防止学生道德危机有关。首先,在目标中增加"对生命的敬畏之念"等有关内容的目的之一,就是为了让儿童认识到生命的可贵,从而珍惜自己和他人的生命,主要是针对欺侮、校内暴力等青少年不良行为中对自己和他人生命的伤害而提出的措施。其次，强调培养植根于儿童心灵深处的道德性，强调从儿童主体性而不是从社会化的角度来培养儿童的道德性，是加强道德教育的实效性，强调正面的道德教育的表现。这些措施可以使中小学道德教育发挥更大的作用，对预防和防止学生道德危机具有积极的作用。

3. 20 世纪 90 年代的道德教育课程改革

20 世纪 90 年代的道德教育课程改革是在中教审 1996 年 7 月、1997 年 6 月和 1998 年 6 月咨询报告的方针指导下，在 1998 年教课审咨询报告的精神指导下，通过 1998 年 12 月文部省改订的《学习指导要领》具体体现的。

1996 年 7 月，第 15 届中教审在《关于展望 21 世纪的我国教育的应有状态（第一次咨询报告）》中，提出了以在"宽松"的环境中培养儿童自己学习、自己思考的"生存能力"为基本方针，为培养丰富的人性和健康的体魄而进行教育改革的建议。在这个报告中，中教审将"丰富的人性"作为"生存能力"的一个部分，对其给予了高度的关注。1997 年 6 月，中教审在《关于展望 21 世纪的我国教育的应有状态（第二次咨询报告）》中，重申了培养儿童丰富的人性的观点。1998 年 6 月，第 16 届中教审又发表了《关于从幼儿期开始的心灵教育的应有状态》的咨询报告，以心灵教育为中心，探讨如何在家庭、社区和学校培养儿童"丰富的人性"等问题。根据这三个咨询报告的精神，教课审于 1998 年 7 月发表了《有关幼儿园、小学、初中、高中、盲聋学校及养护学校的教育课程的基准》的咨询报告，制定了如下的课程改订方针：第一，培养具有丰富的人性和社会性，能够在国际社会中生存的日本人的自觉性；第二，培养自己学习、自己思考的能力；第三，在宽松的环境中开展教育活动时，要确保"基础、基本"，并充实发展个性的教育；第四，建议各学校创造有特色的教育和有特色的学校。^① 这四项方针都与道德教育有密切的联系：第一项是有关道德教育的方针，第三项可看作是实施道德教育方针的基础，第二和第四项可作为道德教育在具体实施时应注意的事项。由此可见，教课审把道德教育课程改革放在了这次课程改革的重要地位。

在教课审报告的精神指导下，1998年日本进行了第六次课程改革，其改订的精神主要体现在1998年12月出版的《学习指导要领》中。道德教育课程改订的方针主要有以下三个方面：第一，通过生动的体验活动等，实施影响儿童心灵的道德教育；第二，通过开展和家庭及社区人们的合作活动，充实道德教育；第三，通过面向未来主动地面对并解决问题，推进共同思考的道德教育。^② 从上述道德教育改订的基本方针可以看出，第一条是在1989年改订的《学习指导要领》上已经强调的"丰富的体验活动"的基础上增加了"影响儿童心灵"的内容；第二条是这次新提出的指导方针；第三条是在过去强调道德教育中儿童主体性的基础上的进一步深化。以上三项基本方针成为这次道德教育课程改革的指导思想，体现了日本针对道德教育的现状和新时期对道德教育的要求，为制定道德教育的目标、内容和方法奠定了基础。具体改订之处主要表现在以下几个方面。

首先，在道德教育的目标中，增加了"丰富的心灵"和"开拓未来"的内容。在改订的《学习指导要领》的第一章"总则"的第一条第二点中，对道德教育是这样规定的："所谓道德教育，就是根据《教育基本法》和《学校教育法》的基本精神，为培养能够在家庭、学校、社会的具体生活

---

① 《小学学习指导要领解说（道德编）》，[日]大藏省印刷局，1999年，第2—3页。
　《初中学习指导要领解说（道德编）》，[日]大藏省印刷局，1999年，第2页。
② 《小学学习指导要领解说（道德编）》，[日]大藏省印刷局，1999年，第4页。
　《初中学习指导要领解说（道德编）》，[日]大藏省印刷局，1999年，第5页。

中贯彻尊重人性的精神与对生命的敬畏之念,拥有丰富的心灵,能够为创造个性丰富的文化与发展民主社会和国家而努力,能够为和平的国际社会作贡献,能够开拓未来、具有主体性的日本人,而培养作为其基础的道德性。"[①]这个定义,主要是以道德教育的目标为中心提出的。它所提出的目标,在1989年《学习指导要领》提出的道德教育目标的基础上增加了培养"丰富的心灵"和"开拓未来"两个方面的内容。其中,培养"丰富的心灵"的内容来源于第15届和16届中教审咨询报告对培养儿童丰富的人性、加强心灵教育的强烈呼吁和建议,是为了让儿童形成最基本的道德价值,要有基本的是非判断标准,知道什么该做,什么不该做。在解释"开拓未来"这一目标时,文部省把"开拓未来"理解为"以不断向前的姿态、对未来充满着梦想和希望",并把它和"具有主体性的人"结合在一起,表述为"开拓未来的具有主体性的人"。文部省指出,"开拓未来的具有主体性的人"才是作为人应有的状态。[②]由此可见,文部省在道德教育目标中增加"开拓未来"的内容,是为了让儿童对未来充满憧憬和幻想,具有一定的目标意识。这对引导儿童积极向上、防止儿童的心灵荒废具有一定的意义。

其次,在道德课的目标中,强调"加深对道德价值的认识"。例如,在改订的《小学学习指导要领》的第三章"道德"的第一条中,对道德课的目标是这样表述的:"在道德课里,以上述的目标(道德教育的目标)为基准,在和各科教学、特别活动及综合学习时间的道德教育保持密切联系的同时,对学生进行有计划、有发展性的指导,从而补充、深化和统合道德教育,使学生加深对道德价值的认识,培养道德

---

① 《小学学习指导要领》,[日]大藏省印刷局,1998年,第1页。
　《初中学习指导要领》,[日]大藏省印刷局,1998年,第1页。

② 《小学学习指导要领解说(道德编)》,[日]大藏省印刷局,1999年,第25页。
　《小学学习指导要领解说(道德编)》,[日]大藏省印刷局,1999年,第28页。

实践能力。"①这次改订,将 1989 年《学习指导要领》中增加的"通过丰富学生的道德情感,提高道德判断力,增强道德实践愿望和态度"删去,改为"使学生加深对道德价值的认识",表明 1998 年文部省更重视加深对道德价值的认识,而不像 1989 年那样强调道德情感的培养。这主要是因为,本次课程改革受第 15 届中教审咨询报告的影响颇深。第 15 届中教审在其咨询报告中将丰富的人性,尊重正义感及公正性的精神,不断律己、与他人相协调、同情他人之心,尊重人权之心,热爱自然之心等看做是"无论社会如何变化,在教育中都存在着的超越时代的不变的价值"。这些"不变的价值"既然如此重要,当然值得文部省在新的课程改革中给予极大的关注。

第三,在道德教育的指导计划制订中,强调道德课的作用和重点应该指导的内容。在新的《学习指导要领》的第三章"道德"的第三条有关道德教育指导计划的制订中,在 1989 年《学习指导要领》的基础上进行了增补,提出了重点要指导的内容。首先强调在制定道德课的年度教学计划时,"应根据学校整体道德教育计划,考虑与各科教学、特别活动以及综合学习时间的关系,并力求有计划、有发展的教学安排。与此同时,要根据儿童和学校的实际情况,努力安排好各学年道德教育内容的重点,使各学年之间的内容不脱节。而且,在必要的情况下,有必要在某学年中增加其他学年的内容。"②由此可见,文部省对道德课计划的制订提出了更高的要求,强调了道德课的年度计划要做到有计划、有发展、有重点,并要有针对性地加强学年之间的联系性。此外,文部省还根据小学和初中的年龄特点,对处于小学低年级(1-2 年级)、中年级(3-4 年级)、高年级(5-6 年级)和初中

---

① 《小学学习指导要领》,[日]大藏省印刷局,1998 年,第 90 页。括号及括号内的内容为作者所加。

② 《小学学习指导要领》,[日]大藏省印刷局,1998 年,第 93 页。
《初中学习指导要领》,[日]大藏省印刷局,1998 年,第 100 页。

的儿童提出了重点应该指导的内容，为教师制订指导计划、把握道德教育的内容及其在教育教学中进行有针对性的指导提供了有益的参考。

第四，在道德课的指导中，提出了更具体的要求。在1989年的《学习指导要领》中，有关道德课指导的内容是这样陈述的："道德课中的指导，应该开发儿童感兴趣的教材，针对儿童的个性进行指导，培养儿童的道德实践力，培养植根于心灵深处的道德性。"①而改订过的《学习指导要领》却是这样表述的："在道德课中教师的指导，要注意以下的问题：①校长、教导主任和其他教师合作进行指导，并充实指导的体制。②通过志愿者活动、自然体验活动等实际活动、通过开发和活用儿童喜欢和感兴趣的教材，在考虑儿童身心发展阶段的基础上进行有创造性的指导。"②从上述内容来看，除了"开发儿童感兴趣的教材"保留下来以外，其他内容都和1989年的不同。而这些内容和1989年相比显得更为具体，强调了在道德课内的指导应该和校长、教导主任及其他教师共同合作，强调志愿者活动和自然体验活动等体验活动。它体现了文部省对道德课的教学方式、方法的重视，再一次证明了这次道德教育课程改革对道德课的重视。

总之，1998年的第六次课程改革是在第15、16届中教审的主要精神指导下，在日本政府探讨21世纪教育应有状态的情况下进行的。在这种背景下，道德教育课程改革主要体现在加强心灵教育、加深对道德价值的认识、加强道德课的计划性、重点指导和教学的方式方法等方面。它反映了文部省对道德教育、对作为道德教育核心部分的道德课，以及

---

① 《小学学习指导要领》，[日]大藏省印刷局，1989年，第109页。
　《初中学习指导要领》，[日]大藏省印刷局，1989年，第120页。
② 《小学学习指导要领》，[日]大藏省印刷局，1998年，第94页。
　《小学学习指导要领》，[日]大藏省印刷局，1998年，第100—101页。

对道德课的理论体系充实和发展等问题的重视。从改革的内容来看,文部省这次的道德教育课程改革是在 1989 年改革基础上的进一步完善,为指导中小学道德教育的实践奠定了良好的基础。

由于 1998 年的道德教育课程改革是在上世纪 90 年代末学生道德危机比较严重的背景下进行的,因此,许多改订的内容对防止学生道德危机的严重化有积极的意义。首先,提倡培养"丰富的心灵",鼓励儿童开拓未来、拥有梦想,以及加深对道德价值的认识等新增加的内容,能够帮助儿童掌握最基本的道德规范、认识自我、树立目标意识等,是直接抵御学生道德危机的有效方法。其次,重视道德课的教学,强调道德课的重点内容和教学方式和方法的改革,能更好地提高道德课的教学效果,从而从正面加强道德教育,提高中小学道德教育的实效性,是防止青少年不良行为严重化的有效措施。

从日本 20 世纪 70 年代以来中小学道德教育课程改革来看,文部省在临教审、中教审和教课审有关方针的精神指导下,不断充实和加强道德教育。文部省对道德教育的充实和加强不仅体现在强调道德教育课程改革的必要性和直接的呼吁和号召上,而且体现在对道德教育目标、内容、方式和方法的改革和完善,建立道德教育的理论体系等方面。这些都为中小学教师的道德教育实践指明了方向。

二　道德教育改革政策制定的基本理念

政策是在一定的理念指导下制定的。20 世纪 70 年代以来的日本中小学道德教育改革政策也如此。总体而言,当代日本中小学道德教育改革政策制定的基本理念主要有以下两个方面。

(一) 强化国家的要求和控制

强化国家对道德教育的要求和控制是当代日本中小学道德教育改革政策的基本理念之一。为了使中小学道德教育为日本建立政治大国提供秩序保证和动力基础,改变忽视道德教育的现状,20 世纪 70 年代以来,日本中小学的道德教育改革政策十分注重强化国家对道德教育的要求和控制。

　　1971 年中教审的咨询报告《今后学校教育的综合扩充与整顿的基本措施》首先突出了政府在教育改革中的作用。在报告的前言部分,中教审就提出了对政府的期待:"改革是否可行,与政府的决心和努力有关,我们热切期待着政府的果断行动。"[①]在报告的第二章"关于初等、中等教育改革的基本设想"中,报告又指出:"政府的任务是,努力维持并提高公共教育的内容水平,贯彻计划均等,满足国民的要求,充实、普及学校教育。为此,必须广泛赢得国民的理解和支持,以长期的预想为基础,有计划地推进切实的政策的实施。"[②]可见,70 年代中教审的咨询报告,强调在教育工作中贯彻国家有关教育改革的指导思想,带有浓厚的国家管理教育的色彩。中教审 1971 年的报告虽然没有从正面研讨教育理念,[③]"但是从整个报告的精神来看……不难发现其对 60 年代中教审的咨询报告《理想的日本人》精神的确认,也可看出其希望通过贯彻《理想的日本人》所体现的精神来应付追求经济高速增长出现的歪曲人性的矛盾与问题。"[④]《理想的日本人》代表了 60 年代中小学道德教育政策的基本理念,体现了国家对作为个人、作为家庭人、作为社会人、作为国民的理想日本人的主张,体现了国家对中小学道德教育的控制和要求。

　　1982 年上台的中曾根首相在对战后日本政治、经济、社会和文化进

---

　　①　中教审《今后学校教育的综合扩充与整顿的基本措施》,见钟启泉《日本教育改革》,人民教育出版社,1991 年,第 269 页。

　　②　同上,第 276 页。

　　③　临教审《关于教育改革的第二次咨询报告》,见钟启泉《日本教育改革》,人民教育出版社,1991 年,第 448 页。

　　④　饶从满《日本现代化进程中的道德教育》,东北师范大学博士学位论文(未刊),1998 年,第 85 页。

行全面清算的同时,也基于日本社会的转型和发展趋势,对未来日本的政治、经济与社会发展提出了自己的战略构想与相应的政策主张:实现"国际国家日本"和走"小政府、大社会"的道路,建设有活力的"日本型福利社会"。① 其中,实现"国际国家日本"是针对日本过去的"一国国家",提出走向世界的"国际国家"的主张,谋求在经济上、政治上和文化上对世界起主导作用。

受中曾根实现"国际国家日本"这一政策导向的影响,临教审在咨询报告中强化了政府对中小学道德教育的要求,强调了爱国心教育、传统文化教育和国际理解教育。在 1986 年的第二次咨询报告中,临教审提出了 21 世纪日本教育的三条目标。这三条目标都与中小学道德教育有关。在第一条目标中,"宽广的胸怀"包括了"对人和自然的慈善与同情心""感恩心理""丰富的情操"和"对神灵的敬畏之心"等,是有关心灵教育的内容。在第二条目标中,"公共的精神"是指"为公而鞠躬尽瘁的精神,对他人的同情心,为社会服务的精神,热爱乡土、社区和国家之心,尊重社会规范和法律秩序的精神,以及对多元文化的宽容之心"。② 它包括了心灵教育和中小学道德教育两方面的内容。第三条目标是"面向世界的日本人"。在这条目标中,临教审提出了政府对"面向世界的日本人"的基本要求:"第一,必须具备从广阔的国际角度,对日本社会、文化个性有自我见解,且对多样的不同文化的优秀个性有深刻的理解力;第二,作为日本人,必须具有爱国心;同时,不能只以狭窄的本国利害来判断事物,而必须立足于广阔的国际性、全球性、全人类的视野这一基点上实现人

---

① 饶从满《日本现代化进程中的道德教育》,东北师范大学博士学位论文(未刊),1998年,第 82 页。

② 临教审《关于教育改革的第二次咨询报告》,见钟启泉《日本教育改革》,人民教育出版社,1991 年,第 466 页。

格的形成。"①由此可见,临教审在今后的教育目标上,强调对"爱国心"、日本文化传统和国际化的关心和重视,强调对人的心灵和道德性方面的要求。作为21世纪日本教育的目标,这三条与心灵教育和道德教育有关的内容,对这一时期的中小学道德教育的影响很大。这一时期的心灵教育政策和中小学道德教育课程改革政策都受到这三条目标的影响,都重视"爱国心"、日本文化传统和国际理解教育。

　　值得一提的是,临教审所说的国际理解教育是有失偏颇的。从一般意义上说,一个国家的"国际化"包括两方面的含义:一方面通过主动行动"参与"国际社会,一方面打开国门接受国际社会的"参与"。80年代以来日本国内出现的"国际化"潮流,包括上述两方面的含义,但中曾根所主张的"国际国家"则多半侧重前者。中曾根曾直言不讳地说:"我国对吸收和消化外国文化,即对文化的'接收'过于热心,而对文化的'传播'所作的努力却很不充分。"又说,"日本越是要成为国际国家,就越要思考……如何在世界上传播日本文化。"②可见,中曾根所理解的国际化是强调在世界上宣传和传播日本文化,是立足于日本文化基础上的国际化,而不是真正意义上的国际化。中曾根对"国际化"的理解既代表了上层垄断资本的阶级利益,也反映了下层民众不断滋长的"大国意识",顺应了日本社会发展的潮流。据日本广播协会1983年的舆论调查,认为"日本是一流国家"的人,由1973年的41%上升到1983年的57%;认为"日本人比其他民族优秀"的人,由1973年的60%上升到1983年的71%。96%的人认为"生活在日本比生活在其他国家好"。③ 在这种"大国意识"的背景

---

　　① 临教审《关于教育改革的第二次咨询报告》,见钟启泉《日本教育改革》,人民教育出版社,1991年,第466页。

　　② 吴廷璆《日本史》,南开大学出版社,1994年,第1147页。

　　③ 同上。

下，在中曾根对"国际化"理解的基础上，直属于首相内阁的临教审所提倡的国际理解教育也必然是排在"爱国心"、传统文化教育之后的国际理解教育，是为了使在经济上、政治上和文化上对世界起主导作用而强调的国际理解教育，而不是在把自己看做是国际社会普通的一员，看作和其他国家平等的基础上融入国际社会的国际理解教育。

为了强化政府对中小学道德教育的要求，文部省在1989年的课程改革中，强调了心灵教育和中小学道德教育的有关内容，"着眼于通过整个教育而不是零敲碎打的方式来充实道德教育"。[①] 在中小学道德教育课程改革方面，强调通过丰富的体验培养植根于儿童心灵深处的道德性，强调培养儿童的道德情感，统整及归类了道德教育的内容体系，增加了"对生命的敬畏之念"和"具有主体性的日本人"等有关内容。为了强化爱国心和传统文化教育，在道德教育的内容方面，文部省强调培养初中生"具有把自己看做是日本人的自觉性，热爱祖国，为国家的发展尽心尽力，并为继承优良传统、创造新文化作出贡献"。[②] 此外，还通过其他科目的教育渗透爱国心和传统文化教育。如在小学低年级废除社会科和理科，新设生活科，在生活科中渗透有关道德教育的内容；在小学高年级的社会科中出现了侵略战争中的代表人物东乡平八郎等，提倡"加深对天皇的理解和敬爱之念"。[③] 这些都是日本政府强化国家控制中小学道德教育的具体表现。

20世纪90年代，以美苏为首的冷战格局结束以后，世界进入了以和平与发展、区域性的合作与冲突并存等为特征的多极化时代。近十余年来，虽然受经济低迷的困扰，但日本政府争做世界政治大国的战略

① 饶从满《日本现代化进程中的道德教育》，东北师范大学博士学位论文（未刊），1998年，第93页。
② 《初中学习指导要领》，[日]大藏省印刷局，1989年，第119页。
③ 《小学学习指导要领》，[日]大藏省印刷局，1989年，第36页。

目标仍然没有改变。此外,为了恢复国内的经济增长,日本政府于1995年确立了科学技术立国的发展战略,明确选择了知识创新的道路;为了更好地弘扬日本文化,日本政府于1996年确立了"文化立国21世纪方案",明确地提出了建立文化大国的主张。在以上背景下,90年代的教育改革政策,既有坚持80年代以来教育改革的开放化、多样化、个性化和国际化的积极的一面,又有变本加厉地强调继承日本传统文化的极端性和闭锁性的消极的一面。在道德教育的政策方面,在强调个性和国际理解教育的同时,也更加强调中小学道德教育的重要性,强化爱国心和日本传统文化教育。

1996年7月和1997年6月,第15届中教审分别在《关于展望21世纪的我国教育的应有状态(第一次咨询报告)》和《关于展望21世纪的我国教育的应有状态(第二次咨询报告)》中,提出并强调了培养儿童丰富的人性的观点。1998年6月,第16届中教审又发表了咨询报告《关于从幼儿期开始的心灵教育的应有状态》,以心灵教育为中心,探讨在家庭、社区和学校应该如何培养儿童"丰富的人性"等问题。根据这三个咨询报告的精神,教课审于1998年7月发表了《有关幼儿园、小学、初中、高中、盲聋学校及养护学校的教育课程的基准》的咨询报告,制定了如下的课程改革方针:第一,培养具有丰富的人性和社会性,能够在国际社会中生存的日本人的自觉性;第二,培养自己学习、自己思考的能力;第三,在宽松的环境中开展教育活动时,要确保"基础、基本",并充实发展个性的教育;第四,建议各学校创造有特色的教育和有特色的学校。① 其中,第一项是有关道德教育的方针,可见教课审把道德教育放在了这次课程改革的重要地位。

---

① 《小学学习指导要领解说(道德编)》,[日]大藏省印刷局,1999年,第2—3页。
《初中学习指导要领解说(道德编)》,[日]大藏省印刷局,1999年,第2页。

在教课审报告的精神指导下,1998 年的道德教育课程改革通过加强心灵教育、加深对道德价值的认识、加强道德课的计划性、重点指导和教学的方式方法等改革的具体措施,加强心灵教育和中小学道德教育,加强国家对中小学道德教育的控制。此外,继 1989 年文部省规定各学校必须升国旗、奏国歌之后,1999 年夏,日本国会又通过"国旗国歌法案",将"日之丸旗"和《君之代》歌定为日本国旗国歌。这样,日本的中小学生每天都通过升国旗、奏国歌的方式,自然而然地产生对天皇的崇敬感。这也是日本政府强化国家对中小学道德教育控制的具体表现。

世纪之交,日本政府在坚持"政治大国"和"文化大国"战略思想的指导下,开始提出修改"和平宪法"的主张。日本的"和平宪法"(即《日本国宪法》)是 1946 年在美国占领军的指导和监督下制定的。宪法的第九条规定:"日本国民衷心谋求基于正义与秩序的国际和平,永远放弃以国家权力发动的战争、武力威胁或使用武力作为解决国际争端的手段。"[1]可见,宪法既不允许日本"使用武力解决国际争端",又不允许"保持陆海空军"。但是实质上,目前日本已经拥有亚洲最强大的海空作战能力,日本的军事发展早已超过了"和平宪法"所规定的范围,日本政界的鹰派人物也早就提出对目前的《日本国宪法》进行修改。[2] 进入新世纪以来,日本国内又对是否修改宪法的问题展开了激烈的讨论。2002 年《读卖新闻》的调查表明,有 71％的议员同意改宪。[3] 在日本政界改宪运动的影响下,日本教育界也试图对战后的《教育基本法》进行修改。这表明日本政府日趋保守化和右倾

① 《日本国宪法》,见阪上顺夫《现代社会》(高中),第一学习社,2002 年,第 242 页。
② 于洪波《日本教育的文化透视》,河北大学出版社,2003 年,第 284—285 页。
③ 《读卖新闻》,2002 年 3 月 22 日。参见于洪波《日本教育的文化透视》,河北大学出版社,2003 年,第 285 页。

化。在这种背景下，心灵教育和中小学道德教育作为日本政府的政治工具，被进一步强调；传统文化、爱国心教育、义务劳动作为心灵教育和中小学道德教育的核心内容，被一再提出，反复强调。

2000 年 12 月，教育改革国民会议发表了《教育改革国民会议报告——变革教育的 17 条提案》。这个报告主要就四个方面提出了 17 条提案。其中第一个方面的内容——"培养人性丰富的日本人"就是有关心灵教育的内容，可见教育改革国民会议把道德教育置于新世纪教育改革的重要地位。报告明确指出"使儿童自律、同情他人、热爱自然、对超越个人力量的东西有敬畏之念、尊重传统文化和社会规范、培养热爱乡土和国家的精神和态度"是培养"人性丰富的日本人"的主要内容，①强化了传统文化、爱国心等教育。报告还提出了"学校对教授道德不能犹豫""全体人员进行义务劳动"和"对问题儿童的教育不能暧昧"等提案，②表明了教育改革国民会议强化中小学道德教育、将义务劳动"非义务化"、强调对问题儿童教育的主张，反映了日本政府对道德教育的进一步控制。

2001 年初，日本将原来的文部省与科学技术厅合并成为"文部科学省"。文部科学省根据《教育改革国民会议报告——变革教育的 17 条提案》，制定了《21 世纪教育新生计划》，并将 2001 年定为"教育新生元年"。在这一计划中，文部科学省不仅提出了培养"人性丰富的日本人"的主张，而且还提出了促进义务劳动、体验活动和充实道

---

① 教育改革国民会议《教育改革国民会议报告——变革教育的 17 条提案》(2000 年 12 月)，http://www.kantei.go.jp/jp/kyouiku/houkoku/1222report.html，2003 年 3 月 31 日下载。

② 教育改革国民会议《教育改革国民会议报告——变革教育的 17 条提案》(2000 年 12 月)，http://www.kantei.go.jp/jp/kyouiku/houkoku/1222report.html，2003 年 3 月 31 日下载。

德教育(包括制作和分发《心灵的笔记》)等主张,①将《教育改革国民会议报告》的有关提案具体化,加强了政府对道德教育的控制。2003年3月,文部科学省发表了《关于适合新时代的教育基本法和教育振兴基本计划的应有状态》的咨询报告,提出新世纪的教育应该着眼于培养"开拓21世纪的、心灵丰富且富有勇气的日本人",并将"以日本传统文化为根基、立足于国际社会的有教养的日本人的培养"作为21世纪教育的五大目标之一。②

总之,20世纪70年代以来,日本政府为了防止学生道德危机的严重化,实现政治大国、科学技术立国和文化大国的战略目标,加强了对中小学道德教育的要求和控制。一方面,日本政府从70年代开始提出心灵教育的主张,此后不断充实、完善和加强心灵教育;另一方面,文部省在临教审、中教审和教课审的有关文件指导下,进行了道德教育课程改革,加强了对道德教育的目标、内容、计划等的控制和要求,并强化爱国心教育和日本的传统文化教育。

(二) 重视个性的原则

20世纪80年代以来,随着主体性和主体主义影响的不断加深,随着学生道德危机日益严重,日本政府把"重视个性"作为教育改革的一个基本原则。这一原则对日本中小学道德教育改革产生了深刻的影响,"重视个性"也成为20世纪80年代以来日本中小学道德教育改革政策的基本理念之一。

重视个性的原则是由临教审率先提出的,是临教审进行教育改革的基本原则之一。在1985年的第一次咨询报告中,临教审明确指出:

---

① 文部科学省《21世纪教育新生计划》(2001年2月),见吕达、周满生《当代外国教育改革著名文献(日本、澳大利亚卷)》,人民教育出版社,2004年,第353页。

② 李协京《新自由主义和新保守主义路线指导下的日本教育改革》,《教育研究》,2005年,第8期,第83页。

"'重视个性的原则'是此次教育改革中最重要的、也是贯穿始终的基本原则。"①所谓"重视个性"的原则,在临教审看来,就是打破以往教育中根深蒂固的弊病——划一性、封闭性、非国际性,确立个人尊严、尊重个性、自由和自律、自我负责的原则;而"重视个性"中所指的"个性","不仅指个人的个性,还意味着家庭、学校、社区、企业、国家、文化、时代的个性。各自的个性并非孤立地存在,只有真正了解自己的个性,行使自己的责任,才能最好地尊重、发挥他人的个性。"②可见,临教审所指的重视个性的原则是"个人尊严、尊重个性、自由"与"自律、自我负责"的结合,是尊重个人个性与尊重他人个性的结合。

　　临教审对重视个性理念的诠释,为 20 世纪 80 年代以后的教育改革奠定了理论基础。临教审以后的第 15、16 届中教审和 2001 年新成立的中教审虽然都以重视个性作为教育改革的基本原则,但都没有重新解释重视个性的含义。因此,临教审重视个性的理念基本上代表了20 世纪 80 年代以后的第三次教育改革对重视个性的基本看法。在重视个性的原则中,临教审关于"个人的尊严、尊重个性、自由自律、自我负责"不可分割的观点和"了解、尊重、发挥自己和他人的个性"的观点,构成了其个性观中的道德价值取向,③对 20 世纪 80 年代以来的中小学道德教育政策产生了重要的影响。其影响主要表现在以下两个方面。

　　1. 重视个性的原则是心灵教育的基础

　　如前所述,心灵教育的主要内涵是培养正义感、伦理观和同情心等

---

　　①　临教审《关于教育改革的第一次咨询报告》,见钟启泉《日本教育改革》,人民教育出版社,1991 年,第 421 页。

　　②　同上。

　　③　张德伟、展素贤《从培养"丰富的心灵"到培养"丰富的人性"再到培养"人性丰富的日本人"——20 世纪 80 年代以来日本德育方针的演变》,《外国教育研究》,2001 年,第 4 期,第 2 页。

第四章 中小学道德教育的变革与发展 279

丰富的人性。而这些内容大都是以重视个性的原则为基础的。

从上述临教审第一次咨询报告对重视个性原则的内涵和外延来看,临教审重视个性的原则是广义的,它不仅表现在"个性"含义的广义性,而且还表现在确立个人尊严和尊重的基础上强调自由和自律、自我负责的原则;它不仅要求教育者要尊重儿童的尊严和个性,还要求他们要教育儿童了解自己的个性、培养自己的个性、在自由的基础上自律以及行使自己的责任,在此基础上尊重和发挥他人的个性。因此,重视个性的原则是培养儿童在尊重自己的基础上尊重他人、树立正确的道德价值观的基础,是培养儿童丰富心灵的基础。

临教审在第四次咨询报告中,阐明了"自由和自律的精神"和"公共精神"的关系。报告指出,应该反省过去教育中没有尊重个人的尊严和个性的弊病,培养儿童"自由和自律的精神",即培养儿童作为主体进行独立思考、独立判断、独立决定并自我负责所必需的能力、意愿和态度。紧接着,报告在阐述了培养"公共精神"的重要性以后,指出了"公共精神"包括培养全心全意为公众服务的精神,尊重社会规范和法律法规的精神,以及对他人他物和异质性、多样性的宽容之心等内容。此后,报告指出:"'公共精神'只有在'自由和自律精神'的基础上才能确定起来。"①明确表明了培养"公共精神"的基础在于"自由和自律精神",没有"自由和自律精神"就无法培养"公共精神"的看法。这又从一定程度上补充说明了上述"重视个性的原则是培养儿童丰富心灵的基础"的观点。

第15届中教审所提倡的培养"丰富的人性"也是以重视个性的原则为前提的。在1996年7月《关于展望21世纪的我国教育的应有状

---

① 临教审《关于教育改革的第四次咨询报告》,见钟启泉《日本教育改革》,人民教育出版社,1991年,第623页。

态(第一次咨询报告)》的第一部分中,中教审探讨了生存能力和重视个性二者之间的关系,指出:"教育,可以说是儿童在'寻找自己的旅程'中的帮手。过去,我们曾经强调过教育在尊重、发展每个儿童不可替代的个性方面的重要性。今后,为了培养'生存能力',更要重视儿童的个性,发现他们与众不同的资质,积极发展其创造性。在尊重个性的基础上,更加重视培养儿童的自立心、自制力、责任心和自助精神,以及与他人共生、对异质事物的宽容、与社会相协调等。"①可见,中教审关于培养儿童"丰富的人性"的思想还是立足于重视个性的原则,还是强调培养儿童的道德品质需要尊重儿童的特点、长处、创造性,而不是强求一律、强制灌输。

在 1997 年 6 月《关于展望 21 世纪的我国教育的应有状态(第二次咨询报告)》中,中教审再次明确阐述了培养"生存能力"和"尊重个性"之间的关系。报告指出:"为了培养生存能力,更要重视儿童个性","今后教育的理想状态,是以在宽松的环境中培养儿童的生存能力,要以尊重个性为基本,开展适合每个人的能力和适应性的教育。"②总之,在中教审看来,重视个性的原则仍然是培养包括"丰富的人性"在内的"生存能力"的基础。这一观点和临教审强调重视个性的原则在培养"丰富的心灵"中重要性的观点是一脉相承的。

第 16 届中教审有关充实心灵教育的主张也是以重视个性的原则为基础的。在 1998 年 6 月发表的《关于从幼儿期开始的心灵教育的应有状态》的咨询报告中,中教审指出:"儿童必须具有生存能力,而生存

　　①　中教审《第一部:今后教育的应有状态》,载《关于展望 21 世纪的我国教育的应有状态(第一次咨询报告)》(1996 年 7 月),http://www. mext. go. jp/b_menu/shingi/chuuou/toushin/960701b. htm,2003 年 4 月 8 日下载。
　　②　中教审《第一章:适合每个人的能力和适应性的教育的必要性和基本的考虑》,载《关于展望 21 世纪的我国教育的应有状态(第二次咨询报告)》(1997 年 6 月),http://www. mext. go. jp/a_menu/shougai/shingi/index. htm,2003 年 7 月 31 日下载。

能力的核心是丰富的人性,它包括以下几个方面的内容:对美好事物和自然的感动之心等纤细的感受性;重视正义感和公正性的精神;热爱生命、尊重人权之心等基本的伦理观;同情他人之心和社会奉献精神;自立心、自制力和责任感;与他人共生和对异质事物的宽容。"①由此可见,中教审有关心灵教育的观点是在培养生存能力的前提下提出的,而第15届中教审已经多次论述了生存能力和重视个性二者之间的关系,表明了培养生存能力是在重视个性的基础上进行的。因此,中教审提出的充实心灵教育的主张也是建立重视个性的基础上的。

与临教审及第15、16届中教审不同,2000年成立的教育改革国民会议培养"人性丰富的日本人"的主张并没有强调以重视个性的原则为基础。2000年12月发表的《教育改革国民会议报告——改变教育的17条提案》咨询报告首先提出了培养"人性丰富的日本人"的含义是"培养儿童的社会性,促进自立,培养人性丰富的日本人"。紧接着,报告指出,"使儿童自律、同情他人、热爱自然、对超越个人力量的东西有敬畏之念、尊重传统文化和社会规范、培养热爱乡土和国家的精神和态度"是培养"人性丰富的日本人"的主要内容。②与第15届和第16届中教审的咨询报告相比,教育改革国民会议在继续强调培养儿童"丰富的人性"的基础上,在提法上跟以往有所不同。第15届中教审提的是培养"丰富的人性";第16届中教审提的是培养"正义感、伦理观和同情心等丰富的人性";而教育改革国民会议提的则是培养"儿童的社会性,促进自立,培养人性丰富的日本人",强调了儿童的社会性、自立能力和

① 中教审《第一章:面向未来重新审视我们的现状》,载《关于从幼儿期开始的心灵教育的应有状态》(1998年6月),http://www.mext.go.jp/b_menu/shingi/chuuou/toushin/980601.htm,2003年4月1日下载。

② 教育改革国民会议《教育改革国民会议报告——变革教育的17条提案》(2000年12月),http://www.kantei.go.jp/jp/kyouiku/houkoku/1222report.html,2003年3月31日下载。

作为日本人的自觉性。这说明了两个问题：首先，和中教审强调重视个性的原则有所不同，教育改革国民会议更强调与个性相对的社会性，更强调儿童协调与他人之间的关系胜过强调个性；其次，教育改革国民会议通过强调"日本人"来强化民族意识，加强国际理解教育中的爱国及其具有世界当中的日本人意识方面的教育。总之，教育改革国民会议强调社会性和"日本人"，和日本争当政治大国的国策是有一定的关联的。

　　2001 年成立的中教审有关培养"丰富的心灵"的观点基本上是以重视个性的原则为基础的。虽然没有直接提到以重视个性的原则为基础，但从其有关丰富的心灵的含义来看，和第 15、16 届中教审有关心灵教育的观点比较一致。在 2003 年 3 月发表的《关于适合新时代的教育基本法和教育振兴基本计划的应有状态》的咨询报告中，中教审指出丰富的心灵的主要含义是"规范意识""自律心""诚实、勤勉""有公正感、伦理观""有感激和同情之心""有能够理解别人的痛苦的体贴之心""有礼貌，有爱自然之心，对美丽的事物的感动之心""有重视生命之心，有对自然和崇高的事物的敬畏之念"。① 上述这些内容主要是有关正义感、伦理观和同情心等内容的，没有强调社会性和日本人的内容，和第 15、16 届中教审有关心灵教育的观点比较一致，因此基本上可以认为，新成立的中教审有关心灵教育的观点也是以重视个性的原则为基础的。

　　2. 重视个性的原则是中小学道德教育改革的理论基础

　　如前所述，1985 年，临教审对日本教育的划一性、封闭性、非国际性作了深刻的反省，提出了重视个性的原则，把它视为教育改革的首要

---

① 中教审《关于适合新时代的教育基本法和教育振兴基本计划的应有状态》（2003 年 3 月），http://www.mext.go.jp/b_menu/shingi/chukyo/chukyo0/toushin/030301b.htm，2003 年 7 月 31 日下载。

原则,主张"对照这一原则,从根本上重新认识教育的内容、方法、制度、政策等教育的整个领域",①以培养富有个性、具有宽广胸怀的创造型人才。在重视个性原则的指导下,日本从 80 年代末开始酝酿新学力观。1987 年 12 月,教课审在《关于改善幼儿园、小学、初中和高中教育课程的基准》的咨询报告中指出:"为了实现改善课程基准的目标,有助于培养学生的自学欲望和思考能力、判断能力、表现能力等能力,有必要进一步改善学校的评价。"②文部省在 1989 年颁布的《学习指导要领》的第一章"总则"中明确指出:"在推进学校的教育活动之际,要谋求培养自学欲望和能自主地应对社会变化的能力,同时必须彻底进行基础、基本内容的指导,努力充实发挥个性的教育。"③在以上文件精神的基础上,1991 年 3 月,文部省指导要录改善协力者会议发表了《关于小学和初中指导要录的改善(审议总结报告)》,明确地提出了新学力观。报告指出:"新《学习指导要领》确定了培养自学欲望和能自主地应对社会变化的能力,同时重视基础、基本的内容,充实发挥个性的教育的基本目标。为此,对于指导要录中各学科等的评价,要重视新《学习指导要领》所指明的学力的形成,特别是要重视自学欲望和思考能力、判断能力、表现能力等能力的培养。"④可见,新学力观倡导的是培养学生的自学欲望和思考能力、判断能力、表现能力等,是在摆脱过去"知识积累型学力观"的基础上,而确立的"创造表现探究型学力观"。

---

①　临教审《关于教育改革的第一次咨询报告》,见钟启泉《日本教育改革》,人民教育出版社,1991 年,第 422 页。

②　张德伟《日本基于新学力观和生存能力观的教材观》,《外国教育研究》,2002 年,第 10 期,第 29 页。

③　《小学学习指导要领》,[日]大藏省印刷局,1989 年,第 1 页。
　　《初中学习指导要领》,[日]大藏省印刷局,1989 年,第 1 页。

④　张德伟《日本基于新学力观和生存能力观的教材观》,《外国教育研究》,2002 年,第 10 期,第 29 页。

　　第 15 届中教审 1996 年 7 月发表的《展望 21 世纪我国教育的应有状态（第一次咨询报告）》提出了培养"生存能力"的教育改革理念。它所提出的生存能力包括三点：①无论社会怎样变化，都能够自己发现课题，自己学习、自己思考、主动地做出判断和行动，更好地解决问题的素质和能力；②能够自律，善于和他人协调，具有同情之心和感动之心等丰富的人性；③茁壮成长的健康和体力。① 在以上精神的指导下，教课审于 1998 年 7 月发表了《有关幼儿园、小学、初中、高中、盲聋学校及养护学校的教育课程的基准》的咨询报告，制定了如下的课程改订方针：第一，培养具有丰富的人性和社会性，能够在国际社会中生存的日本人的自觉性；第二，培养自己学习、自己思考的能力；第三，在宽松的环境中开展教育活动时，要确保"基础、基本"，并充实发展个性的教育；第四，建议各学校创造有特色的教育和有特色的学校。② 在教课审报告的精神指导下，颁布于 1998 年 12 月的《学习指导要领》在第一章"总则"中明确规定："在推进学校的教育活动之际，各学校必须以培养学生的生存能力为目标，在创造性地开展有特色的教育活动中，谋求培养自学能力、独立思考能力，同时谋求基础、基本的内容的切实巩固，努力充实发挥个性的教育。"③总之，按照培养生存能力的目标要求，今后日本的学校教育要转变基调，改变过去一味地灌输知识的做法，而站在学生的立场上，重视学生的自主学习和独立思考。这与 80 年代新学力观的要求是一脉相承的。

---

　　①　中教审《第一部：今后教育的应有状态》，载《关于展望 21 世纪的我国教育的应有状态（第一次咨询报告）》（1996 年 7 月），http://www.mext.go.jp/b_menu/shingi/chuuou/toushin/960701b.htm,2003 年 4 月 8 日下载。
　　②　《小学学习指导要领解说（道德编）》，[日]大藏省印刷局,1999 年,第 2—3 页。
　　　　《初中学习指导要领解说（道德编）》，[日]大藏省印刷局,1999 年,第 2 页。
　　③　《小学学习指导要领》，[日]大藏省印刷局,1998 年,第 1 页。
　　　　《初中学习指导要领》，[日]大藏省印刷局,1998 年,第 1 页。

综上所述,自临教审把重视个性的原则作为教育改革的首要原则以后,日本教育界在 20 世纪 80 年代末、90 年代初提倡培养学生独立思考、自主地作出判断和行动的能力;90 年代末又提倡站在学生的立场上,重视学生的自主学习和独立思考能力的培养。这是由以知识为中心向以能力为中心的转变,是由以教师的教为中心向以学生的学为中心的转变。① 这一转变对中小学道德教育改革的影响主要表现在以下两个方面。

首先,提倡"以儿童为主体的道德教育"。所谓"以儿童为主体的道德教育",概括起来包括密不可分的两个方面:一是在中小学道德教育的目标上,要培养儿童的主体性;二是在中小学道德教育的过程中,将道德教育看做是儿童自身的主体性活动,强调教师的支援者作用。在1989 年改订的《学习指导要领》中,文部省首次将培养儿童的主体性作为小学和初中的道德教育目标提出:"所谓道德教育的目标,就是根据《教育基本法》和《学校教育法》的基本精神,为培养能够在家庭、学校、社会的具体生活中贯彻尊重人性的精神与对生命的敬畏之念,能够为创造个性丰富的文化与发展民主社会和国家而努力,能够为和平的国际社会作贡献,具有主体性的日本人,而培养作为其基础的道德性。"②此后的 1998 年改订的《学习指导要领》在道德教育目标上也保留了这一提法,并增加了"开拓未来"的内容,鼓励儿童对未来充满憧憬和幻想,树立目标意识。在 1989 年《学习指导要领解说(道德编)》中,文部省指出,道德课的特点是"让每个儿童反省自己的道德价值观,自己认识到和发展阶段相适应的道德价值并进行内化,并主动地增强道德实

---

① 张德伟《日本基于新学力观和生存能力观的教材观》,《外国教育研究》,2002 年,第10 期,第 31 页。

② 《小学学习指导要领》,[日]大藏省印刷局,1998 年,第 105 页。
《初中学习指导要领》,[日]大藏省印刷局,1998 年,第 117 页。

践能力的时间",为此,对道德课的指导,"要根据儿童的特点,进行个性
化的指导";"教师要唤起儿童的学习兴趣,提高他们的学习欲望,使儿
童能够将自己亲身感受和想法表达出来,深化儿童对道德价值的认识"
等。① 在1998年《学习指导要领解说(道德编)》中,除了和1989年相同
的内容外,还强调要"加深儿童对自己的思考,对未来怀着梦想和希望"、
"通过体验活动使道德课教学更为生动,使儿童加深对道德价值的含义
和重要性的思考"等内容。② 可见,从道德教育的目标到道德课的特点、
道德课的指导,文部省都十分强调培养儿童的道德主体性,强调教师创
造各种条件,使儿童真正成为道德教育的主体,成为能够自主思考、主动
行动、开拓未来的儿童。

　　其次,在道德教育的方法上,强调直接方法和间接方法的结合。在
文部省看来,直接方法难避"灌输"之嫌,将直接方法和间接方法相结
合,可以更好地促进儿童的自主学习和主动思考。因此,从80年代末
期开始,文部省就一再强调将直接方法和间接方法结合,以培养儿童道
德学习的主动性。早在1989年,《学习指导要领解说(道德编)》就在道
德课的指导中指出:"道德课是在各科教学、特别活动基础上的补充、深
化和统合,因此,道德课的指导,要考虑如何和其他教育活动中的道德
教育结合起来,注意他们之间的联系,搞好事前和事后指导"。③ 1994
年,文部省官员七条正典指出,按新学力观的要求,今后的道德教育,首
先需要构想出以通过学校全部教育活动进行为基本的道德教育具体化
的实质性计划的方案;其次就是为道德课真正"在谋求与各学科和特别
活动中的道德教育保持密切联系的同时,通过有计划的、发展的指导对

____

① 《小学指导书(道德编)》,[日]大藏省印刷局,1989年,第49—50页。
② 《小学学习指导要领解说(道德编)》,[日]大藏省印刷局,1999年,第68—69页。
　《初中学习指导要领解说(道德编)》,[日]大藏省印刷局,1999年,第71—72页。
③ 《小学指导书(道德编)》,[日]大藏省印刷局,1989年,第50页。

其进行补充、深化和统合",成为培养道德实践能力的时间等,需要对以往划一的道德课的状态进行重新研究。① 1998 年的《学习指导要领解说(道德编)》在道德课的指导中,重申了 1989 年有关道德课要注意和各科教学、特别活动联系的观点,并指出道德课和综合学习时间的联系,强调了道德课在道德教育中的核心地位。② 总之,从 80 年代末的道德教育课程改革开始,文部省就强调将直接方法和间接方法结合,以培养儿童的主动性,提高道德教育效果。

综上所述,在强化国家控制和重视个性原则的指导下,20 世纪 70 年代以来,日本中小学道德教育改革政策主要包括作为中小学道德教育方针的心灵教育和道德教育课程改革两方面的内容。一方面,在强化国家控制和要求的理念指导下,心灵教育和中小学道德教育的重要性和其中有关传统文化和爱国心教育的内容被一再强调,儿童的自由和个性被压制;另一方面,在重视个性原则的指导下,又强调在"个人尊严、尊重个性、自由"与"自律、自我负责"相结合的基础上进行心灵教育和中小学道德教育,强调儿童的自由和个性。前者反映了明治维新以来日本中小学道德教育的主导思想——国家主义,③反映了日本统治阶级的根本利益;后者反映了 20 世纪 80 年代以来世界教育改革的基本思想,反映了社会的发展和进步,反映了日本人民对民主主义的追求。道德教育是学校教育中最能反映统治阶级利益的一个领域,而政策本身就是各种政治势力斗争的结果,是各种观点碰撞或妥协的产物,

---

① 饶从满、宋海春《战后日本学校道德教育方法的嬗变》,《外国教育研究》,1996 年,第 1 期,第 9 页。

② 《小学学习指导要领解说(道德编)》,[日]大藏省印刷局,1998 年,第 69 页。
《初中学习指导要领解说(道德编)》,[日]大藏省印刷局,1998 年,第 72 页。

③ 许建美指出,在第二次世界大战后自民党执政以来,日本在教育改革政策上最基本的态度就是国家主义,因此,在教育改革政策中以加强中央的权力为目的。(参见单中惠《外国素质教育政策研究》,山东教育出版社,2004 年,第 347 页。)

因此,从根本上说,强化国家的控制和要求这一理念是绝对的、第一位的;重视个性的原则这一理念是相对的、第二位的。

日本教育决策机构由教育审议会(临教审、教育改革国民会议和中教审)、中央教育政策决策和执行机构(文部省)、地方教育政策决策和执行机构(教育委员会)组成。教育政策审议会由各方人士组成,通过各种途径广泛征求意见,形成咨询报告,提交给总理或其他有关大臣,然后由教育行政加以实施。① 20 世纪 70 年代以来,涉及到中小学道德教育政策的审议会除了两个附设在内阁的审议会(临教审和教育改革国民会议)②之外,其他都是中教审。中教审自 1952 年成立以来,对包括道德教育问题在内的日本教育问题进行了全面的审议。日本最高的中央教育行政机构是文部科学省(2001 年以前称为文部省),其主要职责是将各种教育审议会对教育提出的要求和方针通过政策来加以落实和实施,最高长官是文部科学大臣。文部科学省是根据《文部科学省设置法》而建立起来的,分为内局、外局及附属机构三大部分。有关中小学道德教育的政策主要由内局的初等中等教育局负责。日本的地方教育行政经过战后的教育改革,从一定程度上摆脱了中央的控制,又不受地方一般行政的干涉,形成了独立自主的地方教育行政制度。日本的地方行政实行两级制,即都道府县和下面的市町村。地方教育行政事务除少部分由地方行政长官负责外,大部分由都道府县和市町村的教育委员会管理。教育委员会的主要职责是决定当地教育行政的基本方

---

① 王智新《日本教育政策的决策机制》,见袁振国《中国教育政策评论 2004》,教育科学出版社,2004 年,第 303 页。

② 附设在内阁的审议会是由总理大臣直接领导的,相比中教审来说,更能代表总理大臣的意愿。正因如此,1984 年设立的临教审的咨询报告代表了首相中曾根的新保守主义政策,2000 年设立的教育改革国民会议的咨询报告代表了森喜朗首相的右倾思想。

针政策,制定教育委员会规则、学校管理细则等。① 值得注意的是,由于战后日本特别强调地方分权主义,因此国家制定的教育政策并不完全由文部省直接实施运行,有许多名义上属于国家教育行政的事务,都被移交到地方行政长官和地方教育委员会去办了。而且,都道府县教育委员会和市町村教育委员会基本上是对等的机构,不存在上下级关系。

在诸多影响当代日本中小学道德教育政策的因素中,自民党、文部省、教育审议会和日教组是最重要的几个因素。首先,自民党的长期执政是影响中小学道德教育政策的决定因素。日本在1955年大选之后,直到1993年,一直由自民党一党执政;1993年,一党制解体以后,形成了以自民党为核心的多党联合执政的局面。因此,长期以来,自民党在教育政策的制定过程中发挥着主导作用。在20世纪70年代以来的教育改革过程中,自民党最基本的态度就是贯彻国家主义政策,建立更能体现"日本性"的教育制度,强调道德训练和压制左翼的日教组的影响。② 这种国家主义思想对中小学道德教育政策产生了深刻的影响:一方面,自民党的教育政策主要由其政务调查会下属机关的文教部会和文教制度调查会负责制定,并通过文部省的有关政策发挥影响;另一方面,自民党中央通过设立隶属于首相个人的内阁级教育咨询机构——临教审和教育改革国民会议直接影响教育政策的制定。其次,教育审议会是影响中小学道德教育政策制定的重要因素。20世纪70年代以来,日本每一次重大的中小学道德教育政策都是由教育审议会制定的。审议会由法定数额的审议委员组成,他们大多是社会各界的名流和专家学者。③ 因此,

---

① 王智新《日本教育政策的决策机制》,见袁振国《中国教育政策评论2004》,教育科学出版社,2004年,第307—308页。

② 许建美、单中惠《论影响日本教育政策的因素》,《清华大学教育研究》,2002年,第6期,第53页。

③ 于洪波《日本教育的文化透视》,河北大学出版社,2003年,第288页。

审议会的咨询报告反映了社会思潮和学术界的主要观点,审议会制度是教育政策科学化和民主化的重要途径之一。第三,文部省在中小学道德教育政策中起着中介作用。文部省的中介作用表现在以下几个方面:一是作为国家的最高教育机构,它和执政党站在同一个立场上,执行自民党以国家主义为宗旨的教育改革政策;二是作为决策机构之一,它负有实施审议会咨询报告的责任;三是作为民主化改革进程中的教育机构,它又必须倾听和反映专家学者、各界人士、广大教师的意见。第四,日教组在中小学道德教育政策中发挥一定的作用。作为非政府机构的日教组,"二战"以来一直是以反对者的面貌对文部省的改革建议做出反应的。他们反对对作为战后教育体制基础的《教育基本法》和《和平宪法》进行修订甚至是重新解释,反对特设道德课和政府对道德教育内容的控制,反对加强教育行政的中央集权化。他们通过大众媒体、组织罢工或威胁罢工、发动不合作运动等手段,对中小学道德教育政策的制定和实施产生一定的影响。

第三节　中小学的实践

20世纪70年代以来的日本中小学的道德教育实践,深受政府的方针政策和学术界研究的影响。政府的方针政策通过都道府县或市町村的教育委员会,通过学校中的道德课和隐性课程两种途径,对中小学道德教育实践产生深刻的影响,使学校成为国家保证自身的统治性意识形态得以再生产的工具;学术界研究通过大众媒介和与学校的联系等途径,对中小学道德教育实践产生一定的影响,使学校成为运用和检验教育理论的场所。然而,学校既不是政府方针政策的坚定的执行者,也不是理论家通过纯粹的思维操作的产物,而是具有自己的现实规定性和主观能动性的实体。一方面,学校不仅受政府方针政策和学术界研究的影响,也受到日本社会制度、组织方式和社会文化因素的影响,这些因素有意或无意地通过正规或非正规的方式影响着日本中小学的道德教育实践,其中的某些影响和政府的方针政策或学术界的研究有冲突,使中小学道德教育政策的实施和中小学道德教育理论的接纳遭遇一些阻力;另一方面,学校管理者和教师也具有主观能动性,他们会根据自己对政策和理论的理解,根据自己的技能和态度有选择性地实施政策、接纳或拒斥某些理论。

在上述各种因素的交互影响下,当代日本中小学的道德教育实践,呈现出以下较为复杂的状态:一些重视中小学道德教育、也重视道德课的学校,注重吸收学术研究的成果和政府方针政策中合理的成分,积极进行中小学道德教育的改革;一些重视中小学道德教育、但反对特设道德课的学校,注重在学校全体活动中渗透道德教育;还有一些不注重中小学道德教育的学校,或者根本不上道德课,或者克扣道德课的时间,对道德课的教学敷衍了事,也不注重在学校全体活动中渗透道德教育。应该说,从数量上看,处于第一种和第二种状况的学校的总和在日本中小学中占多数。在处于第一种状况的学校中,有一部分是文部省设立的道德教育示范学校。文部省 1975 年设立了"道德教育协同推进校",以促进道德教育实践的发展;1984 年又在各都道府县设立"道德教育推进校",目的是为了促进和加强学校对道德教育的研究,并建立"学校内外一贯的道德教育方式",设置"学校家庭协作推进会议",争取家庭对道德教育的支持和帮助。① "道德教育推进校"受文部省的资助,两年为一个周期,一般在第二年要搞公开课和研究成果汇报会,接受文部省官员和其他中小学教师的观摩、评价。它的设立,极大地促进了日本小学和初中的道德教育实践,使都道府县涌现出一些道德教育研究的

---

① 饶从满等《当代日本小学教育》,山西教育出版社,1999 年,第 263—264 页。

示范学校。下文将要介绍的在道德教育实践方面有一定成就的小学和初中,有些就是或者曾经是文部省的"道德教育推进校"。下面就主要以上述处于第一种和第二种状况中的学校为主,从以下两个方面探讨 20世纪 70 年代以来日本小学和初中的道德教育实践。

一 改进课堂教学

从 1958 年开始,日本开始在小学和初中特设道德课,这是战后日本中小学道德教育政策的一个重大转折点。在此之前,日本小学和初中的道德教育是通过以社会科为中心的学校全部教育活动来进行的,坚持的是全面主义道德教育原则;在此之后,小学和初中的道德教育具有了明确的目标、内容,而且还有专门的时间,形成了以道德课为核心的中小学道德教育体制。这种体制一方面坚持通过学校全部教育活动来进行道德教育的全面主义原则,另一方面又由专门的道德课对其他领域的道德教育进行补充、深化和整合。1958 年以后,日本文部省在 1968 年、1977年、1989 年和 1998 年分别对《学习指导要领》进行了改订。但是,以道德课为核心的中小学道德教育体制却没有改变。20 世纪 70 年代以来,在日本政府重视道德课教学的政策和学术界道德教学理论研究等因素的影响下,日本的中小学教师主要从以下几个方面改进了道德课教学。

(一)重视通过丰富的体验培养儿童的道德性

一般来说,体验是指人自身经历过的事情或从经历过的事情中获得的经验。[①] 我国学者刘惊铎认为,体验是一种图景思维活动。其中"图景"是一种跨越时空的整体性存在,它同时包含着个体的生活阅历、当下生活场景和未来人生希冀,其显著特征是整体性、现场性和超越性。[②] 由

---

① 《21 世纪辞林》,三省堂编修所编,[日]三省堂,1993 年,第 1227 页。

② 刘惊铎《体验:道德教育的本体》,《教育研究》,2003 年,第 2 期,第 55 页。

于体验不是以单纯语言文字符号的逻辑转换为主的逻辑思维活动,而是融认知、情感等因素为一体的思维活动,因此它更能给儿童以深刻的印象,更能打动儿童,能够从一定程度上防止和克服灌输带来的"知行分裂"现象,培养植根于儿童心灵深处的道德性。正因如此,文部省才会在 20 世纪 80 年代和 90 年代的道德教育课程改革中,一再强调通过丰富的体验培养儿童的道德性。在 1989 年的《学习指导要领》中,首次强调"通过丰富的体验以谋求培养植根于儿童内部的道德性";①在 1998 年的《学习指导要领》中,又明确强调"通过志愿者活动和自然体验活动等丰富的体验,培养儿童内在的道德性"。② 许多学者也强调体验在道德教育中的重要性,一再呼吁要丰富儿童的体验,以培养植根于儿童内心深处的道德性。例如,日本著名学者、香川大学教育学部附属综合教育实践中心的七条正典教授指出:体验不足是当今中小学道德教育存在的问题之一。因为体验不足,儿童不能把老师提出的道德问题当作是自己想学的问题去钻研,也很难产生儿童自己想要思考的道德问题,所学的道德知识也只能停留在表面上,很难深入下去。因此,体验活动是很有价值的;只有通过生动的体验活动,才能实施影响儿童心灵的道德教育。③ 此外,日本中小学教师也在道德课教学的实践中认识到,如果没有在儿童体验的基础上进行道德课教学,儿童就不会对道德课感兴趣,就无法培养植根于儿童心灵深处的道德性。因此,日本中小学教师十分注重通过丰富的体验培养儿童的道德性。

　　通过体验培养儿童的道德性包括两个方面的含义:一方面是利用

---

① 《小学学习指导要领》,[日]大藏省印刷局,1989 年,第 1 页。
　 《初中学习指导要领》,[日]大藏省印刷局,1989 年,第 1 页。
② 《小学学习指导要领》,[日]大藏省印刷局,1998 年,第 1 页。
　 《初中学习指导要领》,[日]大藏省印刷局,1998 年,第 1 页。
③ 七条正典《今后的道德教育》,[日]《道德与教育》,2000 年,总第 303 期,第 24 页。

校内道德课之外的其他教育活动和校外的家庭、社区资源,充实和丰富儿童的体验;另一方面是使道德课教学建立在丰富体验的基础上,并能起到对体验活动进行补充、深化和统合的作用。二者之间是相辅相成的关系,前者是后者的基础,后者是前者的深化。在此,笔者主要探讨后者。日本中小学教师在道德课中通过体验活动培养儿童道德性的实践主要包括以下两个方面:一方面是通过观察、阅读资料、角色扮演、对话和讨论,使课堂教学建立在体验的基础上;另一方面是活用儿童在课堂教学之外的其他教育活动和校外家庭、社区中的体验,加深儿童对道德价值的认识。以下我们就举两个实例加以说明。

山口大学教育学部附属山口小学的坂本哲彦老师 2002 年给该校三年级的儿童上了一堂主题为"好心的司机叔叔"的道德课。首先,教师给儿童听名为"朋友的日记"的道德教育资料。在"朋友的日记"中,讲了一个乘公共汽车的儿童(A君)下车时忘了说自己是儿童,交了成人的乘车费,司机叔叔给他写了张纸条,告诉他下次乘车时拿着这张条子,就可以不用交一次车费了。A君谢过叔叔后下了车。在走回家的路上,A君不知不觉地流下了泪水。其次,请儿童就这则"朋友的日记"发表自己的感想。在儿童谈自己感想的过程中,教师启发儿童:"为什么 A 君会流泪呢?"和"你在生活中有没有遇到类似的事情?",引导儿童谈出司机叔叔的善良之处、谈出自己生活中遇到好心人帮忙的经历。儿童边讲教师边在黑板上记录下来。第三,请儿童讨论 A 君流泪时的心情,并记在黑板上。有的说,A君流泪是因为司机叔叔给了他下次乘车可以免费的纸条;有的说 A 君流泪是因为本来是 A 君自己的错(忘了说自己是儿童),却得到司机叔叔的谅解,给了下次乘车可以免费的纸条,感到很高兴;有的说 A 君流泪是因为司机叔叔不仅没有对 A 君发脾气,而且还给了下次乘车可以免费的纸条,很感动……教师总结道:"当人遇到困难和伤心时,得到别人的帮助,就会很感动。能够设身处地地为别人着想,为别人做力所能及的事情,就是真正体会了别人遇到困难时的伤心和难过的心情,是很了不起的。"第四,请儿童想想自己伤心、难过时得到别人帮助的事情,并把它写在道德笔记上。有的写道:"我迷路的时候,妈妈来接我。我很感动。"也有的写道:"我在公共汽车上睡着了,一直睡到终点站。司机叔叔问了我家的电话,帮我打电话告诉家里。我感动得哭了。"还有的写道:"和别人吵架时,别人先跟我说'对不起',我感动得哭了。"[①]在这节道德课中,坂本哲彦老师通过引导儿童听道德教育资料、发表感想、讨论 A 君的心情和回忆相关体验等环节,唤起了儿童和 A 君共同的体验,使儿童对作品中的司机叔叔等人产生由衷的敬意,同时也培养了儿童的同情心和正义感。

岩手县大船渡市立日倾市初中在实践探索中总结出一套有效利用体验活动,促进道德课教学的方法。该校教师认为,道德体验活动和道德课的关系可以用表 4.1 来表示。从表中可见,在日倾市初中的教师们看来,体验活动是联结事前活动和事后活动之间的重要环节,是促使道德价值内化的重要手段;在体验活动之前,教师有必要通过道德课、班级活动和综合学习时间等活动强化道德教育目标,并激发儿童参加体验活动的欲望;在体验活动之后,教师还要通过道德课、班级活动和综合学习时间等活动来巩固体验活动的效果,达到道德价值内化的目的。由此看来,体验活动和道德课不仅相互融合,互相促进,而且还和学校的其他活动——班级活动和综合学习活动结合在一起,共同促进儿童的道德认知、道德情感、道德意志和道德行为发展。这样,学校的各种活动就成为中小学道德教育的手段,道德课就能够真正起到对学校其他活动中渗透的道德教育起补充、深化和整合的作用。

---

① 资料来源:坂本哲彦《好心的司机叔叔》,http://sakamoto. cside. com/sakamoto 2002/doutoku-jissen/5-bus-nikki/5-bus-nikki. htm,2005 年 7 月 13 日下载。

目标的明确化、意识化　　　　　　　　　　价值的共有化、内化
激发体验活动的欲望

表 4.1　体验活动和道德课的关系①

以下我们以佐佐木佑子老师的"活用传统舞蹈传承体验活动的道德课"为例,进一步说明日倾市初中是如何利用体验活动来进行道德课教学的。首先,在体验活动以前,教师围绕传统舞蹈的主题,在道德课、班级活动和综合学习时间进行了讲解和说明,激发儿童学习传统舞蹈的欲望。其次,儿童在市内 14 个区参观和学习了当地的"剑舞""鹿舞""太鼓""虎舞"等舞蹈。第三,佐佐木老师以"培养儿童爱家乡的情感"为主题,以"继承乡土技艺"为资料,进行了道德课教学。在一节 50 分钟的道德课中,佐佐木老师分以下几个步骤进行:①阅读资料,并让儿童考虑作者的心情;②让儿童说出日倾市传统舞蹈的名称;③让儿童回忆学习舞蹈的体验活动,并谈谈自己的感受;④让儿童考虑传统舞蹈的传承问题(让儿童思考今后传统舞蹈的出路,鼓励他们为传承传统舞蹈做出努力);⑤让儿童看乡土舞蹈传承活动指导者的讲话录像(包括"现在传统舞蹈传承的情况"和"对后一代传承传统舞蹈的希望"等内容),了解社区的人们对传统舞蹈传承的看法;⑥回到资料的内容,让儿童谈谈对传统技艺传承的想法;⑦教师小结。② 由此可见,佐佐木老师的道德课是以道德资料为线索,以让儿童回忆、谈论乡土舞蹈传承体验活动

为主要内容,从而培养儿童对家乡的热爱之情。其中,"传统舞蹈传承体验活动"作为道德课的事前活动,成为整个道德教育活动的重要一环;而道德课则作为体验活动的事后活动,成为整个道德教育活动的高潮,起到了对体验活动的深化、统合、补充,以及提高儿童道德实践能力的作用,真正成为活用体验活动的道德课。

(二)重视培养儿童道德学习的主体性

所谓主体性,就是人作为主体的规定性,包括自主性、能动性和创造性。[①] 20 世纪 80 年代以来,日本的学术界和文部省特别强调儿童道德学习的主体性。上文论述的村井实的道德的主体性形成理论、押谷由夫的综合单元学习、金井肇的结构化方式和伊藤启一的综合计划等教育教学理论,都提倡培养儿童道德学习的主体性;1989 年和 1998 年的道德教育课程改革也强调培养儿童的主体性——1989 年的道德教育课程改革就在道德教育的目标中增加了培养"具有主体性的日本人"的内容;[②]1998 年的道德教育课程改革又直接提出了"能够开拓未来、具有主体性的日本人"的道德教育目标[③]和"通过面向未来主动地面对并解决问题,推进共同思考的道德教育"的道德教育改订的方针,[④]是在 1989 年强调儿童主体性的基础上的进一步深化。

日本学术界和文部省之所以强调儿童道德学习的主体性,其原因主要有以下几个方面:一是受西方道德教育理论和世界道德教育发展趋势的影响。20 世纪 80 年代以来,随着主体主义影响的不断加深和

---

① 肖川《主体性道德人格教育》,北京师范大学出版社,2002 年,第 5 页。
② 《小学学习指导要领》,[日]大藏省印刷局,1989 年,第 105 页。
　《初中学习指导要领》,[日]大藏省印刷局,1989 年,第 117 页。
③ 《小学学习指导要领》,[日]大藏省印刷局,1998 年,第 1 页。
　《初中学习指导要领》,[日]大藏省印刷局,1998 年,第 1 页。
④ 《小学学习指导要领解说(道德编)》,[日]大藏省印刷局,1999 年,第 5 页。
　《初中学习指导要领解说(道德编)》,[日]大藏省印刷局,1999 年,第 4 页。

道德相对主义的影响,在仍然强调必须传授一些必要的道德价值的同时,日本教育界越来越重视儿童在道德学习中的主动性。二是为了提高道德课的效果。因为如果不强调儿童在道德学习中的主体性,只强调教师的指导作用,那么道德课就会成为单边的、以灌输为主的教学活动,就会削弱道德课的教学效果。三是只有强调儿童在道德教育活动中的主体性,才会使道德教育成为以儿童为主体的活动,才能培养植根于儿童内部的道德性,才能使儿童抵御教育荒废和心灵荒废的消极影响,成为具有主体性的、能够主动地面对并解决问题和善于思考的日本人。因此,强调儿童在道德学习中的主动性,对于跟上世界道德教育发展的潮流,提高道德教育的效果,培养儿童的道德性,防止教育荒废和儿童心灵荒废的严重化等,都具有积极的意义。

日本的小学和初中在道德课中重视培养儿童道德学习主动性的实践探索主要包括以下几个方面:一是调动儿童道德学习的主动性,使他们积极参与到道德课的活动中来;二是让每个儿童发现自己的闪光点,让儿童成为学习的主人;三是鼓励儿童有自己的见解,反对人云亦云、但求平安无事的消极主义;四是通过各种问题情境,激发和加深儿童对道德问题的思考。以下我们就举两个实例,以说明日本的小学和初中重视培养儿童道德学习主动性的实际情况。

1999 年 6 月 22 日,在东京都新宿区立牛入三中的体育馆,在东京都道德课地区公开讲座和新宿区教育研究会的共同组织下,该校的室井由子教师和新宿区立户山初中的小贝宏教师合作,给该校初三的 81 名学生上了一堂"健全的异性观"(道德资料为"野菊的墓")的道德教育的公开课。旁听这堂公开课的有教师、家长、社区居民 100 余人。在开始阶段,教师给学生观看了"野菊的墓"的录像。很多学生都为封建社会男女不能自由恋爱的状况感到愤慨和难过,也了解到当时社会男女之间的交往不像现在那么自由。在展开阶段,教师在学生已经了解了政夫和民子的爱情之后,问:"你们能否理解深深爱着政夫的民子一边思念政夫、一边嫁给他人的心情呢?"接着,教师将可以理解民子心情的学生和不能理解民子心情的学生分成两个组,让他们进行讨论。两位教师各参加一组,为加深学生的思考给予适当的引导。在讨论当中,学生逐渐明白了后来民子为什么自杀、民子自杀以后政夫的心情以及造成悲剧的社会和家庭等方面的原因。学生们纷纷发言,指出民子不该自杀,民子和政夫应该私奔,或相爱到底等。在结束阶段,一位教师谈了自己的恋爱体验及其感受,学生们都很认真地听着。原来预想为50 分钟的课进行了 80 分钟,学生、教师和旁听者(90%是家长和社区的居民)全都忘记了时间,完全沉浸在道德课的氛围中。在道德课之后的讨论会中,许多教师、家长和社区居民都发表了自己的意见,称赞这堂课上得好。①

　　在这节课中,教师没有以"教育者"的身份,要求学生从道德资料中学习"健全的异性观",而是让他们感受故事内容、畅谈自己的想法;教师以指导者、帮助者和朋友的身份,引导学生围绕故事主题探讨自己的想法;学生们在讨论当中逐渐了解封建社会和当今社会对自由恋爱的不同看法,知道应该树立正确的恋爱观,珍惜生命。总之,这是一节以学生为道德学习的主人的道德课,它不仅表现在大部分时间都是学生在进行讨论、发表自己的想法,就连上课的时间都因为学生的积极讨论而延长;而且还表现在教师始终以学生的情感、想法为中心,以激发学生学习的主动性和积极性为主要目标进行教学等方面。此外,两位教师的通力合作为引导儿童的积极发言、创造良好的课堂气氛奠定了基础;旁听者的踊跃参加和课后讨论会的召开为更多的教师研究道德课

---

　　① 谷合明雄《公开课"野菊的墓"——教师合作的道德课》,[日]《道德教育》,1999 年,第 10 期,第 10—11 页。

教学、更多的家长和社区居民了解和配合道德课教学创造了条件。

千叶县胜浦小学的末吉智老师运用诸富祥彦教授倡导的价值澄清方式 B 型（应用型），对六年级学生进行了"关于乱扔垃圾的问题"的教学。诸富祥彦的 B 型道德课是培养儿童发现和解决问题能力的道德课，主要是为了培养儿童在遇到问题时，知道如何抓住问题的要点，并找到解决问题的方法的能力。根据这一理论，末吉智老师以"通过讨论解决垃圾问题的方法，让儿童考虑应该如何对待家乡的自然环境"为目标，进行了如下的教学：第一，导入阶段。给儿童看胜浦海岸的风景，问儿童："胜浦的特色是什么？"儿童都认为胜浦是一个以海为中心的旅游观光地。有的儿童还提到，胜浦近年来钓鱼的游客急剧增长，从 1980 年的 11 万人增加到 1993 年的 26 万人。第二，展开阶段。教师引出主题："钓鱼的游客增加是好事，但是也因此出现了一些问题。大家想想是什么问题？"儿童有的说是垃圾问题，有的说是海水污染问题。教师发给儿童教师根据《千叶日报》的某篇文章修改而成的道德教育资料《关于乱扔垃圾的问题》，让儿童阅读。在儿童读了资料以后，教师提问："渔民为什么生气？""钓鱼的游客带来了什么问题？"在确认儿童理解了道德教育资料中的内容后，教师又问道："既然钓鱼的游客带来了环境污染等问题，为什么不禁止游客钓鱼呢？"儿童回答："因为钓鱼是胜浦最有代表性的观光项目。""如果禁止了钓鱼，那么游客就会减少。"为了加深儿童的思考，教师又进一步提问："如果禁止钓鱼，那么最大的受害者是谁呢？"儿童思考后回答："开旅馆的人""卖钓鱼器械的人""卖胜浦土特产的人"。紧接着，教师问道："那么，有没有既不禁止钓鱼又能保证渔港环境优美的办法呢？"教师让儿童独立思考，并写在道德卡片上，然后请一些儿童发言。儿童的回答五花八门，说出了收取罚款、设立管理员、增加垃圾箱、发给游客垃圾袋、限制钓鱼时间、安装监视摄像机和不准带除钓鱼器械以外的用品等建议。教师引导儿童对这些建

议的不足之处和可能引起的问题进行思考,如果自己解决不了时,可以
和同桌的同学商量;并要求儿童将自己及其和同伴思考的结果填写在
道德卡片上。之后,教师请儿童发言。发言的儿童纷纷指出,刚才同学
们所提的建议都有不足之处:例如"收取罚款"的不足之处是"如果因为
风大刮跑了垃圾袋,就无法判断是否是游客乱扔垃圾,也就不知道该不
该罚款";"发给游客垃圾袋"的不足之处是"如果游客不讲卫生,即使发
了垃圾袋,也不会使用,反而使垃圾袋成为垃圾"等等。在此基础上,教
师又问道:"既然大家都认为这些方法都有不妥之处,是不是能想出更
好的办法呢?"儿童都说想不出来了。教师说:"同学们知道,星期六或
星期天,有很多人来我们学校里玩。其中有许多人都带着点心到学校
来。但是为什么星期一我们来学校的时候,都没有看到地上扔着很多
垃圾呢?"儿童纷纷举手发言,认为其原因是"把垃圾扔到垃圾箱了""把
垃圾带回家去了"和"每个人都很注意公共卫生"等等,由此儿童认识到
"解决垃圾问题的根本办法是每个人把自己的垃圾处理好"。教师又指
出:"渔港污染问题,不仅仅影响到渔民,还影响到动物,如野鸟和乌龟
等。"教师将野鸟或因为吃了针或因为被渔线缠绕而死亡的照片给儿童
看,使儿童进一步认识到乱扔垃圾的恶果。第三,结束阶段。教师请儿
童在道德卡片上将这节课的感想记录下来。①

　　这节道德课的精彩之处不仅在于取材于儿童熟悉的家乡——千叶
县胜浦市,在于融环境教育和爱家乡教育为一体,更在于激发儿童的独
立思考、培养儿童的道德思维能力方面,在于教师的价值引导和儿童的
自主学习相结合之处。教师不仅提供了能够让儿童抓住事物本质的道
德教育资料,而且还通过各种问题情境,激发和加深儿童的思考,使儿

---

　　① 诸富祥彦《道德课的革新:用价值明澄清培养儿童的生存能力》,[日]明治图书出
版,2001年,第120—127页。

童积极参与到道德课的活动中来。更难能可贵的是,教师不仅提供了儿童独立思考的时间,尊重儿童在独立思考后做出的选择;而且也提供了儿童和同伴交流的机会,让儿童在比较和分析中寻找解决问题的办法,提高儿童解决问题的能力。此外,教师不仅善用提问——以提问引入主题、激发儿童的思考、联结道德课的导入、展开阶段;而且还善于总结——在总结中深化主题,提高儿童的道德认识。

（三）重视生命教育的有关内容

20 世纪 80 年代以来,日本学术界非常重视有关生命教育的内容。村井实、金井肇、押谷由夫、小滨裕郎、鹭田清一、岛山敏子、村井淳志、寺冈圣豪等学者都呼吁重视生命教育的重要性,并提出有关生命教育的内容和教学方法等。例如,村井实认为,尊重生命是道德教育的重要内容之一,尊重生命的教育既包括让儿童知道只要生活在世界上就会遇到困难,就会感到烦恼和痛苦,不要因此而不珍惜生命,也包括要让儿童知道尊重生命是有界限的,例如对十恶不赦或危害社会秩序的坏人,也要施以死刑和惩罚,又如在必要的时候也要舍弃自己的生命等等。[1] 押谷由夫认为,道德教育就是要促进儿童发现并发扬自己的优点,而优点主要是以每个人的特性为基础的,因此,道德教育的重要任务之一就是要让儿童在认识到自己有生命、有人性、有个性的基础上,接受自己、热爱自己,并珍惜自己的生命。[2] 福冈教育大学的寺冈圣豪副教授指出,学校的道德教育不应该只停留在"珍爱生命"的口号上,而要去探讨"珍爱生命"的内容和方法的问题。他认为,让儿童通过发现

---

① 村井实《道德教育原理——应该怎样看待道德教育》,[日]教育出版,1990 年,第266—267 页。

② 押谷由夫《新道德教育的理念和方法——培养理想、希望和勇气》,[日]东洋馆出版社,1999 年,第 52—57 页。

"生"的含义,重新思考生活、生存和生命的意义是很重要的。① 与此同时,文部省也开始关注中小学道德教育中的生命教育问题。1989 年的道德教育课程改革,在总则中增加了"对生命的敬畏之念"的内容,在道德教育的具体内容中也相应增加了生命教育方面的项目。1998 年的道德教育课程改革在总则中仍然保持了"对生命的敬畏之念"的内容;在道德教育的具体内容中基本保持和 1989 年相同的生命教育的内容,在某些年龄阶段甚至还增加了有关生命教育的内容,如在小学低年级中,增加了"对自己活在世界上感到高兴"的内容。②

20 世纪 80 年代以后,学术界和文部省之所以强调生命教育的有关内容,有以下几个方面的原因。①20 世纪 70 年代以来日益严重的儿童自杀、被杀、儿童斗殴现象迫切需要教育儿童尊重自己和他人的生命,并对生命怀有敬畏之念;②在多元价值的社会中,需要引导儿童尊重他人的基本人权和多样性,并学会和他人的和平共处;③在追求升学率的当代社会,青少年对人生感到困惑、迷茫,需要进行有关人生观方面的教育;④当代社会儿童缺乏对人的生命过程——出生到死亡的过程的认识,需要进行有关生与死的常识性教育。总之,生命教育对克服和防止教育荒废和心灵荒废的现象,对儿童认识人的生老病死、认识生命的宝贵性具有重要的意义。

日本小学和初中在道德课中重视生命教育的实践探索主要包括以下两个方面:一是探索在道德课进行生命教育的内容,让儿童认识到生命的重要和宝贵。例如,山口县丰浦町立川棚小学的河田孝文老师认为,生命教育课应该包括"生命比什么都重要""无法替代的生命""许多人支撑着的生命""爱护动物的生命""感受自杀的无益"和"感受剥夺别

---

① 寺冈圣豪《如何教"珍爱生命"》,见土户敏彦《道德可教吗》,[日]教育开发研究所,2003 年,第 184 页。

② 《小学学习指导要领》,[日]大藏省印刷局,1998 年,第 90 页。

人生命的残酷"等内容,并以三个母亲为资料,介绍了如何进行"许多人
支撑着的生命"的道德课教学;①鹿儿岛县伊仙町立伊仙小学的大江浩
光老师,以美国 2001 年"9·11"事件发生后消防队员奋不顾身救伤员
的活动为资料进行道德课教学,让儿童了解生命的宝贵。② 二是探索
在道德课中进行生命教育的方法,使儿童真正认识到生命的价值和意
义。例如,兵库县加古川市立平冈南初中的大北修一老师,以 1994 年
获世界摄影大奖的"秃鹫与少女"的照片为资料进行道德课教学,让儿
童思考和讨论"救一个人重要,还是救更多的人重要"的问题。③ 在此,
我们就再举两个实例以说明日本的小学和初中在道德课中重视生命教
育的实践探索。

东京学芸大学附属小金井小学的和井内良树老师以"生命的重要
性"为主题,以"让儿童感受生命的重要性,激发儿童珍惜现在、好好生
活的热情"为目标,以相田密的"生命无常"为资料,对六年级的儿童进
行了道德课教学。和井内老师之所以选择"生命无常"为资料,是因为
"生命无常"这篇短文揭示了"无常"的含义——即使是一瞬间,事物也
不会停留在完全一致的状态,而是处于不断的运动当中。正因为"无
常",婴儿在长大,花蕾在绽放;也正因为"无常",任何人不能保证自己
明天一定能活着。因此,它不仅表述了生命无常、人生难测的观点,而
且能激发儿童不要为过去而懊恼、后悔,而应该珍惜现在、好好生活的
内在愿望。和井内老师是按照以下的顺序展开课堂教学的:首先,让儿
童先边听边阅读"生命无常"的短文,感受作品本身。其次,教师和儿童

---

① 河田孝文《创造"生命教育课"》,[日]《现代教育科学》,2002 年,第 5 期,第 50—52
页。
② 大江浩光《消防队员的活动》,[日]《现代教育科学》,2002 年,第 5 期,第 20—21 页。
③ 大北修一《救一个人的生命,还是救更多人的生命》,[日]《现代教育科学》,2002 年,
第 5 期,第 59—61 页。

一起对作品进行讨论。教师问道:"读了'生命无常'的作品后,你们有什么感受? 如果用颜色来形容生命,是什么颜色?"儿童有的说是白色的、有的说是金黄色、有的说是深绿色的,并说出了各自的理由。老师总结道:"婴儿在长大、花蕾在绽放的明亮的'生'和'谁也不能保证明天能否活着'的黑暗的'死'是联系在一起的。生命的过程就是从诞生到成长、到死亡的过程。"教师又问道:"作者在这篇短文当中表达的思想是什么呢?"儿童有的说:"作者告诉我们,要珍惜现在,努力活着";有的说:"因为将来不可知,因此要珍惜现在";还有的说:"现在没有'过去',也没有'未来',只有'现在',因此要努力活着,不要让将来的自己后悔。"老师总结道:"同学们说得很好。要珍惜生命,就是要珍惜现在,要知道该如何活着。了解了相田密的想法后,大家想好了将来应该怎么生活下去吗? 请同学们好好思考。"第三,教师让儿童思考自己应该如何"努力活在现在",并将自己思考的答案填在道德笔记中。有的儿童写道:"要珍惜生命,就是要努力活在现在。为此,我现在就是尽快找到奋斗的目标,然后全力以赴,为达到目标而努力。"有的写道:"努力活在现在不是只想到现在的快乐,而是要想到将来。现在,我要为将来努力活着。"还有的写道:"我想要把握现在的人生,好好活着,珍惜生命。"①在这节课中,教师主要是利用"生命无常"的道德资料,启发儿童认识到生命无常,鼓励儿童珍惜生命、把握现在,同时也让儿童思考自己的生活方式、价值观和将来应该如何生活等问题。教师将道德资料的学习与启发儿童的思考、教师的引导和儿童的讨论结合在一起,使道德课动静结合、有声有色,教师和儿童之间、儿童和儿童之间有感情的交融也有思想的碰撞,达到了较好的教学效果。

---

① 和井内良树《相田密的"生命无常"——努力活在现在》,[日]《道德教育》,2001年,第 7 期,第 16—19 页。

长崎县奥浦小学一年级的柳田金一老师,在教学中运用了伊藤启一的综合计划教学理论,设计并实施了"生命教育的授课计划"。这一计划包括三个课时,采用 B 型(第一课时)→A 型(第二课时)→B 型(第三课时)的模式进行。按照伊藤启一的综合计划教学理论,B 型又称为接受·创造型,是以接受儿童个性的、主体的价值表现和判断为主要目的的道德课;A 型又称为传授·理解型,是以教道德价值为主要目的的道德课。根据这一理论,柳田金一老师在第一课时的 B 型道德课中,选用了"长大了"的道德教育资料,让儿童发现自己周围的生命,并从蒲公英在大自然的成长过程中了解生命的伟大。这节课是按以下的顺序展开的:①教师让幼儿说说在自己的生活中发现了哪些活着的事物,儿童说出了人、蛇、兔子、狗、猫、花和树等。②儿童一边听描述蒲公英成长的道德教育资料"长大了"的录音,一边体会故事中小女孩的心情。之后,教师让儿童谈谈读了这个故事后的感想,让儿童认识到植物是有生命的。教师用以下问题引导儿童思考:"小小的蒲公英是怎样努力地生长的,它为什么要这样做?""小女孩悄悄地对蒲公英说了些什么?""太阳是以怎样的心情对蒲公英说'加油'的?""太阳除了跟蒲公英说'加油'外,还怎么支持蒲公英的?""小女孩认为花草、树木都是有生命的,你也这样认为吗? 为什么?"③儿童扮演故事中的蒲公英、小女孩、太阳的角色,表演故事中的对话部分。④教师问儿童:"你想对蒲公英说些什么?",让儿童把想对蒲公英说的话写在道德笔记中。此后,教师让想发言的儿童将自己在道德笔记中写下的内容念给大家听。⑤教师念了儿童在生活科中写的一篇作文"稻子的成长",让儿童在再次认识到植物的成长、生命的可贵的过程中结束这节课。在第二课时的 A 型道德课中,柳田金一老师选用了"田鼠宝宝"的道德教育资料,主要是要让儿童在第一节课的基础上认识到动物的生存和成长,内化"生命的宝贵"这一价值观。这也是一节活用体验的道德课,因为教师了解到班上

的有些学生养过田鼠,因此选择了这一资料。这节课是这样展开的:
①让儿童读"田鼠宝宝"的故事,并在此基础上讨论故事情节。教师用
以下问题引导儿童思考:"作者看到田鼠宝宝吃奶的样子,是怎么想
的?""作者看到田鼠妈妈将田鼠宝宝衔在嘴上,又是怎么想的?""当作
者看到出生第 10 天的田鼠宝宝的时候,想到了什么?"②请儿童想象自
己在婴儿期,父母是怎么对待自己的,心情又是怎样的。然后请个别儿
童发言。③教师让儿童把自己想对田鼠妈妈和田鼠宝宝的话写下来,
并请想发言的儿童把自己所写的内容念给全班同学听。④教师讲了自
己小时候失去弟弟、失去小狗的痛不欲生的心情,发出"要珍惜生命"的
感叹,引起儿童的强烈共鸣。在第三课时的 B 型道德课中,柳田金一
老师采用"我的出生"的道德教育资料,主要通过这一故事的引入让儿
童畅谈自己的感想,加深儿童在第一、二节课中已经获得的认识,使儿
童进一步认识到生命的可贵,并深切感到应该珍惜生命。这节课是这
样进行的:①让儿童听"我的出生"的录音,引入主题。②请每个儿童边
展示自己出生时的照片,边谈自己从爷爷奶奶、父母那儿听来的自己出
生时的情况。③请家长谈儿童出生时的情况。当母亲们谈到儿童出生
时的情况时,家长和儿童都流下了感动的泪水,儿童深深感到父母对自
己的爱。④请儿童思考应该如何珍惜生命,并把自己的想法写在道德
笔记中。⑤请几个儿童将自己写在道德笔记中的内容念给大家听。⑥
请一位当护士的家长谈谈自己对"珍惜生命"的感受,把道德课引入高
潮。[1]

　　上述以生命教育为主题的系列道德课有以下几个方面的经验:
①设计系列道德课,使生命教育的主题更为突出,效果更为明显。②在

---

[1] 伊藤启一《学校全体共同创造的小学综合计划》,[日]明治图书出版,2000 年,第
46—55 页。

设计道德课的模式时,灵活运用了伊藤启一的综合计划的教学理论,采用 B 型和 A 型交叉使用的方法,既重视儿童的主观感受和表达欲望,发挥儿童在道德学习中的主动性;又重视价值的传授和深化,发挥教师在儿童的道德学习中的引导作用。③在选用道德教育资料时,既注意从植物的生命到动物的生命再到人的生命的连续性,做到层层深入、步步递进;又注意驾驭资料,在第一、二节课中围绕资料来进行,在第三节中则只是用资料引入主题。④在教学过程中既注重促进儿童的思考,又注重激发儿童的情感;既注重活用儿童养田鼠等日常的道德体验和生活科中有关水稻的实践经验,又注重在课堂中利用角色扮演使儿童感受到蒲公英、太阳和小女孩的心境,利用家长的参与等道德教育的资源,使在场的教师、家长和儿童再次感受到生命诞生的喜悦、艰辛以及对生命的赞叹和珍爱的真切情感。

二　探索其他途径

道德课只是中小学道德教育的途径之一。要提高中小学道德教育的效果,光靠每周只有一节的道德课是远远不够的。因此,日本的小学和初中十分重视探索道德教育的其他途径——道德课以外的学校其他活动、道德课和道德课以外的学校其他活动的合作及其中小学道德教育与家庭和社区的合作。

（一）加强道德课以外的学校其他活动的道德教育

日本文部省的《学习指导要领》将小学和初中的全部活动分为各科教学、道德、特别活动和综合学习时间四个领域,由此,道德课以外的学校其他活动是指各科教学、特别活动和综合学习时间三个领域。其中,各科教学在小学是指国语(日语)、社会(包括地理、历史和公民等内容)、算术、理科(自然科学的学科,物理、化学、地学、生物学等的总称)、生活、音乐、图画手工、家庭和体育九个学科;[①]在初中是指国语(日语)、社会(包括地理、历史和公民等内容)、数学、理科、音乐、美术、保健体育、技术及家庭和外语九个学科。[②] 特别活动在小学是指班级活动、儿童会活动、俱乐部活动和学校例行活动;在初中是指班级活动、学生会活动、学校例行活动等。[③] 综合学习时间是在1998年的课程改革中才设立的,是指"各学校根据学校、地区、学生的实际情况和特点,在横向的、综合的学习以及以学生感兴趣的、关心的内容为基础的学习上充分发挥创新与探索的精神,进行的相应的教育活动";其主要课题可以是国际理解、环境、信息技术、福利和健康等方面。[④] 因此,加强道德课以外的学校其他活动的道德教育就是要加强各科教学、特别活动和综合学习时间三个领域中的道德教育。

"中小学道德教育应该通过学校全部教育活动来进行"的全面主义道德教育原则是战后日本道德教育中所一贯坚持的原则。在特设道德课以后的四次《学习指导要领》的修订中,都一再强调道德教育不仅要在道德课里,而且也必须在各学科及特别活动中根据各自的特点进行指导。1998年的第四次改订,在教育课程中又增加了综合学习时间这一形式,在道德教育中也增加了综合学习时间这一不可忽略的道德教育形式。总的来说,尽管各学科、特别活动和综合学习时间都有自己的

---

① 小学的各科教学的开设时间如下:社会科是从三年级开始到六年级,理科是从三年级开始到六年级,生活科是从一年级开始到二年级,家庭科是从五年级开始到六年级,此外的其他5门学科——国语、算术、音乐、图画手工和体育均从一年级到六年级。

② 初中的各科教学的开设时间均为从初一年级到初三年级。

③ 俱乐部活动是指四年级以上的儿童根据兴趣爱好而组织起来的活动团体。学校例行活动是指学校安排的各种大型活动,在小学和初中均包括如下内容:仪式性例行活动,学艺性例行活动,健康、安全和体育性例行活动,旅行、集体性住宿性例行活动和劳动生产、义务性例行活动。

④ 《小学学习指导要领》,[日]大藏省印刷局,1998年,第2—3页。
《初中学习指导要领》,[日]大藏省印刷局,1998年,第3页。

目标和内容体系,但和道德教育的目标一样,都是以日本《教育基本法》的基本精神为基础的,在其目标和内容等方面与道德教育有着一定的联系。因此,《学习指导要领》要求对这些方面在道德教育中的作用给予一定的重视,以增强中小学道德教育的整体功能。

除了以上三个领域之外,和道德教育有关但又未被《学习指导要领》列入学校全部活动的领域之内的是"学生指导"。"学生指导"又称为"生活指导",是指和学习指导相对,在学科以外的活动中进行的、对儿童进行有关作为人的生存方式方面的指导。学生指导于 1948 年左右从美国引入,当时的目的是为了辅助社会科进行道德教育,使道德教育"在个体的生活场合根据活生生的生活进行的生动活泼的实践指导"与对社会生活的"认识指导"结合起来进行。① 尽管 1958 年特设了道德课,形成了以道德课为核心的中小学道德教育体制,但学生指导这一形式并没有被文部省取消。虽然它既不属于道德课,又不属于道德课之外的其他三个领域,但它是以上四个领域的基础。因此,许多日本小学和初中的教师一直把它看做是帮助学生解决生活问题、掌握生活方式、对学生进行行为指导的重要活动。如果说道德课主要是针对班级全体儿童进行道德教育的一种重要方式的话,那么,学生指导就主要是针对个别儿童进行道德教育的一种重要方式。因此,笔者在此也将"学生指导"作为道德课以外的中小学道德教育的一种重要形式,和各科教学、特别活动和综合学习时间一起,列入道德课以外的学校其他活动中。

日本的小学和初中十分重视探索道德课以外的学校其他活动中的道德教育,其实践探索主要表现在以下两个方面:①探索在各科教学、

---

① 饶从满、满晶《战后日本现代化过程中的学校道德教育》,《外国教育研究》,1997 年,第 6 期,第 21 页。

特别活动、综合学习时间和学生指导中进行道德教育的途径和方法。例如,横滨国立大学附属小学的宫坂元裕校长指出,在图画手工课中,教师可通过让儿童逐步完成图画和手工作品,培养儿童为了达到目标而克服困难的坚强意志,使儿童感受成功的喜悦和生活的快乐,并培养儿童自我教育的能力等。① ②探索将各科教学、特别活动、综合学习时间和学生指导结合起来进行道德教育的途径和方法。例如,东京都三鹰市立第一小学校长有村久春认为,学生指导的目的主要是要促进儿童主动地探索和选择自己的生存方式,使他们对未来充满信心,拥有理想。为此,学生指导要和班级活动、道德课和综合的学习结合起来进行:①要在班级活动中明确学生指导目标是促进学生对自己的生存方式进行选择、决定和适应;②要和道德课结合起来,要在道德课中内化儿童正确的价值观,为儿童的自主选择奠定基础;③要在综合学习时间中,培养儿童发现问题和解决问题的能力,以培养具有主体性的、具有独立思考能力的儿童。② 下面我们再举两个实例加以说明。

香川县小学道德教育研究会在实践中摸索了一条在综合学习中培养儿童知行统一的道德性的道路:①教师们把综合学习分成三类,开展各种综合学习活动。第一类是解决教育课题的学习,主要是解决问题的学习,内容有"环境""国际理解""文化""人类""情报"等方面。在这类课题中,先要根据各学校的具体特色来选择教育课题。例如,S 学校选择"环境",Y 学校选择"人类""福利""国际",R 学校选择"国际""环境""文化"等。然后,以综合学习为轴心,以道德性的养成为目标,安排认识与行动相统一的体验活动,使儿童在克服困难的过程中坚定自己

---

① 宫坂元裕《让儿童终身快乐地进行造型的创造活动》,[日]《教职研修》,1998 年,5月增刊号,第163 页。
② 有村久春《培养儿童对生存方式的思考能力和选择能力,充实学生指导》,[日]《教职研修》,1998 年,5 月增刊号,第 203 页。

的意志、回味快乐、超越痛苦,获得知识、技能,并不断思考,养成道德性。在实施过程中,要注重各科教学的综合统一。在考虑统一的时候,首先要围绕主题而统一,然后再进行学习内容和学习方法的统一。如对两个故事的主人公的生活方式和思维方式进行对比、思考,是学习内容的统一;用音乐、美工、语言等表现方法来表现相同的学习内容,是学习方法的统一。第二类是从宽松和情趣中产生的学习,是以儿童的兴趣为基础,在课余享受宽裕和情趣的同时,了解人生的多样性为目标的学习。例如,某校考虑利用课余小组的形式让儿童的兴趣更为广泛。因此,就设计了让儿童在学校职员及社区居民的帮助下,了解相机的用法,学习手语和学习弹奏乐曲等。通过这些学习,儿童学习了一些技能技巧,生活变得更为丰富,家庭生活也变得更为充实了。又如,某校在放暑假以前,设计了暑假的自由研究的内容和暑假才能够进行的和家庭或社区的朋友们游玩的体验的单元;在放寒假以前,设计了冬天家庭的游戏——如做菜、玩日本的纸牌等正月的游戏。这类课题可以让儿童体会到自己设计课题、解决课题的喜悦,加深儿童对自己和他人的理解,开拓学习的场地和机会。第三类是设定课题的学习,是在第一类的学习之后,在儿童想做进一步的调查、了解更多情况的基础上的学习。例如,B校根据解决教育课题的综合学习的情况,让每个孩子在暑假期间设计自己的研究计划。各个学校可根据自己的特点,有所侧重地综合这三类学习。例如,S校是以第一类综合学习为重点,用一年的时间来进行;F校则是将三类学习综合在一起。②加强综合学习活动和学校其他活动的联系。例如,综合学习和生活科一样,都是重视活动、体验和表现的活动,因此可将生活科的学习和综合学习的理念、指导方法综合起来考虑,如将生活科的内容放在综合学习的三类课题中来考虑,开展活动。又如,可以以综合学习为中心来设计单元,将各科教学和道德、特别活动三个领域综合起来,编成校本化课程。① 总之,香川县小学道德教育研究会根据综合学习时间的特色,对综合学习的种类进行了划分,并根据不同的种类设立了不同的学习重点。各种丰富多彩、生动活泼的综合形式的道德学习,不仅培养了植根于儿童心灵深处的道德性,而且还促进了学校各种活动之间的有机结合。

东京都品川区立第二日野小学,从 2003 年开始将特别活动、道德课和综合学习的时间综合在一起,设立了市民课。市民课的主要目标是培养儿童基本的生活习惯和社会性,学习内容为"自我管理""人际关系的形成""自治的活动""文化创造"和"将来设计"等五个方面。在2003 年市民课的教学实践的基础上,第二日野小学 2004 年又设立了市民课的课程委员会,制定了年度教学计划,从四月份开始按计划进行市民课的教学,标志着市民课的道德教育实践开始走向正规发展的道路。到 2004 年 6 月底,第二日野小学在"自我管理"领域,进行了打招呼和正确刷牙的生活习惯学习;在"人际关系的形成"领域,制定了儿童在班级和社区应该遵守的规则,进行了应该如何和朋友和他人交往的学习;在"自治的活动"领域,学习了如何以班会为中心开展活动的方法;在"文化创造"领域,学习了如何组织全校的集会,在组织集会的过程中如何协调各种关系等;最后,在"将来设计"的领域,开展了对将来的梦想和职业的学习活动。例如,在 6 月 19 日的市民课的公开教学实践中,一年级开展了"今天心情真好"的活动,儿童通过角色扮演的方法,学习和巩固了打招呼活动;二年级开展了"大家都长大了"的活动,学会了正确刷牙的办法;三年级和四年级开展了"期待 7 月活动的到来"的活动,就 7 月14 日将要开展的项目活动进行了充分的讨论,所有的儿童都发了言,畅

---

① 香川县小学道德教育研究会《谋求与综合学习共同发展的道德学习》,[日]明治图书出版,2000 年,第 36—46 页。

谈了自己的想法；五年级就"看看周围"的主题，对目黑川乱扔垃圾和烟头的问题进行了讨论，制定了调查乱扔垃圾和烟头问题的计划；六年级以"给 A 的信"为道德教育资料，讨论了欺侮的问题。① 综上所述，品川区立第二日野小学将原有的道德课、特别学习和综合学习的时间综合起来，设立了市民课，以"自我管理""人际关系的形成""自治的活动""文化创造"和"将来设计"等五个方面为中心，进行道德学习。在第二日野小学的管理者和教师们看来，市民课的学习是一种以儿童为中心的活动中的学习，是一种发挥儿童主动性、提高儿童自我管理能力的学习，是培养合格市民的基本技能和行为能力的学习。当然，市民课的设立和有关活动的开展还只是一种尝试，是否成功、效果如何还有待进一步探讨和检验。

(二)加强道德课与道德课以外的学校其他活动的合作

按照文部省《学习指导要领》的规定，道德课对道德课以外的学校其他活动进行的道德教育起补充、深化和统合的作用，因此，加强对道德课与学校其他活动之间的合作是保证日本中小学道德教育顺利进行、提高道德课教学效果的重要途径。

20 世纪 70 年代以来的日本历次道德教育课程改革都十分重视道德课与学校其他活动之间的合作。1977 年的道德教育课程改革，提出了道德课要"和各科教学、特别活动的道德教育保持密切联系"；②1989

---

① 品川区立第二日野小学《市民课的活动》，http://www1.cts.ne.jp/hino2/，2005 年 7 月 13 日下载。
② 文部省《日本小学道德课教学大纲(1977 年)》，见余光、李涵生《德育》，人民教育出版社，1989 年，第 183—189 页。
文部省《日本中学道德课教学大纲(1977 年)》，见余光、李涵生《德育》，人民教育出版社，1989 年，第 190—194 页。

年的道德教育课程改革,保留了这一观点;①1998 年的道德教育课程改革,又提出了道德课要"和各科教学、特别活动及综合学习时间的道德教育保持密切联系",②增加了和综合学习时间合作的内容。很多学者,如村井实、押谷由夫和金井肇等人,也很重视道德课与学校其他活动之间的合作。在文部省方针政策和学术界研究的共同影响下,日本的小学和初中很重视加强道德课与各科教学、特别活动和综合学习时间的合作,取得了很多成功的经验。主要的经验有以下几个方面。

第一,利用各科教学、特别活动和综合学习活动让儿童获得丰富的体验,为道德课教学奠定基础。这部分内容在上述"重视通过丰富的体验培养儿童的道德性"中已经有所阐述,在此我们再举一实例加以说明。

道德教育的视点\领域	自己	和他人的关系	和自然和崇高事物的关系	和集体以及社会的关系
儿童会活动	※打招呼 走廊布置 姓名卡	见面式,毕业餐 小运动会 七夕集会 ※敬老日 ※文化节		运动会 儿童集会 委员会活动
仪式活动	开学式 结业式 离校式			入学式 毕业式
艺术活动	作品展	※文化节	看演出	

---

① 《小学学习指导要领》,[日]大藏省印刷局,1989 年,第 105 页。
《初中学习指导要领》,[日]大藏省印刷局,1989 年,第 117 页。
② 《小学学习指导要领》,[日]大藏省印刷局,1998 年,第 90 页。
《小学学习指导要领》,[日]大藏省印刷局,1998 年,第 98 页。

道德教育的视点 / 领域	自己	和他人的关系	和自然和崇高事物的关系	和集体以及社会的关系
健康安全/体育活动	体育活动 游泳教室 长跑活动		身体检查 健康诊断 交通安全 自行车教室 避难训练	班级会 运动会
远足/集体宿营活动		远足 森林学校		休学旅行
勤劳生产/义务劳动				清扫活动 委员会活动

表4.2   创设道德体验场①

大阪府交野市立星田小学 1992－1993 年是文部省指定的道德推进校,当时该校的道德体验活动主要有两部分内容:首先,创设各种道德体验场(见表4.2),让儿童获得丰富的体验,为道德课教学奠定基础。其次,围绕道德课教学的主题,重点开展以下三项道德体验活动:①打招呼活动——用近一个月的时间,在1－6年级开展各种各样与打招呼有关的活动,使儿童建立起和别人打招呼的习惯,并通过此活动让儿童了解他人,和他人友好相处;②敬老节活动——在一个半月的时间内,在1－6年级开展各种各样的敬老活动,包括写信、访问活动、报告会、介绍回信等,使儿童和老人接触,并产生尊敬、同情老人的情感;③文化节活动——在五周的时间内,在全校六个年级开展文化节活动,包括1－3年级的手工制作活动和4－6年级的探险活动等,让儿童通过主动制订计划、实施计划等活动,培养他们从始至终完成任务的意愿

---

① 表中数据来源:大阪府交野市立星田小学《1992－1993 年文部省指定道德教育推进校研究纪要》(未刊),1993 年,第40—41 页。表内的※表示该校开展的重点活动。

和态度。星田小学的道德体验活动的经验主要有以下三个方面：一是利用道德体验场，使儿童产生良好的道德体验。"道德体验场是道德体验所由发生的功能性关系情境和氛围。它是由体验者周围在场或不在场的、被认识到的和尚未被认识到的一系列内生变量和外生变量有机联系而形成的一种整体道德关系情境和氛围。"①星田小学通过创设道德体验场，使儿童在各种整体道德关系的情境和氛围中产生道德体验，为道德课内化各种核心价值观奠定了良好的基础。二是根据本校特点和儿童的实际状况，在广泛开展各种道德体验活动的基础上，突出重点，为更好地开展道德课教学，打下了坚实的基础。三是加强道德课教学和体验活动之间的联系：一方面，体验活动是道德课教学的基础，道德课教学在体验活动的基础上进行；另一方面，体验活动是道德课教学的延伸和展开，在道德课教学的基础上，进一步开展道德体验活动，提高儿童的道德实践能力。

　　第二，以某一道德教育主题为目标，以道德课为核心，将道德课与学校其他活动联系起来，为共同的主题服务。例如，八千代市立村上北小学 2002 年的道德教育研究主题是"拥有丰富的心灵，培养具有道德实践能力的儿童"。为了达到这个目标，该校计划通过打动儿童心灵的体验活动，让儿童发现自己、加深思考，以提高儿童的道德实践能力。为此，该校选用了押谷由夫的综合单元的道德学习理论，根据道德教育的内容设定单元，将道德课和各科教学、特别活动和综合的学习时间结合在一起，以丰富儿童的体验；选用了再现构成法、角色扮演和运用视听觉资料等方法，来促进儿童发现自己，开展活用道德体验的道德课教学。② 可见，八千代市立村上北小学不仅综合运用了综合单元的道德学

---

① 刘惊铎《道德体验论》，人民教育出版社，2003 年，第 176 页。

② 八千代市立村上北小学《道德研究实施计划》，http://www.yachiyo.ed.jp/emurakita/kenkyu/kenkyu.html，2005 年 7 月 4 日下载。

习、再现构成法、角色扮演和运用视听觉资料等道德教学的理论,提高道德课的教学效果;而且还根据综合单元的主题,将道德课和学校的其他活动结合起来,使直接教学和间接教学相结合,提高了中小学道德教育的实效。

又如,2000年,横滨国立大学附属横滨小学二年级的儿童,听说三年级的儿童和横滨国立大学附属特殊学校的儿童互相交流、愉快相处的消息,也提出了想和特殊学校的儿童交流的方案。教师对此给予认可,并以此为主题,将道德课和综合学习时间结合在一起,设计了"和特殊学校的儿童做朋友"的综合学习单元。这一单元的学习目的是:①培养自我决定的能力。在儿童想和特殊学校的儿童交流的良好愿望的基础上,让儿童自己考虑应该怎么做,培养儿童自己思考的能力;②培养责任感。为了实现和特殊学校的儿童交流的目的,让儿童自己去调查特殊学校的事,自己制订计划,并实现计划;③培养合作和交际能力。培养儿童合作制订计划、实现计划的能力以及和特殊学校儿童交际的能力。此后,这一单元的实施过程如下:①在教师的启发下,儿童自发、自主地展开讨论,并和特殊学校的教师取得了联系,获得许可之后,定下了和特殊学校交流的时间;②教师以"如何成为朋友"为主题,进行了道德课教学。教师问儿童:"要召开交流会,还要做些什么准备?"儿童纷纷发言,有的说要了解特殊学校的地址,有的说要知道如何去特殊学校,有的说要知道去特殊学校所需的时间,有的说要确定和哪个年级、哪个班的儿童交流,有的说要知道特殊学校一个班有多少名儿童等等。经过热烈讨论,儿童分成小组,制定了各小组应该调查的计划和任务:一组负责调查特殊学校的地址、去特殊学校的交通工具和交通费;一组调查特殊学校有几个年级和每个班的人数;一组负责调查特殊学校儿童的姓名和喜欢的游戏;一组负责调查交流日那天要玩的游戏;一组负责调查交流日那天要带什么礼物去合适;③各小组根据道德课中定下的任务分头行动。他们通过传真、电子邮件等手段调查特殊学校的事情。特殊学校送来了二年级三个班共 21 名儿童自我介绍的录像带。由此,二年级也在各班制作录像带,录上儿童的姓名、喜欢的东西、生日、给自己交流的伙伴留言等;④在交流日,二年级全体学生访问了特殊学校,召开了交流会。尽管事先知道特殊学校的儿童在语言或身体方面有障碍,但在交流会中,儿童还是感到吃惊。他们克服了种种困难,尽力和特殊学校的儿童开展交流活动;⑤交流会后的感想。交流会后,儿童在有关交流会的作文中谈到了各自的感想。有的说自己的交流伙伴比自己想的身体要好;有的说自己的交流伙伴说话很大声,能够清楚地表达自己的想法;也有的说自己把礼物给交流伙伴时,对方把礼物弄坏了,心里感到很难过;还有的说自己的交流伙伴一会儿就不见了,找到后一会儿又跑掉了,下次再在一起时应该紧紧抓住手不放等等。① 从上述的活动可以看出,横滨国立大学附属横滨小学二年级的教师们从儿童想和特殊学校的儿童交往的愿望出发,设立了综合学习单元;引导儿童在讨论、制定和实现计划的过程中,培养儿童自我决定的能力,做道德学习的主人;引导儿童主动地面对并解决问题,促进他们共同思考——如何获得有关特殊学校儿童的信息,如何到特殊学校,如何分工,如何制作录像带以及如何克服和特殊儿童交往中出现的困难等,鼓励他们为达到目标而不懈努力。总之,这一单元活动主要以"和特殊学校的儿童做朋友"为主题,将道德课与综合学习时间联系起来,培养了儿童自我决定的能力、责任感、合作和交际的能力。其中的道德课作为五个环节中的第二个环节,起着承上启下、深化和整合整个单元活动的重要作用。

（三）加强中小学道德教育与家庭、社区的合作

---

① 高桥胜《加深儿童的道德思考》,[日]《道德教育》,2001 年,第 11 期,第 6—7 页。

　　道德教育的实施主要有三种途径。第一种是中小学道德教育，主要通过学校来实现；第二种是家庭道德教育，主要通过家庭来实现；第三种是社会教育，主要通过大众传播媒介（如广播、电视、互联网等）以及与本社区的成人与儿童的相互交往来实现。要促进道德教育的全面发展，需要教育者将家庭道德教育和社会道德教育纳入到道德教育的体系中去，形成学校、家庭、社会一体的道德教育。在第三章探讨日本中小学道德教育存在的问题时，我们已经谈到日本中小学道德教育的问题和家庭、社区道德教育能力的减弱有极大的关系，因此，加强中小学道德教育与家庭、社区的合作，对提高家庭、社区道德教育能力，促进中小学道德教育，具有十分重要的意义。从1990年起，文部省开始推行"市町村道德教育推进事业"，动员市町村配合学校抓好道德教育。1996年，日本开始实施"学社融合推进计划"，以学校为核心，与家庭和社区合作构筑"教育网络"，以抵御新的有害环境对青少年的影响，并开展"环境净化活动推进事业"。[①] 1989年和1998年的道德教育课程改革，尽管没有专门在道德课的目标中提到和家庭、社区的合作，但都提出了"谋求与家庭和社区的密切配合"的观点。[②] 特别值得一提的是，1998年的道德教育课程改革将"通过开展和家庭及社区人们的合作活动，充实道德教育"作为道德教育改订的方针。[③] 在文部省的积极推动下，日本的小学与初中十分重视与家庭、社区的合作，以达到培养儿童的道德性、提高道德教育整体效果的目的。其主要的实践探索包括以下两个方面。

　　第一，充分利用家庭和社区的道德教育资源，促进学校的道德教育。

[①]　易红郡《日本中小学德育：问题、对策及启示》，《课程・教材・教法》，2003年，第2期，第71页。

[②]　《小学学习指导要领》，[日]大藏省印刷局，1989年，第1页。
　　《初中学习指导要领》，[日]大藏省印刷局，1989年，第1页。

[③]　《小学学习指导要领解说（道德编）》，[日]大藏省印刷局，1999年，第5页。
　　《小学学习指导要领解说（道德编）》，[日]大藏省印刷局，1999年，第4页。

首先,利用家庭、社区资源丰富儿童的体验、为道德课提供教材。例如,北海道涵馆市立港小学教师永井贵之为了更好地开展打动儿童心灵的道德课教学,利用社区题材的资料作为道德课的教材。他认为,社区题材的资料可分为两个部分,一是社区过去的名人事迹,可以在道德课中介绍和学习,使儿童为自己生活的社区感到自豪,并激发他们更好地生活和创造的欲望;二是从社区中,挖掘"自然·环境""社区的传统"和儿童的义务劳动等题材,作为道德课的资料,以培养儿童的道德性。① 总之,永井老师注重利用社区资源,使道德教育的教材贴近儿童的生活,从而教育儿童热爱自己的社区,拥有积极向上的人生态度。

其次,选择一些社区中有才能、有良好的生活方式和生活态度的人才,参加学校的道德教育活动。这些社区人才可以是儿童家长,也可以是生活在社区中的成员。儿童可学习他们热爱生活、积极进取、不谋私利、为公众服务的生活态度,学习他们早睡早起等良好的生活规律和生活习惯;学习他们特殊的才能和技艺,如从专门照顾残疾人的人那里了解到应该如何尊重和对待残疾人,从餐馆的工作人员那里了解到应该怎样对待顾客;加强和这些人才的联系,了解他们的生活环境,发现他们的优点,加深理解和联系,并学习他们的长处;在道德课前、课中、课后,受他们相关的指导和帮助,加深对道德价值的理解等等。例如,在道德课的教学中,社区人才的活用方法有两种。一是社区的人才在学习中起着主要的作用。例如,在学校活动和综合学习的时间里,和社区人才谈话,让社区人才指导各种各样的活动。二是社区人才起辅助的作用。在各科学习和道德课中,为了达到教学目的,有时需要让社区人才起一种辅助的作用。在第二种情况下,与各科学习和道德课内容有

---

① 永井贵之《加深道德价值认识的道德课的理想状态——为了充实道德课而采用"宽松的学习过程"和"在资料和教材上下工夫"》,见全国小学道德教育研究大会《第35次全国小学道德教育研究大会(大会重要事项)》(未刊),香川大会事务局,1999年,第73页。

关的专门人才,在课的导入部分对儿童起积极的促进作用,激发儿童的学习兴趣;为了使儿童对教材中某个主人公的烦恼、思考产生共鸣,让儿童的思考更为深入,在课的展开部分,和儿童直接对话,让儿童了解专家的看法和意见;在课完成之后,就儿童的生活方式和生活态度给予提示和启发,并鼓励他们将自己的想法在实践中运用。无论是在课前、课中还是课后,社区人才的辅助作用对儿童的道德学习来说,起着非常重要的作用。

最后,以某一道德教育主题为中心,联合家庭和社区,共同促进道德教育。例如,北海道山越郡长万部町立静狩小学 1995－1996 年是文部省的道德推进学校,其道德研究的主题是"培养拥有丰富的心灵,健康成长的儿童——学校、家庭、社区联合,共同促进道德教育"。研究内容有三个方面,第一和第二方面主要涉及道德课及其和学校其他活动的合作,第三方面则是有关学校、家庭和社区共同合作的内容。第三方面的内容主要包括以下几个方面:充实广告活动;在开放日中公开道德课的教学,让家长谈感想,并开展亲子娱乐活动;和民生儿童委员交谈;召开运动会和学艺会;推进社会力量参加儿童会的活动;充实青少年红十字活动;和长万部町青少年健全培养推进协议会建立合作关系;推进打招呼的运动等。① 由此可见,静狩小学的学校、家庭和社区的联合主要是通过具体的活动来实施的。这些活动不仅促使家庭、社区和学校为了培养儿童道德性这一目标而共同努力,而且还促进了三者之间的合作和了解,促进了家庭和社区教育能力的提高。

又如,高冈市立太田小学 2001 年在设立了"培养尊重自己和他人的生命,具有主体性的能够创造安全生活的儿童"的学校道德教育主题

---

① 北海道山越郡长万部町立静狩小学《培养拥有丰富的心灵,健康成长的儿童——学校、家庭、社区联合,共同促进道德教育》,[日]《初等教育资料》,1997年,第 2 期,第 14—15页。

后,确定了以下几个方面的研究内容:一是开展具有安全意识的主体性的学习活动;二是创造安全生活的环境;三是和社区的合作,共同开展安全教育活动。在此基础上,从以下几个方面进行了实践探索:①以综合学习时间为中心开展安全教育活动,包括五年级儿童开展的"保护生命小队"活动(分成三个小队,第一小队对学校发生的事故状况、发生的原因及防止的对策等进行研究;第二小队对学校附近的危险场所进行调查,制成地图,提醒同学注意;第三小队对冬天积雪造成的交通事故、火灾等状况、发生的原因及防止的对策进行研究等等),三年级儿童开展的"健康地玩耍着的太田"活动(主要是注意上学时路上的交通安全、暑假出游时应该注意的交通安全、交流有关交通安全的体验等)和一年级儿童开展的"紧张地过马路的我"活动(主要是让儿童学会过马路的基本常识、注意安全等)等。②开展安全生活的儿童会活动,包括以儿童为主体的儿童会活动(如计划委员会、生活安全委员会、保健委员会的有关交通安全的各种活动)和保护上学安全的儿童会活动(分小组进行集体上学活动,了解上学途中的危险场所等)等。③和社区合作,开展安全教育活动,包括为一年级儿童开设交通安全班(教儿童如何看信号灯,如何过马路等基本常识),引导四年级儿童了解有关骑自行车的交通法规和安全知识,设置校内危险场所的标志牌和宣传广告等。④制作宣传交通安全的宣传栏,在学校附近的社区张贴,呼吁全社区的人们注意交通安全。⑤采取各种措施,确保儿童安全,如设置儿童安全对策委员会、开展各种形式的讲座等。⑥高年级儿童定期到交通安全指挥亭去见习,了解有关交通安全知识。[①] 从以上活动可见,围绕着"交通安全"这个主题,在教师的指导下,在综合学习时间等学校的全体

---

①　高冈市立太田小学《在小学中开展有效的交通安全教育的方法——培养具有主体性的能够创造安全生活的儿童》,http://mps. city-takaoka. jp/oota/gai/kotyo/news. asp,2003 年 11 月 18 日下载。

活动中,在与社区的共同合作中,儿童主动地开展了多种活动。通过这些活动,儿童知道了应该如何注意交通安全,提高了道德实践能力。

第二,充分利用学校的道德教育资源,为家庭和社区服务,提高家庭和社区的道德教育能力。

首先,利用中小学道德教育的资源,为家长和社区居民提供道德学习的机会。一些小学和初中不仅让家长和社区居民参观中小学道德教育,而且让他们直接参与学习活动——让他们和儿童一起读道德教育资料、看电视节目,一起讨论和思考,使他们在作为家庭、社区道德教育资源,帮助教师对儿童进行道德教育的同时,自觉或不自觉地参加学校的道德教育活动,接受一定的道德教育。

例如,香川县坂出市立中央小学的坚尾由美子老师将道德学习与综合学习结合在一起,为该校二年级的儿童设计了"蔬菜的故事"的综合单元。在二年级第一学期,主要是围绕"夏天的蔬菜"的主题开展了以下两个活动:一是和园艺工人和有经验的老年人一起讨论种植蔬菜过程中存在的问题;二是开蔬菜会,招待一年级的儿童。在第二学期,主要是围绕"秋天的蔬菜"开展了以下两个活动:一是和老人会的老人和社区的老人一起讨论种植红薯中存在的问题;二是到老人福利机构访问,义务为老人做一些力所能及的劳动。在以上两个学期活动的基础上,坚尾老师计划在第三学期围绕"蔬菜的生长和儿童的成长"的主题,进行感谢家长和社区居民的道德学习。为此,坚尾老师开展了如下活动:①有关"蔬菜的生长"的系列活动:儿童、家长和社区居民共同制作"蔬菜新闻"的小报;家长和社区居民参观主题为"蔬菜生长"的道德课;在收获蔬菜后,儿童、家长和社区居民一起烹调和品尝蔬菜;儿童在种植蔬菜的过程中得到家长和社区居民等的帮助,感受到自己的成长和家长的爱和社区居民的帮助分不开,因此在老师的指导下创作名为"蔬菜的故事"的小歌剧,但尚未完成。②主题为"蔬菜的生长和我的成长”的道德课：A. 课前，通过"班级信息"的小报，向家长收集家长写给孩子的信，内容或是鼓励儿童的成长，或是从不同角度观察儿童的成长过程。B. 道德课的目标：一边回忆一年的蔬菜种植过程，一边阅读家长写的信，使儿童再次感受到成长的喜悦，感受到自己的成长和家长、社区居民等的关心分不开；给小歌剧"蔬菜的故事"加上结尾，完成小歌剧的创作。C. 道德课的过程：在课的开始阶段，老师说："我们的小歌剧'蔬菜的故事'马上要完成了，在结尾部分，同学们想写什么呢？"有的说："想写学会种蔬菜以后，我们比以前更能干了。"有的说："想写我们和老年人在一起学到了很多东西，过得很愉快的事情。"还有的说："想写通过种蔬菜的过程，我知道了要爱惜生命。"在课的展开阶段，教师先让儿童读两封家长写的信，并请儿童选择其中的一封，谈谈自己的感受，重新思考在小歌剧的结尾要写的内容。接着，教师将儿童和家长、社区居民分成两个小组，一个小组重点讨论一封信。第一小组讨论的问题是："信中所写的希望孩子不要忘记的是什么事？"和"妈妈为什么佩服孩子？"第二小组讨论的问题是："为什么妈妈想起孩子出生时的事情？"在讨论过程中，写信的家长谈了自己写信时的感受，其他家长和社区居民也都发了言。此后，教师又让儿童、家长和社区居民读一封家长写的关于人和环境关系的信，请儿童谈谈感想。教师在儿童谈完感受后，总结说："同学们是在家长、社区居民的关心和帮助下成长的，要怀着对家长、社区居民的感激之心，不断成长。"接着，儿童又在和同伴、家长、社区居民的讨论中完成剧本的结尾部分。有的写道："家长和社区居民对我们的鼓励，我们时刻记在心上。在家里，我们也要多帮忙做家务。"也有的写道："社区居民教我们种蔬菜，很辛苦。我很想为他们做点事情，尽一份力。"还有的写道："谢谢家长、社区居民给我们的帮助。今后还请你们多多关照。我也要珍惜自己的生命，不让家长和社区居民操心。"在课的结束阶段，教师进行了小结："今天，同学们想出在小歌剧的结尾部分感谢生活在我们周围的人——家长和社区居民等,这个主意太好了。下次我们将大家今天写的结尾部分进行比较,挑选出最好的一篇作为小歌剧的结尾部分。① 在这个综合单元的活动中,教师通过蔬菜种植的一系列活动,将蔬菜的生长和儿童的成长联系在一起,将儿童和家长和社区居民的活动结合在一起,使他们获得共同的劳动体验,为道德课的学习奠定了良好的基础。在道德课中,教师通过儿童读家长的信,通过组织儿童、家长和社区居民的讨论等形式,不仅促进了儿童的道德学习,也促进了家长和社区居民的道德学习,并加深了他们之间的交流和合作。

其次,通过加强学校和家庭、社区的交流和合作,使家长和社区居民感受到集体的温暖和助人为乐的喜悦,感受到生存的价值、精神的净化和人性的提升。日本是老龄化社会,社区担负着为老年人和残障人士提供良好环境、在社区开展志愿者活动和终身学习活动的重任。加强学校和家庭、社区的交流和合作,可以帮助社区创设良好的精神环境,提高家庭和社区的道德教育水平。例如,香川县香南町立香南小学的植田和也老师为小学三年级的儿童设计了"和社区的老年人交流,学习他们的长处"的综合学习单元。这一单元的活动共分为三个主题:第一个主题是"去见我们町里的老人",是在第一个学期进行的,主要开展了两个活动:一是就种植花卉的问题和老年俱乐部的老人交流;二是访问在老人保健中心的老人。第二个主题是"和老人们一起活动",是在第二个学期进行的,主要开展了以下的活动:一是参加敬老会,和老人一起活动;二是邀请老人参加学校的运动会;三是从老人那里学习过去的游戏的玩法和游戏玩具的制作办法;四是在向志愿者团体学习了该如何和老人交往后,再次访问老人保健中心,和老人一起活动。第三个

① 香川县小学道德教育研究会《谋求与综合学习共同发展的道德学习》,[日]明治图书出版,2000年,第164—166页。

主题是"向大家介绍从老人那里学到的东西",是在第三个学期进行的,主要开展了以下活动:一是制作感谢信,将一年中自己从老人那里学到的玩具的制作方法、生活的方式,和老人交流过程的心得等总结出来,写成感谢信,送到老人手里;二是将自己和老人交流后学到的东西用画和文字展现出来,和全校同学交流。① 在上述三个主题的活动中,儿童通过和老人的交流,感受到老年人的善良和智慧,感受到交流的快乐;老人通过和儿童的交流,感受到儿童的活力和助人为乐的喜悦,感受到生存的价值和快乐。

"充分利用家庭和社区的道德教育资源,以促进学校的道德教育"和"充分利用学校的道德教育资源,为家庭和社区服务,以提高家庭和社区的道德教育能力"这两个方面是相辅相成、互相促进的。前者是以学校为中心,后者是以家庭或社区为中心;但开展的活动可能是相同的或类似的,受益的既有学校,又有家庭和社区;既促进了儿童道德性的发展,又提高了家庭和社区的道德教育能力。

综上所述,日本小学和初中的道德教育的实践主要是围绕改进课堂教学和探索其他途径两个方面来进行的。尽管为了论述的方便,我们分开进行了阐述,但实际上二者是相辅相成和互相促进的。这也体现了世界中小学道德教育中直接教育(主要是课堂教学)和间接教育(除了课堂教学以外的其他途径)相结合的发展趋势。

任何教育改革都离不开教育理论的先导、教育政策的导向和实施者的实践。日本 20 世纪 70 年代以来的中小学道德教育改革也如此。作为实施者的日本中小学的学校管理者和教师,是中小学道德教育改革的关键人物,离开他们的积极参与,中小学道德教育改革不可能取得

---

① 香川县小学道德教育研究会《谋求与综合学习共同发展的道德学习》,[日]明治图书出版,2000 年,第 159 页。

实质性效果。正如英博（Inbar, D. E.）等指出的那样："教育变革的主要行为者是学校教职员，教师在最前方。他们是传递者、发起者甚至还能当守门员。"①这些身负重任的小学和初中的学校管理者和教师，"经历着明确改革责任所带来的巨大压力，同时面临着适应自己的新角色所需要学习的堆积如山的新知识。"②然而，他们中的大多数克服了巨大的压力、逐渐适应了作为改革实施者的角色，探索出具有一定特色的中小学道德教育实践。他们成功的经验主要可以归结为以下三个方面。

首先，注重以校长为中心整合学校全体活动和校外社会力量，形成道德教育的合力。20世纪90年代以来，日本政府在新自由主义有关"小政府、大社会"理念的支持下，在教育领域里进行了管理体制的改革，内容包括对文部省进行机构改革、加大都道府县和市町村教育委员会的管理权、确立学校的自主性与自律性和改革对教师的评议和管理制度等。这些改革措施为校长和教师拥有一定的自主权，探索中小学道德教育的目标、内容和途径创造了必要的条件。在这种背景下，某校的道德教育是否搞得好，跟校领导是否重视道德教育有关；跟学校的教师集体是否合作，是否同心协力搞道德教育有关；同时也跟校领导和教师是否注重整合学校全部活动和家庭、社区力量有关。日本的许多道德教育搞得好的中小学，如我们在上文提到的岩手县大船渡市立日倾市初中、长崎县奥浦小学、横滨国立大学附属小学、大阪府交野市立星田小学、北海道长万部町立静狩小学、高冈市立太田小学和八千代市立村上北小学等，都是校长重视道德教育、教师团结合作、注重整合学校全部活动和校外社会力量的典范。

其次，注重运用道德教学理论的新成果。20世纪80年代以来，日本

<hr>

① D. E. 英博等《教育政策基础》，史明洁等译，教育科学出版社，2003年，第52页。
② 迈克尔·富兰《变革的力量：透视教育改革》，中央教育科学研究所、加拿大多伦多国际学院译，教育科学出版社，2004年，序3第2页。

学术界出现了道德教学理论研究的高潮,涌现出多种道德教学理论流派。这些道德教学理论通过有关著作、杂志、讲座和网络等形式和手段,向中小学教师介绍和宣传。而中小学教师在实践中也很注重根据时代发展、儿童特点以及本校的实际,选用道德教学理论的新成果,运用于道德教育教学的实践当中。其主要的表现形式有以下两种:一种是综合运用多种道德教学理论,为其道德教育教学服务。这种表现形式的特点是选择的道德教学理论比较多,从而取各家之长,为其道德教育教学服务。这种形式占中小学的大多数。例如,上文提到的八千代市立村上北小学选用了综合单元的道德学习、再现构成法、体验演技和运用视听觉资料等理论,来促进儿童发现自己、活用道德体验的道德课教学。另一种是选用一两种道德教学理论,在其指导下进行道德实践研究。这种表现形式的特点是选择的道德教学理论比较单一,其优点是便于学习和掌握。采用这种形式的中小学虽然不多,但很能代表日本中小学运用道德教学理论的特点。例如,再现构成法是由日本教育家立石喜男提出的,是一种在故事的提示下,教师和儿童的提问和回答融为一体的教学方法。这种方法重视儿童已有的价值观和价值意识,让儿童在和教师、和同伴的交流中加深思考,塑造自我。[①] 初中教师佐藤忠弘在 1993 年初中一年级"关心他人的言行"的主题教学中,采用了再现构成法,并总结出再现构成法的特点和使用时的注意事项;小学教师八木下阳子、金山京子、熊代雅野等在实践中摸索了一套再现构成法的教学经验,提炼出小学低年级、中年级和高年级使用再现构成法的典型教案 17 例,为其他教师在实践中应用再现构成法提供了很好的参考。[②] 他们的实践探索不

---

① 立石喜男《再现构成法的教学》,http://www. kaigaya-jhs. menet. ed. jp/doutokunomado/3jyugyou/KOKORO/saigen. htm,2003 年 10 月 23 日下载。

② 八木下阳子、金山京子、熊代雅野《再现构成法的道德课学》,[日]明治图书出版,2001 年,第 6—12 页。

仅促进了再现构成法在实践中的应用,而且还促进了再现构成法教学理论的进一步发展。

最后,积极主动地参与道德教育课程变革。麦克尼尔(McNeil, J.)认为,"课程变革无非发生在两种水平上:一种是由中央教育行政部门发起的、通过行政体制的上传下达而最终由学校推行的变革,显然这种变革采用的是自上而下的变革策略;另一种是由学校的校长和教师发起的变革,通过推行变革逐层影响上一级教育行政部门从而最终得到推广,显然这种变革采用的是自下而上的变革策略。"①20 世纪 70 年代以来,日本小学和初中的学校管理者和教师不仅积极主动地参与自上而下的道德教育课程变革,根据自己的需要和特点有选择地实施政府的方针政策;而且还根据中小学道德教育的问题,提出改革道德教育课程的措施,积极主动地进行自下而上的道德教育课程变革。这些课程变革经过多年的积累,已经形成了颇具特色的校本道德教育课程。例如,上文提到的香川县小学道德教育研究会,在全县的一些小学创出了综合学习和道德学习相结合的校本课程的基础上,向全县的小学推广这一经验,形成了综合学习和道德学习相联系的"县"本课程,闻名于日本全国。又如,本书前面提到的东京都品川区立第二日野小学设立市民课的举措,也是对中小学道德教育课程的一大变革,已经引起了日本学校道德教育界的极大关注。

小　结

20 世纪 70 年代以来的日本中小学道德教育的变革与发展是在日

---

① 　杨明全《革新的课程实践者——教师参与课程变革研究》,上海科技教育出版社,2003 年,第 237 页。

本国内的全面转型与变革和世界学校道德教育的变革与发展的背景下展开的。因此,一方面,它受到转型期日本社会整体变革和世界学校道德教育变革和发展的影响;另一方面,它又通过其变革与发展的侧面,反映出日本社会整体变革和世界学校道德教育变革与发展的趋势和特点。

当我们把目光投向当代日本中小学道德教育的变革与发展本身,我们看到,这一时期日本中小学道德教育的成就是显著的:在学术界的研究方面,学者们不仅关注学生道德危机等道德教育的现实问题,而且积极探讨道德教育的基本理论和实践问题,涌现出一些著名的道德教学理论流派;在政府的方针政策方面,主要是在强化国家的要求和控制和重视个性原则的理念指导下,进行了规模较大的心灵教育和道德教育课程改革;在中小学的实践方面,很多学校的管理者和教师不仅注重整合学校、社会和家庭的力量,形成道德教育的网络,而且注重运用道德教学理论的新成果,积极主动地参与道德教育课程改革。此外,学术界、政府和学校这三个代表着不同利益、处于不同社会阶层的集团,在一定程度上形成了互相影响、互相牵制、互相促进的局面,为今后中小学道德教育的变革与发展奠定了一定的基础。

然而,当我们把目光看得更远一些,在世界学校道德教育变革与发展和日本学校道德教育问题的背景下重新审视当代日本中小学道德教育的变革与发展时,我们发现,这一时期日本中小学道德教育的不足又是显而易见的:首先,学术界的研究、政府部门的方针政策和中小学的实践都有其明显的不足之处,在一定程度上制约了中小学道德教育的变革与发展。学术界的道德教育基本理论研究还比较薄弱,还停留在对西方道德教育理论的学习、解读和本土化的层面,因此对道德教育的实践还缺乏内在的、反思性的、批判性的指导;政府部门的方针政策具有右倾和保守的倾向,和学术界的研究和中小学的实践之间还存在着明显的紧张关系；一些中小学的管理者和教师因为反对特设道德课或政府的右倾和保守政策，对学校道德教育采取消极怠工的态度，严重地影响了这些学校的道德教育的质量，使日本中小学道德教育水平出现了参差不齐的现象。

其次，尽管学术界、政府部门和中小学都为解决学校道德教育问题做出了很大的努力，但所取得的效果还不明显。在道德教育与生活世界分离的问题上，尽管随着时间的推移，在全面主义立场和方法的反击下，在强调丰富儿童的生活体验的基础上，价值主义的立场和方法有所改进，但日本道德教育的主流还是价值主义，还是强调价值内化，还是和儿童的生活世界有一定的距离。在道德教育工具化倾向的问题上，尽管学术界、日教组和部分教师对道德教育的工具化倾向进行了深刻的批判和抵制，但道德教育由于自身的软弱性及依附性，还无法超越现实，难以"通过塑造伦理精神，培养完满人格，改善人们的道德生活，实现道德对人生的肯定、调节、引导和提升"。① 在文化对道德教育的负面影响方面，核心价值观教育、国际理解教育、个性教育和教会选择的教育只是略微改善了多元价值冲突的局面；日本人对文化传统的自信、历次课程改革对民族文化和传统教育的强调，不仅没有减弱、而且还加强了日本文化传统中"和"的观念和集团主义对道德教育的消极影响。在忽视道德教育的问题上，学术界对道德教学理论的研究、教师对道德教育实践的探索在一定程度上提高了道德教育的实效，终身道德学习活动的开展减少了学历社会对青少年升学考试的压力，但政府对道德教育的过分强调引起了学者、日教组和教师的警惕和反感，起到了完全相反的结果。在学生道德危机的问题上，欺侮、校内暴力和其他青少年不良行为，

---

① 戚万学《关于建构中国现代道德教育理论的几点设想》，见戚万学《道德教育新视野》，山东教育出版社，2004年，第9页。

从量的统计结果来看,2000 年以前呈现出周期性的下降和上升趋势,2000 年以后表现出减少和下降的倾向;从质的变化来看,逐渐向严重、恶劣、阴险、巧妙、低年龄化的方向发展。此外,儿童心灵荒废的主要表现——基本规范意识的淡薄、人际关系的淡漠和缺乏目标意识等,并没有呈现出好转的趋势。

迈克尔·富兰(Fullan,M.)指出:"变革是一项旅程,而不是一张蓝图。"[1]在充满着变数的复杂条件下,变革很难达到预期的结果。日本中小学道德教育的变革与发展也如此。学校道德教育是培养儿童德性的伟大事业,需要长期的艰苦的努力。我们相信,多数学者、中小学管理者和教师、政府官员都在为日本中小学道德教育的变革与发展共同努力。因此,尽管旅途艰险,但日本中小学道德教育的变革与发展的前途是光明的,正如富兰乐观地指出的那样:"有成效的教育变革就像有成效的生活自身那样,真正是一次旅行,只要我们起步就能到达目的地。"[2]

---

[1]　迈克尔·富兰《变革的力量:透视教育改革》,中央教育科学研究所、加拿大多伦多国际学院译,教育科学出版社,2004 年,第 33 页。

[2]　同上,第 34 页。

第五章 总结与展望

一 独特的日本中小学道德教育

（一）深受新自由主义和新保守主义的影响

在 20 世纪 80 年代以来的当代日本社会中,有两种主要的势力——新保守主义和新自由主义。二者互相作用,共同影响着当代日本的经济基础和上层建筑。当代日本社会的中小学道德教育的变革与发展也深受其影响。

日本新保守主义的基本理念是恢复旧的国家观与民族观,强调日本民族的优越性和自豪感。日本新保守主义形成于 20 世纪 80 年代,当时的主要代表人物是中曾根首相。在日本已经成为世界第二经济大国的形势下,中曾根提出了"战后政治总决算"和"国际国家"的主张,竭力扭转战后的和平主义思潮。然而,受国内与国际条件的限制,当时新保守主义并未在日本成为占主导地位的政治思潮。冷战结束以后,随着革新势力在与保守势力两极对立中的逐渐衰落,新保守主义在日本得到了很大的发展。20 世纪 90 年代,小泽一郎提出"普通国家论",为日本新的国家定位做出了新的注解,要求日本在外交上要有更多的自主性,而在安全领域则要与其他国家一样发挥作用,包括派兵出国、行使集体自卫权等等。① 进入新世纪以后,新保守主义的代表人物小泉纯一郎掌控了日本的最高权力。小泉执政四年来,其内外政策呈现出

---

① 张伯玉《试析日本对华强硬政策》,《日本学刊》,2005 年,第 2 期,第 8 页。

日本新生代政治家所特有的鲜明特点,即具有日益浓厚的"超越战后"意识。具体地说,就是认为应该拥有与其经济实力相对应的国际地位,要参与制定国际秩序而不是消极地遵守其他大国制定的秩序;要结束对周围大国"唯唯诺诺"的屈辱外交,成为与美国、中国等大国平起平坐的"普通国家",而最终目标就是要成为联合国安理会常任理事国。①在新保守主义政治的引领下,日本的政治逐渐呈现保守化和右倾化。

新保守主义和由新保守主义政治导致的政治右倾化对中小学道德教育产生了消极的影响。其主要表现如下:①新保守主义通过强调中小学道德教育,弘扬日本传统文化,培养儿童作为日本人的优越性和自豪感,并进行有关民族主义和国家主义的教育。这在道德教育的目标和内容中有了充分的反映;②政治右倾化通过大众媒介、教科书等手段,向儿童灌输右倾主义思想,对儿童的人生观、世界观产生了不良的影响。其中,制定并通过"国旗国歌法案"使儿童从小接受颂扬天皇、象征侵略的国旗国歌教育;对过去的侵略战争拒不认罪、宣传"自由主义史观"、出版篡改史实的教科书等做法不仅使儿童受到蒙蔽,不了解日本曾经入侵他国的历史,而且还违背了日本当前中小学道德教育的方针和内容,歪曲了道德教育本身;③政治右倾化是造成学生道德危机的深层次的原因之一。这是因为,政治右倾化表明了日本政府对二战期间侵略亚洲弱小国家的行为缺乏清醒的认识和深刻反省的态度,表明了军国主义分子仍然在日本横行霸道、为所欲为和妄图复活军国主义的野心,是造成儿童世界欺侮和暴力行为的深层次的原因之一。政治右倾化表现了日本政府缺乏规范意识、缺乏对亚洲人民的关心和爱,缺乏坚定的政治民主化的目标意识,是日本儿童规范意识淡薄、人际关系淡漠和缺乏目标意识等心灵荒废现象的根源之一。

新自由主义主张最大可能地排除国家的管理与干预而将问题交由

---

① 吴寄南《对突破中日关系僵局的几点思考》,《日本学刊》,2005年,第2期,第16页。

市场解决。1982 年,中曾根担任首相以后,为了解决经济危机,开始推行"小政府、制度松绑、民营化"的新自由主义改革政策。1984 年,中曾根绕开中教审,设立了临教审,又在教育领域贯彻他的新自由主义政策。临教审推行教育自由化论,即强调个人尊严、尊重个性、自由和自律,自我负责的原则;与此同时,仍然强调教育机会平等和能力主义。由此,儿童的自由时间仍然被补习学校所占领;学校也仍然作为财产再分配、实现社会平等的机构,在政治性和权力性方面保持中立立场。90 年代以后,日本泡沫经济开始解体,经济长期处于低迷状态,新自由主义的"小政府、大社会"的改革政策继续受到社会各界的欢迎。在这种背景下,新自由主义的教育改革政策也从保障教育机会平等、维持公共性的福利国家论,转向强调家庭、学校和企业构成的自由市民社会共同分担、创建市民公共性的市民自治论——更强调以实现政治权力关系的平等性、认同以阶层分化多元化为前提的异质文化型的市民公共性。① 由此,学校、教师及学生被赋予了选择权和自主权。总之,尽管也受到来自社会各界一些反对的呼声,②新自由主义教育改革的理念已经构成日本 20 世纪 80 年代中期以来教育改革的基本方向。

　　新自由主义对中小学道德教育的影响不如新保守主义的影响那么直接,但也有一定的影响。其主要表现如下:①新自由主义的教育改革为缓和学生道德危机起了一定的作用。在新自由主义势力的影响下,临教审推行"自由化""个性化"和"多样化"的主张,并对中央集权的管理体制进行了改革;90 年代以来文部省又在中教审和教育改革国民会

---

　　① 郭雯霞《当前日本基础教育课程改革述评》,《比较教育研究》,2001 年,第 8 期,第 49 页。

　　② 例如,日本的"市民主义者"反对"新自由主义"指导下的教育改革,而提倡"市民社会"理念下的教育改革。他们主张的"市民社会"理念下的学校,也就是社区合作下的学校。其核心思想是反对把市场竞争机制引入学校人际关系之中。他们断言,教育无须引入市场竞争原则,只须注入民间生机,以合作精神取代残酷竞争。(参见王义高《"新自由主义"治教现象之考察》,《比较教育研究》,2003 年,第 12 期,第 13 页。)

议有关报告的精神指导下,提倡"规(定)(限)制缓和"和"分权化"的主张,推行"中高一贯教育"与个性化高中,削减教育内容和降低课程难度等具体措施。这些主张和措施为促使日本的学校教育从中央集权的管理体制和学校管理主义中解放出来,从一定程度上消除"学历社会""考试地狱"的弊病以及缓和学生道德危机起了一定的作用。②新自由主义关注教育荒废和儿童心灵荒废的问题。新自由主义的教育改革观点认为"校内暴力、欺侮和不上学等均属于教育病理或学校病理,其原因在于过剩而压抑的学校教育的矛盾和扭曲,认为这些病理性现象乃是制度疲劳的象征,认为要对其进行根本性的修正与重整",①并积极探讨解决这些问题的对策。例如,1995年经济同友会提出"合校论"主张的原因之一,就是促使人们自由选择所要接受的教育服务,并能实现不同年龄间青少年的交流,可以减少"欺侮"等教育问题的发生。新自由主义的教育改革观点及其有关措施不仅促进了学校领域的整体改革,也引起包括教育界在内的社会各界对教育荒废和儿童心灵荒废问题的重视,对解决学生道德危机起了一定的促进作用。③新自由主义也具有保守、消极之处,对道德教育起了不良的影响。这主要表现在两个方面:一是新自由主义改革是造成社会道德危机的原因之一。新自由主义改革的基本理念是缩小制度和组织的责任,扩大个人的责任。而且,从市场控制的极端化中可以看到,这种理念以不相信人、不相信政治为前提。其结果是,"新自由主义改革破坏了作为市民社会之根本的、称为'信赖'的社会契约,破坏了相互扶持这样一种安全网络,促使道德沦丧,将人们驱赶到没有希望的生存竞争之中。"②由此可见,尽管新自由

①　藤田英典《市民社会和教育——新时代的教育改革和方案》,[日]世织书房,2000年,第167页。
②　佐腾学《转折期的学校改革——关于学习共同体的构想》,沈晓敏译,《全球教育展望》,2005年,第5期,第5页。

主义致力于解决教育荒废和心灵荒废的问题,采取的各种措施在一定程度上缓和了学生道德危机,但是却无法避免由其基本理念带来的消极影响。二是新自由主义和新保守主义的勾结,对道德教育产生了消极的影响。正如后藤道夫所言:"新自由主义和新保守主义,在某些范围内相对立,改革的侧面也有所不同,但二者也有互为需要,互为前提的方面。"①新自由主义需要新保守主义,是因为新自由主义本身和传统的官僚主义有密切的关系,②因为新自由主义在消解了原有行政统合力量以后,缺少新的统合力量,只有靠诉诸国粹主义或民族主义来加强其国家统合力量;③而新保守主义需要新自由主义,是因为要靠新自由主义的改革来解决日本国内的经济危机和教育危机,并争取民众的支持。20世纪90年代以后,新自由主义和新保守主义的结合更加紧密,从而促使日本的政治日益走向保守化和右倾化,对道德教育产生了消极的影响。

　　上述日本新保守主义和新自由主义的消极影响,加上日本社会经济带来的非人性化的倾向,日本文化中强调等级观念和集团意识的消极影响,日本家庭、社区教育力的低下,以及大众传媒带来负面影响,使得日本中小学道德教育处于困境之中:一方面,中小学道德教育很难抵御上述学校外部因素的消极影响,发挥自身的作用;另一方面,中小学道德教育的工具性又迫使它为政治、经济和文化服务,削弱其主体性价值。因此,当代日本社会发展中的中小学道德教育在一定程度上被异化了,失去了自主的权利。它只能缩在学校这个避风港里,研究如何教儿童道德的问题,至于所教的道德是什么,是否能抵御外界各种因素的

---

① 儿美川孝一郎《新自由主义和教育改革》,[日]路臺书房,2000年,第59页。
② 同上,第91页。
③ 高益民《日本教育改革的新自由主义侧面》,《清华大学教育研究》,2002年,第6期,第51页。

不良影响,则不是它所能决定的。

(二)强调中小学道德教育的地位和作用

20世纪70年代以来,教育面临着巨大的挑战。首先,国际化和全球化的发展、信息和传播技术的革新、信息空间的极大拓展、职业领域的多样化和流动化、终身学习理念的发展等社会在各个方面发生的变化,都要求教育做出反应,对教育思想、内容和方法等进行变革。提高学生的知识能力水平,提高劳动者的素质,培养学生的创造性、国际性及挑战精神等成为重要的教育课题,受到了人们的关注。其次,国际竞争日趋激烈,要求教育能够培养出高质量的人才。20世纪80年代以后,国际局势开始发生巨大的变化。东欧剧变、苏联解体,结束了世界冷战的局面。世界各国都意识到国际竞争的实质是综合国力的竞争,是人才的竞争,谁培养了掌握高科技的高素质人才,谁就会在竞争中取胜,因此都寄希望于教育,对教育提出了更高的要求。第三,科学技术的进步,在给人类带来了物质财富的同时,也带来了灾难:一方面,资源被严重浪费,环境被破坏和污染,人类的生存和发展受到威胁;另一方面,物质丰富带来的对物质的追求和欲望,也使青少年染上了不良行为,社会的道德水平普遍下降。在西方发达的资本主义国家,纪律问题尤其严重。从20世纪80年代开始,校内暴力、不上学和欺侮等教育问题日益恶化,已经严重地影响了学校的正常秩序。

面对以上的问题和挑战,世界各国都对教育进行了改革。总的来说,世界教育改革主要表现在以下几个方面:①在高等教育方面重视学校与社会的联系,使高等教育更加适应现代经济发展和社会生活的需要;②变革教育目标,既注重培养儿童的基础知识和基本能力,又注重培养儿童的完善人格;③深化课程改革,强调基础学科的教学、大众教育水平和教育质量的提高和综合课程的设置等。① 在欧美和日本等发达的资本主义国家,在新自由主义和新保守主义势力抬头的背景下,在都强调教育的自由化、市场化和私有化的同时,教育改革的重心有所不同。从欧美国家来看,改革的主要方向是重视提高经济的国际竞争力的问题,所以在强调道德教育的同时,倾向于以"追求卓越性"和"提高知识能力水平"为改革的主要目的。例如,1983 年,美国发表了《国家处于危险之中》的报告书,提出了追求卓越性,通过重建教育来复苏"强大美国"的口号;1991 年,美国总统布什签发了《2000 年的美国——一种教育战略》,提出到 2000 年要达到的六项目标;1993 年,新一任总统克林顿宣布了《2000 年目标:美国教育法》的国家性教育改革方案,同时作为国家法案提交美国参众两院审议通过,完成了立法程序,②促进了以追求教育质量优异为目标的美国教育改革进一步深入发展。又如,英国在 1988 年公布了《1988 年教育改革法》,提出设立全国标准课程和国家审评制度、保障家长的择校自由等主张;1999 年,教育大臣布伦基特宣布,英国中小学将从 2000 年 9 月开始实施新的国家课程,其主要目的是要通过革新促进学校的工作,提高学生的学业成就,改善教育质量。③ 与欧美发达国家不同,日本教育改革的主要方向是注重解决秩序基础的问题,所以在强调提高学力水平、培养创造性人才的同时,倾向于以解决包括教育荒废和心灵荒废的教育问题为改革的主要目的。1989 年的课程改革就是追求"宽松和个性",注重中小学道德教育;1998 年的课程改革是 1989 年课程改革的深化,在强调宽松和个性的基础上注重人性、社会性和作为日本人的自觉性,注重创造有特色的

---

① 王承绪、顾明远《比较教育》,人民教育出版社,1999 年,第 292—295 页。
② 钟启泉、张华《世界课程改革趋势研究(中卷)》,北京师范大学出版社,2001 年,第310 页。
③ 同上,第 369—370 页。

教育和有特色的学校。综上所述,尽管欧美国家和日本都主张通过教育的自由化、市场化和私有化来改善教育,但是欧美国家注重的是通过市场竞争来提高质量;而日本则注重通过市场竞争来改变教育的划一、僵化和封闭性,改变激烈的学历竞争的局面,从而达到解决教育荒废和心灵荒废等问题。由此可知,和其他发达的资本主义国家相比,日本的教育改革更重视解决教育问题,更重视加强道德教育的问题。

在强调道德教育或将道德教育置于重要地位的同时,日本政府也对中小学道德教育有较高的期盼值。20 世纪 70 年代以来,日本中小学道德教育在当代日本社会的发展中也起了十分重要的作用:首先,通过中小学道德教育缓解学生道德危机,为当代日本社会的正常运转、学校的学力教育提供一定的秩序保证。这是最直接也是最基本的作用。在中小学实施的心灵教育、道德课教学和渗透在学校其他活动中的道德教育,以及家庭、社会合作形成的道德教育网络等,都在一定程度上抵御了欺侮、校内暴力和其他青少年不良行为的消极影响、缓解了学生道德危机。其次,作为经济的工具,在培养创新性人才、促进经济发展、实现科学技术立国的国策方面起了一定的作用。20 世纪 80 年代以来,日本开始强调培养创新性人才,并在 1996 年提出了科学技术立国的战略。中小学道德教育通过重视集团主义和“立身出世”主义教育,培养儿童为日本的经济发展、保持日本经济大国的位置而努力学习、不断创新的精神。第三,作为文化的工具,在继承日本传统文化、保持日本民族特色、坚持明治维新以来的“和魂洋才”政策方面起了重要的作用。1985 年以来,随着新保守主义势力在日本的不断增强,日本传统文化一再得到了强调。在这种背景下,中小学道德教育中有关人伦关系和爱国主义教育等内容得到了强化,“和”的观念和集团主义的精神渗透到学校教育的方方面面。第四,作为政治的工具,为实现日本争当世界政治大国的野心、教化和控制人民的精神起了重要的作用。20 世纪 80 年代中期以来,道德教育为政治服务的倾向比二战以来任何一个时期都更为明显和突出。其主要表现为:一方面,通过在中小学举行升国旗、唱国歌等直接的方式强化国家主义和天皇制的内容;另一方面,通过强调道德教育的危机、在全国免费发放《心灵的笔记》参考书、强化义务劳动、尊重日本传统、文化等间接的方式来强化新保守主义的政治主张。政府的这一做法已经引起了学术界和日教组等社会各界的警惕和抗议。例如,林泰成指出:"在危机说的前提下,有被迫形成全国一致的道德观的危险性。《心灵的笔记》的发放就是这种危险性的一种表现";"道德是否处于危机状况并不是真正的危机,为了压制道德观的多样性而散布道德教育危机说,才是真正的危机"。① 胜山吉章批判了2002 年 1 月中教审的报告《关于适合教育基本法和教育振兴基本计划的理想状态》提出的包括"尊重传统、文化""爱乡土、爱国家之心""作为国际社会一员的意识"以及"志愿者活动、自然体验活动等"在内的"新公共精神",指出"新公共精神"中所提倡的道德,是对他国"打击",对国内"忠诚老实"的道德。他还总结道:"当今的教育改革,大多是在新自由主义和新国家主义精神指导下的改革,也即教育的自由化、市场主义和教育的国家主义之下的改革。在这种教育改革背景下,由国家和权力支配下强加给人民的道德,是建立在弱肉强食社会中作为胜者的'强壮',作为败者的'忠诚老实',是在日美军事同盟下对他国'打击'基础上的道德。"② 由此可见,当代日本教育的改革,尽管十分重视道德教育问题,对缓解学生道德危机有积极的作用;但其主要的目的还不在于解决包括道德教育在内的教育问题,而在于为日本在经济大国的基础上

---

① 林泰成《道德是否处于危机状态》,见土户敏彦《道德可教吗》,〔日〕教育开发研究所,2003 年,第 28 页。

② 胜山吉章《教育改革论中的"道德的本质"——新自由主义和新国家主义所提倡的道德》,见土户敏彦《道德可教吗》,〔日〕教育开发研究所,2003 年,第 210—211 页。

成为文化大国、政治大国做宣传、造舆论，为教化和控制下一代的精神奠定基础；而政府所倡导的、强加给人民的道德有违背起码的"道德"标准，企图称霸世界，践踏"和平""民主"和"国际理解"之嫌。

综上所述，日本中小学道德教育在日本当代和未来社会的发展中起着重要的作用。然而，正因为日本中小学道德教育的工具性价值尤其是政治和文化的工具性价值的色彩过于浓厚，我们不禁为其主体性价值的缺失感到担忧，为其发展的走向感到忧虑。我们希望，在学术界、日本中小学和社会各界人士的努力下，日本中小学道德教育能够凸现道德教育的主体性价值，加强对其内在特质和规律的研究。

（三）重视中小学道德教育的连续性

"重视连续性，认为只有在连续之中，人才能成为人的观念是日本文化、日本思想的一个重要特征。"[1]这里所说的连续性主要是指历史的、时间上的联系。与变革相比，日本人"更加强调的通常是连续性，它在很大程度上是以皇室和宫廷的连续性作为象征的，是由取得的合法性的基本方式没有发生根本变化来象征的"。[2] 这种重视连续性的思想，也体现在 20 世纪 70 年代以来的日本中小学道德教育的变革与发展过程中。

首先，在中小学道德教育的目标和内容方面，仍然重视人伦关系、对天皇制的拥护、重视国家主义和"立身出世"主义的教育，但在表达上和内容上与以往有所不同。在重视人伦关系方面，去除了《教学敕语》中下对上、卑对尊等绝对服从的人伦关系，但仍然强调人作为社会成员必须注重人际关系和处理好与集体的关系。例如，在反映 1989 年和

① 石崎宏平、金子保雄、久保田信之《道德的理念与教育实践》，[日]酒井书店，1981年，第 2 页。
② Eisenstadt，S. N《日本的历史经验：非轴心现代性的怪诞之处》，见中国社会科学杂志社《社会转型：多文化多民族社会》，社会科学文献出版社，2000 年，第 228 页。

1998 年两次课程改革的《学习指导要领》中,都强调从"有关自己的内容"、"有关与他人关系的内容"、"有关与自然及崇高事物关系的内容"和"有关自己与集体以及社会关系的内容"等四个方面来进行道德教育。其中,"有关与他人关系的内容"和"有关自己与集体以及社会关系的内容"都是关于人伦关系的内容。在对天皇制的拥护方面,虽然已经和"二战"前有了很大区别,不再在《学习指导要领》中提"效忠天皇",甚至没有出现"天皇"的字眼,但天皇仍然是国家的象征、民族精神的代表。其中,最典型的代表就是国歌。日本国歌《君之代》是从和歌《古今集》中选词,由宫内省雅乐课的林广宇 1880 年作曲,由外籍教师埃克特配以和声并加以修改而作成。它一开始就以"吾皇圣明,泽被万载"的歌词和庄严肃穆的旋律,使日本国民在"天皇崇拜"观的指导下,自然而然地产生一种民族认同感。[①] 在 1989 年的课程改革中,文部省规定把中小学入学式和毕业典礼上唱《君之代》歌作为一项义务,目的就是为了强化对天皇制的拥护。在重视国家主义方面,虽然已经不提"忠君爱国""国体""家族道德",但除了通过对天皇制的拥护来强化国家观念外,还通过"有关自己与集体以及社会关系的内容"来强调集体精神和国家利益。在强调集体精神方面,在 1998 年《学习指导要领》"有关自己与集体以及社会关系的内容"中,要求小学低年级儿童"喜欢参加学校和班级的活动",中年级儿童"和大家合作,为建立快乐的班集体而努力",高年级儿童"和大家合作,为建立更好的校风而努力";[②]要求初中儿童"具有把自己看做是班级和学校一员的自觉性,和大家合作,为建立更好的校风而努力"。[③] 在强调国家利益方面,要求小学中年级儿童

---

①　饶从满《日本现代化进程中的道德教育》,东北师范大学博士学位论文(未刊),1998年,第 98 页。

②　文部省《小学学习指导要领》,[日]大藏省印刷局,1998 年,第 91—93 页。

③　文部省《初中学习指导要领》,[日]大藏省印刷局,1998 年,第 99 页。

"喜爱我国（日本）的文化和传统"，高年级儿童"珍惜我国（日本）的文化和传统"，"热爱祖国"，"具有作为日本人的觉悟"；①要求初中儿童"具有把自己看做是日本人的自觉性，热爱祖国，为国家的发展尽心尽力，并为继承优良传统、创造新文化作出贡献"。②在重视"立身出世"主义教育方面，继承自古以来的传统，主要通过"有关自己的内容"来培养儿童坚持、忍耐，为了达到目标而努力的精神。例如，在1998年的《学习指导要领》中，要求小学低年级儿童"认为是好的事情的，就好好地去做"，中年级儿童"认为是正确的事，能够有勇气地去做"，高年级儿童"树立较高的目标，并怀着希望和勇气、坚定不移地为达到目标而努力"；③要求初中儿童"怀着希望和勇气，向着更高的目标，坚忍不拔、意志坚定地努力。"④

其次，在中小学道德教育的方法方面，仍然强调直接教育和间接教育的结合。文部省（文部科学省）、学术界和中小学一方面继续探讨道德课的教学，加强对课堂教学的方式、方法和手段的研究，另一方面谋求道德课教学和学校其他活动、与家庭和社区之间的合作。其中，较突出的表现是学术界对道德教学理论的研究，这些研究有的是西方理论的本土化，有的是日本土生土长的道德教学理论。而不论是哪种教学理论，又因为注重在实践中的运用和检验而得到发展。道德教学理论研究的繁荣和兴盛大大促进了道德课的教学，活跃了课堂气氛，部分解决了道德教育不易教的难题。与此同时，文部省在1998年的课程改革中，又通过强调道德课的作用和重点应该指导的内容，对道德课指导提出了更具体的要求等措施，加强了道德课教学的计划性和目的性。此

① 文部省《小学学习指导要领》，［日］大藏省印刷局，1998年，第90—93页。
② 文部省《初中学习指导要领》，［日］大藏省印刷局，1998年，第99页。
③ 文部省《小学学习指导要领》，［日］大藏省印刷局，1998年，第90—92页。
④ 文部省《初中学习指导要领》，［日］大藏省印刷局，1998年，第98页。

外,文部省从 2002 年开始向全国的小学和初中发放道德课的辅助教材《心灵的笔记》,也表明了日本政府对道德课教学的重视。凡此种种,都从不同侧面、不同角度增强了道德课教学,为加强中小学道德教育奠定了坚实的基础。

　　第三,在中小学道德教育的管理体制方面,仍然显示出一定的国家干预性。例如,在中小学道德教育目标的制定、课程的设置、教材的编写等方面,文部省都在《学习指导要领》中给予了规定。但是,受世界教育改革的影响,受日本国内新自由主义思潮的影响,日本政府也开始对这种大一统的管理体制进行了改革。其中,较突出的表现就是简政放权,在对文部省进行机构改革的同时,加大地方政府和学校的自主权。这些措施使地方教育委员会、学校和教师拥有一定的自主权和自主性,对改变学校教育的划一性、僵化性和封闭性和学校管理主义起了一定的促进作用,同时也促进了小学和初中创建有特色的学校和有特色的道德教育。

　　总而言之,20 世纪 70 年代以来,日本中小学道德教育的目标、内容、方法和管理体制等方面,都体现出"不变"与"渐变"的统一,反映了其重视连续性的特色。

二　日本中小学道德教育的展望

(一)"控制"和反"控制"的冲突仍将持续

　　进入 21 世纪,以小泉为首的日本政府仍然奉行 20 世纪 90 年代以来日本政府提出的建立政治大国和文化大国的主张,积极推行新保守主义和新自由主义的政策。其重要举措之一就是提出和探讨修改"和平宪法"。2000 年 1 月,日本国会第一次设立了对《日本国宪法》的历史、现状及未来进行全面调查的众参两院宪法调查会。2005年 4 月,在历时五年多对宪法"广泛且综合的调查"之后,众参两院宪法调查会分别出台了《最终报告书》和《关于日本国宪法的调查报告书》，标志着关乎日本未来政治走向的修宪运动结束了"论宪"阶段，进入了实质性修宪时期，迈出了历史性的重要一步。修宪对日本政治的现状及未来有重大影响：首先，日本修宪的最直接目标是成为政治军事大国，彻底摆脱"经济巨人、政治侏儒、军事附庸"的形象，提高国际政治地位。为达此目的，一要力争成为联合国安理会常任理事国；二是积极参与国际事务，争取在国际政治中的发言权和规则制定权；三是改变在日美同盟中的从属地位，成为与美国同等的"一极"。其次，在外交上，日本希望通过修宪拥有更独立自主的外交政策与更强大的军事威慑力量，成为一个能进行战争的"普通国家"。其针对的主要对象就是中国，对中国的发展感到不安，试图保持在东亚的主导权、加强争夺地区利益的实力，具体表现在处理历史问题及与周边国际的领土争端、海域划界问题上态度日益强硬。此外，修宪是日本政治现实的制度化，反映了日本政治的未来走向。两大保守政党（自民党和民主党）在修宪和国家发展道路上方向一致。执政的自民党修宪态度坚决并做出长远构想，只要自民党继续执政，修宪将继续推进。① 总之，起始于新世纪初的修宪运动，反映了日本政府日益保守化和右倾化的态势。

在上述背景下的新世纪的教育改革，加强了政府对中小学道德教育的控制和要求。2000 年 12 月，教育改革国民会议在《教育改革国民会议报告——变革教育的 17 条提案》的报告中，提出了"培养人性丰富的日本人"的主张。报告将"尊重传统文化和社会规范、培养热爱乡土和国家的精神和态度"等作为培养"人性丰富的日本人"的

---

① 孙伶伶《修宪预示日本未来政治走向——解析日本参众两院宪法调查会修宪报告书》，《日本学刊》，2005 年，第 3 期，第 46 页。

主要内容,①强化了传统文化、爱国心等教育;提出了"学校对教授道德不能犹豫""全体人员进行义务劳动"和"对问题儿童的教育不能暧昧"等主张,②反映了日本政府对道德教育的进一步控制。2001 年初,日本首任的文部科学大臣町村信孝认为现行的《教育基本法》是在战后特设的年代里制定的,已经不适应 21 世纪的日本。他提出了修改《教育基本法》几个具体意见,其中之一就是要强调继承日本传统文化。③ 也是在 2001 年初,文部科学省制定了《21 世纪教育新生计划》。在这一计划中,文部科学省提出了促进义务劳动、体验活动和充实道德教育(包括编制发放《心灵的笔记》)等主张,④将《教育改革国民会议报告》的有关提案具体化。2003 年 3 月,中教审发表了《关于适合新时代的教育基本法和教育振兴基本计划的应有状态》的咨询报告。报告不仅探讨了修改《教育基本法》的问题和教育振兴基本计划的制订,而且还在相关部分中,强调了传统文化和爱国心教育。⑤ 总之,进入新世纪以来的日本中小学道德教育方面的政策,强调心灵教育、传统文化教育和爱国心教育,反映了日本政府对道德教育的控制和要求。

在日本政府强调对道德教育的控制和要求的同时,日教组、学术

---

① 教育改革国民会议《教育改革国民会议报告——变革教育的 17 条提案》(2000 年 12 月),http://www.kantei.go.jp/jp/kyouiku/houkoku/1222report.html,2003 年 3 月 31 日下载。

② 同上。

③ 于洪波《新世纪日本国家与教育发展的战略选择》,《比较教育研究》,2003 年,第 5 期,第 33—37 页。

④ 文部科学省《21 世纪教育新生计划》(2001 年 2 月),见吕达、周满生《当代外国教育改革著名文献(日本、澳大利亚卷)》,人民教育出版社,2004 年,第 353 页。

⑤ 中教审《关于适合新时代的教育基本法和教育振兴基本计划的应有状态》(2003 年 3 月),http://www.mext.go.jp/b_menu/shingi/chukyo/chukyo0/toushin/030301b.htm,2003 年 3 月 31 日下载。

界的部分学者和部分中小学管理者和教师却反对政府对道德教育的控制和要求。他们反对修改宪法和《教育基本法》，反对政府借强化中小学道德教育为名，强化其政治主张的做法，反对所谓的爱国心教育和文化传统教育。日教组主要是通过对中央决策层的影响和对地方的影响两个方面来反对政府对中小学道德教育控制和要求的。从前者而言，日教组的影响较小，基本上被排除于审议、咨询和决策圈之外。然而，这并不能说明决策者可以完全忽略其影响。诚如一位自民党负责教育事务的官员所言：在教育改革中，"自民党每进一步都非常小心谨慎，因为'宪法要求教育必须是在政治上中立的'，从改革措施而言，自民党被迫去创造至少是表面上的广泛的支持。直接推进改革措施，在某个具体事情上还是可能的，但是从长远来看这种固执己见的行为引起的浪潮会致使自民党失去权力。"①从后者而言，日教组的影响较大。首先，他们充分利用报纸和电视等大众媒体来表达自己的立场。通过大众媒体的中介作用，日教组指出了文部省的教育改革政策并非是建立在广泛的社会共识的基础上的。其次，在地方发动不合作运动以抵御国家教育政策。虽然日教组对国家决策层的影响是有限的，但是在地方上，学校校长和地方行政长官却每天都要和日教组的教师打交道。日教组的教师也就通过他们来抵制国家教育政策的有效实施。学者们主要是通过以下三个方面来反对日本政府对道德教育的控制：①通过参加审议会干预日本政府的政策制定。近十年来，日本每一次重大的教育改革政策都是由中教审和教育改革国民委员会等专家集团制定的，而这些专家有一部分来自于学术界，他们在参与政策制定的过程中阐述了自己的观点，对抵制政府对道德教育的控制和要求起了一定的作用。②通过对中小学实践的指导和参与表达自己的政治立场。从学校层面来看，日本中小学的道德教育

---

① 单中惠《素质教育政策研究》，山东教育出版社，2004年，第46页。

实践既受到来自于日本政府方针政策的影响,也受到学术界研究的影响。③通过论著和大众媒介对日本社会产生影响。"日本的知识分子在社会地位上很有优势,被认为是'良知'的代表,是正确观点的代言人,同时他们在社会上享有很高的声望,令人肃然起敬,因此,他们对于国民情绪有很大的影响,同时对于决策也具有很大的影响力量。"①可见,学术界的声音是舆论的一个重要的组成部分,是影响民众、影响政治决策重要因素之一。中小学管理者和教师主要是通过教育教学活动来抵制政府对中小学道德教育的控制。他们或不选用政府发放的《心灵的笔记》作为道德课的辅助教材,或在道德课中删去所谓的爱国心教育和传统文化教育,或直接抵制道德课教学,倡导通过间接途径的方法进行道德教育。他们站在反击保守化和右倾化的最前线,对抵制政府对中小学道德教育的要求和控制起了直接的作用。

总之,进入新世纪以来,日本政府继续采取保守和右倾的基本国策,加强对中小学道德教育的控制和要求;与此同时,日教组、部分学者和中小学教师以各种形式抵抗和反对日本政府对中小学道德教育的控制和要求。双方还没有形成一种平等对话的局面。从目前局势来看,执掌政权的日本新生代政治家将有可能在较长的一段时间内仍然推行保守和右倾的国家政策,这预示着日本中小学道德教育领域中的"控制"和反"控制"的冲突很可能趋于长期化。

(二)"规范"和"发展"并重的趋势日益彰显

道德教育是培养人的德性的教育。因此,道德教育的始点或本原就是德性的始点。德性的始点何在?"德性是人的一种品性,它从根本上源于人的存在状态。人的存在始终具有二重性。一方面,任何人都是一个个体的存在物,有属于自己的肉体和精神,而且各不相同;另一

---

① 　高增杰《日本的社会思潮与国民情结》,北京大学出版社,2001 年,第 20 页。

方面,任何人都不是纯粹的个人,人就其本质而言是一种关系性的存在,只有在关系中才能存在。"①人的存在的二重性决定了道德教育的二重性:一方面,道德教育要从人的个体性出发,强调发展人;另一方面,道德教育要从人的整体性出发,强调规范人。前者是为了满足个人的需要,以促进人在有限的人生中追求人格的完善、人生的意义和价值,以促进生命主体在精神方面的积极变化;后者是为了满足社会的需要,以保持社会的稳定和发展。② 由此,发展人和规范人构成了道德教育的双重任务。二者相辅相成,不可偏废。

20 世纪 70 年代,日本已经完成了赶超欧美发达国家的战略目标,开始进入经济、社会的全面转型和变革时期。在以上背景下,日本政府从 20 世纪 70 年代初期开始了第三次教育改革。第三次教育改革是由过去追求形式上的教育机会平等转向注重儿童的个性教育,由重视知识传授转向重视智育、心灵教育和创新人才的培养,由重视课堂教育转向重视学生主体性的体验和探求,"其哲学意义是要解决在知识经济时代,国家和人在科技与文化,即科技与人的情感世界之间的平衡",③因此,它从根本上改变了过去只注重社会发展而忽视个人发展的状况,开始在注重规范人的同时注重发展人。

在世界道德教育改革和第三次教育改革的影响下,20 世纪 70 年代以来,在日本的中小学道德教育领域,规范人和发展人并重的趋势也日益凸显。

首先,强调以儿童为主体的道德教育。一是在中小学道德教育的

---

① 冯建军《论道德与道德教育范型的嬗变》,《华东师范大学学报(教育科学版)》,2005年,第 2 期,第 1—2 页。

② 蒋一之《从注重"规范"到注重"发展"——当代德育改革的基本特点与趋势》,《教育理论和实践》,2005 年第 2 期,第 37 页。

③ 吴忠魁《论日本 21 世纪国家发展战略与教改对策》,《比较教育研究》,2001 年,第 1期,第 5 页。

目标上,注重培养儿童的主体性。在 1989 年改订的《学习指导要领》中,文部省首次将培养儿童的主体性作为中小学的道德教育目标提出;1998 年改订的《学习指导要领》在道德教育目标上保留了这一提法,并增加了"开拓未来"的内容:"所谓道德教育,就是根据《教育基本法》和《学校教育法》的基本精神,为培养能够在家庭、学校、社会的具体生活中贯彻尊重人性的精神与对生命的敬畏之念,拥有丰富的心灵,能够为创造个性丰富的文化与发展民主社会和国家而努力,能够为和平的国际社会作贡献,能够开拓未来、具有主体性的日本人,而培养作为其基础的道德性。"①二是在中小学道德教育的过程中,将道德教育看做是儿童自身的主体性活动,强调教师的支援者作用。例如,在 1998 年的《小学学习指导要领解说(道德编)》中,文部省指出,道德课的特点是:"让每个儿童反省自己的道德价值观,自己认识到和发展阶段相适应的道德价值并进行内化,并主动地增强道德实践能力的时间。"为此,对道德课的指导,"要根据儿童的特点,进行个性化的指导";"要唤起儿童的学习兴趣,提高他们的学习欲望,使儿童能够将自己的亲身感受和想法表达出来,深化儿童对道德价值的认识";"加深儿童对自己的思考,对未来怀着梦想和希望";"通过体验活动使道德课教学更为生动,使儿童加深对道德价值的含义和重要性的思考"等。② 三是在道德教育的方法上,强调直接方法和间接方法的结合。例如 1989 年,《小学指导书(道德编)》就在道德课的指导中指出:"道德课是在各科教学、特别活动基础上的补充、深化和统合,因此,道德课的指导,要考虑如何和其他教育活动中的道德教育结合起来,注意他们之间的联系,搞好事前和事后

---

①　文部省《小学学习指导要领》,[日]大藏省印刷局,1998 年,第 1 页。
　　文部省《初中学习指导要领》,[日]大藏省印刷局,1998 年,第 1 页。
②　文部省《小学学习指导要领解说(道德编)》,[日]大藏省印刷局,1998 年,第 68 页。

指导"。① 1998 年的《小学学习指导领解说(道德编)》在道德课的指导中,重申了 1989 年有关道德课要注意和各科教学、特别活动相结合的观点,并提出道德课要和综合学习活动相联系的主张。②

其次,加强核心价值观、文化传统和爱国心教育。一是在道德教育的目标上,加强核心价值观教育。在日本,核心价值观教育是用"心灵教育"来表述的。20 世纪 70 年代末,日本的教课审在二战后首次提出心灵教育,此后的临教审、中教审都提出应该加强心灵教育。1998 年 6 月,第 16 届中教审在咨询报告《关于从幼儿期开始的心灵教育的应有状态》中,首次明确地指出了心灵教育的含义,认为心灵教育就是要培养"丰富的人性",培养"对美好事物和自然的感动之心等纤细的感受性;重视正义感和公正性的精神;热爱生命、尊重人权之心等基本的伦理观;同情他人之心和社会奉献精神;自立心、自制力和责任感;与他人共生和对异质事物的宽容。"③在 15、16 届中教审咨询报告精神的指导下,1998 年的《学习指导领》在中小学道德教育的目标上增加了培养"丰富的心灵"这一内容。心灵教育是作为日本中小学道德教育的方针提出来的,这充分表现了核心价值观教育在中小学道德教育中的重要地位。二是在道德教育的内容上,加强文化传统和爱国心教育。在 1989 年和 1998 年的中小学道德教育课程改革中,都强调了文化传统和爱国心教育的内容。例如,在 1998 年的《学习指导领》中,要求小学中年级儿童"喜爱我国(日本)的文化和传统",高年级儿童"珍惜我国(日本)的文化和传统","热爱祖国","具有作为

---

① 文部省《小学指导书(道德编)》,[日]大藏省印刷局,1989 年,第 50 页。
② 文部省《小学学习指导领解说(道德编)》,[日]大藏省印刷局,1998 年,第 69 页。
③ 中教审《第四章:面向未来重新审视我们的现状》,载《关于从幼儿期开始的心灵教育的应有状态》(1998 年 6 月),http://www.mext.go.jp/b_menu/shingi/chuuou/toushin/980601.htm,2003 年 4 月 1 日下载。

日本人的觉悟"；①要求初中儿童"具有把自己看做是日本人的自觉性，
热爱祖国，为国家的发展尽心尽力，并为继承优良传统、创造新文化作
出贡献"等。②

　　我们认为，20 世纪 70 年代以来日本中小学道德教育坚持"规范"
和"发展"并重的趋势还将持续较长一段时间。究其原因，主要有以下
两点：①日本学术界为坚持"规范"和"发展"并重的观点提供了理论的
支撑。20 世纪 60 年代西方资本主义国家社会道德的混乱和社会问题
的加剧，使"西方哲学家开始关注人与人之间的共在性，提出'主体间
性'的概念，作为走出个人主体性危机的尝试。"③德国哲学家胡塞尔、
海德格尔和哈贝马斯都从不同角度提出了人与人之间的共在性关
系。④ 在上述哲学观的影响下，西方道德和道德教育也开始反思个人
主义和相对主义，强调道德的整体性或社会性。麦金太尔（Macintyre，
A.）在《德性之后》一书中，对当代道德理论的情感主义和自由个人主
义进行了批判。哈贝马斯也反对道德相对主义，坚持道德规范的普遍
性立场。但是他所说的普遍的道德不同于以往无视个人的群体规范，
而是基于人与人之间的道德共识。与这些伦理观相对应，道德教育也
开始走出主体的困境，而走向主体间的道德教育。⑤ 在西方哲学和西
方道德教育理论的影响下，20 世纪 70 年代以来，日本的道德教育理论

---

　　① 文部省《小学学习指导要领》，[日]大藏省印刷局，1998 年，第 90—93 页。

　　② 文部省《初中学习指导要领》，[日]大藏省印刷局，1998 年，第 99 页。

　　③ 冯建军《论道德与道德教育范型的嬗变》，《华东师范大学学报（教育科学版）》，2005
年，第 2 期，第 6 页。

　　④ 共在性关系以个人的存在为前提，不排除具有独立个性的个人或压制个性，使个人
成为群体、社会的工具；与此同时，人与人之间不是孤立的，而是相互依存、相互融合的。（参
见冯建军《论道德与道德教育范型的嬗变》，《华东师范大学学报（教育科学版）》，2005 年，第
2 期，第 6 页。）

　　⑤ 冯建军《论道德与道德教育范型的嬗变》，《华东师范大学学报（教育科学版）》，2005
年，第 2 期，第 6—7 页。

也开始提倡注重个体性和整体性的结合。例如,金井肇认为,个人与社
会的关系包括两个方面,一方面是个人只有在社会中才有可能实现自
我,另一方面是在一些情况下个人与社会是互相限制的。道德的一个
重要任务就是要协调个人与社会互相限制的这一方面。其具体做法就
是,在重视个人的同时,以道德来谋求个人和团体、和社会的协调。①
田井康雄认为,道德教育的目的具有二重性,既要使儿童适应社会的发
展,又要发展儿童的个性。这二者并不是冲突的,而是协调的。这是因
为,人是在适应社会的同时发展个性的,这一过程也是人发展社会性的
过程,是人实现自我的过程。② 堤正史提倡教师和学生展开平等的"对
话教育",认为对话本身就是道德教育,就是道德教育的原型。③ 林泰
成认为关心伦理"是在理性地考虑正义之前,在情感产生共鸣的基础
上,对需要帮助的人产生同情的伦理,是一种和目前为止的理性中心主
义完全不同的崭新的伦理思想";"在教育的实践中,关心伦理可以作为
正义伦理的补充,发挥其积极的作用",④对诺丁斯的关心理论给予了
积极的肯定。他认为,教师只有用关心理论的观点来看待教育工作,才
能改善教师和学生的关系,并使其关系密切化,促进儿童的心灵教
育。⑤ 伊藤启一教授1991年开始倡导的统合性道德教育理论,综合了
美国传统的品格教育和进步主义流派的观点,既强调向儿童传授道德

① 金井肇《道德教育的基本原理》,[日]第一法规出版,1992年,第90—96页。
② 田井康雄《道德教育的原理和教学法——培养"生存能力"的"心灵教育"》,[日]学术图书出版社,1999年,第95页。
③ 德永正直、堤正史、宫岛秀光《对话的道德教育》,[日]中西屋出版社,1997年,第56页。
④ 林泰成《培养关心的道德教育——超越传统的伦理学》,[日]北大路书房,2000年,第25—26页。
⑤ 同上,第192—202页。

价值,也强调培养儿童道德的批判力和创造力。① 上述这些有关"规范"和"发展"并重的道德教育理论,为日本中小学道德教育的改革政策及其在中小学实践中的运用提供了理论基础。②日本道德教育的历史和现状规定了日本的道德教育必须坚持"规范"和"发展"并重的理念。日本自古以来到"二战"结束以前的道德教育,一直把规范人放在第一位,忽视了发展人的方面。在明治维新以前,受生产力发展水平的限制,个人与社会没有分离开来,社会的群体性淹没了个体性。与此相适应,道德教育也强调整体性,强调个人利益服从群体的、社会的利益。例如,镰仓至室町时代的武士教育,包含众多道德条目,如生死如一的忠心、质实刚健、尚武勇敢、寡欲廉耻、严守约定、清廉洁白、尊重秩序等。② 武士教育是由武士对幕府的封建依附关系决定的,是武士阶层主从关系在伦理道德上的反映。进入明治时代以后,出现了商品经济,人们开始摆脱封建社会的人身依附关系,确立了"以物的依赖性为基础的个人独立性"。然而,和西方资本主义国家不同,这一时期的日本道德教育并没有张扬个体性,而是仍然强调整体性,强调个人利益服从集体的、国家的利益。这主要是由于在处理传统文化和外来文化的关系问题上,日本采取了"和魂洋才"的思考方法。"和魂洋才"的思想对明治时期到"二战"以前的道德教育给予了极大的影响。具体地说,"自从《教学大旨》《教育敕语》颁布后,在教育教学中虽然有有限的科学知识的启蒙教育,但更加强调以忠孝伦理为核心的家族国家观、天皇制意识的教育,也就是教育坚持以和汉道德之学为本、以西洋的科学为末的思想,排斥明治初年和大正时期传入的西方'进步'思想如尊重人格、尊重

---

① 伊藤启一、长崎县奥浦小学《学校全体共同创造的小学综合计划》,[日]明治图书出版,2000年,第14—15页。

② 梁忠义《日本教育》,吉林教育出版社,2000年,第93—94页。

基本人权、理性的科学精神等。"①"二战"结束以后的日本教育改革是按照《教育基本法》的精神开始实施的。《教育基本法》所阐明的民主主义道德价值观,即完善人格,富有个性,尊重个人的价值,充满独立自主的精神,热爱真理和正义,具有勤劳精神和高度责任感,身心健康等,否定了"二战"前那种把个人视为为国家服务的工具,完全抽象的为整体而泯灭人性的观念,而以尊重个人的价值和尊严为重要目的,把"完善人格"作为教育的目标。在《教育基本法》的精神指导下,"二战"后初期的道德教育废除了战前的修身科,通过社会科和生活辅导来进行道德教育;偏重于民主政治、国际和平、个人的权力和自由、平等等方面的内容。在这一时期,道德教育把发展人放在了规范人的前面,体现了道德教育在发展人方面的进步。但是,进入50年代以后,随着美国对日政策的转变,日本经济的自立和政治独立程度的扩大,青少年犯罪的增加,日本政府于1958年特设了道德课,在内容上增加了"作为国家、社会成员的道德性"等条目。中教审1966年发表的《理想的人》的咨询报告,既有儒教的忠、诚、和、孝、信、悌观念,也有现代资本主义社会的法制意识、公德意识、追求自由和幸福等观念。但是,《理想的人》宣扬"敬爱天皇与敬爱日本国相通"这种狭隘的爱国心教育,试图以忠于天皇来统一国民道德,反映了明治维新以来的"和魂洋才"思想对道德教育的消极影响,也反映了战后民主主义教育改革的倒退。

综上,日本道德教育的历史表明,在20世纪70年代以前,除了短暂的"二战"后的初期之外,"规范"一直放在"发展"的前面,"道德"教育压抑了人性的发展,忽视了人对幸福的追求、对人生意义的探索;日本道德教育的现状表明,进入20世纪70年代,日本才开始重视"规范"和"发展"的结合。对于日本来说,在经济、社会已经全面转型的今天,要

①　张德伟《日本教育特质的文化学研究》,东北师范大学出版社,1999年,第203页。

想再回到 70 年代以前的只讲"规范",不讲"发展"的过去已不再可能;但要想抛弃"规范",只讲"发展",既不符合社会发展对道德教育的制约这一规律,也无法解决价值多元冲突这一问题,更无法解决日益严重的道德危机,"二战"后初期道德教育改革的失败已经证明了这一点。因此,正如日本在完成了赶超欧美发达国家的战略目标,失去了赶超和模仿样板的 20 世纪 70 年代,选择了"国家和人在科技与人的情感世界之间的平衡"为第三次教育改革着重要解决的问题一样,日本的道德教育在今后较长一段时间,还将坚持"规范"和"发展"并重的理念和实践。

此外,需要补充一点的是,从理论上来说,"规范"和"发展"并重并不等于二者完全并重。在"规范"和"发展"之间,"发展"更为重要。这是因为,"规范人是为了满足社会的需要,以保持社会的稳定和发展,而重视社会及其发展的最终目的还是为了人本身的发展。因此,德育的工具性只是其目的性本质不断生成、展开、演进的过程和表现,发展人本身应该成为德育最根本的追求。"[1]"个人自由是道德建构的底线",[2]只有在发展人的基础上规范人,才有可能达到真正的"二者并重",才有可能在一定程度上解决道德危机。从这一视角来看,日本道德教育的"二者并重",是在注重"发展"基础上的注重"规范",在个人自由基础上的道德引导。然而,从当前情况来看,保守的日本政府还在强化对道德教育的控制和要求,"在发展人的基础上规范人"还只是一种理想,还难以在实践中得以实施。

(三)道德教育理论和实践的联系更加紧密

教育理论泛指人们有关教育的理论性知识,而教育实践则是对人

---

① 蒋一之《从注重"规范"到注重"发展"——当代德育改革的基本特点与趋势》,《教育理论和实践》,2005 年,第 2 期,第 37 页。

② 金生鈜《规训与教化》,教育科学出版社,2004 年,第 286 页。

类所进行的教育活动的总称。① 在教育实践处于自发阶段之时，教育理论与之共处一体，也处于自在状态；在科学的教育学产生以后，教育理论由自在进入自觉阶段，教育理论和教育实践的关系开始疏远。此后，随着教育理论的丰富、教育实践的深化，二者的隔阂和紧张关系未见消除，反而呈现日渐加深的趋势。与此同时，教育工作者特别是教育理论工作者一直在反思二者的关系，试图消除二者的隔阂，释放二者的紧张关系。20 世纪 70 年代以来，日本的道德教育工作者在保持理论和实践的合理的张力的同时，加强了道德教育的理论和实践的联系。

首先，道德教育的理论工作者注重理论和实践的联系。这主要表现在以下三个方面：

第一，道德教育的理论结构重基础也重应用，为理论走向实践奠定了基础。20 世纪 70 年代以来，日本道德教育理论研究的特色主要是"注重对道德教育基本理论的研究"，"注重对道德教学理论的研究"和"注重对现实问题的理论思考"。② 在注重研究道德教育中那些根基性的、具有永恒性价值的基本问题的同时，许多学者也注重研究道德教学理论，并涌现出一些道德教学理论流派。此外，富有危机感和责任感的日本学者还十分关注对现实问题的理论思考。20 世纪 70 年代中期以来，日本出现了以欺侮、校内暴力和其他青少年不良行为为主要特征的学生道德危机。对此，日本学者给予了高度的关注，并在描绘和分析学生道德危机的现状的基础上，探讨其产生的原因和背景，寻求解决问题的途径和方法。③ 综上所述，日本道德教育的理论研究不仅回答了"是

---

① 叶澜《思维在断裂处穿行——教育理论与教育实践关系的再寻找》，《中国教育学刊》，2001 年，第 4 期，第 2 页。

② 曹能秀《当代日本道德教育理论研究的特色》，《北京理工大学学报（社科版）》，2005 年，第 1 期，第 81—84 页。

③ 同上，第 83 页。

什么"、"为什么"和"应怎样"等道德教育的基本问题,而且也回答了在道德教育的实践中应该"怎样做"的问题。由于注重了基础理论和应用理论在整体上的协调统一,在结构上的合理安排,应用理论既成为基础理论和实践中间的桥梁,又充分发挥了自身对实践的指导作用,为理论走向实践奠定了坚实的基础。

第二,道德教育的理论建构重移植也重本土化和创新,使理论便于实践工作者的运用。一方面,在道德教育的基本理论上,学者们注重在移植的基础上根据本国的具体情况加以改造。例如,"二战"结束后民主主义思想的输入以及西方自由主义风气的影响,加上个人主义教育理论、存在主义、价值澄清学派等西方道德教育理论学派反对个人价值服从社会价值,强调个人在价值选择方面的自由等思想的影响,大多数学者并不否认道德教育要重视个人的价值,要从增进人的幸福、促进人的发展来考虑。但是,由于日本强调集体主义的文化传统和道德教育强调个人服从社会的历史传统的影响,大多数日本学者还是认为,个人要服从一定的社会规范,要有一定的道德准则,反对道德相对主义,反对"去道德化"。另一方面,在道德教学理论上,学者们既注重对西方道德教学理论中比较著名的道德教学理论,如价值澄清理论、关心理论和道德两难教学理论等进行了学习、解读和本土化;又注重根据时代的发展,创建适合日本国情的道德教学理论,如综合单元的道德学习、结构化方式和综合计划等。例如,诸富祥彦提出了根据拉斯等人的价值澄清理论改革道德课的主张。他认为,用价值澄清的方式上道德课,可以有两种类型——A 型(基本型)和 B 型(应用型)。A 型称为"帮助儿童'塑造自己'"的道德课,B 型称为"培养儿童'发现和解决问题能力'"的道德课。诸富祥彦的道德教学理论吸收了拉斯等人 1966 年的过程模式及柯申鲍姆 1976 年的五过程 16 步骤的优点,注重儿童的自我选择、儿童之间的交流与分享以及自我评价;又根据培养目的划分为两种类型,使道德课的教学更具有针对性。又如,金井肇教授倡导的"结构化方式",主张在道德教学中要以真实的人性为基础,让学生思考其与价值的关系,从而加深对价值重要性的自觉。结构化方式既反映了时代的特色——注重儿童的主体性和道德性,也反映了注重道德教育的基本原理和教学理论、实践的结合,是金井肇在新的历史条件下创建的适合日本国情的道德教学理论。

第三,开展各种活动,积极推动道德教育理论在实践中的运用。这主要表现在两个方面。一方面,学者们试图通过政策研究来影响政策与法规的制定,最终指导与规范实践活动。在日本,道德教育领域的政策研究占有重要的地位。这说明学者们已经认识到,仅仅靠一般的道德教育理论研究,对政府的道德教育决策以及对教育实践的影响都是有限的。学者们对道德教育政策的研究涉及到政策问题的确认、政策方案的规划、政策决定、政策执行和政策评估的全过程,对 20 世纪 70 年代以来的日本道德教育政策产生了一定的影响。例如,前述的学者们对个人利益与社会利益的基本看法,在道德教育政策中得到了体现:在文部省颁布的《学习指导要领》中,既强调了注重儿童利益的主体性道德教育,又强调了注重社会利益的核心价值观和文化传统教育。另一方面,学者们通过大众媒介及其和学校的合作,向中小学推广自己的研究成果。为了使自己的研究成果为公众所接受,许多学者很注重将自己的结论通俗化,通过著作、杂志、讲座和网络等形式和手段,向中小学教师介绍和宣传。金井肇和押谷由夫就是其中的典型代表。金井肇先生毕生致力于道德教育理论和实践的研究,撰写并出版了《道德教育的基本原理》《生动活泼地进行道德课教学的方法》《道德课的基本结构理论》《生动活泼的结构化方式的道德课》《快乐的结构化方式的道德课》和《心灵教育:当前迫切期待的道德教育》等著作,并在《道德教育》等杂志上撰写连载文章,介绍自己的研究成果。笔者 2005 年 1 月访问金井肇先生时,他指出,目前日本道德教育最大的问题是道德课没有真正成为培养儿童道德性的重要途径,他终身致力于推广结构化方式理论,目的就是为了提高道德课教学的效果。押谷由夫教授注重通过出版著作、撰写文章、演讲以及和中小学的合作等方式来宣传自己的研究成果。笔者在东京访学期间,曾经押谷由夫教授的介绍访问了埼玉县越谷市大泽小学,那是一所和押谷由夫教授合作近 20 年的小学,多年来探索着押谷由夫教授创立的综合单元的道德学习理论,无论是道德课还是学校的教育氛围、或是儿童的言行举止都反映了道德教育的良好效果。

其次,道德教育的实践工作者注重实践和理论的联系。这主要表现在以下两个方面:

第一,政策决策部门在政策制定中注重听取专家的意见,吸收道德教育理论研究的新成果。20 世纪 70 年代以来,日本每一次重大的教育改革政策都是由各种审议会制定的,即所谓的教育规划的“审议会制度”。① 为了加强教育规划的科学性,日本政府还从 2001 年开始将原来文部省国立教育研究所改名为“国立教育政策研究所”,进一步突出了该研究所在教育政策研究与评估方面的职能。特别值得一提的是,文部省的道德教育的教科调查官和视学官等多由专家担任。上文中提到的金井肇、押谷由夫均担任过文部省道德教育的教科调查官,曾经拥有官员和学者的双重身份,对日本政府的有关道德教育的方针、政策产生过一定的影响。审议会制度的确立、国立教育政策研究所研究职能的转变和任命学者为教科调查官等举措,不但促进了教育政策的科学化和民主化,而且也大大加快和拓展了教育理论向实践转化的速度、广度和深度。

---

① 于洪波《新世纪日本国家与教育发展的战略选择》,《比较教育研究》,2003 年,第 5 期,第 36 页。

第二,教师注重在理论指导下进行道德教育的实践。日本大多数中小学教师都具有很强的责任心和敬业精神,注重在学习理论知识的同时,开展行动研究。① 很多学校、特别是文部省的道德教育推进校都有道德教育的研究主题,并在校外研究者的指导下进行实践研究。在行动研究中,教师是研究的主体,研究者只是在幕后提供技术性和专题性的咨询和指导,体现了研究者和学校教师之间的伙伴关系。而且,在行动研究中,教师不是被动地听取研究者的意见,而是主动地用理论指导实践,并努力把实践中总结出来的经验上升到理论的层面。例如,长崎县奥浦小学的教师们在实践中灵活运用了伊藤启一倡导的综合计划教学理论,总结出 B 型→A 型→B 型和 A 型→B 型→A 型等单元计划模式,达到了良好的教学效果;②小学教师八木下阳子、金山京子、熊代雅野等在实践中摸索了一套再现构成法的教学经验,提炼出小学低年级、中年级和高年级使用再现构成法的典型教案 17 例,为其他教师在实践中应用再现构成法提供了很好的参考。③ 他们的实践探索不仅促进了综合计划和再现构成法在实践中的应用,而且还促进了这些教学理论的进一步发展。此外,日本全国性的民间道德教育组织——全国小学道德教育研究会和全国初中道德教育研究会,在各都道府县道德教育研究会的支持下,通过召开研究大会、出版会刊等方式,促进中小

---

① 笔者这里所指的行动研究,是指教育行动研究。所谓教育行动研究,是教育领域适合于实践工作者开展的应用研究,它强调以工作在学校第一线的基层教师为研究的主体,针对教师自己在学科教学和班级管理中所遇到的种种问题,在校外专业教育研究人员的指导下进行诊断和分析,找出问题产生的原因,制定解决问题的具体计划和方案,并对实施结果进行评估。(参见汪利兵等《教育行动研究:意义、制度与方法》,浙江大学出版社,2003 年,第 9 页。)

② 伊藤启一、长崎县奥浦小学《学校全体共同创造的小学综合计划》,[日]明治图书出版,2000 年,第 43—46 页。

③ 八木下阳子、金山京子、熊代雅野《再现构成法的道德课学》,[日]明治图书出版,2001 年,第 6—12 页。

学教师学习有关的理论知识、交流道德教育教学方面的经验。这一组织是小学或初中教师的道德教育研究会,学者不能成为其中的会员。但是,在一年一度的全国小学道德教育研究会或全国初中道德教育研究会中,无一例外地都要请1-2名全国知名的学者或文部省官员做演讲、发言以及对研究课题的指导,以保证实践研究的理论指导。例如,第35回全国小学道德教育研究大会就请押谷由夫先生发表演讲,请七条正典先生召集课题会议,就课题研究提出看法,请押谷由夫和七条正典先生就"对今后道德教育的发展趋势的思考"的主题发表看法。① 总之,全国小学道德教育研究会和全国初中道德教育研究会在促进教师的行动研究,提高其研究水平方面起了重要的促进作用。

综上所述,20世纪70年代以来,在道德教育理论工作者和实践工作者的共同努力下,日本道德教育的理论和实践的联系较为紧密。从当前现状来看,在将来较长一段时间内,日本道德教育的理论和实践的联系会更为紧密。其原因主要有以下几个方面:首先,加强道德教育理论和实践的联系是世界道德教育发展的趋势。近几年来,在许多发达国家,全球化进程的加速导致了多元文化背景下价值世界的支离破碎、充满矛盾和冲突;与此同时,相当一批后发国家、赶超型国家在发展过程中,经济的发展和科技的进步已经大大超前于文化的转型和价值秩序的调整。② 在这种背景下,"任何有历史使命感和现实责任感的教育理论工作者都不能只满足于坐而论道、沉溺于纯而又纯的'学术探讨',他还应该关照丰富多彩的现实生活,对社会的道德改革、对青少年的道

---

① 全国小学道德教育研究大会《第35次全国小学道德教育研究大会(大会重要事项)》(未刊),香川大会事务局,1999年,目录,第2页。

② 朱小蔓、其东《面对挑战:学校道德教育的调整和革新》,《教育研究》,2005年,第3期,第3页。

德成长承担责任。"①道德教育,作为培养儿童道德性的教育,在儿童的道德成长中起着重要的作用,受到了教育理论工作者的关注。与此同时,实践工作者也不能拒斥道德教育理论的指导,而应该"使自己的态度和实践更加牢固地建立在教育理论和教育研究的基础之上,自觉寻求理论的指导,纳入理论指示的范畴。"②日本既是一个发达国家,又是一个赶超型国家,在西方发达国家以历时态的形式所经历的社会变迁,在日本却重叠和积压成一个共时态的存在形式,面临着更多的社会问题和道德教育的挑战,更需要加强道德教育理论和实践的联系,以解决社会、学校和家庭存在的各种道德问题。第二,日本教育政策的科学化和民主化改革为加强道德教育理论和实践的联系提供了保障。前述的审议会制度的确立、国立教育政策研究所的职能的转变和任命学者为教科调查官等教育政策的科学化和民主化改革,大大加快了教育理论向实践的转化进程。可以预见,在新自由主义政策的指导下,教育政策的科学化和民主化改革还将继续进行。第三,道德教学理论和行动研究在理论工作者和实践工作者之间架起了桥梁,为二者开展平等的对话创造了条件。"教育理论提供实践的一般原理、原则或指导思想,从理论到教育实践之间还有一个广阔的'空白带',要跨越就需要一些中间环节,以增加理论的'技术化'和操作性程度。"③道德教学理论和行动研究就是填补"空白带",能够增加道德教育理论的"技术化"和操作性程度的中间环节。道德教学理论属于道德教育理论的范畴,但又有别于一般的道德教育理论,是介于纯粹的道德教育理论和道德教育实

---

① 戚万学《关于建构中国现代道德教育理论的几点设想》,见朱小蔓《道德教育论丛(第1卷)》,南京师范大学出版社,2000年,第155页。

② 何小忠《教育理论与实践的阻隔归因及其矫纠策略》,《常德师范学院学报(社科版)》,2001年,第4期,第80页。

③ 同上,第80—81页。

践当中的产物。道德教学理论只有用于实践才有生命力,这使得理论工作者们注重宣传其研究成果,注重理论在中小学中的运用。行动研究是以教师为主的科研活动,也需要校外专家的指导。目前日本道德教学理论的繁荣和行动研究的兴盛,为加强道德教育理论和实践的联系,为道德教育的理论工作者和实践工作者的平等对话创造了条件。第四,日本教育工作者的危机意识和"勤勉""进取"的性格特征是加强道德教育理论和实践的动力。日本人处于狭小岛国所形成的"危机意识",自古以来形成的"勤勉"和"进取"的性格特征,是日本民族的文化传统,表现于整个民族之中,反映在每一个个体身上。正是有了危机意识,才会使道德教育工作者精诚合作,从中小学道德教育问题入手,致力于解决社会道德危机;正是有了"勤勉"和"进取"的性格特征,才会使理论工作者不断研究道德教育的理论,并将自己的研究成果推广于实践,才会使实践工作者努力学习、积极进取,自觉寻求理论的指导。

(四)终身道德学习将从"片面"走向"全面"

1965年,保尔·朗格朗先生在巴黎召开的联合国教科文组织成人教育会议上正式提出了"终身教育"的概念。1972年,联合国教科文组织在著名的报告《学会生存——教育世界的今天和明天》中强调了两个观念:终身教育和学习型社会,提出要以终身教育为指导,向学习化社会进军。到了20世纪70年代末,"终身学习"一词开始取代"终身教育",意味着将发展的主动权交给了人本身,而不是教育机构或社会。"终身学习的基本内涵为:终身学习是一种建立在学习化社会基础之上的学习,社会必须为个人的终身学习提供学习的机会和条件;终身学习是一种终身性的学习方式,延续人的一生;终身学习的实施客观上要求打破某一种教育机构垄断教育的局面,实现社会处处是教育、社会无处无教育的学习化情景。"①由此可见,终身学习既强调每个人终身都有学习的机会,又强调教育不仅在学校,而且还在家庭和社会中进行。

日本是第一个提出综合性终身学习概念与政策,并将其制度化的国家。②1965 年以后到 70 年代,日本的政界、财界和教育界就已经开始把终身教育理念与日本的实际情况相结合,进行了充分的讨论和审议。临教审在 1985－1987 年的四次咨询报告中,正式提出了向终身学习体系过渡的主张。报告指出:"为了主动适应社会变化,建设富有活力的社会,必须克服学历社会的弊端,满足人们因学习意欲增强、各种教育服务机构出现以及科学技术的发展所产生的新的学习的需要,必须扭转学校中心的思想,统筹建立以向终身学习体系过渡为主轴的教育体系"。③1988 年,文部省撤销社会教育局,设立终身学习局。1990年 6 月,国会通过了《终身学习振兴法》,从法律上肯定了终身学习的重要性。④1992 年 7 月,文部省下属的终身学习审议会,发表了《关于适应今后社会变化的终身学习振兴方案》的咨询报告,提出了终身学习需要国家各行政部门、社会各类团体机构的广泛合作的主张。⑤1996 年4 月,终身学习审议会在其咨询报告《充实社区终身学习机会的方案》中,提出了"学社融合"的理念,要求"在学校教育和社会教育各司其职的基础之上,在学习的场所或学习活动各方面,将两者部分地融合起

---

① 王保星《从"终身教育"到"终身学习":国际成人教育观念的根本性变革》,《比较教育研究》,2003 年,第 9 期,第 67 页。

② 冯巍《OECD 国家终身学习政策与实践分析》,《比较教育研究》,2003 年,第 9 期,第75 页。

③ 临教审《关于教育改革的第四次咨询报告》,见钟启泉《日本教育改革》,人民教育出版社,1991 年,第 625 页。

④ 李玢《世界教育改革走向》,中国社会科学出版社,1997 年,第 208—209 页。

⑤ 施克灿《终身学习理念与日本当代社会教育的新发展》,《外国教育研究》,2002 年,第 7 期,第 6 页。

来,形成一个教育儿童的整体。"①在 1998 年 9 月《适应社会变化的今后社会教育行政的理想状态》的咨询报告中,终身学习审议会提出修改法令,放宽限制,使社会教育能够更好地为人们自发的、自主的学习活动服务。② 1999 年 6 月,在《广泛地运用学习成果——活用终身学习成果的方案》的咨询报告中,终身学习审议会又提出了将学习成果活用在个人事业、志愿者活动和社区发展的观点。③ 同年 6 月,终身学习审议会在《以生活体验和自然体验培养日本儿童的心灵——充实培养青少年生存能力的社区环境方案》中指出,应该杜绝儿童上补习学校的现象,培养儿童的生存能力。④ 2000 年 11 月,终身学习审议会发表了《为了充实家庭的教育能力,整顿社会教育行政体制》的报告,提出要充实支援家庭的教育行政体制,为家长提供教育方面的信息,完善教育咨询体制等,以提高家长的教育能力,共同促进儿童的健康成长。⑤ 在上述一系列政策精神指导下,20 世纪 90 年代以来,日本全国掀起了实施终身学习的热潮。其主要表现有两个方面:一是在全国设立各种设施,如公民馆、图书馆、博物馆、体育设施、文化设施、教养中心、企业和职业训练设施,

① 终身学习审议会《充实社区终身学习机会的方案(咨询报告的概要)》(1996 年 4 月),http://www.mext.go.jp/b_menu/shingi/12/shougai/toushin/960401.htm,2003 年 8 月 17 日下载。

② 终身教育审议会《适应社会变化的今后社会教育行政的理想状态》(1998 年 9 月),http://www.mext.go.jp/b_menu/shingi/12/shougai/toushin/980901.htm,2003 年 8 月 17 日下载。

③ 终身学习审议会《广泛地运用学习成果——活用终身学习成果的方案》(1999 年 6 月),http://www.mext.go.jp/b_menu/shingi/12/shougai/toushin/990601.htm#2212,2003 年 8 月 17 日下载。

④ 终身学习审议会《以生活体验和自然体验培养日本儿童的心灵——充实培养青少年生存能力的社区环境方案》(1999 年 6 月),http://www.mext.go.jp/b_menu/shingi/12/shougai/toushin/990602.htm,2003 年 8 月 17 日下载。

⑤ 终身学习审议会《为了充实家庭的教育能力,整顿社会教育行政体制(要旨)》(2000 年 12 月),http://www.mext.go.jp/b_menu/shingi/12/shougai/toushin/001211.htm,2003 年 8 月 17 日下载。

为人们的终身学习服务；二是加强学校教育和社会教育、家庭教育的联系，共同促进儿童的健康成长。目前，日本已经形成了"人人爱学习"的社会风气，建立起终身学习的网络。

随着终身学习政策的完善和终身学习体制的实施，日本的道德教育也发生了根本性的转变。首先，道德教育的重点发生了变化，从强调教师对学生道德的教育、培养，转向强调引导、帮助学习者自己进行道德学习。在道德教育的理论方面，村井实等人的道德教育基本理论对人的主体性的重视，押谷由夫、金井肇等人的道德教学理论强调以儿童为主体的道德教育，为在实践中进行以儿童为主的道德教育奠定了理论基础。在道德教育的实践方面，在道德教育方针、政策中强调培养"主体性"和"开拓能力"；在学校的道德教育中，摒弃灌输的方法，注重在体验的基础上培养儿童的道德性，在道德课中运用价值澄清、道德两难教学法、角色扮演等方法来发挥儿童道德学习的主动性等等。其次，在道德教育体制和方法上发生了变化，形成了一个融学校教育、家庭教育和社会教育为一体的综合教育系统。这主要表现为以下三个方面：①以学校为中心，对儿童、家长和社区居民进行道德教育。一是充分利用家庭和社区的道德教育资源，或充实和丰富儿童的体验，或为道德课提供有用的教材，或吸引家长或社区其他人才参与中小学道德教育活动，以充实学校的道德教育；二是充分利用学校的道德教育资源，为家长和社区居民提供道德学习的机会，使他们感受到集体的温暖和助人为乐的喜悦，感受到生存的价值、精神的净化和人性的提升。②以社会为中心，向儿童、家长和社区居民提供道德学习的场所和机会。社会上以国立奥林匹克纪念青少年综合中心为主体的相关机构和团体，为学校的道德教育提供情报，举办热点问题讲座，组织道德实践活动；①开

---

① 吴潜涛《日本道德教育的战后演变及其现行改革》，《道德与文明》，2001年，第3期，第47页。

放公民馆、博物馆、青年之家、儿童中心、视听中心、妇女教育会馆等各种公共终身学习设施，使儿童、家长和社区居民多渠道地接受道德熏陶，逐渐增强社会责任感，增强参与道德实践的自觉性。③以家庭为中心，向学校和社会提供道德教育的资源。家长在学校和社会主动进行道德学习的同时，又作为学校和社会的道德教育资源，支持学校和社会的道德教育。以上三个方面是相辅相成、互相促进的。无论是以学校、家庭还是以社会为中心，受益的既有学校，又有家庭和社会；既促进了儿童道德性的发展，又提高了家庭和社会的道德教育能力；既促进了中小学道德教育，也开展了家庭道德教育和社会道德教育。

　　尽管终身学习的理念在日本道德教育领域的应用已经取得了一定的成效，但并不意味着日本的终身道德学习已经取得了很大的进展。总体来说，日本的终身道德学习还存在着以下几个问题：首先，对终身道德学习的内涵还没有进行深入的探讨。目前，无论是日本终身学习的理论或实践、无论在日本终身学习领域还是在日本道德教育领域，都还未有对终身道德学习内涵的清晰的界定。那么，终身道德学习是仅止于终身学习的理念在道德教育领域的应用，还是应该有更深刻的内涵呢？我国学者班华认为，终身道德学习的内涵有两个方面，"一是道德教育重点的转移，从强调对学生道德的教育、培养，转向强调引导、帮助学习者自己进行道德的学习和修养。二是强调道德学习的终身性，道德教育就是帮助学习者确立终身道德学习的理念、愿望、态度、方法，养成终身学习、终身修养的习惯，以促进其终身的发展。"①显然，在班华教授看来，终身道德学习的内涵并不只是终身学习的理念在道德教育领域中的应用。笔者认为，如果终身道德学习的内涵仅只停留在终身学习的理念在道德教育领域中应用的层面，那么，终身道德学习就永

---

① 班华《略论终身道德学习》，《当代教育科学》，2004年，第4期，第3页。

远只限于缺乏理论内涵的实践而停滞不前。其次,终身道德学习尚未受到足够的重视。这主要是因为终身学习的范围很广,[①]终身道德学习只是构成终身学习体系的一个部分;因为终身学习是由综合行政推动的综合体,还缺乏从某个教育领域来研究终身学习的体制和机制。第三,中小学道德教育还未在终身道德学习中发挥应有的作用。其原因主要有两个方面:一是"无论从日本终身学习的提倡及发展过程,还是从对终身学习的理解方式以及社会教育本身的职能来看,终身学习的核心都是社会教育",[②]使中小学道德教育既无可能也无必要成为终身道德学习的领头羊;二是迄今为止,日本的中小学道德教育的重点仍然放在注重和家庭、社会的联系,提高道德教育效果上,还没有上升到"帮助学习者确立终身道德学习的理念、愿望、态度、方法,养成终身学习、终身修养的习惯,以促进其终身的发展"这一高度上来。第四,终身道德学习理论的思考和建构还处于初级阶段。从整体来看,尽管"终身学习的理念及其实践从世界范围来看,在日本得到了最充分的认可和体现",[③]但在终身学习理论的思考和建构方面还略显欠缺。这是造成终身道德学习理论薄弱的主要原因之一。另一主要原因是很多学者并

---

① 终身教育的范围很广,主要体现在以下几个方面:"从活动场所看,既包括学校的终身学习事业,也包括社会的终身学习事业、家庭的终身学习事业;从区域看,既有都市型的终身学习形态,也有农村型的终身学习形态;既有全国性的终身学习活动,也有区域特色的社会终身学习活动;从对象上看,既有以青少年为主要对象的终身学习活动,也有以职业人为对象的终身学习活动;从内容看,既有以文化教育为主的学习活动,也有以职业培训为主的学习活动,还有以社会体育为主的学习活动;从组织形式看,终身学习体系除了正规的学校教育外,还应包括行政机关或公共设施提供的学习机会、民间的讲座与研修会、体育教室、大学(含短大)及高中等举办的公开讲座、为准备上大学的社会成员进行的培训、还有专修学校的学习、函授教育或者通过书本、电视、录像等进行的个人学习活动等。"(参见施克灿《终身学习理念与日本当代社会教育的新发展》,《外国教育研究》,2002年,第7期,第6页。)

② 施克灿《终身学习理念与日本当代社会教育的新发展》,《外国教育研究》,2002年,第7期,第6页。

③ 毕淑芝、王义高《当今世界教育思潮》,人民教育出版社,1999年,第215页。

不重视对终身道德学习理论的思考和建构。很多道德教育方面的论著只是从提高道德教育整体效果的视角阐述中小学道德教育和家庭道德教育、社会道德教育相结合的必要性、可能性及其途径,还较少从终身道德学习的视角来探讨上述三者的关系,更缺乏对终身道德学习的理论建构。这也许是因为,在学者们看来,对于终身道德学习来说,重要的是行动,而不是理论建构。理论基础的薄弱,从一定程度上弱化了终身道德学习实践的合理性,①限制了它的可持续发展。

综上所述,就目前的情况看,日本的终身道德学习还存在着一些问题,还有待进一步的发展。我们认为,在不远的将来,日本的终身道德学习将从"片面"走向"全面",走向实践探索和理论建构相结合的道路。究其原因,主要有以下几个方面:首先,终身道德学习是当今道德教育的一种发展趋势。这不仅因为上世纪60年代以来,教育领域逐渐开始流行"学习"而不是"教会"的语汇,而在这种表述方式的背后"蕴含着21世纪教育哲学精神,世界性的教育发展趋势"。② 在这种大趋势下,终身道德学习将日益受到重视,从更宽广的视野来研究终身道德学习也将成为可能。这些都会对日本的终身道德学习有很大的促进作用。其次,随着科学的发展,终身道德学习的理论依据将越来越充分。目前,教育哲学、教育人类学、社会学和教育社会学、人格心理学等学科的研究成果已经证明,终身道德学习既有可能,也有必要。③ 将来,随着

---

① 实践的合理性是指实践主体行动合目的性与合规律性的统一。教育实践的合理性至少要满足三个条件:第一,要有明确的教育目的,并能保证该目的引起的行动在当时条件下取得的最大或较大价值。第二,要遵循教育规律,符合教育对象和教育媒介的特性。第三,合目的与合规律协调一致,脱离目的的合规律是盲目的实践;违背规律的教育目的并追求其实现,只能降低甚至丧失其合理性水平。(参见何小忠《教育理论与实践的阻隔归因及其矫纠策略》,《常德师范学院学报(社科版)》,2001年,第4期,第80页。)

② 班华《略论终身道德学习》,《当代教育科学》,2004年,第4期,第3页。

③ 同上,第5—6页。

科学的进一步发展,人们可以从不同的学科视野,找到更多的支持终身道德学习的理论支撑。这无疑将大大促进日本终身道德学习的理论建构和实践探索。第三,日本社会和教育的发展现状需要加强对终身道德学习的实践探索和理论研究。终身学习在日本的发展之所以那么迅速并得到广大国民的认可和支持,是由时代发展、政府政策和教育危机等因素所决定的:一是为适应科学技术的高新化、信息化、软件化、国际化以及社会高学历化、老龄化等课题,需要生活在现代社会的人们对学习活动的关心多样化、个性化、优质化和超前化;①二是受新自由主义的影响,主张减少公费支出、重视企业内教育,企图通过终身学习机会的商品化,贯彻落实"自由化论""民营活力论"的思想;三是学生道德危机的严重化和深刻化使日本教育受到社会各界的指责、面临着深刻的危机,需要改革缺乏弹性的学校教育体制、改变学历化社会的现状和加强学校教育、社会教育和家庭教育的积极合作。从目前情况来看,上述三方面的因素还在深刻影响着日本的社会和教育,因此,加强对包括终身道德学习在内的终身学习的研究,以解决日本社会和教育存在的问题,促进日本社会和教育的发展,就成为新时代终身学习研究的课题。第四,终身道德学习在日本有其发展的前期基础。如前所述,日本既是率先提出综合性终身学习概念与政策,并将其制度化的国家;又是积极贯彻终身学习的理念,在全国范围内进行终身学习实践的国家。此外,日本终身道德学习的实践和初步的理论建构也为日本终身道德学习的发展奠定了基础。总之,从日本社会、教育和终身道德学习的现状来看,日本终身道德学习的理论和实践将会有更加光明的未来。

---

① 陈永明《日本教育——中日教育比较与展望》,高等教育出版社,2003年,第243页。

参 考 文 献

一 资料及工具书

《初中学习指导要领》,文部省,大藏省印书局,1989年。

《初中学习指导要领解说(道德编)》,文部省,大藏省印书局,1999年。

《当代外国教育改革著名文献(日本、澳大利亚卷)》,吕达、周满生编,人
　　民教育出版社,2004年。

《广辞苑》(第5版),新村出编,岩波书店,1998年。

《日本教育改革》,瞿葆奎主编,钟启泉选编,人民教育出版社,1991年。

《日本学辞典》,王长新、金峰玉编,吉林教育出版社,1990年。

《我国的文教措施(1995年度)》,文部省,大藏省印书局,1995年。

《现代社会》(高中),阪上顺夫,第一学习社,2002年。

《小学学习指导要领》,文部省,大藏省印书局,1998年。

《小学学习指导要领解说(道德编)》,文部省,大藏省印书局,1999年。

《中国大百科全书(哲学)(Ⅰ)》,中国大百科全书出版社,1987年。

法务综合研究所　犯罪白书的概况(2002版),

http://www.moj.go.jp/HOUSO/2002/hk1_4.html,2003年4月9
　　日下载。

教育改革国民会议　教育改革国民会议报告——变革教育的17条提
　　案(2000年12月),

http://www.kantei.go.jp/jp/kyouiku/houkoku/1222report.html,
　　2003年3月31日下载。

内阁府 有关青少年培养推进本部的设置(2003年6月)，

http：//www8. cao. go. jp/youth/index. html,2003年6月24日下载。

内阁府 青少年白皮书的概况——青少年的现状和措施(2002年版)，

http：//www. pb-mof. go. jp/ja/books/whitepaper/aracontents/seisyonen/

021023/siry1023. htm,2003年4月9日下载。

平成13年版青少年白书的概要(2001年版)，

http：//www8. cao. go. jp/youth/whitepaper/h13hakusho/index-h13.

html,2003年6月16日下载。

青少年和电视、游戏等和暴力有关的调查研究的概要，

http：//www8. cao. go. jp/youth/kenkyu/tv. htm,2002年6月19日。

青少年问题审议会报告 超越"战后"——青少年的自立和成人社会的

责任(1999年7月)，

http：//www8. cao. go. jp/youth/suisin/990723a2. htm,2003年6月

16日下载。

文部科学省 我国的文教措施(2000年度)，

http：//wwwwp. mext. go. jp/jyy2000/index-5. html,2003年3月31

日下载。

文部科学省 有关学生指导的诸问题的现状(概要,2004年8月)，

http：//www. mext. go. jp/b_menu/houdou/16/08/04082302/015.

pdf,2005年8月29日下载。

中教审 展望21世纪我国教育的应有状态(第一次咨询报告)(1996

年7月)，

http：//www. mext. go. jp/b_menu/shingi/chuuou/toushin/960701c.

htm,2003年4月8日下载。

中教审 关于从幼儿期开始的心灵教育的应有状态(1998年6月)，

http：//www. mext. go. jp/b_menu/shingi/chuuou/toushin/980601.

htm,2003 年 4 月 1 日下载。

中教审　关于适合新时代的教育基本法和教育振兴基本计划的应有状态(2003 年 3 月),

http://www.mext.go.jp/b_menu/shingi/chukyo/chukyo0/toushin/030301b.htm,2003 年 7 月 31 日下载。

中教审　关于展望 21 世纪的我国教育的应有状态(第二次咨询报告,1997 年 6 月),

http://www.mext.go.jp/a_menu/shougai/shingi/index.htm,2003 年 7 月 31 日下载。

中教审　关于展望 21 世纪的我国教育的应有状态(第一次咨询报告,1996 年 7 月),

http://www.mext.go.jp/b_menu/shingi/chuuou/toushin/960701b.htm,2003 年 4 月 8 日下载。

终身学习审议会　充实社区终身学习机会的方案(概要,1996 年 4 月),

http://www.mext.go.jp/b_menu/shingi/12/shougai/toushin/960401.htm,2003 年 8 月 17 日下载。

终身学习审议会　广泛地运用学习成果——活用终身学习成果的方案(1999 年 6 月),

http://www.mext.go.jp/b_menu/shingi/12/shougai/toushin/990601.htm♯2212,2003 年 8 月 17 日下载。

终身学习审议会　适应社会变化的今后社会教育行政的理想状态(1998 年 9 月),

http://www.mext.go.jp/b_menu/shingi/12/shougai/toushin/980901.htm,2003 年 8 月 17 日下载。

终身学习审议会　为了充实家庭的教育能力,整顿社会教育行政体制

（要旨）(2000 年 12 月），

http：//www. mext. go. jp/b _ menu/shingi/12/shougai/toushin/
001211. htm,2003 年 8 月 17 日下载。

终身学习审议会　以生活体验和自然体验培养日本儿童的心灵——充
实培养青少年生存能力的社区环境方案(1999 年 6 月)，

http：//www. mext. go. jp/b _ menu/shingi/12/shougai/toushin/
990602. htm,2003 年 8 月 17 日下载。

二　著作

A. J. 汤因比、池田大作 1985,《展望 21 世纪——汤因比与池田大作对
话录》,苟春生等译,国际文化出版公司。

D. E. 英博等 2003,《教育政策基础》,史明洁等译,教育科学出版社。

Khan,Y 1997,*Japanese Moral Education Past and Present*,London,
Associated University Presses.

Wray,H 1999,*Japanese and American Education：Attitudes and
Practice*,Westport,Greenwood Publishing Group Inc.

八木下阳子、金山京子、熊代雅野 2001,《再现构成法的道德课学》,
[日]明治图书出版。

坂本升一 1993,《拒绝上学的表现和心灵的场所》,[日]小学馆。

贝冢茂树 2001,《战后教育改革和道德教育问题》,[日]日本图书中心。

贝冢茂树 2003,《战后教育中的道德与宗教》,[日]文化书房博文社。

毕淑芝、王义高 1999,《当今世界教育思潮》,人民教育出版社。

卞崇道等 1999,《跳跃与沉重——二十世纪日本文化》,东方出版社。

曹能秀、王凌 2000,《外国儿童心理发展和教育的理论》,云南民族出版
社。

陈永明 1994,《中日两国教师教育之比较》,华东师范大学出版社。

陈永明 2003,《日本教育——中日教育比较与展望》,高等教育出版社。

池上彰 1999,《大家的"学校问题"》,[日]讲谈社。

持田行雄、金丸和子 1999,《从艺术宗教中学习的心灵教育》,[日]日本图书中心。

川濑八洲夫 1982,《近代教育思想史》,[日]垣内出版。

船山谦次 1981,《战后道德教育论史(下)》,[日]青木书店。

村井实 1990,《道德教育原理——应该怎样看待道德教育》,[日]教育出版。

村井实 2000,《近代日本的教育和政治》,[日]东洋馆出版社。

村田升 2001,《日本教育的再建——现状、问题和措施》,[日]东信堂。

大阪府交野市立星田小学 1993,《1992-1993年文部省指定道德教育推进校研究纪要》(未刊)。

大田尧 1993,《战后日本教育史》,王智新译,教育科学出版社。

大卫·松本 2004,《解读日本人》,谭雪来译,中国水利水电出版社。

单中惠 2004,《外国素质教育政策研究》,山东教育出版社。

岛田四郎等 1986,《道德教育的研究》,[日]玉川大学出版社。

德永正直、堤正史、宫岛秀光 1997,《对话的道德教育》,[日]中西屋出版社。

德永正直、堤正史、宫岛秀光、林泰成、神原志保 2003,《道德教育论——从对话到对话的教育》,[日]中西屋出版社。

丁钢 2002,《历史与现实之间:中国教育传统的理论探索》,教育科学出版社。

杜威 2003,《道德教育原理》,王承绪等译,浙江教育出版社。

儿美川孝一郎 2000,《新自由主义和教育改革》,[日]路墓书房。

冯增俊 1996,《比较教育学》,江苏教育出版社。

冯增俊 2002,《教育创新与民族创新精神》,福建教育出版社。

冯增俊、王学凤等 1998,《亚洲"四小龙"学校德育研究》,福建教育出版社。

高坂健次 2004,《当代日本社会分层》,张弦等译,中国人民大学出版社。

高德胜 2003,《知性德育及其超越——现代德育困境研究》,教育科学出版社。

高增杰 2001,《日本的社会思潮与国民情结》,北京大学出版社。

割谷刚彦、滨名阳子、木村凉子、酒井朗 2000,《教育的社会学》,[日]有斐阁。

宫崎和夫、米川英树 2000,《现代社会和教育的视点》[日]密涅瓦书房。

谷川彰英、无藤隆、门协厚司 2000,《迷失的现代和孩子们》,[日]东京书籍。

顾明远 1998,《民族文化传统与教育现代化》,北京师范大学出版社。

顾明远、孟繁华 2001,《国际教育新理念》,海南出版社。

郭元祥 2002,《生活与教育——回归生活世界的基础教育论纲》,华中师范大学出版社。

哈贝马斯 1994,《交往行动理论·第二卷——论功能主义理性批判》,洪佩郁、蔺青译,重庆出版社。

郝德永 2002,《课程与文化:一个后现代的检视》,教育科学出版社。

横山利弘、藤永方纯 1999,《高中生的心灵教育》,[日]日本图书中心。

洪祖显 1992,《日本的公民道德教育》,[台湾]五南图书出版有限公司。

江藤恭二、铃木正幸 1982,《道德教育的研究》,[日]福村出版。

金井肇 1992,《道德教育的基本原理》,[日]第一法规出版。

金井肇 1998,《道德课的基本构造理论》,[日]明治图书。

金生鈜 2004,《规训与教化》,教育科学出版社。

井上治郎 1991,《从道德教学到道德学习》,[日]明治图书。

堀尾辉久 1994,《当代日本教育思想》,王智新等译,山西教育出版社。

李玢 1997,《世界教育改革走向》,中国社会科学出版社。

李文阁 2002,《回归现实生活世界:哲学视野的根本置换》,中国社会科学出版社。

李文英 2001,《模仿、自立与创新——近代日本学习欧美教育研究》,河北教育出版社。

李御宁 2003,《日本人的缩小意识》,张乃丽译,山东人民出版社。

李兆忠 1998,《暧昧的日本人》,广东人民出版社。

梁忠义 2000,《日本教育》,吉林教育出版社。

梁忠义 2001,《梁忠义日本教育文集》,东北师范大学出版社。

林泰成 2000,《培养关心的道德教育——超越传统的伦理学》,[日]北大路书房。

刘金花 1998,《儿童发展心理学》,华东师范大学出版社。

刘惊铎 2003,《道德体验论》,人民教育出版社。

鲁洁 2001,《超越与创新》,人民教育出版社。

鲁洁、王逢贤 2000,《德育新论》,江苏教育出版社。

鲁思·本尼迪克特 1990,《菊与刀》,吕万和等译,商务印书馆。

陆有铨 2001,《躁动的百年——20 世纪的教育历程》,山东教育出版社。

麻生诚、天野郁夫 1999,《当代日本的教育课题》,[日]广播大学教育振兴会。

迈克尔·富兰 2004,《变革的力量:透视教育改革》,中央教育科学研究所、加拿大多伦多国际学院译,教育科学出版社。

茂木乔、蛭田政弘 1999,《家庭中的心灵教育》,[日]日本图书中心。

门协厚司 1999,《儿童的社会能力》,[日]岩波书店。

名田伊奈 1996,《对欺侮问题的思考》,[日]岩波书店。

内藤俊史 1991,《儿童·社会·文化》,[日]科学社。

倪梁康 1999,《胡塞尔现象学概念通释》,生活·读书·新知三联书店。

七条正典、五条诗织 1999,《初中生的心灵教育》,[日]日本图书中心。

戚万学 1995,《冲突与整合——20 世纪西方道德教育理论》,山东教育
　　出版社。

戚万学 2004,《道德教育新视野》,山东教育出版社。

千石保 2001,《日本的高中生》,胡霞译,海豚出版社。

青木孝赖、金井肇、佐藤俊夫、村上敏治 1980,《新道德教育事典》,[日]
　　第一法规出版。

清水文郎 1996,《人的形成和道德教育——谋求小学和初中的一致
　　性》,[日]近代文芸社。

全国小学道德教育研究大会 1999,《第 35 回全国小学道德教育研究大
　　会,香川大会(大会重要事项)》,香川大会事务局(未刊)。

全国小学道德教育研究会 1999,《开拓 21 世纪的道德教育》,[日]东洋
　　馆出版社。

饶从满 1998,《日本现代化进程中的道德教育》,东北师范大学博士学
　　位论文(未刊)。

塞缪尔·亨廷顿 2002,《文明的冲突与世界秩序的重建》,周琪等译,新
　　华出版社。

色川大吉 1970,《明治的文化》,[日]岩波书店。

森昭 1978,《教育的实践性和内在性》,[日]黎明书房。

山崎英则、西村正登 2001,《道德和心灵的教育》,[日]密涅瓦书房。

上田薫 1993,《道德教育论》,[日]黎明书房。

石附实 1995,《教育的比较文化志》,[日]玉川大学出版社。

石崎宏平、金子保雄、久保田信之 1981,《道德的理念与教育实践》,
　　[日]酒井书店。

石中英 1999,《教育学的文化性格》,山西教育出版社。

檀传宝 2000,《学校道德教育原理》,教育科学出版社。

檀传宝 2001,《德育美学观》,山西教育出版社。

汤重南 1999,《日本文化与现代化》,辽海出版社。

唐汉卫 2003,《生活:道德教育的基础》,山东师范大学博士学位论文（未刊）。

藤田昌士 1985,《道德教育——现状、历史和问题》,[日]阿衣得如研究所。

藤田英典 2000,《市民社会和教育——新时代的教育改革和方案》,[日]世织书房。

藤田英典 2001,《走出教育改革的误区》,张琼华、许敏译,人民教育出版社。

田井康雄 1999,《道德教育的原理和教学法——培养"生存能力"的"心灵教育"》,[日]学术图书出版社。

田浦武雄 1978,《道德教育的结构》,[日]福村出版。

土户敏彦 2003,《道德可教吗》,[日]教育开发研究所。

土屋守 2001,《荒废的孩子们的心——对教养、教育的提议》,[日]大修馆书店。

汪利兵等 2003,《教育行动研究:意义、制度与方法》,浙江大学出版社。

王承绪、顾明远 1999,《比较教育》,人民教育出版社。

王家骅 1995,《儒家思想与日本的现代化》,浙江人民出版社。

王凌皓 2002,《中日近代道德教育理念比较研究》,东北师范大学博士学位论文（未刊）。

尾崎无元 1999,《日本的教育改革——孕育产业化社会 130 年》,[日]中央公论新社。

尾田幸雄、尾田绫子 1999,《终身学习社会中的心灵教育》,[日]日本图书中心。

魏贤超 1993,《现代德育原理》,浙江大学出版社。

魏贤超 2004,《德育课程论》,黑龙江教育出版社。

邬志辉 2004,《教育全球化——中国的视点与问题》,华东师范大学出版社。

吴潜涛 1994,《日本伦理思想与日本现代化》,中国人民大学出版社。

吴廷谬 1994,《日本史》,南开大学出版社。

香川县小学道德教育研究会 2000,《谋求与综合学习共同发展的道德学习》,[日]明治图书。

项贤明 2000,《泛教育论——广义教育学的初步探索》,山西教育出版社。

小笠原道雄 1991,《道德教育原论》,[日]福村出版。

小野健知、押谷庆昭 1999,《社会生活和心灵的教育》,[日]日本图书中心。

小原国芳 1993,《小原国芳教育论著选(下卷)》,刘剑乔等译,人民教育出版社。

谢劲松 2002,《胡塞尔传》,长江文艺出版社。

新堀通也 1977,《道德教育》,[日]福村出版。

押谷由夫 1999,《新道德教育的理念和方法——培养理想、希望和勇气》,[日]东洋馆出版社。

押谷由夫 1999,《新教育课程和学习活动的实际:道德》,[日]东洋馆出版社。

押谷由夫 2001,《有关道德课成立过程的研究——道德教育的新发展》,[日]东洋馆出版社。

押谷由夫、高岛本洋 1999,《小学生的心灵教育》,[日]日本图书中心。

岩川直树、船桥一男 2004,《不能走向〈心灵的笔记〉》,[日]儿童的未来社。

岩佐信道、西野真由美 1999,《国际化情报化社会中的心灵教育》,[日]日本图书中心。

杨明全 2003,《革新的课程实践者——教师参与课程变革研究》,上海科技教育出版社。

叶渭渠 2003,《日本文化史》,广西师范大学出版社。

伊藤启一 1991,《综合的道德教育的创造》,[日]明治图书。

伊藤启一、长崎县奥浦小学 2000,《学校全体共同创造的小学综合计划》,[日]明治图书。

于洪波 2003,《日本教育的文化透视》,河北大学出版社。

余光、李涵生 1989,《德育》,人民教育出版社。

羽入佐和子、立石喜男 1999,《从科学中学习的心灵教育》,[日]日本图书中心。

袁振国 2001,《教育政策学》,江苏教育出版社。

袁振国 2004,《中国教育政策评论 2004》,教育科学出版社。

约翰·威尔逊 2003,《道德教育新论》,蒋一之译,浙江教育出版社。

张德伟 1999,《日本教育特质的文化学研究》,东北师范大学出版社。

张庆熊 1995,《熊十力的新维识论与胡塞尔的现象学》,上海人民出版社。

真仁田昭、内藤俊史 1999,《幼儿期的心灵教育》,[日]日本图书中心。

中国社会科学杂志社 2000,《社会转型:多文化多民族社会》,社会科学文献出版社。

中野目直明、小川一郎 1997,《新道德教育》,[日]酒井书店·育英堂。

钟启泉、黄志成 1998,《西方德育原理》,陕西人民教育出版社。

钟启泉、张华 2001,《世界课程改革趋势研究(中)》,北京师范大学出版社。

朱成科 2003,《日本青少年道德危机的前提性思考》,东北师范大学硕士学位论文(未刊)。

朱小蔓 2000,《道德教育论丛（第1卷)》,南京师范大学出版社。

朱小蔓 2002,《道德教育论丛(第2卷)》,南京师范大学出版社。

朱永新、王智新 1992,《当代日本教育改革》,山西教育出版社。

朱永新、王智新、尹艳秋 1999,《当代日本道德教育》,山西教育出版社。

诸富祥彦著 2001,《道德课的革新:用价值明澄清培养儿童的生存能力》,[日]明治图书。

筑波大学教育学研究会 1986,《现代教育学基础》,钟启泉译,上海教育出版社。

佐伯胖、黑崎勋、佐藤学、浜田寿美男 1998,《欺侮和不上学》,[日]岩波书店。

佐野安仁、荒木纪幸 2000,《道德教育的视点》,[日]晃洋书房。

佐佐木昭 1999,《道德教育的研究》,[日]学文社。

三 论文

班华 2004,略论终身道德学习,《当代教育科学》第4期。

北海道山越郡长万部町立静狩小学 1997,培养拥有丰富的心灵,健康成长的儿童——学校、家庭、社区联合,共同促进道德教育,[日]《初等教育资料》第2期。

曹能秀 2004,论当代日本中小学道德教育的特色、地位和作用,《思想·理论·教育(沪)》第5期。

曹能秀 2005,当代日本道德教育理论研究的特色,《北京理工大学学报(社科版)》第1期。

曹能秀、王凌 2003,当前日本小学的道德时间,《外国教育研究》第2期。

曹能秀、王凌 2004,论当代日本中小学道德教育的困境,《外国教育研究》第 12 期。

曹能秀、王凌 2005,论日本文化对教育荒废的影响,《比较教育研究》第 1 期。

陈炎 2002,"文明"与"文化",《学术月刊》第 2 期。

陈永明 1994,试述日本教育发展的三大特征与三大弊病(下),《外国教育资料》第 2 期。

大北修一 2002,救一个人的生命,还是救更多人的生命,[日]《现代教育科学》第 5 期。

大江浩光 2002,消防队员的活动,[日]《现代教育科学》第 5 期。

范树成 2003,20 世纪西方德育理论研究的特征与未来趋势,《教育研究》第 1 期。

费孝通 2002,文化论中人与自然关系的再认识,《群言》第 9 期。

冯建军 2005,论道德与道德教育范型的嬗变,《华东师范大学学报(教育科学版)》第 2 期。

冯巍 2003,OECD 国家终身学习政策与实践分析,《比较教育研究》第 9 期。

高桥胜 2000,如何找回失去"他人"的感觉,[日]《现代教育科学》第 8 期。

高桥胜 2001,加深儿童的道德思考,[日]《道德教育》第 11 期。

高益民 2002,日本教育改革的新自由主义侧面,《清华大学教育研究》第 6 期。

宫坂元裕 1998,让儿童终身快乐地进行造型的创造活动,[日]《教职研修》5 月增刊号。

龚颖 2001,和辻哲郎对"作为人际之学的伦理学"的前提论证,《哲学动态》第 11 期。

古恒光一 2000,现代社会的变化和道德教育,[日]《道德与教育》第304·305 期。

谷合明雄 1999,公开课"野菊的墓"——教师合作的道德课,[日]《道德教育》第 10 期。

郭雯霞 2001,当前日本基础教育课程改革述评,《比较教育研究》第 8 期。

何小忠 2001,教育理论与实践的阻隔归因及其矫纠策略,《常德师范学院学报(社科版)》第 4 期。

和井内良树 2001,相田密的"生命无常"——努力活在现在,[日]《道德教育》第 7 期。

河田孝文 2002,创造"生命教育课",[日]《现代教育科学》第 5 期。

胡连利、田红虹 2003,外化与异化:日本文化的成长与困顿,《日本问题研究》第 1 期。

蒋一之 2005,从注重"规范"到注重"发展"——当代德育改革的基本特点与趋势,《教育理论和实践》第 2 期。

金子忠史 2000,儿童的危机状态的对策:学校和社区的合作,[日]《比较教育学研究》第 26 期。

李庆 2002,日本政治右倾化探析,《中共福建省委党校学报》第 8 期。

李太平 2003,20 世纪西方道德教育理论的特点及其思想根源,《比较教育研究》第 9 期。

李协京 2005,新自由主义和新保守主义路线指导下的日本教育改革,《教育研究》第 8 期。

梁忠义 2001,日本民间教育运动的过去与现在,《比较教育研究》第 3 期。

鲁洁 2001,道德危机:一个现代化的悖论,《中国教育学刊》第 4 期。

庞朴 2003,文化传统与传统文化,《科学中国人》第 4 期。

七条正典 2000,今后的道德教育,[日]《道德与教育》第 303 期。

启森 1999,日本中小学"教育病理"诊断——蹲下身来看日本的教育,《外国教育研究》第 5 期。

权藤与志夫 2000,我国有关价值教育的政策动向和课题,[日]《比较教育学研究》第 26 期。

饶从满 2001,结构化方式道德教学论的方法论原理考察,《外国教育研究》第 4 期。

饶从满 2001,日本的心灵荒废和道德教育,[日]《道德教育》第 11 期。

饶从满 2001,日本现代化中道德教育的地位和作用,[日]《道德教育》第 9 期。

饶从满 2001,战后日本道德教育理论的特征,[日]《道德教育》第 12 期。

饶从满 2002,主体性与综合性的交融:综合单元性道德学习论解析,《外国教育研究》第 8 期。

饶从满、李广平 2002,"一个主题两课时"道德两难教学过程模式述评,《外国教育研究》第 12 期。

饶从满、满晶 1997,战后日本现代化过程中的学校道德教育,《外国教育研究》第 6 期。

饶从满、宋海春 1996,战后日本学校道德教育方法的嬗变,《外国教育研究》第 1 期。

饶从满、张德伟 2000,结构化方式道德教学论的本体论基础考察,《外国教育研究》第 5 期。

日本学刊编辑部 2000,日本:世纪之交的回顾与展望——学术研究研讨会发言摘登,《日本学刊》第 1 期。

塞缪尔·亨廷顿 2003,再论文明的冲突,李俊清编译,《马克思主义与现实》第 1 期。

森冈卓也 1998,道德课中的道德思考力——一小时道德课的改变之处,[日]《道德教育方法研究》第 4 期。

深谷昌志 2000,在规范意识崩溃的暗流中看价值观的真空化,[日]《现代教育科学》第 8 期。

施克灿 2002,终身学习理念与日本当代社会教育的新发展,《外国教育研究》第 7 期。

孙伶伶 2005,修宪预示日本未来政治走向——解析日本参众两院宪法调查会修宪报告书,《日本学刊》第 3 期。

檀传宝 2003,第三次浪潮:美国品德教育运动述评,《北京大学教育评论》第 2 期。

汤一介 2002,关于文化问题的几点思考,《云南大学学报(哲学社会科学版)》第 1 期。

藤田昌士 1996,战后道德教育的历史和课题,[日]《教育》第 4 期。

王保星 2003,从"终身教育"到"终身学习":国际成人教育观念的根本性变革,《比较教育研究》第 9 期。

王鉴 2003,多元文化教育的世纪论争,《贵州民族研究》第 1 期。

王丽荣 2003,中日道德教育的异同,《比较教育研究》第 5 期。

王啸 2004,全球化时代的中国道德教育,《北京师范大学学报(社科版)》第 3 期。

王一丹 1989,日本的民族文化观念与教育改革,《外国教育研究》第 3 期。

王义高 2003,"新自由主义"治教现象之考察,《比较教育研究》第 12 期。

尾花清 1996,如何看待当前的道德教育政策,[日]《教育》第 4 期。

翁文艳 2002,日本学校教育中的平等与不平等问题的考察,《外国教育研究》第 9 期。

吴寄南 2005,对突破中日关系僵局的几点思考,《日本学刊》第 2 期。

吴潜涛 2001,日本道德教育的战后演变及其现行改革,《道德与文明》
　　第 3 期。

吴忠魁 2001,论日本 21 世纪国家发展战略与教改对策,《比较教育研
　　究》第 1 期。

吴忠魁 2001,日本文化立国战略与基础教育改革的新发展,《比较教育
　　研究》第 4 期。

西野真由美 2004,从道德教育的视点看世界的课程改革,[日]《道德与
　　教育》第 318·319 期。

许建美、单中惠 2002,论影响日本教育政策的因素,《清华大学教育研
　　究》第 6 期。

押谷由夫 1996,对无航标时代的心灵教育的反思,[日]《教职研修》4
　　月增刊号。

押谷由夫 2003,新教育课程中有关道德教育的理念和实践,[日]《道德
　　与教育》第 316·317 期。

叶国文、陈洁 2004,道德的共同体:教育的政治哲学观,《复旦教育论
　　坛》第 1 期。

叶澜 2001,思维在断裂处穿行——教育理论与教育实践关系的再寻
　　找,《中国教育学刊》第 4 期。

易红郡 2003,日本中小学德育:问题、对策及启示,《课程·教材·教
　　法》第 2 期。

有村久春 1998,培养儿童对生存方式的思考能力和选择能力,充实学
　　生指导,[日]《教职研修》5 月增刊号。

于洪波 2003,新世纪日本国家与教育发展的战略选择,《比较教育研
　　究》第 5 期。

张伯玉 2005,试析日本对华强硬政策,《日本学刊》第 2 期。

张德伟 2001,日本小学班级崩溃问题的诱因与解决对策探析,《比较教育研究》第 11 期。

张德伟 2002,日本基于新学力观和生存能力观的教材观,《外国教育研究》第 10 期。

张德伟、徐蕾 1996,论日本教育的等级性与平等性,《外国教育研究》第 3 期。

张德伟、展素贤 2001,从培养"丰富的心灵"到培养"丰富的人性"再到培养"人性丰富的日本人"——20 世纪 80 年代以来日本德育方针的演变,《外国教育研究》第 4 期。

张珏 2003,日本:教育对日本现代化起了主要作用,《教育发展研究》第 2 期。

张人杰 2002,若干德育问题上经由比较后的发现,《华东师范大学学报(教育科学版)》第 4 期。

朱小蔓、其东 2005,面对挑战:学校道德教育的调整和革新,《教育研究》第 3 期。

朱艳圣 2001,冷战以后日本新保守主义的发展及日本政治的发展趋势,《当代世界与社会主义》第 5 期。

朱永新 1993,日本教育的问题与前瞻,《外国教育研究》第 1 期。

佐腾学 2005,转折期的学校改革——关于学习共同体的构想,沈晓敏译,《全球教育展望》第 5 期。

八千代市立村上北小学　道德研究实施计划,

http://www. yachiyo. ed. jp/emurakita/kenkyu/kenkyu. html,2005 年 7 月 4 日下载。

坂本哲彦 2005 - 7 - 13 好心的司机叔叔,

http://sakamoto. cside. com/sakamoto2002/doutoku-jissen/5-bus-nikki/5-bus-nikki. htm。

高冈市立太田小学　在小学中开展有效的交通安全教育的方法——培
　　养具有主体性的能够创造安全生活的儿童，

http://mps. city-takaoka. jp/oota/gai/kotyo/news. asp,2003 年 11 月
　　18 日下载。

立石喜男　再现构成法的教学，

http://www. kaigaya-jhs. menet. ed. jp/doutokunomado/3jyugyou/
　　KOKORO/saigen. htm,2003 年 10 月 23 日下载。

品川区立第二日野小学　市民课的活动，

http://www1. cts. ne. jp/hino2,2005 年 7 月 13 日下载。

岩手县大船渡市立日倾初中　活用体验活动的道德课，

http://www. pref. iwate. jp/hp0902/gakko/doutoku/taiken_katudo.
　　html,2003 年 11 月 7 日下载。

后　记

　　道德教育是培养人的德性的教育,是主宰、凝聚和支撑个体成长,进而获得幸福人生的重要因素。学校道德教育传递着正向价值、培养良好的习惯和态度,在学生的道德教育中起着家庭道德教育和社会道德教育不可替代的作用。因此,面对当前学校道德教育不易教和实效差的状况,我选择了学校道德教育作为研究的主题,试图从宏观的视角,对当代日本中小学道德教育的现状(包括存在的问题和变革以及发展的情况)进行系统的研究,以获得对我国中小学道德教育有益的启示和借鉴,促进我国学校道德教育的变革与发展。然而,这一尝试还是粗浅的,存在着许多不足和缺憾,还望学界各位同仁不吝赐教。

　　本书是在我的博士论文基础上修改而成的。它能够问世,是很多人帮助和支持的结果。

　　首先感谢导师魏贤超教授。导师渊博的知识、活跃的思维和严谨的学风,不时给我启示,促我奋进,激我斗志;导师要求"跳出细节""力争有所突破和创新"的指导,时时回响在我耳边,使我能够超越原有的论文框架和思维方式,在初稿的基础上有了较大的改进。

　　感谢华南师范大学的冯增俊教授,杭州师范学院的林正范教授,浙江大学的王承绪先生、徐辉教授、肖朗教授、徐小洲教授、吴雪萍教授、赵卫平副教授,在我博士论文的开题会与答辩会中提出了许多宝贵的意见,为我论文的写作和书稿的修改奠定了良好的基础。

　　感谢北京师范大学的李守福先生、郭齐家先生、檀传宝教授、高益民副教授,华东师范大学的单中惠先生、潘洁先生,东北师范大学的饶从满教授、张德伟教授、王凌皓教授,辽宁师范大学的王桂先生、杨晓教授,山东师范大学的戚万学教授,福建师范大学的杨孔炽教授、洪明教授,昆明理工大学副校长罗黎辉教授夫妇,云南大学行政管理学院副院长崔运武教授夫妇,云南师范大学的周宁教授和李鹏讲师等对论文的指导、建议和帮助。

感谢日本昭和女子大学的押谷由夫教授,教育文化研究所所长金井肇先生,东京大学的割谷刚彦教授,御茶水女子大学的箕浦康子先生、酒井朗教授、内藤俊史教授、高岛本洋教授、富士原纪绘副教授、小玉重夫副教授、远藤修一郎老师,青山学院大学的佐伯胖教授,福冈教育大学的界正之教授,埼玉县白冈町立菁莪小学的野口京子老师,埼玉县加须市立昭和初中的寺井次郎老师等在我访日期间接受我的访谈及其对论文提出的宝贵意见。

感谢日本福冈教育大学的田中敏明教授、同朋大学的宍户健夫先生、上越教育大学的林泰成副教授、国立教育政策研究所的西野真由美研究员、神户大学的王岚博士、虾原正子老师、日下哲也老师、中上伸一校长、山田阳一校长、佐佐木和枝副校长、野村真卫老师、河田孝文老师、中上幸三夫妇、黑木睦子女士和山田哲史先生在日文资料和道德课观摩等方面的帮助。

在浙江大学攻读博士学位期间,我的工作和生活得到了云南师范大学党委书记伊继东教授、校长骆小所教授和其他校领导,教务处、人事处、科研处和教育科学与管理学院的领导以及全体同仁的支持和帮助;我的师兄妹们,王小飞、王向华、蒋一之、顾晔、曹汉斌、杨春梅、郝森林、陈伟、朱宗顺、沙红、王福友、刘保兄等在学习和生活上给予我很多关心和帮助;我的硕士研究生田静、杨亚敏、刘菊华、杨瑾、冯钊、孙春荣、陈珊、张飞等为我的论文和书稿做了一些辅助性的工作。在此一并表示感谢。

我的爱人王凌教授是我攻读博士学位的最坚定的支持者,是我的论文和书稿的第一个读者和批判者;儿子王抒宇在我学习期间已从小学升到初中,不仅长期忍受着我求学在外时的孤独和寂寞,而且还一直鼓励我"把论文进行到底"。我深深感谢他们的理解、支持、关心和帮助。

感谢商务印书馆的责任编辑不辞辛劳,认真审阅,对书稿的内容、形式乃至文字提出了许多中肯恰当的修改建议,使我受益匪浅,也使本书能以现在的风貌与读者见面。

曹能秀

2007 年 6 月 3 日于昆明